이기는 삶

이기는 삶

조셉 프린스 지음 | 배응준 옮김

Destined
To
Reign

규장

사랑하는 한국의 독자들에게

당신이 이 책《이기는 삶》을 선택했다는 사실이 정말 기쁘다. 당신이 지금 이 책을 들고 있는 것은 결코 우연이 아니다. 하나님이 예비하신 '이기는 삶'을 살아가도록 이 책을 통해 인생을 변화시키는 말씀을 당신에게 주시려는 우리 주 예수님의 놀라운 은혜라 믿는다.

예수님을 만나고 그분의 은혜의 좋은 소식을 접하게 될 때, 우리 안에서 특별한 일이 일어나기 시작한다. 우리를 향한 그분의 풍성한 은혜와 의(義)의 선물들을 발견하고 맛보기 시작할 때, 우리 안에서 특별하고도 놀라운 일이 일어나게 된다. 죄와 결핍과 모든 패배, 오늘 우리를 붙잡고 있는 모든 결박들을 이제 우리가 다스리게 되는 것이다!

우리가 지금 어떤 도전 가운데 있을지라도, 우리의 모든 필요에 대한 대답은 '예수님'이시다. 당신이 그 사실을 알기 바란다.

우리를 향한 그분의 사랑은 말로 표현할 수 있는 것보다 더 깊다. 우리는 하나님으로부터 오는 공급과 보호와 평안, 그리고 공로 없이 얻는 은혜를 삶의 모든 영역에서 받아야 한다.

예수님께서는 우리의 모든 필요를 이미 십자가에서 마치신 일을 통하여 완벽하게 성취해놓으셨다.

사랑하는 친구여, 우리가 해야 하는 일이 아니라 예수님이 이미 우리를 위해 십자가 위에서 이루신 일을 보고 믿음으로써, '은혜 혁명'의 영향을 받은 전 세계 수많은 성도들과 더불어 당신의 삶이 철저하게 변화되기를 기도한다.

자, 이제 오직 한 분 예수 그리스도를 통해 죄와 질병과 정죄와 우울과 모든 중독들을 다스리기 시작할 시간이다! 하나님께서 풍성한 은혜와 복을 주시길!

주님의 사랑 안에서

조셉 프린스

5

복음 혁명

모든 것은 1997년, 스위스에서 아내와 휴가를 보내고 있을 때 시작되었다. 나는 알프스 산악의 경이로운 풍광을 감상하며 차를 몰고 있었고, 아내는 조수석에 앉아 곤히 자고 있었다. 바로 그때 나의 내면 깊은 곳에서 하나님의 음성이 뚜렷하게 들려왔다.

"아들아, 너는 은혜를 설교하고 있지 않구나!"

"주님, 무슨 말씀입니까?"

나는 주님께 되물었다.

"제가 은혜를 설교하고 있지 않다니요? 말도 안 됩니다! 저는 은혜를 전파하는 설교자입니다. 지금까지 오랜 세월 동안 하나님의 은혜를 설교해왔고, 또 다른 많은 설교자들과 마찬가지로 하나님의 은혜로 인한 구원을 전파해왔습니다!"

그러자 하나님께서 말씀하셨다.

"아냐, 그렇지 않아! 너는 은혜를 설교할 때마다 율법과 혼합된 은혜를 설교하고 있어. 율법과 은혜의 균형을 맞추려 애쓰고 있고, 그럴 때마다 나의 은혜를 무효화시키고 있어. 새 포도주를 낡은 부대에 담으면 안 된다. 은혜와 율법을 섞으면 안 돼!"

하나님께서는 계속 말씀하셨다.

"아들아, 오늘날 많은 설교자들이 사도 바울의 방식대로 은혜를 설교하고 있지 않구나!"

그러고는 다음과 같이 힘차게 단언하시면서 말씀을 마치셨다.

"네가 철두철미하게 은혜를 설교하지 않으면 사람들은 결코 철두철미하게 복을 받을 수 없고 근본적으로 변화되지도 못할 거야."

이 말씀은 나의 사역에 혁명을 일으켰다. 그렇다. 그것은 하나의 혁명, '복음 혁명'이었다!

나는 하나님의 강력한 말씀에 큰 충격을 받았고, 그동안 내가 정말로 율법과 혼합된 은혜를 전파해왔다는 사실을 비로소 깨닫게 되었다. 나는 하나님의 엄중한 명령을 받고 교회로 돌아왔고, 이후부터는 철두철미하게 은혜만을 설교하기 시작했다.

근본적인 변화

당시 우리 교회는 안정기에 접어든 상태로, 출석 교인이 2천 명에 달하고 있었다. 그러나 1997년 그날, 내가 알프스에서 하나님을 만난 직후 우리 교회는 해마다 폭발적인 성장을 체험했고, 2007년 첫 주일예배에는 1만5천 명 이상이 참석했다.

하나님께서는 우리 교회에 괄목할 만한 성장을 허락하셨을 뿐 아니라 철저한 은혜의 설교를 들은 수천의 귀한 생명들이 경이롭게 변화되는 역사를 허락하심으로써 그날 내게 하셨던 말씀을 입증하셨다.

나는 지금 결혼생활의 극적인 회복과 재정적인 어려움의 초자연적인 해결, 질병의 기적적인 치유 등을 체험한 하나님의 자녀들에 대해 증언하는 특권과 온갖 파괴적인 중독에서 놓여난 하나님의 자녀들을 보는 기쁨을 누리고 있다. 또한 하나님께서는 최근에 노르웨이, 네덜란드, 영국, 캐나다 등지에서 은혜의 복음을 설교할 수 있도록 문을 열어주셨고, 우리 교회는 미국과 캐나다, 호주와 우간다에서 방송 설교를 시작했다.

내가 소위 '복음 혁명'이라 일컫는 것이 일으킨 반향은 실로 놀라웠다. 사람들이 어떻게 율법의 속박에서 해방되어 예수님이 보혈을 주고 사신 새로운 언약의 진리와 약속들을 한껏 누리며 살게 되었는지 간증하는 글들이 연이어 도착하고 있다.

아마 당신은 1997년 그날 이후 거의 10년 동안 이 책이 내 마음에서 어떻게 준비되어왔는지 짐작할 수 있을 것이다. 그렇다. 내가 이 땅에서 쓰고 싶은 단 한 권의 책이 있다면, 바로 이 책이다. 그리고 당신이 지금 이 책을 손에 들고 있다는 것이 내게는 큰 기쁨이다. 이 책이 당신에게 영향을 끼쳐 변화를 이룰 것이라 믿는다.

당신을 구할 수 있는 것은 오직 은혜

하나님께서 그때 내게 하신 말씀, 곧 은혜에 대한 철저한 설교가 없으면 사람들이 철저한 복과 변화를 받지 못하게 되리라는 말씀은 지금도 여전히 강한 반향을 일으키며 내 마음 안에 울려 퍼지고 있다. 이 책은 하나님의 은혜로 근본적으로 변화되는 것, 오직 하나님의 은혜로 철두철미하게 변화되는 것에 관한 책이다.

이 책에서 당신은 한 가지 비밀, 즉 '자기 노력 없이도 생명 안에서 왕 노릇 할 수 있게 하는 하나님의 방법'이라는 귀한 비밀을 발견할 것이다. 인간은 인생의 성공을 이루기 위해 많은 전략과 방법론과 기법과 전술을 발전시켜왔다. 서점에 나가 둘러보라. 인생의 성공에 관한 가지각색의 책들이 보일 것이다. 하지만 나는 "우리의 노력을 의지하는 것보다 더 높은 길이 있다!"고 단언하고 싶다.

성경은 이렇게 말한다.

복 있는 사람은 악인들의 꾀를 따르지 아니하며 시 1:1

그렇다. 악인들의 지략에는 꾀가 있다. 하지만 신자들을 위한 더 높은 길이 있다! 하나님의 도우심을 직접 얻을 수 있는데 자신의 노력을 의지할 이유가 무엇인가? 예수님의 히브리어 이름인 '예슈아'(Yeshua)는 '구원자'(Savior)를 뜻한다. 그러니 당신의 능력으로 스스로를 구하기 위해 애쓰지 말고 예수님께 부르짖자! 구해달라고 예수님의 이름을 부르자!

그러나 참으로 불행하게도 오늘날 어떤 신자들은 구원자에게 부르짖을 만한 자격이 없다는 사탄의 거짓말을 그대로 믿어 구원자께 부르짖지 않는다. 어떤 신자들은 그들이 죄를 범하여 하나님께 부르짖을 자격을 박탈당했다고 생각하기도 한다. 심지어 어떤 신자들은 교회에 정기적으로 출석하지 않거나 성경을 충분히 읽지 못하기 때문에 혹은 기도를 충분히 하지 못하기 때문에 하나님의 도움을 받을 자격이 없다고 생각하기도 한다.

그러나 만일 당신이 지금 물에 빠져 허우적거리는 중이라면 당신에겐 무엇이 필요하겠는가? 당신 힘으로 빠져나오기 위해 취해야 할 올바른 조처들을 가르쳐줄 선생이 필요하겠는가? 수영법을 가르쳐줄 강사가 필요하겠는가? 아니면 의무사항과 금지사항을 나열한 목록이겠는가?

아니다! 당신이 무엇을 알든지 모르든지 간에, 무엇을 했든지 하지 못했든지 상관없이 오직 당신을 구하기 위해 기꺼이 물에 뛰어들어 줄 구원자가 필요할 뿐이다! 당신의 행위로는 하나님께서 당신을 구하고자 하시는 의욕을 얻어낼 수 없다. 당신을 구할 수 있는 것은 오직 은혜뿐이다!

은혜를 은혜로 만드는 것

우리는 우리를 구원할 능력과 자원을 본래 가지고 있지도 않고 또 가질 수도 없다. 이를 인정하자. 본질적으로 우리는 우리의 힘으로 도저히 청산할 수 없는 빚을 하나님께 지고 있다. 그러나 예수님이 자신의 채무도 아닌 우리의 채무를 십자가에서 자신의 생명으로 모두 갚아주셨다.

우리를 죄에서 구원해주시는 것, 인생의 어려움에서 구해주시는 것은 전적으로 예수님의 수고이며 그분의 행함이다. 따라서 우리는 그저 예수님을 믿고, 그분이 우리를 위해 이루신 모든 것을 받아들이기만 하면 된다. 너무 단순한가? 우리는 아무것도 하지 않아도 되고 예수님이 모든 걸 다 하신다는 것이 너무 일방적인 것 같은가? 지나치게 불공평하단 생각이 드는가? 뭐라도 조금 해야만 할 것 같은 찜찜한 기분이 드는가?

그러나 예수님이 우리를 위해 이루신 모든 것을 그저 받아들이는 것, 그것이 바로 은혜를 은혜로 만든다! 아무 자격 없이 받은 것일 때, 아무 공적 없이 받은 것일 때, 분에 넘치게 받은 것일 때 은혜는 비로소 은혜가 된다!

하나님의 은혜로 엄청난 복을 받을 준비가 되었는가? 하나님의 은혜로 철저하게 변화될 준비가 되었는가? 축복과 온전함과 승리의 삶을 위한 우리의 노력을 포기할 준비가 되었는가? 그렇다면 인간의 노력이 전혀 가미되지 않은 순도 100퍼센트 하나님의 순수한 은혜를 발견하기 위한 이 여정을 시작하라! 일단 시작하면 당신의 삶은 몰라보게 달라질 것이다! 믿어 의심치 않는다. 당신은 왕 노릇 하도록 부르심을 받았다!

일반적으로 율법은 하나님이 모세를 통해 이스라엘 백성들에게 주신 행위규범, 즉 모세오경을 지칭한다. 하나님이 율법을 주신 목적은 그 어떤 인간도 율법의 높은 표준에 이를 수 없음을 깨닫게 하여 죄를 자각시키고, 그럼으로써 인간에게 구원자가 절실히 필요하다는 사실을 인식시키기 위함이었다. 하지만 유대인들, 특히 바리새인과 서기관 등 유대 사회의 종교지도자들은 율법의 행위로 구원에 이를 수 있다고 생각하여 은혜의 구원자이신 예수님을 배척했다. 이 책에서 저자는 '율법'이라는 단어를 인간의 행위와 자기 노력을 포괄하는 넓은 의미로 사용하고 있다. - 역자 주

DESTINED

한국 독자들을 위한 서문

프롤로그

TO REIGN

DESTINED  TO REIGN

Chapter 1

생명 안에서
다스리는 자

DESTINED TO REIGN

다스리는 자로 부름 받았다

당신은 생명 안에서 왕 노릇 하도록 부르심을 받았다. 당신은 복이 되라는 하나님의 부르심을 받았다. 당신은 부요와 건강과 승리의 삶을 한껏 누리라는 부르심을 받았다. 당신이 패배와 가난과 실패의 삶을 사는 것은 하나님이 바라시는 바가 아니다. 하나님께서는 머리가 될지언정 꼬리는 되지 말라고 말씀하신다.

만일 당신이 사업가라면 하나님께서는 당신이 번창하는 사업체를 갖기를 바라신다. 전업주부라면 자녀들을 하나님 안에서 훌륭하게 양육하기를 바라신다. 학생이라면 모든 시험에서 뛰어나기를 바라신다. 만일 당신이 새로운 직장을 얻기 위해 하나님을 의지하는 중이라면 하나님은 당신이 일자리를 갖기 원하실 뿐 아니라 영향력 있는 지위를 갖게 되기를, 그래서 당신이 속한 조직과 단체에 귀한 축복과 자산이 되기를 바라신다.

어떤 소명을 받았든지 당신은 생명 안에서 왕 노릇 하게 되어 있다. 예수님이 당신 인생의 '주인'(Lord)이시기 때문이다. 생명 안에서 왕 노릇 한다는 것은 모든 죄와 어둠과 권세들과 침체와 가난과 저주와 질병과 아픔을 지배한다는 것을 뜻한다. 마귀를 지배하며 마귀가 고안한 모든 술수들을 지배한다는 뜻이다.

그리고 왕 노릇을 할 수 있는 그 힘은 당신의 배경이나 지적 자질이나 외모나 자산의 규모에 달려 있지 않다. 그 힘은 전적으로 예수님께 바탕을 두고 있다. 오직 예수님이 그 힘의 근원이시다. 이는 긍정적 사고에 관한 자기계발서에서 발췌한 상투적인 인용구가 아니다. 당신이 생명 안에서 왕 노릇 하게 되어 있다는 이 선언은 하나님 말씀에 영원히 기록되어 있는 약속에 근거하고 있다.

> 한 사람의 범죄로 말미암아 사망이 그 한 사람을 통하여 왕 노릇 하였은즉 더욱 은혜와 의의 선물을 넘치게 받는 자들은 한 분 예수 그리스도를 통하여 생명 안에서 왕 노릇 하리로다 롬 5:17

이 구절에 사용된 '왕 노릇 하다'라는 단어는 헬라어로 '바실류오'(basileuo)인데,1) '공회당' 혹은 건축 양식을 지칭하는 '바실리카'(basilica)라는 영어 단어가 여기에서 유래되었다. '바실리카'는 고대 로마에서 왕립 재판소로 사용되었다.2) 그러므로 '바실류오'라는 단어는 왕처럼 지배하는 것, 사법적으로 지배하는 것을 지칭한다. 다른 말로 이 구절의 '왕 노릇하다'는 말은 왕으로서 생명 안에서 통치하는 것, 왕의 통치권을 갖는 것, 왕다운 지배권을 소유하는 것을 뜻한다.

더 이상 포기하지 말라

만일 당신이 지금 패배의 삶을 살고 있다면, 이를테면 죄와 끊임없는 죄책감과 내면의 정죄에 좌절하고, 질병과 불안의 공격에 고꾸라지고, 금전적 어려움과 깨어진 인간관계에 절망하는 패배의 삶을 살고 있다면, 당신은 지금 하나님이 계획하신 삶을 살고 있는 게 아니다. 왜냐하면 하나님 말씀의 권위에 입각하여 분명히 말하건대, 당신은 왕으로서 생명 안에서 통치하고 삶의 모든 환경과 어려운 문제들을 왕처럼 지배하게끔 되어 있기 때문이다. 당신은 그 모든 것을 압도하라는 부름, 그 모든 것에 짓밟히지 말라는 부름을 받았다. 이제 생명 안에서 왕 노릇 하는 당신의 귀한 권리를 더 이상 포기하지 말라. 그 어리석은 일을 중단해야 할 때가 이르렀다!

그러나 오늘날 우리는 생명 안에서 왕 노릇 하고 있는 우리의 모습을 보는 대신, 사망이 세상에서 왕 노릇 하고 있음을 입증하는 증거를 더 많이 목격하고 있다. 성경은 한 사람의 범죄 때문에, 즉 아담이 에덴에서 범한 죄 때문에 사망이 왕 노릇 하기 시작했다고 말한다.

우리의 삶이 조상들의 삶과 깊이 관련되어 있다는 것을 깨닫는 것이 중요하다. 우리 할아버지가 없었다면 우리도 존재하지 못했을 것이다. 그렇게 우리는 우리가 하나님 앞에 죄를 지었기 때문이 아니라 아담의 죄로 인하여 죄인이 되었다. 아직도 많은 신자들은 자기가 하나님 앞에 죄를 지었기 때문에 죄인이 되었다고 생각한다. 그러나 그것은 성경이 말하는 바가 아니다. 하나님의 말씀이 말하는 것은, 우리가 아담의 죄로 인하여 죄인이 되었다는 것이다.

마찬가지로 우리는 우리의 의로운 행위 때문이 아니라 한 사람, 곧 예수님의 십자가 순종으로 말미암아 새로운 언약 안에서 의로워진다. 생명 안에서 왕 노릇을 하는 비밀은, 예수님이 십자가 위에서 우리를 위해 이루신 모든 것을 '받아들이는 데' 있다!

받아들이는 것과 성취하는 것

성경은 우리가 예수 그리스도로부터 두 가지를 그저 받아들이기만 하면 예수 그리스도를 통하여 생명 안에서 왕 노릇을 하게 되어 있다고 분명히 말한다. 그 두 가지란 '하나님의 은혜'와 '의(義)의 선물'이다(롬 5:17 참조).

하나님의 방식은 인간의 방식과 반대다. 인간은 자신의 노력으로 스스로 가치와 자격을 갖춰야만 하나님의 축복과 은총을 얻어낼 수 있다고 생각한다. 인간은 하나님의 축복이 인간의 행동과 선한 행위에 근거하고 있다고 생각한다. 그러나 그것은 하나님의 방식이 아니다.

하나님의 방식은 인간의 '성취'가 아니라 '받아들임'에 관계되어 있다. 하나님께서는 우리가 하나님의 은혜와 의의 선물을 넘치게 받아들일 때 생명 안에서 왕 노릇 하게 될 것이라고 약속하셨지, 하나님의 은혜를 획득할 만한 성과를 올리고 우리 자신의 의를 성취할 때 그렇게 될 거라고 말씀하지 않으셨다. 그러나 무슨 이유에서인지 수많은 그리스도인들이 '성취 시스템'에 근거하여 계속 살아가고 있다.

당신은 이렇게 질문할지 모른다.

"아니, 목사님! 그게 정말 그렇게 쉬운 거라면, 많은 그리스도인들이 생명 안에서 왕 노릇을 하고 있지 못한 까닭이 무엇인가요?"

그렇게 질문해주니 기쁘다. 그 질문에 대답하기 위해 나도 한 가지 질문을 하겠다. 대부분의 사람들이 인생에서 성공하려면 근면하게 노력해야 한다고 믿고 있다는 사실을 알고 있는가?

세상의 성공 시스템은 '자기 노력'과 '근면'이라는 쌍둥이 기둥에 근거하고 있다. 거기에는 꼭 지켜야 할 규칙들이 있고, 어떤 결과를 얻기 위해 반드시 따라야 하는 방법과 기법들이 있다. 그리고 대개의 경우, 전문가들은 자기들이 제시하는 방법과 단계들을 충실히 따르지 않는다면 우리가 얻을 수 있는 결과가 매우 미약해질 거라고 단언한다.

세상은 성취하는 것, 행하는 것, 우리의 노력을 의지하는 것에 집중하라고 계속 가르쳐왔다. 우리는 무언가를 하고 또 하고 또 하는 데 온 정신을 쏟을 뿐, 기독교 신앙이 '실제로 이미 행해진 일'에 관한 것임을 망각한다.

세상은 더 많이 행할수록, 더 열심히 일할수록, 더 많은 시간을 투자할수록 더 많은 성공을 이룰 것이라 말한다. 더 열심히 일하라고, 주일에 교회에 출석하는 것 따위는 잊으라고, 아내나 자녀들에게 시간을 허비하지 말라고, 주말이든 휴일이든 야근을 거듭하면서 사무실에서 더 많은 시간을 보내라고, 대가를 지불해야 한다고, 얻으려면 노력해야 한다고 귀가 따갑게 잔소리를 해댄다.

신자들은 성취를 근간으로 한 세상의 이런 성공 시스템을 그대로 가져다가 자신들의 신앙생활에 적용한다. 그들은 하나님의 자비와 축복이 그들 삶에 흘러넘치도록 하나님의 은혜를 의지하는 대신, 하나님의 자비와 축복을 얻어낼 만한 자격을 갖추기 위해 자신들의 노력을 의지한다. 그러나 인간이 '자기 노력'으로 하나님의 축복을 얻어내는 것은 하나님의 방식이 아니다.

우리 자신의 노력이나 행위로는 하나님의 축복을 얻어낼 수 없다. 하나님의 축복은 전적으로 하나님의 은혜에 근거한다. 우리 삶에 임하는 하나님의 축복은 우리의 자격이나 노력이나 성과와 전혀 무관하다. 다시 말해서, 하나님의 축복을 얻을 만한 자격과 가치를 지니기 위해 우리가 할 수 있는 일은 아무것도 없다. 왜냐하면 하나님의 축복은 전적으로 예수님을 받아들이는 것, 즉 예수님이 십자가에서 끝마치신 일을 통해 하나님의 은혜와 의의 선물을 넘치게 받아들이는 것에 바탕을 두고 있기 때문이다.

하나님께서는 우리가 우리 자신의 노력과 힘으로 축복을 받으려 애쓰는 것을 즉각 중단하고 예수님이 십자가에서 이루신 은총과 축복과 치유를 받아들이기 시작할 것을 원하신다.

예수님은 이천 년 전 십자가에 달리셨을 때 큰 소리로 "다 이루었다"(요 19:30)라고 외치셨다. 예수님은 우리가 생명 안에서 왕 노릇 하는 데 요구되는 모든 것을 갈보리에서 성취하셨다. 그래서 예수님이 십자가에서 하신 일을 가리켜 '예수님이 끝마치신 일'이라 일컫는 것이다.

그렇다. 예수님은 끝마치셨다! 완료하셨다! 다 이루셨다! 우리 삶에서 역사하는 유일한 일은 십자가에서 마치신 일뿐이다! 예수님이 이미 이루신 일을 이루려 애쓰는 것을 즉각 중단하라! 이루려 애쓰는 것을 중단하고 받아들이기 시작하라!

그분이 이루신 일들을 찬양하라

사랑하는 친구 목회자인 브라이언 휴스턴(Brian Houston)과 대화를 나누던 중에 그가 예배 찬송에 대해 약간의 불만을 토로한 적이 있다. 요점인즉, 예배 찬송의 노랫말 중에 예수님이 십자가에서 우리를 위해 이미 마치신 것들을 다시 간청하는 내용들이 있다는 것이었다. 그의 생각에 전적으로 동감한다.

힐송교회(Hillsong Church)의 담임 목회자인 그는 그저 예배 찬송의 노랫말에 불만을 갖는 데 그치지 않았고, 하나님께서는 그의 교회에 기름

부으시어 이 마지막 날의 세대들에게 감화를 주는 실로 아름다운 찬양과 노랫말을 쓸 수 있게 해주셨다.

사실 내가 가장 좋아하는 예배 찬송 몇 곡은 그의 교회에서 부르기 시작한 것이다. 주님 앞에 나아가 조용히 있는 시간, 십자가에서 내 모든 죄와 질병과 가난의 대가를 온전히 치르신 예수님께 감사드릴 때, 내 마음은 감사로 흘러넘쳐 주님을 찬양한다.

주 광대하시네 영원토록 놀라운 영광의 예수
누구도 비교할 수 없는 그는 예수.[3]
_레이몬드 바담(Raymond Badham) 사·곡, 다리놓는사람들 역

주님이 명백한 임재로 나의 서재 전체를 채워주심으로 찬양에 응답해주실 때, 그래서 내 마음이 사랑하는 주님 앞에서 활활 타오르는 그 순간이 얼마나 좋은지!

물론 나는 우리가 언제나 주님의 명백한 임재를 느껴야 하는 것은 아니라고 교인들에게 상기시키곤 한다. 우리가 언제나 주님의 실재적 임재를 느끼며 살아가지는 못하기 때문이다. 하지만 주님의 임재가 느껴지면, 특히 깊고 친밀한 찬양의 시간에 주님의 임재가 느껴질 때면 주님을 즐거워하고, 주님의 사랑을 음미하고, 주님의 품에 꼭 안기라고 권고하고 싶다. 주님이 당신을 새롭게 하시고 회복하시고 치유하시는 그 시간을 주님의 임재 안에서 한껏 맛보라!

주님을 찬양하고 예배하기 위해 주일까지 기다려야 하는 것은 아니다. 반주자와 찬양 밴드와 찬양 인도자가 있어야만 우리의 구원자를 찬미할 수 있는 것이 아니다. 일상의 삶 속에서, 우리가 있는 바로 그곳에서, 악

기가 없더라도 두 손을 들고 심령과 음성을 드높여 주님을 찬양할 수 있으며, 주님이 십자가에서 이루신 일과 우리 삶에 베푸신 은혜에 감사를 올려드릴 수 있다. 아름다우신 주님을 찬양하라! 할렐루야!

나는 예수님에 대한 내용으로 가득한 찬송, 예수님이 십자가에서 이루신 일에 관한 내용으로 꽉 들어찬 예배 찬송을 좋아한다. 그래서 예배 때 그런 찬송을 부를 수 있도록 음악 담당 사역자에게 부탁한다. 일례로, 새 언약 아래서 살고 있는 우리는 찬양할 때마다 용서를 계속 간청하지 않아도 된다. 왜냐하면 예수님이 이미 우리를 용서하셨기 때문이다(골 2:13 참조). 우리 모두 큰 소리로 이렇게 외쳐보자.

"나는 이미 용서를 받았다!"

예수님의 보혈이 우리를 단번에 영원히 씻었다!

하나님 우편에 앉으신 예수님

하나님의 말씀은 예수님이 십자가에서 끝마치신 일에 대해 이렇게 단언한다.

오직 그리스도는 죄를 위하여 한 영원한 제사를 드리시고 하나님 우편에 앉으사 그 후에 자기 원수들을 자기 발등상이 되게 하실 때까지 기다리시나니 그가 거룩하게 된 자들을 한 번의 제사로 영원히 온전하게 하셨느니라

히 10:12-14

예수님이 십자가에서 끝마치신 일은 '한 영원한 제사'로 드려졌다. 그리고 우리가 예수 그리스도를 영접했을 때 우리는 영원히 온전하게 되었다. '영원히'는 얼마나 긴 시간일까? '영원히'는 말 그대로 '영원히'의 뜻이다.

우리는 죄를 결코 제거할 수 없는 동물의 피가 아니라 죄를 깨끗이 씻어 주는 예수님의 보혈로 영원히 온전하게 되었다!

그런데도 우리 주변의 신자들 가운데는 예수 그리스도께서 끝마치신 일에 의해 자신들이 영원히 온전하게 되었다는 것을 믿지 못하는 이들이 많다. 그런 신자들이 얼마나 많은지 알게 되면 깜짝 놀랄 수밖에 없다. 그들은 하나님 앞에서 온전하게 될 수 있는 자격을 획득하기 위해 여전히 자신들의 노력을 의지하며 살아가고 있다.

어쩌면 당신은 "내 모든 죄가 이미 용서받았다는 것을 어떻게 확신할 수 있지?"라는 의문을 품을지 모른다. 그렇다면 앞의 히브리서 구절이 말하는 대로, 예수님이 우리의 모든 죄를 위한 희생의 제물로서, 또한 우리의 모든 죄에 대한 값으로 그분의 생명을 드리신 후에 '앉으셨다'는 사실에 주목하기 바란다. 예수님은 아버지 우편에 앉으셨다!

구약 시대에는 제사장들이 매일 서서 섬기며 자주 같은 제사를 드렸다. 하지만 그 제사는 언제나 죄를 없애지 못했다는 사실을 혹시 알고 있는가?

"제사장마다 매일 서서 섬기며 자주 같은 제사를 드리되 이 제사는 언제나 죄를 없게 하지 못하거니와"(히 10:11).

하지만 히브리서 기자는 바로 다음 구절에서 "오직 그리스도는 죄를 위하여 한 영원한 제사를 드리시고 하나님 우편에 앉으사"(히 10:12)라고 말한다. 예수님은 그 일이 정말로 끝마쳐졌다는 것을 우리에게 증명해 보이기 위해 앉으셨다. 옛 언약 아래서 모세의 성막에서 섬기던 제사장은 앉을 수 없었다. 그는 자신의 일을 결코 끝마칠 수 없었기 때문에 매일 서서 섬겨야 했다. 황소와 염소의 피는 죄를 제거하지 못했다(히 10:4 참조).

구약 시대 성막의 성소에는 제사장이 앉을 수 있게 준비된 기구가 하나도 없었다는 사실을 알고 있는가? 확인하고 싶다면 지금 당장 출애굽기 36~38장을 읽어보라. 성막의 성소에는 분향단도 있고 등잔대도 있고 심지어 진설병대도 있었지만, 흥미롭게도 의자는 단 하나도 없었다.

그 이유가 무엇일까? 구약 제사장들의 일은 결단코 끝마쳐질 수 있는 일이 아니었기 때문이다. 오직 예수님이 십자가에서 이루신 일만이 온전히 끝마쳐진 일이다. 그리고 예수님은 아버지 우편에 앉으셨을 뿐만 아니라 우리도 예수님 옆에 앉게 해주셨다.

> 긍휼이 풍성하신 하나님이 우리를 사랑하신 그 큰 사랑을 인하여 허물로 죽은 우리를 그리스도와 함께 살리셨고 … 또 함께 일으키사 그리스도 예수 안에서 함께 하늘에 앉히시니 엡 2:4-6

특이한 전제 하나

앉는 것에 관한 이 모든 이야기들이 대체 무슨 의미란 말인가? 성경에서 '앉다'라는 표현은, 예수님이 십자가에서 마치시고 완료하신 일 안에서 편히 쉬는 신자들의 모습을 나타낸다. 예수님은 십자가에서 우리를 대신하여 모든 일을 마치셨고 지금은 아버지 우편에 앉아 계신다.

그리고 그 모든 것을 우리를 대신하여 이루셨다는 것은 곧 하나님의 축복을 얻어내기 위해, 하나님의 축복을 얻을 자격을 갖추기 위해 우리 자신의 노력을 의지하는 것을 즉각 멈춰도 된다는 것을 의미한다. 우리는 예수님과 함께 아버지 우편에 앉을 수 있다. 그러니 하나님의 축복을 얻어내기 위해, 하나님의 축복을 얻기 위한 자격을 갖추기 위해 자기 자신의 노력을 의지하는 것을 즉각 멈추라!

이제 내가 하는 말을 주의 깊게 듣기 바란다. 나는 수동적이고 게으른 삶을 옹호하는 것이 아니다. 하나님의 영광을 위해 이런저런 강좌를 수강해도 좋고, 좋은 책을 읽어도 좋고, 당신의 일을 근면하게 수행하는 것도 좋고, 그밖에 다른 많은 일들을 해도 좋다. 그러나 그런 것에 의지해서 하나님의 복을 받으려고 해서는 안 된다. 우리에게 하나님의 복이 임하게 할 수 있는 것은, 오로지 예수님이 우리를 위해 십자가에서 행하신 일뿐이다!

학생이라면 어떻게든 학업에 열중하라. 하나님의 영광을 위해 일상의 삶에서 본분을 다하라. 그러나 하나님의 복을 받기 위해 자신의 지혜나 자질이나 능력을 믿고 의지하면 안 된다.

하나님의 은혜는 우리를 게으르게 하거나 비생산적으로 만들지 않는다. 오히려 하나님의 영광을 위해 더 많이 수고하게 한다. 하나님의 은혜, 예수님이 십자가에서 이루신 일들을 전적으로 전파했던 설교자 바울은 "내가 모든 사도보다 더 많이 수고하였으나 내가 한 것이 아니요 오직 나와 함께하신 하나님의 은혜로라"(고전 15:10)라고 말했다.

그렇다. 하나님이 새 언약 안에서 역사하시는 방법은 우리에게 먼저 복을 주시는 것이다. 그리고 하나님의 복을 받았다는 사실을 깨달을 때 우리는 더 많이 수고할 힘을 얻는다. 다시 말해서, 우리가 하나님의 복을 받기 위해 수고하는 것이 아니라 이미 하나님의 복을 받았기 때문에 수고할 능력을 얻게 된다는 것이다. 새 언약 안에 있는 수고를 위한 이 전제를 알아차리겠는가?

오늘날 수많은 신자들이 패배의 삶을 살아가고 있는 까닭은, 자신의 노력으로 하나님의 복을 받기 위한 자격을 갖추기 위해 애쓰고 있기 때문이다. 이처럼 자기 노력에 열중할 때, 우리는 하나님의 은혜로 생명 안에서 왕 노릇 하는 것을 강탈당하게 된다. 우리 자신의 노력으로는 구원도, 치유도, 재정적인 타개책도 얻을 수 없다.

모든 이적 중에 가장 큰 이적, 곧 지옥에 떨어져야 마땅한 죄인이 구원을 받는 것도 우리의 행위가 아니라 믿음을 통해 은혜로 받는 것이다. 하물며 치유나 형통이나 회복된 결혼생활처럼 그보다 훨씬 더 작은 이적들은 더욱더 믿음을 통해 은혜로 오지 않겠는가?

　　예수님은 십자가에서 우리를 위해 모든 것을 이루셨다. 우리의 몫은 예수님의 완벽한 일을 의지하고, 두 팔 벌려 하나님의 풍성한 은혜와 의(義)의 선물을 넘치게 받아들이고, 예수 그리스도를 통하여 생명 안에서 왕 노릇 하기 시작하는 것이다.

　　이제, 하나님의 은혜와 의(義)를 얻으려고 우리 힘으로 애쓰는 것을 멈추게 해달라고 기도하라. 예수님이 십자가에서 끝마치신 일을 의지하기 시작하는 법과 하나님의 은혜를 받아들이기 시작하는 법을 성령의 역사로 가르쳐달라고 기도하라. 이것이 바로 내 힘으로가 아니라 은혜로 축복과 온전함과 승리의 삶에 이를 수 있는 하나님의 길이다.

Chapter 2

율법은
이미 성취되었다

D E S T I N E D
T   O
R E I G N

가장 큰 소명

몇 해 전, 어떤 집회에 강사로 초청을 받은 적이 있다. 집회 첫날, 한 설교자가 강단에 올라가 확신 가득한 목소리로 말했다.

"여러분 삶의 가장 큰 소명은 여러분의 가족들을 향한 소명입니다!"

청중들은 그 말을 좋아했고, 모인 사람들 전체가 동의의 표시로 갈채와 환호를 보냈다. 둘째 날, 또 다른 설교자가 강단에 올라가 열정적인 시선으로 사람들을 쳐다보며 말했다.

"여러분 삶의 가장 큰 소명은 선교를 향한 소명입니다!"

이번에도 청중들은 열광했고, 집회 장소가 떠나갈 듯 '아멘!'으로 화답했다.

셋째 날, 내 차례가 되었을 때 나는 기도하지 않을 수 없었다.

"하나님, 이미 두 사람이 '가장 큰 소명'을 다 말해버렸습니다. 저에게 새로운 깨달음을 주소서!"

그렇게 기도를 끝내고 강단에 올랐을 때, 하나님께서 내 마음에 한 가지 깨달음을 주셨고, 나는 큰 소리로 외쳤다.

"여러분 삶의 가장 큰 소명은 하나님을 찬양하고 예배하는 사람이 되라는 것입니다!"

우리 모두가 잘 알고 있는 것처럼, 우리는 이 땅에서의 모든 선교를 마친 뒤에, 우리 가족들과 천국에서 재회한 뒤에 우리의 아름다운 구세주 예수 그리스도께서 우리를 위해 행하신 모든 것에 대해 예수 그리스도를 영원히 찬미할 것이다. 그 찬양은 전적으로 예수님에 관한 것이다! 그 찬양은 전적으로 예수님이 끝마치신 일에 관한 것이다!

우리가 예수님이 십자가에서 마치신 일을 제대로 이해하면 할수록, 그리고 우리가 생명 안에서 왕 노릇 할 수 있도록 예수님이 이루신 모든 것을 제대로 깨달으면 깨달을수록 예수님을 더 찬양할 것이며 예수님께 더 많은 영광을 올릴 것이다. 이제 하나님의 말씀 한 구절을 묵상하면서 예수님이 이루신 일에 대해 좀 더 깊이 생각해보자.

기독교를 독특하게 만드는 것

율법은 모세로 말미암아 주어진 것이요 은혜와 진리는 예수 그리스도로 말미암아 온 것이라 요 1:17

이 구절에서 진리가 율법이 아닌 은혜와 나란히 서 있다는 것을 알아차렸는가? 또한 율법이 '주어진 것'이라는 사실을 알아차렸는가? '주어졌다'는 표현은 일종의 거리감을 내포한다. 반면 은혜는 왔다! 은혜는 인격적인 것으로, 곧 예수 그리스도라는 인격으로 우리에게 왔다.

율법은 딱딱하고 냉담하며 비인격적이다. 십계명이 새겨진 돌판 두 개와는 인격적인 관계를 가질 수 없다. 그러나 은혜는 부드럽고 온화하며 인격적이다. 은혜는 가르침이나 원칙이 아니다.

하나님께서는 우리의 단순한 순종이나 굴복에는 관심이 없으시다. 하나님은 사랑의 하나님이시므로 우리와 친밀한 관계를 맺기 바라신다. 이것이 기독교를 독특하게 만든다. 세상의 많은 신념체계들은 도덕 규정이나 도덕법의 지배를 받는다. 그러나 기독교는 그런 것들과 무관하다. 기독교 신앙은 전능하신 하나님과 인격적인 관계를 맺는 것에 관계되어 있다.

우리 하나님께서 인간 세상에 오셨고, 우리가 생명 안에서 왕 노릇 할 수 있게끔 십자가에서 잔인한 죽임을 당하셨으며, 그분의 생명으로 우리의 죗값을 대신하여 온전히 치르셨다. 예수님의 십자가 희생은 '관계'에 대해 말한다. 예수님은 죄악으로 가득한 인간과 거룩하신 하나님을 서로 화해시키기 위해 세상에 오셨다. 그러므로 우리가 예수 그리스도를 우리의 주인과 구세주로 영접할 때, 예수님의 보혈에 의해 한 번에 영원히 거룩해지고 의로워진다.

그리고 어떤 죄책감도 느끼지 않고서, 누구의 어떤 정죄도 받지 않고서, 무서운 형벌을 예상하지 않고서 전능하신 하나님 앞에 담대히 나아갈 수 있다. 이 모든 게 십자가 덕택이며, 예수님이 우리 죗값을 모자람 없이 치르신 덕택이며, 우리 죄에 대한 하나님의 심판이 십자가의 예수님께 이미 집행된 덕택이며, 우리 죄에 대한 하나님의 진노가 십자가의 예수님께 충분히 발해진 덕택이며, 예수님이 십자가에서 우리 대신 죽으셨을 때 성소의 휘장이 찢어져 하나님과의 친밀함으로 향한 길이 활짝 열린 덕택이다. 죄는 더 이상 우리가 하나님 앞에 나아가는 것을 막지 못한다. 예수님의 십자가 보혈이 우리 죄의 모든 흔적을 깨끗이 제거했다!

예수님이 다 충족시키셨다

우리가 모세의 율법(인간의 행위와 노력)을 우리와 하나님 사이에 다시 가져다놓는 순간, 우리는 예수님이 십자가에서 마치신 일을 무효로 만드는 짓을 하는 것이다. 바울의 말대로, 의로움이 율법을 통해 올 수 있는 것이라면 예수님이 헛되이 죽으신 것이기 때문이다(갈 2:21 참조).

기독교 신앙은 의무사항과 금지사항을 나열한 비인격적인 목록으로 축소될 수 없다. 예수님의 십자가 죽음은 옛 언약의 율법의 의로운 요구사항들을 충족시켰다. 예수님은 "우리를 거스르고 불리하게 하는 법조문으로 쓴 증서를 지우시고"(골 2:14) 십자가에 못 박으셨다. 예수님은 율법의 모든 요구사항들을 우리를 대신하여 충족시키기 위해 이 세상에 오셨고, 그 결과로 하나님께로 가는 길이 활짝 열렸다. 할렐루야!

"우리가 더 이상 율법 아래 있지 않다는 말이라는 건 알겠는데, 예수님은 율법을 폐하러 온 것이 아니라고 말씀하시지 않았나요?"

이렇게 질문하고 싶을지 모르겠다. 물론 정확히 그렇다. 하지만 예수님 말씀을 인용하려면 끝부분까지 완벽하게 인용해야 한다. 예수님은 이렇게 말씀하셨다.

> 내가 율법이나 선지자를 폐하러 온 줄로 생각하지 말라 폐하러 온 것이 아니요 완전하게 하려 함이라 마 5:17

예수님은 율법을 돗자리 밑에 쓸어 넣지 않으셨다. 예수님은 율법을 무시하려 들지 않으셨다. 그보다는 우리를 대신하여 그 모든 요구사항들을 완벽하게 충족시키셨다. 우리가 할 수 없었던 모든 것을 우리를 대신하여 행하셨다. 율법의 모든 요구사항들은 예수님에 의해 충족되었다!

주택을 매입하기 위해 은행에서 융자를 받은 사람은 다달이 납입금을 지불하면서 채무를 갚아나가야 한다. 그러나 융자금을 다 상환한 사람은 더 이상 납입금을 내지 않아도 된다. 왜? 채무를 이미 청산했기 때문이다. 그런데도 은행에서 매달 청구서를 보내 납입을 재촉한다면, 상환 확인증이나 통장의 상환 내역을 보여주면 그만이다. 마찬가지의 의미로, 당신과 내가 율법에 지고 있던 채무는 우리의 구세주 예수님에 의해 완전히 청산되었다. 할렐루야!

그런데도 만약 사탄이 율법을 가지고 계속 정죄한다면, 다시 말해 우리가 얼마나 부족하고 모자란 사람인지 계속 비난하고 고발한다면, 예수님이 십자가에서 우리를 대신하여 율법의 모든 요구사항들을 충족시키셨다는 사실만 분명히 지적하여 보여주면 그만이다. 예수 그리스도가 우리의 등기권리증이다. 그렇기 때문에 우리가 오늘날 '그리스도인'(Christ-ian)이라 불리는 것이다.

우리는 우리 자신의 것이 아니다. 우리는 예수 그리스도께서 십자가에서 보혈을 흘려 사신 그리스도의 소유이다. 율법은 더 이상 우리에게 영향력을 행사할 수 없다.

사탄이 휘두르는 무기

당신도 핵무장 해제가 오늘의 국제사회의 중대한 문제란 것을 모르지 않을 것이다. 그렇다면 핵무장보다 훨씬 더 사악하고 불길한 존재가 있다는 것을 알고 있는가? 그러나 그 세력이 이미 무장해제 당했다는 것도 알고 있는가? 성경은 주님이 통치자들과 권세들을 무력화하셨다고 증언한다(골 2:15 참조). 우리는 '통치자들과 권세들'이 사탄과 그의 수하들을 지칭한다는 사실을 에베소서를 통해 알고 있다(엡 6:12 참조).

그렇다! 사탄은 이미 무장해제 당했다. 하지만 사탄이 강제로 무장해제 당하기 전에 어떤 무기를 휘둘러댔는지 알고 있는가? 하나님이 이에 대해 뭐라고 말씀하시는지 살펴보자.

우리를 거스르고 불리하게 하는 법조문으로 쓴 증서를 지우시고 제하여 버리사 십자가에 못 박으시고 통치자들과 권세들을 무력화하여 드러내어 구경거리로 삼으시고 십자가로 그들을 이기셨느니라 골 2:14,15

이 구절의 문맥에 근거하여 말하면, 사탄은 우리를 거스르고 불리하게 하는 법조문으로 쓴 증서로 무장하고 있었다. 법조문으로 쓴 증서가 얼마나 대단한 것이기에 그것을 말소하는 데 예수님의 죽음까지 필요했던 것일까?

이스라엘 백성이 애굽에서 나왔을 때, 하나님께서는 시내 산에서 두 개의 돌판에 십계명을 써주셨다. 따라서 법조문으로 쓴 증서는 하나님의 손가락에 의해 쓰인 율법을 지칭했다. 그리고 사탄은 인간을 고발하고 정죄하기 위해 그 율법으로 무장했다. 물론 하나님께서 사탄을 무장시키기 위해 율법을 주신 것은 아니다. 하지만 그 율법이 인간에게 불리하단 사실을 알고 있던 사탄이 그것을 악용한 것이요, 인간이 하나님의 값없는 은혜를 받아들이고 담대하게 하나님 앞에 나아가는 것을 막기 위해 지금까지도 사용해오고 있는 것이다.

율법은 언제나 인간을 정죄한다. 그리고 율법의 정죄를 받은 인간은 집요하게 파고드는 지독한 죄책감과 자책감으로 인해 거룩하신 하나님 앞에 감히 나아가지 못한다. 그렇게 율법은 인간을 하나님에게서 멀리 떼어놓는다. 그러므로 사탄은 인간을 하나님으로부터 더 멀리 떼어놓기 위해 율법을 무기로 이용한다. 사도 바울이 하나님께서 율법을 십자가에 못 박아 없애버리셨을 때 사탄과 어둠의 권세들을 숱한 사람들의 구경거리로 만드셨다고 말하는 것이 바로 그런 까닭이다(골 2:13-15 참조).

하나님께서 옛 언약의 율법을 예수님의 십자가에 못 박은 이상, 우리가 예수님을 믿고 의지하는 한, 율법은 더 이상 우리를 정죄할 수 없고, 사탄은 무기를 잃을 수밖에 없다. 따라서 예수님이 율법의 의로운 요구사항들을 완벽하게 충족시키셨다는 것을 우리가 깨닫고 믿기만 하면, 사탄은 우리가 넘어질 때마다 율법으로 정죄하고 비난하는 짓을 더 이상 할 수 없게 된다. 사탄이 여전히 율법을 악용하여 우리 죄를 지적하더라도, 우리는 예수님의 십자가를 가리키며 사탄의 정죄와 비난을 거부하면 된다.

어쩌면 당신은 "그 누구도 하나님이 손으로 쓰신 법조문을 말소할 수 없어!"라고 말할지 모른다. 맞다. 옳은 말이다. 그 누구도 그렇게 할 수 없다. 하지만 하나님은 그렇게 하실 수 있다! 그리고 하나님께서는 매우 정당한 방식으로 그렇게 하셨다! 우리는 율법의 저주에서 건짐 받았다. 사탄과 그의 패거리들은 무장해제 당했다! 할렐루야!

사탄을 다시 무장시키는 것

만일 우리가 계속 율법 아래 있기를 고집한다면 사탄에게 다시 무기를 장착해주는 꼴이 된다. 하나님께서는 율법을 십자가에 못 박으셨고, 그 요구사항들을 말소하셨으며, 우리의 길에서 그것을 치우셨고, 사탄의 무장을 해제시키셨다.

그러나 우리 자신을 다시 율법이라는 옛 언약 시스템에 예속시킨다면, 그래서 우리 자신의 행위와 노력으로 하나님의 복을 얻어내려 애쓴다면, 하나님이 사탄에게서 벗겨낸 무기를 다시 사탄의 손에 들려주게 된다.

"하나님의 복을 받으려면 율법을 지켜야 한다!"라고 말하는 모든 가르침은 율법이라는 무기를 사탄의 손에 다시 쥐여주는 짓이다. 오늘날 얼마나 많은 그리스도인들이 사탄의 무장을 해제시킨 하나님의 은혜 안에서 편히 쉬는 대신 어둠의 권세를 재무장시켜 그 힘을 강화해주고 있는지 모른다.

물론 율법은 거룩하고 의롭고 선한 것이다. 그렇지 않다고 말하는 것이 아니다. 오해하지 말라. 하지만 율법이 아무리 거룩하고 의롭고 선한 것이라도, 그것은 우리를 거룩하고 의롭고 선하게 만들 능력이 없다. 잘 알다시피 율법은 우리의 연약함과 죄를 폭로하기 위해, 또 거룩해지고 의로워지고 선해지는 능력이 우리 안에 없다는 것을 깨우쳐주기 위해 하나님이 만드신 것이다.

율법은 우리의 결함, 말하자면 우리 얼굴의 여드름과 뾰루지를 보여주는 거울과 같다. 그렇다고 여드름과 뾰루지를 깨끗이 없애기 위해 거울로 얼굴을 박박 문지를 수는 없는 일이다. 그것은 거울의 용도가 아니다. 아무리 열심히 율법을 지켜도, 아무리 많은 율법 조항을 준수해도 우리는 하나님 앞에서 거룩해질 수 없다. 이 점을 분명히 깨달아야 한다. 오직 예수님의 십자가 보혈만이 그렇게 할 수 있다.

그럼에도 율법은 거룩하다. 그것은 사탄에게서 나온 것이 아니다. 하나님에게서 나온 것이다.

율법을 주신 목적

하나님께서는 한 가지 목적으로 율법을 주셨다. 그 목적이란, 세상으로 하여금 죄를 알게 하고(롬 3:20 참조) 구원자가 필요하다는 것을 자각시키기 위함이다. 율법이 없으면 범법도 없다(롬 4:15 참조).

예를 들어, 어떤 도로에 속도제한규정이 없으면 교통경찰이 과속 차량를 세우는 일도 없을 것이고, 속도위반 딱지를 발부하는 일도 없을 것이다. 간단히 말해서, 법이 없는 상태는 죄가 없는 상태와 같고, 죄에 대한 인식이 없는 상태는 구원자의 필요성에 대한 인식이 없는 상태와 같다.

율법은 우리를 인간의 한계로 데려가 하나님 앞에서 의로워질 수 있는 능력이 우리 안에 없다는 것을 깨우쳐주고, 그렇게 절망하는 가운데 예수님이 필요하다는 사실을 자각시키기 위해 하나님이 주신 것이다. 율법이 있음으로 인해 그 어떤 인간도 자신은 죄인이 아니라고 말할 수 없고, 자신에게 예수님이 필요 없다고 말하지 못한다. 이것이 율법의 목적이다. 율법은 우리를 경건하게 하기 위해서가 아니라 우리의 불경건함을 폭로하기 위해 하나님이 설계하신 것이다.

사탄이 하는 일은 사람들 머리를 율법에 대한 생각으로 가득 채워 정죄감과 죄책감에 늘 짓눌리게 하는 것이다. 사탄은 우리가 얼마나 무가치한 인간인지 지속적으로 상기시키는 율법주의의 우두머리이다. 사탄은 그리스도인들을 비난하는 자로 알려져 있다(계 12:10 참조). 사탄은 보통 이런 말로 우리를 공격한다.

"너 정말 그리스도인 맞아?"

"너는 위선자야!"

"기도 따위는 잊어! 하나님이 너 같은 인간의 기도를 들어주실 거 같아?"

"네 삶을 돌아봐. 감히 너 따위가 교회에 발을 들여?"

그러나 모두 새빨간 거짓말이다. 사탄은 언제나 우리에게 우리의 단점과 결함을 의식시키기 위해 율법을 악용한다.

그러나 분명히 말하지만, 우리는 예수 그리스도를 통해 이제 더 이상 율법의 정죄 아래 놓여 있지 않다. 사탄은 십자가의 능력으로 무장해제 당했다. 죄를 알지도 못하시는 예수님이 우리를 대신하여 십자가에서 정죄 받으셨고, 우리는 예수 그리스도를 통하여 율법의 행위와 무관하게 의롭게 되었다(고후 5:21 참조).

그러므로 당신을 거세게 비난하는 목소리가 들릴 때면 당신이 예수 그리스도를 통해 하나님의 의(義)가 되었다는 사실을 당신 자신에게 상기시켜라. 그 사실을 큰 소리로 선언하라.

"나는 예수 그리스도를 통하여 하나님 앞에서 의롭게 되었다!"

우리는 예수 그리스도를 통해 하나님 앞에서 의롭게 되었다. 그것은 하나님의 은혜의 선물이지, 율법을 완벽하게 지킨 데 대한 보상이 아니다. 우리는 우리 자신의 의(義)인 '자기 의'(self-righteousness)를 입고 있는 것이 아니다. 우리는 예수 그리스도의 의(義)로 온통 덮여 있다. 하나님께서는 예수님을 의롭게 여기시는 것처럼 우리를 의롭게 여기신다.

오직 은혜만이 소망이다!

하나님의 은혜를 철저하게 선포하는 설교만이 신자들에게 소망을 전할 수 있다. 예수님이 십자가에서 마치신 일만이 우리에게 온전함과 완전함과 평안을 줄 수 있다. 어떤 사람들은 그리스도인의 삶이 어렵다고 말한다. 그러나 그리스도인의 삶은 어려운 것이 아니다. 그것은 불가능하다! 그리스도인의 삶을 살아갈 수 있는 유일한 분은 예수님뿐이시기 때문이다.

하지만 예수님은 오늘도 우리 안에서 그리스도인으로서의 삶을 살아가기 원하신다. 우리가 모세의 율법을 지키기 위해 애쓰지 않아도 되는 것이 그런 까닭이다. 예수님은 십자가에서 우리를 대신하여 율법의 요구사항들을 온전히 충족시키셨고, 우리의 죗값을 지불하셨다.

　오늘 우리가 해야 할 일은, 우리의 구원자를 믿고 그분으로부터 은혜와 의의 선물을 넘치게 받아들이는 것뿐이다. 그리스도인의 삶은 그리스도 예수 안에서 쉬는 삶, 예수님이 십자가에서 마치신 일 안에서 쉬는 삶이다. 지금은 우리 자신의 노력을 중단하고 예수님을 즐거워해야 할 때이다!

　사탄은 은혜의 복음을 미워한다. 신자들이 은혜의 복음을 의지할 때 생명 안에서 왕 노릇 하게 되기 때문이며, 그렇게 신자들이 왕 노릇 하게 되면 사탄이 더 이상 왕 노릇 하지 못하게 되기 때문이다!

Chapter 3

은혜의 복음을
둘러싼 논쟁

은혜를 지나치게 강조하는 것은 위험해요!

인간의 자기 노력을 배제하고 은혜를 받아들이는 것에 대해 말하는 순간, 사람들은 이렇게 반론을 제기한다.

"소위 은혜의 설교자라는 사람들을 조심해야 해요! 은혜를 지나치게 강조하는 것은 유익하지 않아요. 은혜와 율법의 균형을 맞춰야 해요!"

사람들이 왜 이렇게 소리 높여 반론을 제기하는지 곰곰이 생각해본 적 있는가? 이런 걱정과 우려가 어디에서 비롯되었는지 생각해본 적 있는가?

유명한 영화 시리즈인 〈인디아나 존스〉에 대해 생각해보라. 주인공 인디아나 박사는 온갖 장애물과 함정을 지난 뒤에야 비로소 값진 유물을 손에 넣는다. 뜨거운 불화살들이 왼쪽을 스치고, 독화살들이 오른쪽에서 날아오고, 날카로운 쇠꼬챙이들이 촘촘히 박힌 함정이 앞에 숨겨져 있으며, 위에서는 큰 바위들이 떨어진다. 그의 길에 그렇게 많은 장애물이 설치되어 있는 까닭은 단지 저 끝에 보물이 있기 때문이다.

같은 이유로, 사탄은 은혜의 복음 주변에 수많은 장애물과 울타리를 설치한다. 사탄은 우리가 하나님의 은혜를 받아들이는 법을 배우는 순간 생명 안에서 왕 노릇 하기 시작하리라는 사실을 누구보다 잘 알고 있다. 예수님의 말씀처럼, 사탄은 훔치고 죽이고 파괴하기 위해 온다(요 10:10 참조). 사탄은 꺾이고 주저앉는 우리의 모습을 보고 싶어 하지, 생명 안에서 왕 노릇 하는 모습을 보고 싶어 하지 않는다. 그래서 사탄은 신자들이 하나님의 은혜와 의(義)의 선물을 넘치게 받아들이는 것을 막기 위해 부지런히 일하고 있다.

논쟁, 사탄의 전략

사탄은 자신의 목적을 이루기 위해 하나님의 진리 주변에 논쟁의 울타리를 두르는 전략을 쓴다. 하나님의 백성들이 하나님의 모자람 없는 약속에서 유익을 얻지 못하도록 그 주변에 논쟁의 울타리를 설치하는 것이다. 그러므로 우리는 사탄이 어떤 진리에 얼마나 많은 논쟁의 울타리를 둘러치느냐 하는 것으로 그 진리가 얼마나 강력한지 분별할 수 있다.

하나님의 말씀은 사탄의 책략을 모르면 안 된다는 점을 일깨워준다. 예수님이 십자가 위에서 죽으셨을 때 사탄의 머리는 박살났다. 하나님은 사탄에게 영구적 두뇌 손상을 입히셨다. 그래서 사탄의 전략에는 늘 창의성이 결여되어 있다. 즉, 과거에 했던 것과 똑같은 짓을 지금도 여전히 계속하고 있다.

예를 들어, 하나님께서 그리스도의 몸 된 교회에 '병 고침'이란 진리를 회복시키실 때, 사탄은 그 주변에 '이단'이란 표지판을 세웠다. 그리고 교회는 그 표지판을 바라보며 뒤로 물러나 "그래, 교회에서 병을 고치는 건 이단이야. 그건 위험한 짓이야. 논쟁을 일으키는 짓이야. 그러니 병 고침에 대해 말하는 건 잊기로 하자!"라고 오랫동안 말해왔다.

교회는 하나님께서 병 고침에 대해 뭐라고 말씀하시는지 확인하기 위해 하나님의 말씀을 연구하는 대신, 뒤로 물러났다. 교회는 예수님의 공생애 사역의 3분의 2 이상이 병자들의 치유와 관련되어 있다는 사실을 간단히 무시해버렸다. 예수님은 병자들을 치유하며 두루 행하셨고, 예수님을 만진 사람들 모두가 고침 받았다. 이에 대해 성경은 "온 무리가 예수를 만지려고 힘쓰니 이는 능력이 예수께로부터 나와서 모든 사람을 낫게 함이러라"(눅 6:19)고 기록하고 있다.

할리우드의 누군가가 누가복음의 이 장면을 영화로 제작하면 얼마나 좋을까! 모든 병자들, 앉은뱅이들과 소경들이 예수님께 나아간다. 그러자 '짠!' 하고 예수님의 치유의 능력이 방출되고, 예수님을 만진 사람들이 모두 고침 받는다. 이는 우리가 병 고침을 받기 위해 하나님을 믿고 의지할 때마다 마음에 떠올려도 좋을 강력한 이미지다.

세상은 진리를 갖고 있지 않다. 그들은 꾸며낸 이야기들을 포장하여 진리로 내놓는다. 외계에서 온 생명체들을 보여주며 외계인들이 실재한다고 믿게 만든다. 반면, 우리 신자들은 진리를 갖고 있다. 하지만 우리는 우리가 가지고 있는 진리를 마치 허구인 양 포장하여 내놓는다. 신자들이여, 그러지 말자. 우리는 진리를 가지고 있다! 예수님의 복음의 진리를 담대히 선포하자!

예수님의 은혜의 진리, 예수님의 능력의 진리만이 사람들에게 기름을 부어 해방시킬 수 있고 자유롭게 해줄 수 있다. 나는 지금 하나님께서 예수님의 복음의 진리를 순수하고 강력하게 세상에 내놓을 새로운 영화감독, 연출자, 시나리오 작가 세대들을 세우시는 중이라고 믿어 의심치 않는다.

또한 사탄은, 하나님이 교회에 '형통'(prosperity)의 진리를 회복시키실 때에도 '이단'이라는 표지판을 세웠다. 그리고 교회는 그 진리가 단지 논쟁을 불러일으킨다는 이유로, 오랫동안 그 진리에서 떨어져 살았다. 교회는 우리의 부요함을 위해 예수님이 가난해지셨다는 성경의 단언(고후 8:9 참조)을 또다시 간단히 무시해버렸고, 뒤로 멀찍이 물러나 "잊어. 그건 너무 많은 논쟁을 불러일으켜!"라고 말했다.

나는 몇몇 신자들이 왜 그렇게 병들 권리, 가난해질 권리를 주장하는지 정말 이해하지 못하겠다. 당신은 부모로서 당신 자녀들이 병에 걸리기를 바라는가? 비참한 가난 속에서 살기를 원하는가? 자녀들이 아플 때 의사에게 데려가는 이유가 무엇인가? 자녀들이 가능한 최선의 교육을 받을 수 있게 이른 아침부터 늦은 저녁까지 고단하게 일하는 까닭이 무엇인가? 그들이 복된 삶을 살기를, 건강하기를, 풍요로운 미래를 맞게 되기를 바라기 때문 아닌가?

그렇다면 하늘에 계신 우리 아버지께서 우리에게 그보다 훨씬 못한 것들을 주실 거라 생각하는가? 잠깐이라도 생각해보라. 땅에 있는 우리도 자녀들에게 좋은 선물을 줄 줄 아는데, 하물며 하늘에 계신 우리 아버지께서 더 좋은 것으로 우리에게 주시지 않겠는가?(마 7:11 참조).

사탄은 신자들이 하나님의 가장 강력한 진리들에 다가가는 것을 막기 위해 교회사 전반에 걸쳐 논쟁을 그 도구로 사용해오고 있다. 이 사실을 간파해야 한다. 사탄은 신자들이 질병과 가난과 죄를 다스리는 것을 막기 위해 병 고침의 진리와 형통의 진리와 은혜의 진리 주변에 논쟁의 울타리를 쳤다. 따라서 하나님의 어떤 진리 주변에 논쟁이 많다는 것은 거꾸로 그것이 다른 진리들보다 더 강력한 진리라는 반증일 수 있다.

내 말에 깊은 주의를 기울여라! 하나님의 진리를 둘러싼 모든 논쟁들이 다 하나님 말씀에 근거한 것은 아니다. 우리는 하나님의 진리를 둘러싼 논쟁들을 성경 말씀에 비추어 살펴야 한다. 그러나 어쨌든지 논쟁 그 자체는, 하나님의 백성들이 하나님의 진리에 접근하는 것을 막기 위해 사탄이 사용하는 도구다. 사탄은 간교한 거짓말쟁이에 기만하는 도둑이다. 따라서 우리는 하나님의 말씀에 근거하여 믿어야 하며, 모든 것을 성경에 비추어 살펴야 한다. 단지 사람들이 하나님의 은혜가 논쟁을 일으킬 우려가 있다고 말한다고 해서 하나님의 은혜에서 물러나는 과오를 범하지 말라! 하나님의 말씀을 깊이 연구하여 말씀이 은혜에 대해 뭐라고 말하는지 직접 확인하도록 하라!

행위로는 받을 수 없는 은혜

어쩌면 당신은 이렇게 말할지 모른다.

"아하, 이제 알겠네요! 당신은 '번영 복음'(믿음과 순종으로 하나님께 나아가는 사람은 물질적 부와 세상에서의 영향력과 육신의 건강을 포함한 하나님의 충만한 복을 받는다고 주장하는 신학사조로 '번영 신학'이라고도 함 - 역자 주)을 전파하는 설교자군요!"

그러나 '번영 복음' 같은 것은 없다. 성경에는 오직 하나의 복음만 있을 뿐이다. 그것은 예수 그리스도의 복음이다. 하지만 우리가 예수님의 복음을 믿을 때, 다시 말해서 하나님의 은혜를 바탕으로 한 예수님의 복음을 믿을 때, 그것은 분명 건강과 부요함과 승리를 낳을 것이다. 사실 예수님의 복음은 축복과 성공과 치유와 회복과 보호와 재정적 돌파와 안위와 평화와 온전함을 낳는다. 아니 그보다 더 많은 것들을 낳는다!

하나님께서는 우리에게 복을 주신다. 우리가 선해서가 아니라 하나님이 선하시기 때문이다. 하나님의 은혜는 우리를 향한 그분의 신실하심과 선하심에 바탕을 두고 있다. 하나님의 은혜는 우리의 노력이나 성과나 실적을 조건으로 하지 않는다. 하나님의 은혜는 전적으로 분에 넘치는, 우리 힘으로는 도저히 받을 수 없는 하나님의 은총에 근거한다.

만일 하나님의 은총이 우리가 얼마나 선한 사람인가를 조건으로 한다면 그것은 더 이상 은혜에 근거하지 않는 것이요, 대신에 율법 시스템에 근거하는 것이며 우리의 행위와 공적에 따라 주어지는 은총이 될 것이다. 율법의 옛 언약과 은혜의 새 언약 사이에는 차이가 있다. 그 둘의 차이점은 다음과 같다.

먼저 율법은 인간의 행위에 상응하는 은총이다. 그러므로 우리는 율법의 명령을 완벽하게 지킬 때 축복을 받을 수 있다. 반면, 은혜는 인간의 행위로는 받을 수 없는, 분에 넘치는 은총이다. 예수님이 율법의 명령들을 완벽하게 성취하셨고, 우리는 예수님을 믿음으로써 축복을 받을 수 있다.

당신은 오늘 어떤 언약 아래서 살고 있는가? 율법의 옛 언약 아래서 살고 있는가? 아니면 은혜의 새 언약 아래서 살고 있는가? 인간의 행위에 상응하는 은총 아래서 살고 있는가? 아니면 인간의 행위로는 받을 수 없는 분에 넘치는 은총 아래서 살고 있는가?

만일 하나님의 복을 받는 것이 우리 행위에 의해 좌우된다면, 즉 율법을 지키는 우리의 능력과 행위로 자신을 의롭게 만드는 우리의 능력에 따라 좌지우지된다면, 율법의 옛 언약 아래서 사는 것과 은혜의 새 언약 아래서 사는 것은 아무런 차이도 없을 것이다. 그리고 옛 것과 새 것 사이에 실제적인 차이가 없음으로 인해 복음의 좋은 소식은 진짜로 좋은 소식이 되지 못할 것이다. 하나님께서는 옛 언약의 흠을 발견하셨고(히 8:7,8 참조), 참으로 좋은 이유로 발견하셨다.

은혜가 복음이다

한번은 친구 사역자가 어느 신학대학 학장에게 그 학교의 교육과정으로 '은혜'에 관한 강좌를 개설하는 게 어떻겠냐고 제안했다. 그러자 이런 대답이 돌아왔다.

"은혜에 대해서는 신중을 기해야 합니다."

그렇다. 은혜에 대한 이런 우려가 오늘날 교계에 팽배해 있다. 그들은 '은혜'라는 말을 듣는 순간 1급 경보를 발령한다. 율법, 곧 인간의 행위와 자신의 노력을 하나님의 은혜 앞에 두기 때문이다.

나는 그 친구에게, 나 역시 하나님의 은혜를 신학교 교육과정의 한 가지 주제로 삼는 것에 동의하지 않는다고 말했다. '은혜'는 하나의 주제가 아니라 곧 복음이기 때문이다. 은혜가 곧 좋은 소식이다. '복음'이란 단어는 '좋은 소식'을 뜻한다. 은혜는 신학의 한 분야가 아니다. 하나의 주제도, 하나의 교리도 아니다. 은혜는 하나의 인격이요, 그 이름은 예수님이다. 바로 그렇기 때문에, 즉 은혜를 넘치게 갖는 것이 곧 예수님을 넘치게 갖는 것이기 때문에 하나님께서는 우리가 은혜를 넘치게 받기를 원하신다.

이렇게 묻고 싶은가?

"아니, 목사님! 은혜가 하나의 인격이고 그분이 예수님이시라니, 어떻게 그런 말을 할 수가 있는 거죠?"

탁월한 질문이다. 우선 하나님의 말씀이 이에 대해 뭐라고 말하는지 살펴보자.

> 율법은 모세로 말미암아 주어진 것이요 은혜와 진리는 예수 그리스도로 말미암아 온 것이라 요 1:17

율법은 주어진 것이고, 은혜와 진리는 예수 그리스도로 말미암아 온 것이라는 사실을 주목하라. 율법은 주어졌다. 주어졌다는 말은 거리감을 내포한다. 그러나 은혜는 왔다! 은혜는 인격이신 예수님으로 말미암아 우리에게 왔다.

그리고 또 하나, 이 구절에서 진리가 율법이 아니라 은혜 쪽에 나란히 서 있다는 점을 깨닫는 것이 중요하다. 성경은 우리가 진리를 알면 진리가 우리를 자유롭게 할 것이라고 단언한다(요 8:32 참조). 그렇다. 은혜가 바로 우리를 자유롭게 해줄 그 진리이다. 모세의 율법이 아니라 말이다.

이 구절에서 율법은 모세 쪽에 있다. 반면 은혜와 진리는 우리의 구원자 쪽에 있다. 그런데도 오늘날 모세의 율법에 매달려 마치 그것이 인간을 자유롭게 해주는 진리인 양 설교하는 설교자들이 많다. 오직 하나님의 은혜만이 인간을 자유롭게 해주는 유일한 진리이다! 진리는 은혜 쪽에 있지 율법 쪽에 있지 않다!

죄를 압도하는 능력

사람들은 "십계명에 대해 말할 때는 신중을 기해야 해요!"라고 말하지 않는다. "율법을 전파하는 설교자가 이곳에 온다지요? 그런 율법 설교자들을 조심해야 해요!"라고 말하지도 않는다. 사람들이 하나님의 은혜에 대해서는 열띠게 논쟁하면서, 인간의 노력과 행위를 근간으로 하는 율법(십계명)에 대해서는 논쟁하지 않는 까닭이 뭘까?

우리가 율법에 예속되기를 우리의 대적이 원하기 때문이다. 사탄은 예수님이 우리를 자유롭게 해주셨다는 사실을 우리가 알게 되기를 바라지 않는다. 우리를 계속 율법 아래 두는 한, 계속 좌절시킬 수 있다는 것을 잘 알기 때문이다.

흥미롭게도 사람들은 누군가에게 "당신은 하나님의 은혜로 완전히 용서받았어요. 하나님 앞에 설 수 있는 권리를 얻기 위해 더 이상 모세의 율법에 매달리지 않아도 돼요!"라고 말하면, 그가 세상에 나아가 방탕한 죄의 삶을 살게 될 거라고 걱정한다.

그러나 성경은 "죄의 권능은 율법이라"(고전 15:56)고 분명히 말한다. 그렇다. 사람들에게 죄를 지을 힘을 주는 것은 은혜가 아니라 율법이다! 죄를 짓지 않으려 애쓰는 인간의 자기 노력이다! 율법 아래서 살아가면 살아갈수록 죄는 더욱 커진다. 거꾸로 은혜 아래서 살아가면 살아갈수록 죄는 그 힘을 더욱 상실하게 된다.

사실 성경은 이렇게 단언한다.

> 죄가 너희를 주장하지 못하리니 이는 너희가 법 아래에 있지 아니하고 은혜 아래에 있음이라 롬 6:14

이 강력한 계시의 말씀을 얼버무리지 말라! 이는 곧 하나님의 은혜를 더욱더 받아들일수록, 죄를 압도하는 능력을 더욱더 갖게 된다는 의미이다. 다른 말로, 당신이 하나님의 은혜의 선물을 넘치게 받아들일 때, 죄가 당신을 지배하지 못하게 될 것이다!

그러나 참으로 불행하게도, 오늘날 악의는 아니더라도 이 강력한 계시의 말씀과 전혀 다른 메시지를 전하는 사람들이 정말 많다. 그들은, 우리가 율법 아래에 머문다면 죄가 우리를 지배하지 못할 거라고 설교한다. 그 필연적 결과로 우리 삶에 죄가 커지는 것을 보면, 그들은 율법에 대해 더 많이 설교한다. 율법을 설교할수록 죄는 더욱 뚜렷해지고 신자들은 더욱 헤어나오기 어려워진다. 그러나 하나님의 은혜에 대해 더 많이 설교하면 신자들은 죄를 지배하는 능력을 더 많이 얻는다. 그런데 누가 설교자들의 역할을 이런 식으로 바꾸어놓은 것일까? 사탄은 하나님의 양떼들의 눈에 두꺼운 꺼풀을 씌워놓았다. 지금은 진리를 선포할 때다! 지금은 사탄이 우리 눈에 덮은 두꺼운 꺼풀을 제거해야 할 때요, 사탄이 은혜의 복음 주변에 둘러친 울타리를 부숴야 할 때다!

의의 선물 주변의 울타리

사탄은 하나님의 '은혜의 선물'뿐 아니라 '의(義)의 선물' 주변에도 울타리를 치는 데 성공했다. 오늘날 전통신학은 '지위상의 의'(positional righteousness)라 하는 것뿐만 아니라 '실제적인 의'(practical righteousness)라는 것이 있다고 가르친다. 그들은 설령 우리가 하나님의 은혜로 의롭게 되었다 하더라도, 그 의로워진 상태를 지속하기 위해 율법을 지켜야 하고 옳은 일을 행해야 한다고 말한다. 이것을 가리켜 '실제적인 의를 갖는 것'이라고 말한다.

그러나 그것은 사도 바울이 가르친 것이 아니다. 그리스도 예수 안에는 오직 하나의 의(義)밖에 없다. 이 의를 모르는 자들에 대해 바울이 뭐라고 말했는지 살펴보자.

"내가 증언하노니 그들이 하나님께 열심이 있으나 … '하나님의 의'(혹자들이 '지위상의 의'라 말하는 것)를 모르고 '자기 의'(그들이 '실제적 의'라 일컫는 것)를 세우려고 힘써 하나님의 의에 복종하지 아니하였느니라"(롬 10:2,3).

이 말씀에서 바울이, 인간 스스로의 노력으로 '자기 의'를 얻어야 한다는 일체의 가르침에 반대하고 있다는 것이 명백하다. 우리는 하나님 앞에서 의롭게 되었거나 그렇지 않거나 둘 중 하나이다. 성경에 먼저 '지위상의

의'를 얻고 그 다음에 '실제적인 의'를 통하여 그 의를 유지해야 한다는 말 같은 것은 없다. 우리는 그리스도 안에서 하나님의 의(義)가 되었다. 이상 끝! 이것이 전부이다!

여기서 우리는, 사탄이 신자들을 기만하여 '의로움이란 율법을 완벽하게 지킴으로써 성취해야 하는 무엇'이라고 믿게 만드는 전략을 쓰고 있다는 점을 놓치지 말아야 한다. 사실 우리 육신의 귀에는 그 모든 말들이 매우 타당하게 들린다. 그러나 정말 그런 것이라면 하나님의 의의 선물은 창밖으로 완전히 내던져질 것이다.

사탄은 매우 간교하다. 사탄은 우리가 하나님의 의의 선물로 의로워지는 것에 직접적으로 관여하지는 못한다. 그러나 그 의의 선물을 받지 못하게 기만하고 훼방할 수는 있다. 사탄은 우리가 율법을 통해 '자기 의'를 추구하게 되기를 바란다. 그래서 '의의 선물'(롬 5:17)이란 어구에서 '선물'이라는 중요한 단어를 슬쩍 빼버린다. 그러고는 예수님이 십자가에서 이루신 일을 의지하는 대신에, 행위와 노력을 통해 '자기 의'를 얻을 책임이 바로 우리 자신에게 있다는 거짓된 생각을 심어준다.

오늘날에도 '자기 의'를 얻기 위해 진지하게 힘쓰는 신자들이 많이 있다. 참으로 애석한 일이다. 그러나 유감스럽게도 그들이 진정으로 잘못되었다고 말하지 않을 수 없다. 하나님의 길은 율법이 아니라 은혜로 말미암는다! 인간의 선한 행위로는 의로움을 얻을 수 없다. 의로움은 오로지 하나님의 선물로만 올 수 있다. 그리고 만일 우리가 하나님의 선물을 얻기 위해 우리의 힘으로 노력해야 한다면, 그것은 더 이상 선물이 될 수 없다.

예를 들어, 만일 누군가 남은 평생 매달 2만 달러씩 지불하는 조건으로 최신형 스포츠카를 준다면, 그것이 진짜 선물이 될 수 있겠는가? 물론 아닐 것이다. 평생 그 자동차 값을 지불해야 하는데, 그것이 어떻게 선물이 되겠는가? 이치에 맞지 않는다.

그러나 오늘날 많은 설교자들이 그런 메시지를 전하고 있다. 그들은 하나님께서 우리에게 '의의 선물'을 주기는 주되, 그 의로움을 유지하려면 남은 평생 율법을 지켜야 한다는 조건으로 주신다고 말한다. 그게 진짜 선물일까?

하나님께서는 우리에게 의의 선물을 주셨을 때, 진짜 선물을 주셨지 가짜 선물을 주지 않으셨다. 그러니 우리 자신의 행위와 노력으로 하나님의 선물을 얻기 위해 애쓰는 것을 이제 멈춰라! 우리에게 주시는 하나님의 선물에는 조건이 없다!

의로움은 새 언약 안에 있는 하나님의 선물이다. 이를 믿기 시작하라! 오늘날 많은 신자들이 패배의 삶을 살고 있는 까닭은, 율법을 지키고 선한 행위를 함으로써 자기 의를 얻으려 애쓰기 때문이다. 우리의 의로움은 예수님이 십자가에서 우리를 위해 이루신 일에서 기인하는 하나님의 선물이다.

우리의 모든 죄는 예수님의 보혈에 의해 깨끗이 씻겼다. 우리는 완전히 용서받았다. 예수님을 우리 삶에 영접하는 순간, 우리 죄에 대한 책임을 언제까지라도 지지 않아도 된다. 우리는 우리의 행위를 통해서가 아니라 예수님을 믿는 믿음을 통해서, 그리고 예수님이 십자가에서 이루신 일을 통해서 예수님이 의로우신 만큼 의롭게 되었다(고후 5:21 참조).

"하지만…, 하지만 나는 의로워질 만한 일은 아무것도 한 게 없는 걸요!"

그렇다. 정확히 옳은 말이다. 당신은 의로워질 만한 일은 아무것도 하지 않았다. 그리고 예수님은 죄인이 될 만한 어떤 일도 하지 않으셨다. 당신은 지금 당신 자신의 의가 아니라 예수님의 완벽한 의를 입고 있다. 그것은 예수님이 당신을 위해 그분의 피를 흘려 사신 선물이다. 그러므로 하나님 앞에서의 의로움은 인간의 행위나 자기 노력으로 얻어낼 수 있는 것이 아니다.

우리의 의로운 지위나 혹은 하나님 앞에 설 수 있는 권리는 오로지 선물로만 받을 수 있다. 오늘날 우리가 가지고 있는 의로워질 수 있는 권리는 예수님이 십자가에서 피를 주고 사신 권리다! 우리가 이 땅에서 할 수 있는 모든 일들 가운데, 하나님으로 하여금 우리를 더욱더 많이 사랑하게 만들 수 있는 일은 아무것도 없거니와 덜 사랑하게 만들 수 있는 일도 아무것도 없다. 하나님께서는 당신과 나를 완벽하게 사랑하신다. 그리고 지금 우리가 예수님의 의를 입고 있는 것을 보고 계신다. 그러니 당신도 당신이 예수님의 의의 옷을 입고 있다는 것을 보기 시작하라!

죄의 면허증?
당신은 다시 반론을 제기할지 모른다.

"우리가 우리 자신의 행위나 율법 준수와 상관없이 하나님 앞에서 영원히 의로워졌다는 것이지요? 그러나 사람들에게 그렇게 말하면 세상에 나아가 방종한 삶을 살게 되지 않을까요? 목사님의 말이 사람들에게 죄의 면허증을 발부해주는 꼴이 되지는 않을까요?"

정말 좋은 질문이다. 나는 우선 이런 질문을 던짐으로써 대답을 시작하겠다.

"사람들이 '죄의 면허증' 없이도 이미 숱한 죄를 짓고 있다는 사실을 알고 있는가?"

당신과 나는 다른 모든 사람들이 죄를 압도하는 승리의 삶을 살기를 바란다. 당신과 나는 그런 동일한 목표를 가지고 있다. 나의 사상에 관한 의심의 여지를 남기지 않기 위해 나는 여기에서 명확하게 이분법으로 표현하겠다.

"나 조셉 프린스는 가장 맹렬하게, 가장 적극적으로, 가장 확정적으로 죄에 반대하는 사람입니다!"

죄는 악한 것이다. 나는 죄를 눈감아줄 마음이 추호도 없다. 죄악의 생활 방식은 패배와 파멸을 가져올 뿐이다. 당신과 나, 우리의 목표는 동일하다. 하지만 죄를 압도하는 승리의 삶에 어떻게 도달하느냐 하는 방법론에 있어서 다소 다르다. 많은 사람들이 율법에 대해 더 많이 설교함으로써 사람들을 그런 삶으로 이끌 수 있다고 생각한다. 반면 나는 하나님의 은혜를 더 많이 설교함으로써 이끌 수 있다고 확신한다.

만일 당신이 우리 교회를 방문해본다면 하나님의 은혜와 의의 선물이라는 좋은 소식을 넘치게 받아들인 교인들이 세상으로 내달아 죄의 삶을 살기를 결코 원하지 않는다는 사실을 발견할 것이다. 사실 우리 교회에는 대기업 임원들, 기업인들, 변호사들, 회계사들, 각 분야의 전문가들 등 소위 사회에서 잘나가는 사람들이 많이 출석하고 있다. 당신은 그런 사람들 모두가 예수님을 깊이 사랑하고 있음을 보게 될 것이다. 또한 결혼 생활이 어떻게 회복되었는지, 수백만 달러에 달하는 거액의 부채가 어떻게 초자연적으로 청산되었는지, 말기 암이 어떻게 기적적으로 치유되었는지 등 예수님의 좋은 소식이 신자들의 삶에 일으킨 놀랍고도 감동적인 간증들을 듣게 될 것이다.

나 자신이 아니라 예수님에게 몰두하는 것

우리가 예수 그리스도를 만날 때, 그래서 예수님이 우리를 위해 십자가에서 이루신 모든 것과 예수님이 우리를 위해 주신 모든 복을 깨달을 때,

죄는 우리를 잡아당기던 그 힘을 잃게 된다.

우리가 예수님을 만나 예수님이 우리를 위해 십자가에서 이루신 모든 것과 예수님이 우리를 위해 주신 모든 복을 깨달을 때, 우리는 하나님의 놀라운 의의 선물을 받은 것을 깨닫기 시작할 것이며, 동시에 그 선물을 받을 만한 어떤 일이나 그에 합당한 어떤 공적도 세우지 않았음을 깨닫기 시작한다.

그러면 그 다음엔 무슨 일이 일어날까? 예수님과의 이런 만남이 우리로 하여금 세상으로 달려 나가 죄를 짓게 할까? 결코 아니다. 오히려 예수님과 더 깊은 사랑에 빠지게 할 것이다. 예수님과의 이런 만남은 우리를 더 나은 남편, 더 나은 아빠, 더 나은 아내, 더 나은 엄마, 더 나은 자녀로 만들 것이며, 예수님의 은혜와 힘으로 죄를 압도하는 승리의 삶을 살아감으로써 주 예수님의 영광을 드높이기를 진정으로 사모하는 인간으로 만들 것이다!

우리 자신이 아니라 예수님에게 몰두하는 것, 그것이 우리로 예수 그리스도를 통하여 생명 안에서 왕 노릇 하게 만들 것이다. 그것이 바로 복음의 혁명이다!

하나님의 말씀은 "깨어 의를 행하고 죄를 짓지 말라"(고전 15:34)고 말한다. 하나님의 은혜로 의로워졌다는 것을 더 깊이 깨달을수록, 더 많이 의식할수록, 우리는 죄를 압도하는 승리를 더욱더 많이 체험할 것이다. 우리는 예수 그리스도를 통하여 하나님의 의가 되었다. 매일 아침 일어나 그것을 감사드려라!

최종적인 회복

하나님께서는 수세기의 역사를 통해, 하나님의 귀한 진리들을 교회에 회복시켜오셨다. 그리고 나는, 하나님께서 지금 마지막으로 회복시키고 계신 최종적인 진리가 '예수님 바로 그분'과 '예수님이 십자가에서 이루신 일'이라고 믿는다. 결국에 가서는 예수님이 십자가에서 마치신 일에 관한 계시가 더욱더 강력해질 것이며, 사람들은 은혜의 새 언약의 온전한 유익을 한껏 맛보기 시작할 것이다.

예수님이 십자가 위에서 우리를 위해 죽으신 것은 우리 가운데 그 누가 그런 대접을 받을 만한 자격이 있어서가 아니다. 우리는 모두 지옥 불에 떨어져 마땅하다. 그러나 우리는 예수 그리스도에 의해 구속(救贖) 받았다.

'구속'이란 말은 문자적으로 '대가를 주고 사다'란 뜻이다. 여기서 '대가'는 예수님 자신이시다. 예수님은 자기 자신을 당신과 나를 위한 속전(贖錢)으로 내어주셨다. 예수님은 당신과 내가 하나님의 은혜와 의의 선물을 넘치게 받아 생명 안에서 왕 노릇 할 수 있게끔 자기 자신을 내어주셨다. 우리가 하나님의 은혜와 의의 선물을 넘치게 받아 생명 안에서 왕 노릇 하는 것, 그것은 전적으로 예수님에게 관계되어 있다!

지금은 교회가 하나님의 은혜로부터 뒷걸음질 치는 것을 중단해야 할 때다. 하나님의 은혜를 드높였다가 논쟁을 일으키면 어쩌나 하는 걱정을 중단해야 할 때다. 하나님의 말씀을 연구하라. 그래서 하나님의 은혜를 받아들이는 것이 바로 구원에 이르는 하나님의 능력이라는 사실을 직접 확인하라! 하나님의 은혜로부터 뒷걸음질 치는 것을 즉각 중단하라!

은혜의 복음 분별하기

우리가 받고 있는 가르침이 교리적으로 건전한 것인지 분별하는 법에 대해 나누고 싶다. 만일 어떤 설교자가 진정으로 은혜의 새 언약을 설교하고 있다면, 그는 언제나 그리스도를 드높일 것이며, 언제나 예수님을 분명히 드러낼 것이며, 언제나 예수님의 아름다움과 예수님이 십자가에서 행하신 일의 완전함을 공포할 것이며, 언제나 예수님을 영화롭게 할 것이다. 예수님 없는 은혜는 있을 수 없기 때문이다!

따라서 누군가가 그저 "나는 은혜를 설교합니다!"라고 말한다는 이유로, 그가 정말로 하나님의 은혜를 전하는 설교자라고 쉽게 단정 짓지 말라. 하나님의 말씀은 모든 것을 살피고 따져보라고 권면한다. 하나님은 우리에게 "뱀같이 지혜롭고 비둘기같이 순결하라"(마 10:16)고 말씀하셨다.

나는 당신이 이 책을 읽고 있는 지금 이 순간에라도, 내가 하는 말들을 무조건 다 믿기를 바라지 않는다. 성경을 펴고 하나님의 말씀을 묵상하면서 새 언약 안에 있는 우리 주 예수님의 은혜가 생동하는 것을 직접 체험하기를 진심으로 바란다.

예수님 없는 은혜의 가르침은 없다. 예수님과 은혜를 분리할 수 없다. 어떤 설교자의 설교에서 '은혜'라는 단어가 방울져 똑똑 떨어지는데, 그 사람이 예수님을 드높이지도 않고 예수님이 십자가에서 행하신 일도 드높이지 않는다면, 그 사람은 은혜의 복음을 전하는 것이 아니다.

우리가 은혜의 복음을 듣고 있는지 분별하기 위한 또 하나의 방법은, 은혜의 복음은 인간의 노력이나 행위나 행함에 주의를 집중하지 않는다는 점을 기억하는 것이다. 은혜의 복음은 인간의 '자기 노력'을 중요하게 여기지 않는다. 은혜의 복음은 전적으로 예수님의 노력과 예수님이 행하신 일에 집중한다. 율법은 사람으로 하여금 언제나 자신을 의식하게 만든다. 언제나 이렇게 질문하게 만든다.

"내가 무엇을 해야 하지?"

반면 은혜의 복음은 언제나 그리스도를 의식하게 만든다. 그래서 이렇게 질문하게 만든다.

"그리스도께서 나를 위해 무엇을 이루셨지?"

은혜 아래서 우리가 해야 할 일은 오직 예수 그리스도를 믿는 것이다. 우리는 그저 믿을 때 주님의 복을 받고 의로워진다.

우리가 율법 아래 있을 때에는 율법의 모든 요구사항들을 충족해야 한다는 무거운 짐을 진다. 그러나 은혜 아래 있을 때에는 그리스도께서 십자가에서 행하신 일이 그 짐을 대신 진다. 그래서 예수님은 "수고하고 무거운 짐 진 자들아 다 내게로 오라 내가 너희를 쉬게 하리라 … 이는 내 멍에는 쉽고 내 짐은 가벼움이라 하시니라"(마 11:28-30)라고 말씀하신 것이다.

예수님은 세속적인 직업을 수행하느라 수고하고 무거운 짐 진 사람들을 향해 이 말씀을 하신 것이 아니다. 예수님은 모세 율법의 요구사항을 충족하느라 수고하고 무거운 짐을 진 자들에게 이 말씀을 하셨다.

율법의 멍에는 어렵고 무겁다. 그러나 예수님은 은혜를 계시하기 위해 오셨고, 은혜의 멍에는 쉽고 가볍다. 그것은 우리의 행위나 노력과는 전혀 무관하고 전적으로 그리스도께 관계되어 있기 때문이다. 예수님이 우리를 대신하여 죄의 짐을 지셨기 때문이다. 은혜 아래서 우리가 해야 할 일은 오직 예수 그리스도를 믿는 것이고, 우리는 그저 믿을 때 의로워지며 예수님이 주시는 모든 복을 받는다. 아, 참으로 놀라운 은혜다!

지옥의 심연에서 나온 거짓말

은혜의 새 언약은 실로 강력한지라, 하나님의 은혜에 관한 가르침을 왜곡하려는 사탄의 시도는 늘 있어왔다. 소위 설교자라 불리는 사람들 가운데, 하나님의 은혜가 아닌 다른 은혜를 전파하는 사람들이 있다. 그들은 '보편적 구원'을 믿는다. 그들은 하나님의 은혜 때문에 모든 사람들, 심지어 예수님을 믿지 않고서도 구원을 얻을 것이라고 주장한다.

그러나 그것은 지옥의 심연에서 나온 거짓말이다! 그 어떤 인간도 우리의 구원자 예수 그리스도를 통해서가 아니면 구원받을 수 없다! 예수님은 길이요 진리요 생명이다(요 14:6). 그 어떤 인간도 예수님을 통해서가 아니면 아버지께 나아가지 못하며 영원한 생명을 얻지 못한다. 예수 그리스도가 없으면 은혜도 없다. '보편적 구원'이라는 가르침은 예수님의 이름을 더럽히는 거짓말이요, 예수님이 십자가에서 이루신 일을 부정하는 거짓말이다! 참된 은혜는 언제나 예수님을 모든 것의 중심에 놓는다. 참된 은혜는 전적으로 예수님에게 관계되어 있다.

지금은 교회가 하나님의 은혜를 둘러싼 이런 논쟁의 울타리들을 무너트리고 예수님을 더욱더 많이, 더욱더 밝히 드러내야 할 때다. 나의 사역의 중추는 예수님을 더 많이 드러내는 것, 예수님에 관한 것들을 더 많이 보는 것, 예수님의 사랑스러우심과 완벽함과 은혜를 더 많이 보는 것이다. 한마디로 나의 사역의 핵심은, '놀라운'이라는 형용사를 '은혜'라는 명사 앞에 다시 갖다놓는 것이다!

하나님의 은혜가 아무런 자격도, 공로도 없는 우리에게 거저 주시는, 분에 넘치는 하나님의 은총이라는 사실을 깨닫지 못한 신자들은, 하나님의 은총을 받을 만한 자격을 갖추고 공로를 쌓기 위해, 그리하여 하나님의 은총을 획득하기 위해 모세의 율법을 준수하는 자신의 노력을 의지할 것이다. 마찬가지로 의로움이 하나님의 선물이라는 것과, 그것이 '올바로 행하는 것'이 아니라 '올바로 서는 것'에 관계되어 있음을 깨닫지 못한 신자들은, 그 선물을 얻어내기 위해 그들 자신의 노력을 의지할 것이다.

논쟁의 울타리 허물기

우리는 생명 안에서 왕 노릇 하게끔 되어 있다. 우리 주님은 우리의 가정생활과 가족들이 복을 받고, 우리의 곳간이 충만하게 넘치고, 우리의 육신이 예수님의 부활의 생명으로 가득해지는 것을 보실 때 흡족히 기뻐하신다.

그러나 우리가 하나님의 강력한 진리들에 접근하지 못하게 사탄이 그 주변에 울타리를 세우고 견고한 방책을 두른 탓에, 지금은 그 울타리들이 두꺼운 벽처럼 굳어 있다. 오늘날 사탄이 두른 그 두꺼운 벽들이 하나님의 풍성한 은혜와 의의 선물을 빙 둘러싸고 있다.

그러나 우리는 하나님의 은혜에 의지하여 그 두꺼운 벽들을 무너트릴 것이다. "우리의 싸우는 무기는 육신에 속한 것이 아니요 오직 어떤 견고한 진도 무너뜨리는 하나님의 능력"(고후 10:4)이기 때문이다. 생명 안에서 왕 노릇 하는 우리의 권리를 강탈해간 사탄의 견고한 진을 무너트리자! 예수님이 십자가에서 우리를 위해 보배로운 피를 흘려 사신 귀한 보물들을 받아들이자! 그리고 생명 안에서, 우리 삶의 모든 영역에서 왕 노릇 하기 시작하자!

Chapter 4

DESTINED TO REIGN

도둑맞은 은혜를
다시 찾으라!

오락가락하는 기독교

"하나님께서는 때로는 나를 기뻐하시지만, 때로는 화를 내세요!"

"하나님께서는 때로는 내게 복을 주시지만, 때로는 저주하세요!"

"하나님께서는 때로는 나를 자상하게 보살펴주시지만, 때로는 무관심하게 내버려두세요!"

"하나님이 오늘은 나를 부요하게 해주시지만, 내일은 겸손하게 하기 위해 가난을 주실지 몰라요!"

"하나님이 오늘은 나를 치유해주시지만, 내일은 교훈을 가르치기 위해 질병을 주실지 몰라요!"

"하나님이 오늘은 내 모든 죄를 용서해주시지만, 내일은 내 죄에 대해 내가 책임져야 할지도 몰라요!"

정말 그런가? 오늘날 많은 신자들은 "하나님은 때로는 선하시지만 때로는 선하시지 않다. 때로는 우리를 기뻐하시지만 때로는 화를 내신다"

고 믿는다. 이렇게 말하는 사람들은 예수 그리스도의 반석에 견고하게 뿌리를 내리지 못한 채 이리저리 요동친다. 그런 신자들은 두 언약 사이에서, 즉 율법의 옛 언약과 은혜의 새 언약 사이에서 살아간다. 그들은 하나님이 그들을 기뻐하실 때도 있고, 화를 내실 때도 있다고 말하는 혼합된 메시지를 믿는다.

그런 신자들에게 "하나님이 당신을 언제 기뻐하시나요?"라고 질문하면 "제가 올바로 행할 때지요!"라고 대답한다. 다시 그들에게 "그 말은 당신이 잘못 행할 때 하나님이 화를 내신다는 뜻인가요?"라고 질문하면, 그들은 "맞아요, 하나님은 제가 잘못 행할 때에 화를 내시지요"라고 대답한다.

하나님이 때로 자신에게 화를 내신다고 믿는 신자들은, 은혜의 새 언약이 아니라 여전히 율법의 옛 언약 아래서 살아가고 있는 것이다. 하나님은 율법의 옛 언약 아래서는 인간에게 의로움을 요구하셨다. 그러나 은혜의 새 언약 아래서는 인간을 위해 의로움을 공급해주셨다.

율법의 옛 언약 아래서는 모든 것이 인간과 인간의 행위와 순종에 달려 있었다. 그러나 은혜의 새 언약 아래서는 모든 것이 예수님과 예수님이 십자가에서 이루신 일에 달려 있다. 율법은 인간에게 의로움을 요구하지만, 인간을 돕기 위해 손가락 하나 까딱하지 않는다. 반면 은혜는 인간에게 의로움을 주고 인간을 대신하여 모든 것을 이룬다!

모세의 율법에 근거한 옛 언약 안에서는 모든 것이 우리가 반드시 해야 할 일과 하지 말아야 할 일들에 기초하고 있다. 일례로, 십계명이 기록된 출애굽기 20장에 "너는 하지 말라"는 어구가 몇 번이나 등장하는지 한번 세어보라. 그리고 그것을 우리 주님이 말씀하시는 은혜의 새 언약과 비교해보라.

그들의 잘못을 지적하여 말씀하시되 … 내가 이스라엘 집과 유다 집과 더불어 새 언약을 맺으리라 … 이 언약은 내가 그들의 열조의 손을 잡고 … 그들과 맺은 언약과 같지 아니하도다 … 내가 이스라엘 집과 맺을 언약은 이것이니 내 법을 그들의 생각에 두고 그들의 마음에 이것을 기록하리라 나는 그들에게 하나님이 되고 그들은 내게 백성이 되리라 … 내가 그들의 불의를 긍휼히 여기고 그들의 죄를 다시 기억하지 아니하리라 … 새 언약이라 말씀하셨으매 히 8:8-13

율법의 옛 언약은 "너는 하지 말라 … 하지 말라 … 하지 말라!"는 명령에 근거하고 있다. 반면 은혜의 새 언약은 "내가 하리라 … 내가 하리라 … 내가 하리라!"는 주님의 말씀에 근거하고 있다. 율법 언약의 요구와 강조점이 '행하는 우리'에게 있는 반면, 은혜 언약의 요구와 강조점은 '행하시는 하나님 자신'에게 있다는 것이 명백하다!

예수님에 의해 이미 행해진 것, 우리가 행하는 것

하나님께서 우리를 대신하여 모든 것을 행하실 것이다. 그리고 사실, 하나님께서는 우리를 위해 이미 모든 것을 행하셨다. 예수님이 이미 십자가에서 우리를 위해 죽으셨기 때문이다. 기독교는 예수님에 의해 이미 '행해진 것'에 관계되어 있지, 우리가 '행하는 것'에 관계되어 있지 않다. 이를 꼭 기억하라!

예수님은 은혜의 새 언약을 제정하기 위해 세상에 오셨다. 그리고 그 은혜의 새 언약 아래에서 하나님은 더 이상 인간에게 화를 내지 않으신다. 인간의 모든 죄에 대한 하나님의 진노와 노여움이 십자가에 달리신 예수님의 몸에 이미 남김없이 쏟아졌기 때문이다.

이제 이 말을 주의 깊게 들어라! 이 말이 당신의 삶을 근본적으로 변혁시킬 것이기 때문이다. 그것은, 예수님이 십자가에서 "다 이루었다"라고 외치신 단 하나의 이유가, 우리의 모든 죄에 대한 하나님의 맹렬한 진노가 예수님의 몸에 남김없이 쏟아졌기 때문이라는 것이다!

예수님은 거짓말을 못하신다. 그럴진대, 즉 우리의 모든 죄에 대한 하나님의 진노가 십자가의 예수님께 이미 남김없이 쏟아졌을진대, 어떻게 하나님이 오늘 우리에게 화를 내실 수 있겠는가? "내가 너의 불의를 긍휼히 여기고 너의 죄를 다시 기억하지 아니하리라"(히 8:12 참조)라고 이미 선언하신 하나님께서 어떻게 오늘 우리에게 화를 내실 수 있겠는가?

괴팍한 노인의 모습을 한 하나님?

오늘날 많은 신자들이 패배의 삶을 살고 있는 까닭은, 하나님께서 그들에게 화를 내신다는 거짓말을 믿기 때문이다. 많은 신자들이 생명 안에서 왕 노릇 하지 못하고 승리의 삶을 체험하지 못하는 까닭은, 그들이 과거에 행한 어떤 잘못 때문에 하나님께서 그들에게 화를 내신다는 죄책감과 정죄감에 짓눌려 살아가기 때문이다. 그러나 하나님을 괴팍한 노인처럼 보이게 하는 이런 메시지를 조심하라!

하나님은 정말 긴 지팡이를 손에 들고 우리가 하나님의 기준에 미치지 못할 때마다 노여움을 폭발시킬 준비를 하고 있는 심술궂은 노인 같은 분이실까? 나는 어린 시절, 하나님을 바로 그런 분으로 여기며 성장했다. 내 생각 속에 있는 하나님은 흰 머리, 흰 눈썹, 흰 수염에 웃음기 없는 무뚝뚝한 표정의 노인이었다. 나는 하나님을, 큰 곤봉을 들고서 내가 죄를 짓는 즉시 내 머리를 강타할 준비를 하고 있는 성미 까다로운 할아버지로 여기곤 했다. 물론 하나님에 대해 많은 것들을 깨달으면서 위협적인 곤봉을 들고 있는 하나님의 모습은 희미해지기 시작했지만, 그래도 내 생각 속에 있는 하나님은 여전히 웃음기 없는 근엄한 표정의 매우 늙은 노인이었다.

고등학교에 다니던 어느 날, 버스를 타고 가다가 하나님께 기도를 했는데, 하나님의 음성이 마음 가운데 들려왔다.

"아들아! 왜 나를 그런 노인으로 여기는 것이니?"

나는 주저하지 않고 대답했다.

"하나님은 아버지이시고, 아버지란 다 그런 모습이니까요. 아닌가요?"

그러자 하나님께서 대답하셨다.

"아들아! 늙는다는 것이 아담의 죄로 인해 땅에 임한 저주의 일부라는 것을 알고 있니? 하늘에는 그런 저주가 없단다. 나는 영원히 늙지 않아!"

나는 그런 하나님의 음성을 들었을 때, 돌연 하나님을, 그 옛날 상수리나무 아래서 아브라함과 친구로서 이야기를 나누신 하나님, 아브라함에게 별들을 보여주셨던 하나님, 홍해를 갈라 이스라엘 백성들을 노예 상태에서 해방시켜주신 하나님, 시골의 어떤 젊은 양치기에게 은총의 손을 내밀어 온 이스라엘의 왕으로 삼아주신 그 하나님과 동일하신 분으로 여기기 시작했다.

나는 지금도 나의 하나님을 그런 하나님으로 여기고 있다. 그렇다. 하나님은 영원히 늙지 않으시며, 영원히 강하시며, 영원히 사랑으로 넘치신다. 하나님은 나를 징벌하기 위해 곤봉을 휘둘러대는 그런 분이 아니시다. 오히려 하나님은 나를 껴안아주기 위해 두 팔을 활짝 벌리고 계신 분이시다.

지금 당신은 하나님을 어떤 분으로 여기고 있는가? 당신에게 화를 내시는 분으로 여기고 있는가? 아니면 은은한 미소로 당신을 껴안아줄 준비를 하고 계신 분으로 여기고 있는가? 과거 율법의 옛 언약 아래서 하나님께서는 때로는 인간을 기뻐하셨고 때로는 인간에게 화를 내셨다. 하지만 우리는 예수님이 십자가에서 행하신 일 때문에 더 이상 율법의 옛 언약 아래 있지 않다. 오늘 하나님께서는 예수 그리스도로 인하여 언제나 우리를 크게 기뻐하신다. 이 진리를 마음 깊이 심어 예수님과의 깊은 사랑에 빠져들기 바란다.

그러면 하나님의 진노는?

몇 해 전, 어떤 집회에서 설교를 마치고 주차장으로 가고 있는데 어떤 사람이 급히 내 뒤를 따라왔다. 그러고는 자동차 문을 막 열려는 내 앞을 가로막고 숨을 헐떡이며 말했다.

"잠깐만요, 목사님! 질문이 있어요!"

그 사람은 거칠게 숨을 몰아쉬면서 몹시 혼란스러운 표정으로 말했다.

"목사님은 하나님의 사랑에 대해 말씀하셨어요. 하지만 성경은 하나님의 진노에 대해서도 말하고 있지 않나요?"

나는 바로 거기 주차장에서 나의 설교 후편을 시작했다. 그리고 하나님이 진노를 갖고 계시지만, 성경은 하나님을 진노로 정의하고 있지 않다는 점, 성경의 정의에 따르면 하나님은 사랑이시라는 점을 설명해주었다.

그러자 그 사람이 소리쳤다.

"하지만 하나님은 때로 제게 화를 내시거든요!"

나는 설명했다.

"우리는 구약과 요한계시록에서 인간에게 화를 내시는 하나님을 봅니다. 하지만 거기에서 하나님의 진노는 예수님을 거부한 사람들을 향해 있습니다. 그러나 당신과 나, 즉 새 언약을 믿는 신자들에 대해 말하자면,

우리는 구약의 일부가 아닙니다. 우리는 이미 예수님을 영접했기 때문에 절대로 형벌을 받지 않을 것입니다. 하나님께서는 신자인 우리에게 더 이상 화를 내시지 않습니다. 왜일까요? 우리의 죄를 향한 하나님의 무서운 진노가 십자가의 예수님께 이미 남김없이 떨어졌기 때문입니다. 예수님은 우리의 모든 죄를 제거하는 하나님의 어린양이 되었습니다. 십자가의 예수님은 '나의 하나님, 나의 하나님, 어찌하여 나를 버리십니까?'라고 절규했습니다. 예수님이 그렇게 절규하신 까닭이 뭐라고 생각하십니까? 우리 위에 떨어질 하나님의 무서운 진노가 바로 그 순간에 예수님에게 돌아갔다는 것을 우리 모두가 명확히 알 수 있도록 그렇게 절규하신 것입니다. 예수님은 우리를 위한 속죄의 제물이 되셨습니다. 그리고 아무 죄도 짓지 않으신 예수님이, 당신과 내가 하나님의 진노를 결코 겪지 않도록 우리 대신에 죄를 지셨을 때(고후 5:21 참조), 하나님의 진노의 화염이 예수님을 완전히 집어삼켰습니다."

설명을 마치자 그 사람은 내게 고마움을 표했다. 혼란스러움이 구겨 놓았던 그의 얼굴은 밝은 미소로 바뀌었다. 그 사람은 자신의 모든 죄가 이미 갈보리에서 완벽하게 심판 받았으므로 하나님께서 더 이상 그에게 화를 내지 않으신다는 것을 확신하고서 평온한 표정으로 돌아갔다. 할렐루야!

오늘날 진실하게 믿는 신자들 가운데 그 사람과 같은 생각을 갖고 있는 이들이 많다. 그들은 하나님이 사랑의 하나님이심을 믿는다. 그러나 동시에 하나님이 맹렬한 진노의 하나님이 될 수도 있다고 믿는다. 그들은 성경을 읽을 때, 구약에서는 종종 화를 내시는 하나님을 보고 신약에서는 사랑의 하나님을 봄으로써 혼란스러워한다. 정말로 그런 것일까? 대답을 찾아보자.

두 언약의 차이

하나님께서 언약을 통해 역사하신다는 사실을 이해하는 것이 중요하다. 그 깨달음이 하나님이 우리에게 어떻게 복을 주시는지 설명해주기 때문이다. 모세의 율법 아래서 이스라엘 자손들은 '열 가지 큰 명령', 즉 십계명을 지키면 복을 받고 지키지 못하면 저주와 형벌을 받게 되어 있었다.

잠깐 생각해보라. 그들이 하나님의 저주와 형벌을 받은 것이 하나님이 진노의 하나님이기 때문이었는가? 아니다. 그들이 하나님과 맺은 언약 조항들을 지키지 못했기 때문이다. 그 언약은 율법을 지키는 그들의 능력에 따라 좌우되는 언약이었는데, 그들은 율법을 지킬 능력이 없었다.

그러나 좋은 소식이 여기 있으니, 당신과 내가 더 이상 옛 언약의 요구 사항 아래 있지 않다는 것이다. 지금 우리는, 예수님이 십자가에서 끝마치신 일을 통하여 새 언약 아래에 있고, 그 새 언약 안에서 복을 받는다. 우리가 선해서도 아니고 선한 일을 하기 때문도 아니다. 간단히 말하면, 예수님이 선하시기 때문에, 예수님이 우리를 선하게 만들어주셨기 때문이다. 예수님이 그분의 피로 우리의 모든 죄를 깨끗이 씻어주심으로써 우리를 받아주셨기 때문에 우리는 새 언약 안에서 하나님의 복을 받는다. 이 두 언약의 차이를 올바로 분별할 줄 알아야 한다.

이렇게 묻고 싶은가?

"그렇다면 하나님이 우리의 죄를 관대하게 봐주시는 쪽으로 바뀌었다는 말인가요?"

아니다. 결코 아니다. 내 말을 잘 들어라. 하나님은 거룩하시고 공의로우시고 죄를 미워하신다. 의심의 여지가 없다. 그러나 죄에 대한 하나님의 맹렬하고도 가득한 진노와 심판이 십자가의 예수님에게 이미 떨어졌다. 아무 죄도 짓지 않으신 예수님이 죄로 인하여 형벌을 받는 것이 어떻게 가능했는지 생각해본 적이 있는가?

성경은 죄를 알지도 못하는 예수님이 죄가 되셨다고 말한다(고후 5:21 참조). 예수님은 아무 죄도 짓지 않으셨다. 그러나 인류의 과거와 현재와 미래의 모든 죄를 일괄하여 대신 지고 형벌을 받으셨다. 예수님은 아무 죄도 알지 못하셨지만, 우리의 죄를 대신하여 형벌을 받으셨다. 하나님께서 우리의 죄를 관대하게 봐주시는 쪽으로 바뀐 것이 아니다. 우리의 모든 죄가 예수님의 십자가에서 심판을 받은 것이다.

모든 죄가 용서를 받았다!

당신은 또 이렇게 질문할지 모른다.

"우리 미래의 죄가 용서를 받았다니, 어떻게 그런 말씀을 할 수 있는 거죠?"

그리스도께서 십자가에 달려 죽으셨을 때, 당신은 태어나지도 않았다. 당신 부모도 태어나지 않았으니 그들이 당신을 낳을 계획은 당연히 없었다. 따라서 그리스도께서 십자가에 달리신 시점에서 보았을 때, 당신의 모든 죄는 '미래'의 죄였다. 당신의 모든 죄는 용서받았고, 그 용서는 한 사람의 희생을 통하여 이루어졌다. 그 사람의 이름은 예수님이다. 예수님이 십자가에서 끝마치신 일은 시간의 범위를 초월한다. 십자가에서 흘려진 예수님의 피는 우리의 모든 죄를, 과거와 현재와 미래의 모든 죄를 용서한다.

많은 그리스도인들이 자신들의 과거의 죄만 용서받았다는 잘못된 생각을 가지고 있다. 그들은 자기가 예수님을 영접했을 때 자신의 과거의 죄만 용서받은 것이므로 이후부터는 죄를 짓지 않도록 인간의 행위와 자기 노력으로 힘쓰면서 매우 조심해야 한다고 생각한다. 어린 시절, 믿음 안에서 자라면서 많은 설교자들과 교사들에게 받은 느낌이 그랬다.

그런데 성경을 읽다가 "하나님이 … 우리의 모든 죄를 사하시고"(골 2:13)라는 말씀을 알게 되었다. '모든'이란 것이 무슨 뜻일까? '모든'은 말 그대로 '모든'을 뜻한다! 그것은 우리 평생의 모든 죄를 지칭한다. 하나님께서 우리 죄의 한 부분만 제해주신 것이 아니라 우리의 모든 죄를, 과거와 현재와 미래의 모든 죄를 사하였다.

'모든'이란 단어에 대한 하나님의 정의는 인간의 정의와 달라 시간과 공간의 제약을 받지 않는다. 하나님께서 '모든'이라고 말씀하셨을 때, 그것은 정말로 '모든 것들'을 뜻했다. 예수님이 우리 미래의 죄를 위해 또다시 십자가에 못 박히셔야 하는 것이 아님을 깨달으라! 우리 미래의 모든 죄들 역시 십자가에서 용서받았다!

그것을 이렇게 설명해보자. 디즈니랜드에서 가장행렬이 시작되기 직전, 당신이 아이들을 데리고 밀치락달치락하는 구경꾼들 사이를 헤집으며 앞으로 나아가기 위해 애쓰고 있다고 생각해보자. 당신과 당신 아이들은 미키마우스가 그 친구들과 함께 아름다운 수레를 타고 지나가는 장면이 보고 싶어 안달복달이다. 먼저 도날드덕이 미끄러지듯 지나간다. 당신의 자녀들은 손을 흔들며 열광한다. 그 다음 구피가 지나가고, 다음에는 플루토가 지나간다. 그런데 미키마우스는 도대체 언제 지나가는 거지? 다음 차례인가? 우리가 인생을 바라보는 방식이 이렇다. 우리는 직선적 시야를 가지고 있기 때문에 날마다 펼쳐지는 사건들만 볼 수 있다.

그러나 하나님의 시야는 다르다. 하나님께서는 한마디로 '헬리콥터'의 시야를 갖고 계시다. 저 위에서, 행렬이 벌어지고 있는 위쪽 높은 곳에서 모든 수레들을 처음부터 끝까지 보고 계신다. 하나님은 알파와 오메가요, 처음이요 끝이시다(계 1:8 참조).

마찬가지로 하나님께서는 십자가에서 우리의 죄를 용서하셨을 때, 우리 생애 전체의 모든 죄를 처음부터 끝까지 보고 계셨다. 하나님께서는 우리의 모든 죄를 가져다가, 심지어 우리가 아직 짓지도 않은 죄들까지도 가져다가 그 모든 것을 예수님에게 지우셨다. 우리 미래의 모든 죄들이 십자가에서 모자람 없이 심판을 받은 것이다!

이런 깨달음이 '야호, 내 모든 죄가 이미 용서받았다니! 하고 싶은 대로 아무 짓이나 하면서 아무 죄나 지어도 되겠구나!'라고 생각하게 할까? 아니면 우리를 그렇게 완벽하고 완전하게 사랑해주시는 하나님을 영화롭게 하는 영예로운 삶을 살고자 하는 열렬함을 품게 할까?

나는 예수님의 완벽한 용서와 예수님이 십자가에서 마치신 일의 완전함을 진정으로 깨달은 신자들이, 죄의 삶을 살고자 하는 마음을 눈곱만큼이라도 품으리라고는 눈곱만큼도 생각하지 않는다. 예수님의 은혜와 용서가 죄를 압도하는 능력을 주기 때문이다. 사도 바울은 이렇게 단언했다.

죄가 너희를 주장하지 못하리니 이는 너희가 법 아래에 있지 아니하고 은혜 아래에 있음이라 롬 6:14

하나님의 은혜와 완벽한 용서 아래 있을 때, 우리는 죄를 압도하는 승리를 체험할 것이다!

은혜에 대한 간증

언젠가 우리 교회의 귀한 형제 한 명이 내게 메일로 보낸 간증을 여기서 소개하고 싶다.

목사님! 하나님의 은혜가 제 삶에서 저를 위해 행한 일들을 여러 사람들과 함께 나누고 싶어 이렇게 글을 올립니다. 저는 믿는 가정에서 태어났습니다. 어릴 때부터 교회에 나가라는 강요를 받았습니다. 예수님이 십자가에 달리셨다는 것은 배웠지만 왜 그랬는지는 알지 못했습니다. 교회에 가기가 싫었습니다. 부모님은 교회에 갈 것을 강요하면서 매를 들었지만, 아무 소용이 없었습니다.

고등학교 시절, 깡패들과 어울리면서 지독하게 담배를 피우고 술을 마시기 시작했고, 남의 것을 훔치고 공공시설을 파괴하고 집단 패싸움을 벌이며 비행과 범죄의 삶을 살아가기 시작했습니다. 그렇게 나날이 거칠고 성마른, 매우 저속한 인간이 되어갔습니다. 교사인 아버지와 상담가인 어머니는 저를 잡아주려 애썼지만, 부모님 말씀이 귀에 들어오지 않았습니다.

오래지 않아 저는 퇴학을 당했고, 본격적으로 깡패의 삶을 살기 시작했습니다. 하루도 빼놓지 않고 술집을 드나들면서 진탕으로 퍼마셨고, 누구에게 질세라 연신 줄담배를 피워댔습니다. 제 친구들 대부분은 약물 중독자들이었습니다. 그런 친구들과 어울려 무장 강도짓을 저질렀습니다. 제 인생이 나락으로 추락하는 것이 보였습니다. 저는 나쁜 데서 더 나쁜 데로 나아갔습니다. 그런데 시간이 흐르면서 저의 내면 어딘가에서 변화를 갈망하는 외침이 들리기 시작했습니다.

그리고 이런 사탄의 속박은 몇 해 전 제가 '페이스'라는 한 여자를 알게 되었을 때 끝나버렸습니다. 그녀는 믿음의 삶을 막 시작한 새신자였지만, 하나님의 은혜와 자비와 사랑에 대해, 그리고 예수님이 왜 저를 위해 죽으셨는지에 대해 종종 말해주었습니다. 그녀가 예수님에 대해 정말 많은 것들을 알고 있다는 사실에 깜짝 놀라지 않을 수 없었습니다. 회심한지 얼마 되지 않은 그녀는, 믿는 가정에서 태어난 저보다 예수님을 훨씬 더 많이 알고 있었습니다.

그녀는 자신이 출석하는 교회에 저를 데리고 갔습니다. 목사님이 섬기고 계신 바로 그 교회였습니다. 그리고 목사님이 예배를 집례하기 시작하자, 무엇인지 모를 따스함이 온통 압도하는 게 느껴지면서 울음이 터져 나왔습니다. 제가 사랑에 빠져 있는 것 같은 느낌이 들었지만, 누구와 사랑에 빠져 있는 것인지는 알 수 없었습니다. 하지만 그것은 인간의 사랑을 초월한 사랑이었습니다. 저는 예배가 끝날 무렵, 두 손을 높이 들고 회개하는 죄인의 기도를 드렸습니다.

그 시점부터 제 삶은 완전히 달라졌습니다. 예수님이 저를 사탄의 수많은 속박에서 건져주기 시작하셨기 때문입니다. 어느 날, 목사님은 하나님의 은혜로 의로워졌음을 고백함으로써 흡연중독에서 풀려난 어떤 성도의 간증을 전해주었습니다. 저는 그 말을 듣고서 똑같이 해 보기로 했습니다. 저는 여전히 담배를 피우고 있었지만, 예수님이 십자가에서 저의 흡연중독을 제하여주셨다는 것과 제가 여전히 담배를 피우고 있더라도 예수님이 여전히 사랑해주신다는 것을 계속 고백했습니다.

그리고 정말 놀랍게도, 그렇게 보름이 지나자 9년에 걸친 흡연중독과 6년에 걸친 알코올중독에서 해방될 수 있었습니다. 그리고 시간이 흐르면서 예수님은 저를 제가 몸담고 있던 깡패 집단에서 건져주셨습니다. 또한 예수님은 포르노중독 같은 다른 많은 나쁜 습관들에서도 저를 건져주셨습니다. 제가 진정으로 그리스도 예수 안에서 새로운 피조물이 된 것입니다!

저를 아는 모든 사람들은 제 삶에 일어난 변화에 어리둥절해했습니다.

심지어 저는 10년 동안 저를 괴롭히던 배뇨 문제도 고침 받았습니다. 전에는 한밤중에 자다가 몇 번씩이나 일어나 화장실을 가곤 했는데, 이제 한 번도 깨지 않고 평화롭게 숙면을 취할 수 있게 된 것입니다.

목사님! 예수님은 그 어떤 인간도 할 수 없는 일들을 저를 위해 해주셨습니다. 하나님의 은혜는 저를 바꾸어놓았습니다. 아무 자격도 없는 사람이 그토록 풍성한 하나님의 은혜를 받았으니, 예수님의 보혈의 은혜에 그저 감사드릴 뿐입니다. 예수님은 저를 있는 그대로 받아주시어 하나님의 자녀로 삼아주셨습니다. 저는 하나님의 용서의 은혜를 전파하는 목사님의 설교를 듣고 나서, 또다시 깡패 집단에 들어가거나 또다시 담배를 피우기 시작하거나 또다시 술을 마시기 시작하거나 또다시 난잡한 성관계를 갖기 시작하지 않았습니다. 목회자가 강단에서 하나님의 용서의 은혜를 설교하면, 사람들이 세상으로 나아가 더 많은 죄를 짓게 된다는 말은 거짓말입니다. 사실, 저같이 저속한 불량배를 완전히 바꾸어놓은 것이 바로 하나님의 은혜이기 때문입니다. 제가 다른 많은 이들에게 축복이 되게끔, 하나님이 제게 복을 베푸신 것이라 믿어 의심치 않습니다. 오직 예수님만이 우리의 삶에 변화를 일으키실 수 있다는 좋은 소식을 널리 전하고 싶습니다.

저는 목사님의 설교를 통하여 말로 다 할 수 없는 복을 받았습니다. 저는 지금 5년째 뉴크리에이션교회(New Creation Church)에 출석하고 있습니다. 이 교회가 나의 교회라고 말할 수 있다는 게 얼마나 자랑스러운지 모릅니다.

_싱가포르에서 빅터 킹

할렐루야! 하나님의 은혜가 한 사람의 삶에서 이런 일을 할 수 있다는 게 참으로 놀랍지 않은가? 이제는 당신도 확실히 알게 되었겠지만, 하나님의 은혜와 용서의 진리를 깊이 깨달을수록, 우리 삶의 모든 문제와 중독들을 압도하는 능력을 더욱 많이 얻게 될 것이다.

은혜를 도둑맞은 그리스도인들

많은 그리스도인들이 하나님이 자신들의 죄 때문에 여전히 화를 내신다는 거짓말을 믿음으로써 하나님과의 친밀한 교제를 강탈당해왔다. 그들은 자신들이 넘어질 때마다 하나님께서 화를 내신다고 생각하여 하나님과 접촉하기를 회피한다. 그래서 혹시라도 넘어지면 하나님께 나아가는 대신 정반대 방향으로 달아난다. 해결책을 찾아 달려가는 대신에 해결책으로부터 도망친다.

그러나 진리는 이것이니, 하나님께서는 더 이상 우리에게 화를 내지 않으신다! 우리의 모든 죄를 향한 하나님의 진노가 우리의 구원자 예수 그리스도의 몸에 이미 남김없이 모두 다 쏟아졌기 때문이며, 십자가의 예수님이 우리의 모든 죄에 대한 심판과 징벌을 우리 대신에 이미 받으셨기 때문이다.

하나님께서 우리 행위에 근거하여 때로는 우리를 기뻐하시고 때로는 우리에게 화를 내신다고 말하는 가르침은, 우리를 혼란스럽게 만든다. 지금은 그런 혼란으로부터 나와, 우리의 하나님을 실제 모습 그대로 보기 시작해야 할 때다.

하나님은 사랑이시다(현재 시제에 유의하라). 은혜로우신 용서의 구원자 예수 그리스도와의 참된 교제와 친밀한 관계를 강탈당하는 짓을 이제 그만두어라! 믿음의 길을 걷다가 간혹 넘어질 때, 하나님을 피하는 대신 하나님이 바로 모든 문제에 대한 해답이시라는 것을 깨달으라!

우리는 언제든지 하나님께 나아갈 수 있고, 우리의 모든 잘못에 대해 하나님의 용서의 은혜를 받을 수 있다. 하나님의 은혜는 우리의 모든 잘못들보다 훨씬 더 크다. 하나님은 우리를 완벽하게 사랑하신다. 그러니 모든 불완전함을 가지고 있는 그대로 하나님 앞에 나아가라! 하나님은 우리 교회의 그 귀한 형제를 변화시켜주신 것처럼, 당신과 내가 온전함에 이를 수 있도록 사랑을 베풀어주실 것이다!

Chapter 5

하나님은
심판하고 계신가?

테러는 사탄의 작품

911의 비극이 일어난 직후, 몇몇 신자들은 하나님께서 미국의 죄로 인해 미국을 심판하고 계신 것이라고 단언했다. 그 말을 들었을 때, 나는 오사마 빈 라덴이 아프가니스탄 모처의 동굴에 앉아 그들의 말에 동의하면서 자신의 '신'이 정말로 미국을 심판하기 위해 자신을 사용하고 있다고 생각하는 모습을 상상할 수 있었다. 우리 그리스도인들이 그런 사건들의 원인을 하나님의 심판으로 돌릴 때, 테러리스트들은 앞장서서 "아멘! 계속 그렇게 설교해주세요!"라고 외칠 것이다.

어떤 한 가지 사건에 대해 신자들의 의견과 테러리스트들의 의견이 일치한다면, 거기엔 뭔가 잘못된 것이 있지 않을까? 그 사건으로 인해 수천의 생명이 목숨을 잃었고, 많은 가족들과 친구들과 사랑하는 이들이 슬픔에 내던져졌다. 어찌 그런 것이 사랑이 풍성하신 우리 아버지의 일이 될 수 있을까? 성경을 직접 읽어보라. 하나님께서는 아무도 멸망하지 않기를 바라신다(벧후 3:9 참조). 테러는 사탄의 작품이다. 우리 사랑의 아버지의 일이 아니다.

또한 나는 몇몇 신자들이 이렇게 공언하는 것도 들었다.

"만일 하나님이 미국의 죄로 인해 미국을 심판하고 계신 게 아니라면 하나님은 소돔과 고모라 백성들에게 사과하셔야 할 것이다!"

그렇다면 나는 경의와 존경을 가지고 이렇게 말하고 싶다.

"만일 하나님이 미국의 죄로 인해 미국을 심판하고 계신 거라면 하나님은 예수님이 십자가에서 이루신 모든 일에 대해 예수님께 사과하셔야 할 것이다!"

하나님께서는 오늘날 미국을(혹은 지구상 어떤 나라도) 심판하고 계신 것이 아니다. 미국과 미국의 모든 죄는 이미 심판을 받았다. 어디에서? 예수님의 십자가다! 죄는 십자가에서 이미 심판을 받았다! 그렇다면 하나님의 맹렬한 심판에 대한 성경의 증거는 어떻게 되는 것인가? 당신은 분명 이런 질문을 제기할 것이다.

"하지만 하나님께서는 엘리야를 사용하셔서 그에게 반대하는 사람들에게 심판의 불을 내리지 않으셨나요? 또한 소돔과 고모라에 유황과 불을 비같이 내리지 않으셨나요?"

먼저 엘리야 이야기를 살펴보자. 그 사건은 북이스라엘의 아하시야 왕 때 일어났다. 성경에 따르면 그는 하나님 앞에서 악을 행한 사람이었다(왕상 22:52 참조). 아하시야는 산꼭대기에 앉아 있는 엘리야에게 대항하기 위해 오십 명의 군사를 거느린 장교를 보냈고, 그 장교는 엘리야에게 "하나님의 사람이여, 왕명이니 내려오시오!"라고 소리쳤다. 이에 엘리야가 그 장교에게 대답하여 이르기를 "내가 만일 하나님의 사람이면 불이 하늘에서 내려와 너와 너의 오십 명을 사를 것이다!"라고 했다. 그리고 하늘에서 불이 내려와 그 장교와 군사 오십 명을 살랐다.

이에 아하시야 왕은 오십 명의 병사를 거느린 장교 한 사람을 다시 보냈고, 그들 또한 하늘에서 불이 내려와 모두 살라버렸다. 아하시야 왕은 세 번째로 오십 명의 군사와 장교 한 사람을 보냈다. 그러나 세 번째로 파견된 장교는 엘리야에게 간청했고, 그 결과 그와 그의 부하들의 목숨을 부지할 수 있었다(왕하 1:1-15 참조).

소돔과 고모라에 관해서는, 하나님께서 그 두 도시에 유황과 불을 비같이 내리셨다고 성경에 기록되어 있다.

"여호와께서 하늘 곧 여호와께로부터 유황과 불을 소돔과 고모라에 비같이 내리사 그 성들과 온 들과 성에 거주하는 모든 백성과 땅에 난 것을 다 엎어 멸하셨더라"(창 19:24,25).

당신은 이렇게 덧붙일 것이다.

"그것 보세요! 하나님이 하나님의 백성들을 징벌하기 위해 심판을 비처럼 내리셨다는 성경의 증거가 너무나 명백하잖아요!"

그렇다. 명백하다. 하지만 우리는 하나님의 말씀을 올바로 분별하는 법을 배워야 할 필요가 있다. 우리는 성경을 읽을 때, 사도 바울이 그의 젊은 제자 디모데에게 했던 충고를 따라야 한다. 사도 바울은 에베소교회의 젊은 목회자 디모데에게 이렇게 충고했다.

너는 진리의 말씀을 옳게 분별하며 부끄러울 것이 없는 일꾼으로 인정된 자로 자신을 하나님 앞에 드리기를 힘쓰라 딤후 2:15

하나님께서는 우리가 하나님의 말씀을 올바로 분별할 수 있기를 바라신다. 율법의 옛 언약에 속한 것들과 은혜의 새 언약에 속한 것들을 옳게 분별하고 명확하게 구별할 수 있기를 바라신다. 십자가 이전에 일어났던 일들과 이후에 일어난 일들을 구별할 수 있기를, 십자가가 만들어낸 차이를 이해할 수 있기를 바라신다. 오늘날 많은 신자들이 십자가가 아무런 차이도 만들어내지 않은 양 살아가고 있다.

하나님의 맹렬한 심판을 보여주는 앞의 두 가지 사건과 관련하여 반드시 알아야 할 결정적인 사실 하나가 있다. 그것은 바로, 두 가지 사건 모두가 구약에서 일어났고 예수님의 십자가 이전에 일어났다는 것이다.

파괴가 아니라 구원을 위해 오셨다!

오늘날 하나님은 우리에게 심판의 불을 내리지 않으신다. 이는 나의 말이 아니다. 엘리야가 했던 일에 대해 예수님이 뭐라고 말씀하셨는지 직접 확인해보면 알 수 있을 것이다. 예수님이 사마리아 마을로 들어가기를 원하셨지만, 그곳 백성들이 예수님을 거부했던 때를 기억하는가?(눅 9:52-56 참조). 사마리아 사람들이 예수님을 거부하자 예수님의 제자들, 정확히는 야고보와 요한 두 사람이 예수님께 이렇게 질문했다.

"주여! 우리가 엘리야가 했던 것처럼 하늘에서 불이 내려와 그들을 태워버리라고 명령하기를 원하십니까?"(눅 9:54, 흠정역 영어성경 직역)

그때 예수님이 뭐라고 대답하셨는가? "아주 좋은 생각이다. 너희들이야말로 내 마음을 읽는 진짜 내 제자들이구나!"라고 말씀하셨는가? 물론 아니다. 예수님은 제자들을 돌아보고 엄히 꾸짖으시며 이렇게 말씀하셨다.

"너희는 너희가 어떤 종류의 영에 속해 있는지 알지 못하는구나. 인자는 사람들의 목숨을 파괴하기 위해서가 아니라 구원하기 위해 왔다!"(눅 9:55,56, 흠정역 영어성경 직역)

은혜의 새 언약 안에 있는 예수님의 영(靈)은 엘리야 시대 때 율법의 옛 언약 안에 있던 영이 아니다. 예수님은 우리를 정죄하거나 파괴하러 오신 것이 아니다. 예수님은 오늘날 우리가 이 사실을 진정으로 모자람 없이 마음으로 확신하기 바라신다. 예수님은 우리를 구원하기 위해 오셨다(요 3:17 참조). 사탄은 도둑질하고 죽이고 멸망시키기 위해 오지만, 예수님은 우리가 생명을 얻도록, 더 풍성하게 얻도록 하기 위해 오셨다(요 10:10 참조). 할렐루야!

또한 하나님께서 아브라함의 간청을 들으시고 소돔을 거의 살려주려고 하셨다는 사실에 유념하라. 하나님은 만일 소돔에 의인이 열 명만이라도 있으면, 그들을 위해 소돔을 멸망시키지 않겠다고 아브라함에게 약속하셨다(창 18:32 참조).

그리고 우리는 나중에 천사들이 아브라함의 조카 롯을 소돔에서 구해낼 때, 소돔에 의인이 단 한 명이라도 남아 있는 한, 하나님께서 소돔을 멸망시키려 하지 않으셨다는 사실을 알 수 있다. 당시 롯이 가까운 성으로 도망할 수 있게 해달라고 천사들에게 간청하자, 천사들은 그에게 "그리로 속히 도망하라 네가 거기 이르기까지는 내가 아무 일도 행할 수 없노라"(창 19:22)고 말했다는 점을 주목하라! 천사들은 롯이 소돔을 빠져나와 소알에 안전하게 당도하기까지 기다려야 했다. 성경은 롯이 소알에 들어간 후에야 하나님께서 소돔에 유황과 불을 비처럼 내리셨다고 기록하고 있다(창 19:22-25).

911의 비극이 미국에 임한 하나님의 심판이라고 주장하는 사람들은 정녕 오늘날 미국이라는 나라에 의인이 단 한 명도 없다고 말하는 것인가? 예수님이 십자가에서 구속(救贖)의 역사를 끝마치기 전인 그 시대에 하나님이 의인 열 명을 위해 소돔을 살려주려 하셨다면, 예수님이 십자가에서 구속의 역사를 끝마치신 뒤인 이 시대에는 우리에게 그때보다 훨씬 더 좋은 조건을 제시하시지 않겠는가?

그리고 설령 하나님께서 여전히 의인 열 명의 존재를 최소한의 조건으로 요구하신다 하더라도, 의로움이란 것이 하나님이 값없이 주시는 선물이므로, 또한 이 땅의 모든 신자들이 예수님의 의(義)를 덧입고 있으므로 오늘날 미국 땅에서 수백만의 하나님의 의로운 백성들을 발견하기란 그리 어렵지 않을 것이다.

2001년 9월 11일에 일어났던 그 사건은 하나님의 심판의 행위가 아니었다. 하나님은 테러리스트가 아니시다. 예수님은 인간의 생명을 멸망시키기 위해서가 아니라 구원하기 위해 이 땅에 오셨다!

십자가를 통해 예언 걸러내기

우리는 오늘날 받는 모든 예언들을 십자가를 통해 걸러내야 한다. 당신 삶에 어떤 부정적인 사건들이 모두 당신 죄로 인해 일어났다든지 혹은 앞으로 일어날 것이라고 말한다면 믿지 말라! 그런 나쁜 소식들을 예수님의 이름으로 거부하라!

대신 예수님의 좋은 소식을 받아들이기 시작하라! 인생길을 걷다가 어려운 상황을 만날 때, 당신을 향한 예수님의 사랑, 십자가에서 명백히 입증된 그 사랑을 계속 굳게 믿어라! 그러면 예수님은 사탄이 악을 위해 무엇을 의도했든지 간에 그것을 선을 위한 것으로, 하나님의 영광을 위한 것으로 바꾸어주실 것이다! 사탄이 당신에게 시큼한 레몬을 던질 때, 하나님께서 상큼 달콤한 레몬주스로 바꾸어 한껏 마시게 해주실 것이다!

몇 해 전, 우리 교회의 한 젊은 부부의 아기가 몇 가지 합병증으로 세상을 떠난 적이 있다. 그런데 나중에 알게 된 일이지만, 소위 '예언자'라고 하는 어떤 사람이 그들을 찾아가 그들이 아기를 잃은 것은 그들 삶의 죄 때문이라고 말했다고 한다. 그 말을 들었을 때 정말 끓어오르는 분노를 참기 힘들었다. 그보다 더 잔인할 수 있을까! 안 그래도 힘들어하는 가련한 엄마와 아빠를 그런 말로 고문하다니!

예언자라 하는 그 사람은 하나님의 백성들에게 위로와 영적 성장의 원천이 되는 대신, 자신에게 예언의 능력이 있는 것처럼 보이기 위해 그 상황을 악용했고, 그 결과 하나님의 귀한 백성들에게 너무나도 큰 해악을 끼쳤다.

물론 우리가 인생의 모든 문제에 대한 명쾌한 해답을 가지고 있는 것은 아니다. 하지만 우리는 인생길에서 만나게 되는 부정적인 상황들이 하나님의 일도 아니고 또 우리 죄에 대한 하나님의 징벌도 아니라는 것은 분명히 확신할 수 있다. 우리가 하나님께서 우리를 위하시지 대적하지 않으신다는 확신을 가질 때, 우리 삶에 회복과 돌파구와 선한 일들이 일어날 것이라 믿을 수 있다.

우리 교회의 지도자들은 그 부부에게 하나님께서 그들의 죄 때문에 그들을 심판하신 게 아니라고 분명히 말해주었다. 그들도 자신들의 모든 죄가 예수님의 십자가에서 이미 값을 치렀음을 스스로에게 상기시켰다. 그런 일련의 일들은 그들 마음에 있던 죄책감과 정죄감과 자책감을 없애는 데 도움을 주었다. 그리고 얼마 후, 하나님께서 그들에게 복을 주시어 귀여운 아기를 주셨다.

고통은 당신 죄에 대한 하나님의 징벌이 아니다!

나는 동일한 문제로 하나님의 회복을 체험한 또 다른 부부의 간증도 들었다. 나는 그 두 쌍의 부부가 한 가지 공통점을 가지고 있음을 주목했다. 그들이 은혜의 복음을 들었을 때, 그 좋은 소식이 모든 죄책감과 정 죄감과 자책감으로부터 그들을 해방시켜주었다는 것이다. 그들은 불행 을 당했을 때, 하나님께서 자신들을 징벌하시거나 대적하신다고 믿는 대 신 자신들을 위하신다는 것을 믿기 시작했다. 그들은 하나님의 은혜와 선하심을 적극적으로 믿기 시작했다. 그리고 마침내 필연적 결과로 회복 을 체험했다. 하나님은 그런 분이시다!

하나님께서 우리를 회복시켜주실 때, 그 회복은 언제나 질적인 면이나 양적인 면에서 전보다 훨씬 더 크게 온다. 하지만 만약 그 두 쌍의 부부가 자신들의 죄 때문에 하나님의 징벌을 받고 있는 것이라고 계속해서 잘못 믿었다면 어떻게 되었을까? 회복을 위해, 다시 아기를 갖기 위해 하나님 을 굳게 믿고 의지할 만한 용기도, 소망도 갖지 못했을 것이다.

우리 삶의 고통은 우리 죄에 대한 하나님의 징벌이 아니다! 우리의 모 든 죄는 예수님이 지신 십자가에서 이미 징벌을 받았다. 그러니 인생길에 서 무슨 일을 당하든지 우리를 향한 하나님의 선하심과 은혜와 사랑을 굳게 믿고 의지하라! 하나님은 우리 편이시다! 사도 바울이 말한 그대로 하나님이 우리의 편을 들어주시는데, 그 누가 우리에게 대항할 수 있겠는 가?(롬 8:31 참조)

한 가지 간증을 더 소개하고 싶다. 하나님의 은혜와 사랑과 선하심에 대한 믿음이 어떻게 병 고침을 가져왔는지에 관한 한 여성의 간증이다.

저는 작년 초에 뇌하수체에 종양이 있다는 진단을 받았습니다. MRI를 찍어보니 종양이 1.5센티미터로 크게 자라 있었습니다. 신경외과 의 사는 제가 조금만 더 늦게 병원을 찾았다면 종양이 시신경을 압박하 여 제 시력에 악영향을 끼쳤을 것이라고 말했습니다.

의사는 종양 제거를 위해 즉각 수술을 받을 것인지 아니면 약물치료를 받을 것인지 하나를 선택하라고 제안하면서, 수술을 받을 경우에는 실패 확률이 20퍼센트에 달할 뿐 아니라 한쪽 눈이 멀게 될 수도 있고, 약물치료를 하는 경우에는 효험이 나타나기까지 오랜 시간이 걸려 대부분 1년 이상 지나야 종양이 축소된다고 덧붙였습니다.

저와 가족들은 망연자실했습니다. 그때 제 자신에게 "시력을 잃게 된다면 난 더 이상 살고 싶지 않을 것 같아"라고 말했던 게 기억납니다. 가족들은 모든 것을 하나님께 맡기기로, 전적으로 하나님만 믿고 의지하기로 하고 치유를 위해 기도하기로 결단했습니다. 그리고 약물치료를 받는 쪽을 택했습니다.

그 기간 동안, 저를 향한 하나님의 사랑과 선하심을 진정으로 믿으려 했지만 "하나님은 지금도 여전히 나를 사랑하시는 걸까?", "내게 관심이나 갖고 계신 걸까?", "내가 저지른 어떤 잘못 때문에 벌하고 계신 걸까?", "이를 악물고 이 상황을 그냥 받아들여야 하는 건 아닐까?" 하는 질문들이 늘 저를 괴롭혔습니다.

그러나 저의 직장 동료이자 절친한 친구 한 사람이 목사님의 설교를 들어보라고 CD를 제게 건넸을 때, 저는 저의 구원자이신 예수님의 사랑과 은혜와 선하심을, 저를 향한 예수님의 사랑과 은혜와 선하심을 다시 기억할 수 있었습니다. 그리고 CD를 통해 흘러나오는 은혜의 말씀에 귀를 기울이면서 제 몸이 치유되기 시작했습니다. 저는 분명 그렇게 믿습니다.

왜냐하면 약물치료를 시작한 지 한 달도 지나지 않아 제 혈액의 프로락틴(prolactin) 수치가 현저히 떨어지는 것은 물론, 제 신체의 화학작용이 균형을 이루며 안정을 찾기 시작했고, 두 달이 지나 MRI를 찍어

보니 종양이 원래 크기의 절반으로 줄어 있었기 때문입니다.

저는 용기를 얻을 수 있었고, 무엇보다 중요한 것은, 저의 하나님께서 제 몸 안에서 치유의 일을 하고 계시다는 것과 저의 영혼이 몹시도 괴로워하고 있음을 아시고 그에 대해 조치를 취해주실 만큼 저를 사랑해주시고 세심하게 돌봐주신다는 것을 확신하고서 안심할 수 있었습니다.

그리고 몇 개월 후에 정말로 기쁜 소식을 들었습니다. MRI 촬영 결과, 제 머리에서 자라고 있던 커다란 종양이 씻은 듯 말끔히 사라져 더 이상 보이지 않았기 때문입니다. 의사들은 깜짝 놀라, 대부분의 경우에는 종양의 크기가 현저히 축소된다고 해도 종양세포의 파편들이 여전히 남아 있기 마련인데, 제 경우에는 세포의 흔적조차 남지 않고 정말 완벽하게 사라졌다고 계속 말했습니다.

하나님을 향한 감사의 마음을 어찌 말로 표현할 수 있겠습니까? 저는 저를 고쳐주신 분이 하나님이심을 알고 있습니다. 그러나 그보다 더 중요한 것은, 예수님이 십자가에서 저를 위해 행하신 일 덕분에 제가 하나님의 의(義)가 되었다는 것을 확신하고 있다는 것과 하나님의 자녀로서 무슨 일이든지 맞이할 준비가 되었다는 사실일 것입니다.

하나님의 깊은 사랑과 자상한 보살핌을 받고 있음을 아는 깊은 느낌은, 편하고 든든한 마음으로 하나님과 관계를 맺을 수 있게 해줍니다. 모든 영광과 찬양을 하나님께 올립니다. 제가 오늘의 제가 된 것은, 이렇게 뇌종양을 치료받고 건강하고 평화롭게 사는 것은 전적으로 오로지 은혜의 복음의 좋은 소식이 전파되는 것을 들은 덕분입니다.

_싱가포르에서 코니 앵

'축복받는 것'에 대한 다윗의 정의

만일 그 여성이 하나님이 자신의 죄로 인해 징벌하고 계신 거라고 계속 믿었다면, 그녀는 이를 악물고 그 질병을 자기 죄에 대한 형벌로 받아들였을 것이고, 치유의 소망을 품고 하나님을 찾지 못했을 것이다. 그러나 하나님께서는 그녀의 상황에 빛을 비추셨고, 그녀를 얼마나 사랑하는지 보여주셨다. 할렐루야!

당신은 이런 반론을 제기할 것이다.

"하지만 하나님은 다윗의 죄 때문에 다윗을 징벌하셨고, 그로 인해 그는 아들을 잃었잖아요!"

다윗이 엘리야처럼 예수님의 십자가 이전에 살았다는 점을 망각하지 말라! 하나님께서 은혜의 새 언약 안에서 어떤 신자의 몇 가지 죄 때문에 그 신자를 징벌하신 예는 없다. 성경을 직접 읽어보라! 주변 사람들의 말에 그저 따라가지 말라!

다윗이 밧세바와 간음하고 또 계략을 꾸며 그녀의 남편 우리아를 죽음에 몰아넣음으로써 하나님 앞에 죄를 지었을 때, 하나님께서는 그 죄에 대한 책임을 그에게 돌려 징벌하셨다. 비록 그 징벌은 하나님의 자비로 완화되었지만, 다윗은 은혜의 새 언약이 아니라 율법의 옛 언약 아래 있었기 때문에 징벌을 피하지 못했다.

다윗이 "주께서 그 죄를 인정하지 아니하실 사람은 복이 있도다"(롬 4:8)라고 말했을 때, 누구에 대해 말한 것인지 알고 있는가? 하나님께서 다윗의 죄에 대한 책임을 다윗에게 돌리셨다는 것이 분명하므로, 몇몇 신학자들의 주장하는 것처럼 그가 여기서 자신에 대해 기술하고 있는 것이라고 보기는 어렵다.

그렇다. 그는 은혜 언약을 예언적으로 내다보고 있었다. 여기서 그는 당신과 나, 즉 은혜의 새 언약 아래서 살아갈 새로운 세대들에 대하여 기술하고 있었다.

이 구절의 "죄를 인정하지 아니하실"이란 어구의 뜻은 무엇일까? 우리가 결코 죄를 짓지 않으리라는 뜻일까? 죄악의 행동을 하는 것이나 죄악의 생각을 품는 것으로부터 우리를 자유롭게 하기 위해 예수님이 십자가에서 죽으신 것일까? 만약 그렇다면 나는 예수님이 실패하셨다고 단언하지 않을 수 없다.

당신과 나는, 우리 모두는 죄악의 생각을 품으려는 유혹을 여전히 받을 수 있음을, 죄악의 행동을 저지르려는 유혹을 여전히 받을 수 있음을, 하나님 앞에서 넘어질 때가 있음을 정말로 잘 알고 있다. 당신은 모든 유혹으로부터 자유로운 사람, 결코 넘어지지 않는 사람을 내게 보여줄 수 있는가?

예수님이 그러하심같이 우리도 그러하다!

"하나님께서 그 죄를 인정하지 아니하실 사람은 복이 있다!"는 다윗의 말이 의미하는 바는, 그 사람이 설령 죄를 짓더라도 하나님께서 그 죄를 하나님을 거스르는 것으로 여기지 않으시며, 그 죄악으로 인해 그를 징벌하지도 않으시리라는 것이었다. 너무나 좋아서 믿어지지 않는가? 그런 까닭에 다윗이 그 사람을 복이 있는 사람이라 정의한 것이다. 그리고 당신과 내가 바로 그런 복이 있는 그 사람이다!

오늘날 우리는 복을 받았다. 예수님의 십자가 덕택에 우리는 우리 죄로 인한 징벌을 받지 않을 것이다. 하나님께서는 우리의 모든 죄를 이미 예수님께 돌리셨다. 그러니 그 모든 죄들이 우리에게 다시 돌려지는 일은 결코 일어나지 않을 것이다.

하나님께서는 예수님의 십자가 보혈로 조인된 은혜의 새 언약 아래서, 아무 죄도 없으신 예수님을 우리를 대신하여 십자가에 달아매심으로써 우리의 모든 죄를 이미 완벽하고 철저하게 심판하셨다. 이는 혹여 우리가 지극히 거룩하신 하나님의 표준에 미치지 못하더라도 그 죄에 대한 징벌이 우리 위에 결코 다시 떨어지지 않으리라는 의미이다.

성경이 짧게 단언하고 있는 바, 죄의 삯은 사망이다(롬 6:23 참조). 하지만 예수님이 우리를 대신하여 이미 죽으셨다. 우리의 모든 죄는 이미 예수님 앞으로 돌아갔다!

사도 요한의 말에 주목하라.

> 만일 누가 죄를 범하여도 아버지 앞에서 우리에게 대언자가 있으니 곧 의로우신 예수 그리스도시라 요일 2:1

사도 요한은 "만일 누가 죄를 범하면 그 죄로 인해 징벌을 받을 것이다"라고 말하지 않았다. 그렇다. 은혜의 새 언약 아래서는 예수님이 우리의 대변자가 되신다. 예수님은 하나님 앞에서 우리를 대표하신다. 그리고 예수님이 그러하심과 같이 우리도 이 세상에서 그러하다(요일 4:17 참조).

우리도 그러하다고? 이것이 무슨 뜻일까? 예수님은 하나님 앞에서 의로우신가? 그렇다. 그렇다면 당신과 나 또한 하나님 앞에서 의롭다. 하나님께서 예수님을 받아주셨는가? 그렇다. 그렇다면 당신과 나 또한 받아주셨다. 하나님께서 예수님을 매우 기뻐하시는가? 그렇다. 그렇다면 당신과 나 또한 매우 기뻐하신다.

예수님이 우리를 위해 십자가에서 행하신 일에 관한 이런 놀라운 사실들이, 우리로 하여금 세상으로 뛰어나가 죄를 짓게 할까? 물론 아닐 것이다. 우리가 받아야 할 형벌을 예수님이 대신 받으셨다는 것을 알게 되면 우리는 예수님과 더 깊은 사랑에 빠질 것이다. 그리고 그런 지식은 우리에게 죄를 떨쳐낼 힘을 줄 것이다.

당신이 중한 죄인이 아니라고?

당신은 이렇게 말할지 모른다.

"하지만 나는 간음을 한 적도 없고 사람을 죽인 적도 없어요. 어떤 중한 죄도 지은 적이 없어요. 나는 모세의 율법을 다 지켰다고 생각해요!"

그런가? 누군가가 깜빡이등을 켜지 않고 당신 차선에 불쑥 껴든 탓에 순간적으로 흥분한 적이 있는가? 당신 배우자에게 발끈 성질을 부린 적이 있는가? 이 두 가지 질문의 어느 하나에라도 '그렇다'고 대답했다면, 당신은 살인자다. 또한 마음으로 어떤 여인의 옷을 벗겨본 적이 있는가? 그런 적이 있다면, 당신은 간음을 범한 사람이기도 하다.

당신은 내게도 발끈 성을 낼지 모른다.

"뭐가 어떻다고요? 어떻게 감히 나를 살인자라 할 수 있는 거죠? 무슨 근거로 간음을 범한 사람이라 할 수 있는 거죠?"

진정하기 바란다. 그것은 내 말이 아니라 우리 주 예수님의 말씀이다. 우리 주 예수님은 이렇게 말씀하셨다.

옛 사람에게 말한 바 살인하지 말라 누구든지 살인하면 심판을 받게 되리라 하였다는 것을 너희가 들었으나 나는 너희에게 이르노니 형제에게 노하는 자마다 심판을 받게 되고 형제를 대하여 라가라 하는 자는 공회에 잡혀가게 되고 미련한 놈이라 하는 자는 지옥 불에 들어가게 되리라 … 또 간음하지 말라 했다는 것을 너희가 들었으나 나는 너희에게 이르노니 음

욕을 품고 여자를 보는 자마다 마음에 이미 간음했느니라 마 5:21,22,27,28

우리가 죄를 지었는지 짓지 않았는지 판단할 때, 우리 자신의 기준이 아니라 이런 성경의 기준을 척도로 삼도록 하자! 예수님의 표준에 따라 가늠하도록 하자! 인간은 모세의 율법을 자기 자신의 노력으로 충분히 지킬 수 있다고 생각하는 수준으로 낮추었다. 그러나 예수님은 이 땅에 오시어, 율법 본래의 완벽하고 올바른 표준을 회복시키셨다.

인간은 바리새인들처럼 외적으로 율법을 지키기 위해 시도할 수 있다. 그러나 예수님은 내적으로도 율법을 지켜야 한다는 점을, 내적으로 지키지 못하면 외적으로도 지킬 수 없다는 점을 분명히 밝히셨다. 예수님은 그 어떤 인간도 율법을 지킴으로써 의롭게 되는 것은 불가능하다는 점을 분명히 보여주셨다. 오직 예수님만이 우리를 대신하여 율법의 모든 요구 사항들을 충족시키실 수 있었고, 그 은혜로 우리를 의롭다 일컬으실 수 있었다!

하나님께서는 죄를 다양한 범주(範疇)로 분류하지 않으신다. 하나님 앞에서는 큰 죄든 작은 죄든 상관없이, 죄는 여전히 죄일 뿐이다. 하나님께서는 상대적으로 중한 죄, 상대적으로 경한 죄를 구별하지 않으신다. 하나님 앞에서 한 가지 율법을 범한 사람은 모든 율법을 범한 사람이 된다(약 2:10 참조). 그러므로 이 땅 위를 걷고 있는 사람들 중에, 하나님의 은혜를 의지하지 않고도 의로워질 수 있는 사람은 단 한 사람도 없다. 스스로의 노력으로 완벽하게 율법을 지킬 수 있는 사람이 단 한 사람도 없기 때문이다!

성경은 "모든 사람이 죄를 범하였으매 하나님의 영광에 이르지 못하더니"(롬 3:23)라고 단언한다. 우리는 예수님의 표준에 이를 수 없다. 그러나 좋은 소식이 여기 있으니, 우리가 예수님의 표준에 이르지 못하더라도 하나님께서 그런 우리의 실패로 인해 우리를 심판하지 않으신다는 것이다. 우리의 모든 죄가 예수님의 십자가에서 이미 심판을 받았기 때문이다. 할렐루야!

Chapter 6

악한
음모

더 많이 알수록 더 엄한 징벌을 받는다?

나는 청년 시절까지 그리스도인으로 성장하면서 하나님에 대해 많은 것들을 배웠다. 그러나 불행하게도 그 지식들은 하나님과 보다 더 친밀한 관계를 맺고자 하는 의욕을 사그라지게 했다. 나는 하나님에 대해 더 많이 알수록 하나님이 더 많은 책임을 물으실 것이며, 하나님의 기대에 미치지 못하는 것에 대해 하나님을 잘 모르는 다른 사람들보다 더 가혹한 징벌을 내리실 거라는 말을 들으며 자랐다.

그런 가르침을 받았을 때 나는 내가 무엇을 하지 말아야 할지 분명히 알았다. 그래서 성경을 거들떠보지도 않기로 단단히 결심했다. 하나님에 대해 더 많이 알수록 하나님께 더 엄한 징벌을 받게 된다고 생각했기 때문이다. 나는 천재는 아니었지만 그렇다고 바보도 아니었다. 나는 하나님의 말씀을 잘 아는 상태에서 혹시라도 넘어져 더 큰 징벌을 불러오느니 차라리 하나님 말씀을 모르는 채 지내는 편이 더 낫다고 생각했다. 그래서 일부러 성경을 멀리했고, 어떤 성경 공부에도 참여하지 않았다. 나는 내게 더 큰 죄를 씌울 수 있는 그 어떤 것도 가까이하지 않았다.

나는 또 하나님께 가까이 갈수록 더 많은 시련과 환난을 겪게 될 거라는 가르침을 받았다. 그런 말을 들었을 때, 나는 또 이렇게 생각했다.

"나는 바보가 아니야. 시련에 압도당할 짓은 하지 않을 거야!"

그리하여 그때부터 하나님과 가까워지는 것을 바라지 않게 되었다.

하나님에 대한 잘못된 가르침이 하나님이 우리를 위해 가지고 계신 그 풍성한 것들을 우리에게서 어떻게 강탈해갈 수 있는지 알겠는가? 감사하게도 하나님께서는 내가 성장함에 따라 내 눈을 열어주셨고, 내가 받았던 가르침들이 진실이 아니라는 것을 깨우쳐주셨다.

나는 내가 배웠던 것과 반대로 하나님께 가까이 갈수록 나의 모든 문제에 대한 해결책에 더 가까이 가게 된다는 사실을 알게 됐다. 하나님께 가까이 가는 것은 이적을 일으키시는 분에게 가까이 가는 것이며, 치유하시는 분에게 가까이 가는 것이고, '여호와 이레'(창 22:14, '하나님이 준비하여주심'이란 뜻)이신 공급자 하나님께 더 가까이 가는 것임을 깨달았다.

하나님의 진리를 많이 알수록 그 진리가 하나님의 말씀에 근거하지 않은 모든 잘못된 생각으로부터 자유롭게 해줄 것이다. 우리가 건강하지 않은 방식으로 하나님을 두려워함으로 우리 도움의 유일한 원천이신 하나님을 멀리하는 것을 좋아할 자는 오직 사탄뿐이다. 사탄은 우리가 성경을 멀리하는 것을 좋아한다. 왜냐하면 성경은 우리가 믿음으로 상속받은 것들을 기록한 책으로, 예수 그리스도의 십자가 보혈로 우리 소유가 된 것들에 대해 말해주기 때문이다.

사탄은 우리가 진리를 발견하지 못하기를 원한다. 그래야 속박과 질병과 가난 속에 우리를 계속 가두어놓을 수 있기 때문이다. 우리가 하나님에 대한 그릇된 인식을 가지고 하나님으로부터 물러나는 한, 사탄은 계속 우리를 패배의 삶에 묶어둘 수 있게 된다. 사탄은 하나님의 양들의 눈에 두꺼운 꺼풀을 씌워놓고자 한다. 그들에게서 승리와 자유의 삶을 앗아가고자 한다. 우리를 계속 패배의 상태에 가두려는 악한 음모가 있는 것이다. 사탄은 하나님 백성들의 눈을 어지럽게 하기 위해, 그들을 혼란시키기 위해 하나님에 대한 그릇된 가르침을 사용한다.

하나님은 질병으로 징벌하시는가?

내가 받은 가르침 중에 가장 악한 것은 하나님이 질병과 사고와 비극적인 사건들로 하나님의 백성들을 징벌하신다는 말이었다. 내가 고등학교에 다닐 때, 우리 교회 학생회 전도사님 중에 한 분이 끔찍한 교통사고로 하마터면 목숨을 잃을 뻔한 적이 있다. 우리는 학생회 다른 전도사님과 함께 병문안을 가기 위해 차에 올라탔다. 그 전도사님은 운전을 하면서 이렇게 한탄하셨다.

"왜 이런 일이 그 전도사님에게 일어난 걸까? 이해가 안 돼. 왜 하나님께서 그 전도사님을 이토록 엄하게 징벌하시는 거지? 그 전도사님이 무슨 행동을 했기에 하나님이 이토록 가혹하게 징벌하시는 걸까?"

당시 고등학생이었던 내가 하나님의 징벌에 대해 그렇게 한탄하는 전도사님을 보면서, 그 끔찍한 사고 이면에 하나님이 계시다는 것을 '깨달았을 때' 어떤 느낌을 받았을지 상상할 수 있겠는가? 솔직히 하나님이 그런 잔혹한 방법으로 신자를 징벌하신다는 생각에 얼마나 무서웠는지 말도 못한다. 그때 이렇게 기도했던 게 기억난다.

"하나님, 제발 저는 절대 그런 식으로 벌주지 말아주세요! 제가 무슨 잘못을 하든지 말로 해주세요! 무슨 말씀이든지 다 들을게요! 아셨죠?

약속할게요!"

그땐 정말 하나님이 무서웠다. 하나님이 너무 무서워서 가까이 가고 싶지 않았다. 혹시라도 내가 실수하면 나를 평생 불구로 만들거나 어쩌면 죽을 수도 있는 끔찍한 교통사고로 주저하지 않고 징벌하실까봐 너무나도 무서워서 하나님께 가까이 가고 싶지가 않았다.

이런 잘못된 가르침들이 사실은 은혜의 새 언약이 아니라 율법의 옛 언약에 바탕을 두고 있다는 걸 알고 있는가? 하나님께서는 구약 레위기에서 하나님의 명령을 지키지 못하는 이들을 향해 이렇게 말씀하셨다.

"내가 진노로 너희에게 대항하되 너희의 죄로 말미암아 칠 배나 더 징벌하리니"(레 26:28).

그러나 우리가 더 이상 율법 언약 아래 있지 않다는 사실을 당신은 알고 있는가? 우리는 은혜의 언약 아래 있다! 우리가 받아야 할 모든 징벌과 형벌을 예수님이 이미 십자가에서 짊어지셨다. 이사야서 53장을 직접 읽어보라.

그는 실로 우리의 질고를 지고 우리의 슬픔을 당하였거늘 우리는 생각하기를 그는 징벌을 받아 하나님께 맞으며 고난을 당한다 하였노라 그가 찔림은 우리의 허물 때문이요 그가 상함은 우리의 죄악 때문이라 그가 징계를 받으므로 우리는 평화를 누리고 그가 채찍에 맞으므로 우리는 나음을 받았도다 사 53:4,5

이사야 선지자는 십자가에 달려 우리의 죄악에 대한 징벌을 받으시는 예수님에 관한 예언적 환상을 보았다. 그는 "그가 징계를 받으므로 우리는 평화를 누리고 그가 채찍에 맞으므로 우리는 나음을 받았다!"고 단언했다. 예수님이 우리를 대신하여 이미 징벌을 받으셨다!

멜 깁슨(Mel Gibson)이 예수님의 고난을 다룬 영화 〈패션 오브 크라이스트(The Passion Of The Christ)〉를 발표했을 때, 사람들은 영화의 장면들이 지나치게 사실적이고 폭력적이라고 비판했다. 그러나 주님이 우리를 위해 당하신 실제 일들에 비하면, 그 영화가 묘사한 것들은 빙산의 일각에 지나지 않는다.

예수님 당시에 팔레스타인에 주둔했던 로마 군인들은 아주 잔인하고 다양한 고문 도구들을 마음대로 사용할 수 있었다. 그들이 쓰던 채찍은 악명이 높았는데, 그 채찍의 끝에는 아홉 개의 고리가 달렸고 각각의 고리에는 날카로운 금속 조각들과 갈고리들이 달려 있었다. 그래서 채찍이 죄수의 몸에 닿는 순간 죄수의 살점이 물렸고 다시 채찍을 당기면 죄수의 살이 뜯겨져 죄수의 살을 발기발기 찢어놓았다.

이사야 선지자가 예수님을 "고운 모양도 없고 풍채도 없은즉 우리가 보기에 흠모할 만한 아름다운 것이 없도다"(사 53:2)라고 묘사한 것이 바로 그런 까닭이다.

예수님은 그렇게 모진 채찍질을 당하셨고, 그분의 살점은 갈기갈기 찢겨나갔다. 예수님은 그 징벌을 우리가 다시는 받지 않도록 우리가 받아 마땅한 징벌을 다 받으셨다. 예수님이 채찍에 맞으므로 우리는 나음을 받았다!

그럴진대 하나님께서 지금도 여전히 질병과 사고로 우리의 죄를 벌하신다고 누가 감히 말할 수 있을까? 그렇게 말하는 것은 예수 그리스도께서 우리를 위하여 십자가에서 마치신 일을 전면적으로 부정하는 것이다. 하나님께서 죄로 인해 신자들을 징벌하시는 일은 은혜의 새 언약 아래서는 일어나지 않는다. 예수님이 채찍에 맞으심으로 우리가 나음을 받았기 때문이다!

당신이 지금 아무리 힘들고 어려운 상황에 있더라도, 그것은 당신의 죄에 대한 하나님의 징벌이 아니다. 그러니 형편이 고통스럽고 괴롭거든 십자가에 달리신 예수님을 바라보라! 당신을 향한 하나님의 은혜와 사랑과 선하심을 굳게 믿고 의지하라! 당신을 대신하여 매를 맞고 채찍질을 당하신 예수님을 바라보라! 그리고 예수님으로부터 치유와 온전함을 받아라! 예수님은 십자가에서 당신의 치유를 위한 대가를 지불하셨다! 예수님은 당신의 생명을 파멸에서 속량하신다!(시 103:4 참조)

신약에서의 징벌

이쯤에서 당신은 반론을 제기할 것이다.

"하지만 새 언약 안에는 징벌도 없고 형벌도 없다고 말씀하시다니, 말이 됩니까? 히브리서를 보세요. '내 아들아 주의 징계하심을 경히 여기지 말며 그에게 꾸지람을 받을 때에 낙심하지 말라 주께서 그 사랑하시는 자를 징계하시고 그가 받아들이시는 아들마다 채찍질하심이라'(히 12:5,6)라고 분명히 말하고 있잖아요. 이것이야말로 하나님이 새 언약 안에서도 신자들을 징벌하신다는 증거가 아니고 뭐겠어요?"

사랑하는 이여! 당신은 지금 혼동하고 있고, 교회도 혼동하고 있다. 이 구절의 '징계'라는 단어가 헬라어 원어를 서툴게 번역한 것이기 때문이다. 여기에 쓰인 헬라어 원어는 '파이듀오'(paideuo)인데,[4] '자녀 훈련'이라는 의미이다. 이 단어에는 '징벌하다'는 뜻이 없다. 헬라어 '파이스'(pais)는 '어린이'를 뜻하는 말로 오늘날 소아과 의사를 뜻하는 영어단어(pediatrician)가 여기에서 유래됐고, '듀오'(deuo)는 '어린이를 가르치다'라는 뜻이다. 또한 이 단어를 '자녀 훈련'으로 번역하는 편이 본문 문맥의 흐름과 더 잘 맞는다. 히브리서 12장을 계속 읽어보라. 히브리서 기자는 바로 다음 구절에서 이렇게 말한다.

> 하나님이 아들과 같이 너희를 대우하시나니 어찌 아버지가 징계하지 않는
> 아들이 있으리요 히 12:7

우리가 비록 5,6절에서 사용된 '징계'라고 번역된 원어가 실제로는 '자녀 훈련'을 뜻한다는 것을 잘 모른다 해도, 7절에서 그런 의미를 추론해낼 수 있을 것이다. 7절에서 분명히, 하나님이 우리를 자녀와 같이 대우하시므로 이 땅의 아버지들이 자기 자녀를 훈련시키는 것처럼 우리를 훈련시키신다고 말하고 있기 때문이다.

이제 잠깐 생각해보자. 당신은 당신의 자녀에게 교훈을 가르치기 위해 불치병을 주겠는가? 절대 아닐 것이다. 그렇다면 하늘에 계신 우리 아버지가 그렇게 하실 거라 생각하는 까닭이 무엇인가?

성경공부에 유용한 한 가지 팁을 알려주자면, 성경을 읽을 때 모든 것을 문맥 안에서 읽으라는 것이다. 어떤 문장이나 어구를 문맥에서 따로 떼어내면 오해와 현혹을 피할 수 없기 때문이다. 오늘날 적지 않은 설교자들과 성경교사들이 하나님 말씀의 어떤 문장이나 어구를 문맥에서 슬쩍 빼내거나 문맥과 무관한 뜻으로 가르치는 탓에, 많은 신자들이 현혹당하여 속임수와 잘못된 가르침을 믿고 있다.

하나님은 질병이나 사고로 훈련시키지 않으신다

하나님께서는 하나님의 자녀인 우리를 훈련시키신다. 하지만 나는 사람들이 왜 불치병을 하나님으로부터 온 교훈으로 여기는 것인지 도무지 이해할 수가 없다. 그들은 이런 말을 한다.

"하나님이 그 사람에게 인내를 가르치기 위해 불치병을 주신 거야!"

그 사람이 불치병으로 죽은 뒤에 배워야 할 교훈이 대체 뭐란 말인가? 그 사람이 살아 있어야 인내의 교훈을 배울 수 있지 않겠는가? 그 사람이 불치병으로 죽어버렸는데, 인내가 무슨 소용이 있단 말인가?

논점을 명확히 하기 위해 다시 말하겠다. 질병과 사고는 죄에 대한 하나님의 징벌도 아니고, 하나님으로부터 온 교훈도 아니다. 우리가 어떤 아이를 훈련시킨다고 할 때, 장차 그 아이에게 유익이 될 교훈을 주려고 애쓸 것이다. 그런데 만일 교훈을 주기 위해 사용한 수단으로 인해 그 아이가 죽어버린다면, 그 아이에게 교훈을 주고자 한 우리의 의도는 무산되고 만다. 마찬가지다. 하나님께서 당신과 내게, 하나님의 자녀들에게 교훈을 가르치기 위해 질병과 사고를 이용하는 일은 일어나지 않는다!

죄에 대한 하나님의 공의로운 진노는 예수님의 십자가에서 이미 남김없이 충분히 발하여졌다. 따라서 오늘날 우리는 하나님으로부터 심판이 아니라 사랑을, 오직 사랑을 기대할 수 있다. 하나님의 징벌이 아니라 은혜를 기대할 수 있다. 우리가 옛 언약의 방식처럼 징벌을 받는 일은 결코 다시 일어나지 않을 것이다! 새 언약 안에는 더 이상 죄에 대한 징벌이 없다. 물론 자녀 훈련은 있다. 그러나 우리가 우리 자녀들을 질병이나 사고 같은 것들로 훈련시키지 않는 것처럼, 하나님 역시도 적어도 그런 것들로 우리를 훈련시키지 않으신다.

자녀들을 어떻게 훈련시키는가?

우리의 믿음의 길에 '하나님의 바로잡아주심'이란 게 있냐고 묻는다면, 나는 "물론입니다. 절대적으로 있지요!"라고 대답하겠다. 하지만 하나님이 우리를 바로잡아주시되 이 땅의 아버지들이 자기 자녀를 바로잡아주는 것처럼 하신다는 점을 이해하는 것이 중요하다. 당신이라면 자녀들에게 교훈을 가르치기 위해 질병과 아픔으로 고문하겠는가?

불장난을 하면 안 된다거나 가스난로를 만지면 안 된다는 것을 가르치기 위해 아이의 손을 불 속에 강제로 집어넣고 그 아이의 보드라운 살갗 타는 냄새가 집 안에 진동할 때까지 붙잡고 있겠는가? 그런 짓을 하면서 당신의 아이에게 "아빠가 왜 이렇게 하는지 알아? 너를 사랑하기 때문이야. 불이 널 태울 수 있다는 걸 이제 알았으니, 앞으로는 성냥을 가지고 놀지 않을 거지?"라고 말하겠는가?

길거리에서 놀면 위험하다는 것을 가르치기 위해 그 아이의 가녀린 다리 위로 자동차를 몰고 지나가겠는가? 그러면서 "아가야, 강해져야 한단다. 아빠는 너를 사랑해. 그래서 지금 너를 위해 이런 일을 하고 있는 거야. 나중에 크면 아빠를 이해할 수 있을 거야!"라고 말하겠는가? 물론 아닐 것이다. 그런 짓을 하는 부모는 감옥에 가야 마땅하다. 그런 짓을 하는 부모들에게 딱 맞는 특수 시설이 있다.

그러나 슬프게도 우리 주변에는 하늘에 계신 우리 아버지께서 자녀들에게 교훈을 가르치기 위해 질병과 사고로 괴롭힌다고 하나님을 헐뜯는 그리스도인들이 여전히 있다. 그런 가르침 때문에 많은 신자들이 하나님이 자신들에게 화를 내시어 멸망시킬 기회를 찾고 있다고 생각하면서 광야를 방황하게 되리라는 것은 놀랄 일이 아니다.

당신은 우리의 하나님이 어떤 하나님이라고 생각하는가? 하나님은 우리의 '아빠, 아버지'이시다(롬 8:15 ; 갈 4:6 참조). '아빠'라는 단어의 히브리어는 아버지를 부르는 모든 단어 중에서 가장 다정한 단어이다. 당신은 우리의 아빠이신 하나님께서 그런 식으로 우리를 훈련시키실 거라고 정말로 생각하는가?

땅에 있는 아버지들 역시 자기 자녀들에게 좋은 선물을 줄 줄 아는데, 하물며 하늘에 계신 우리의 아빠, 우리를 사랑하시는 하늘의 아빠는 더 좋은 것들을 주시지 않겠는가? 질병과 사고가 좋은 선물이 아니란 것은 말할 필요도 없다. 그것들은 사탄에게서 온 것이다. 예수님이 십자가에서 마치신 일 덕분에 우리는 모든 악한 일과 저주로부터 건짐 받았기 때문이다. 우리는 모든 나쁜 사건과 질병으로부터 보호받을 수 있다. 예수님이 채찍에 맞으므로 우리가 나음을 받았기 때문이다!

십자가의 예수님이 우리를 위해 얻으신 것들

시편 103편을 읽어보라. 우리를 위해 예수님이 십자가 위에서 그 몸으로 얻으신 은택이 무엇인지 확인해보라.

내 영혼아 여호와를 송축하라 내 속에 있는 것들아 다 그의 거룩한 이름을 송축하라 내 영혼아 여호와를 송축하며 그의 모든 은택을 잊지 말지어다 그가 네 모든 죄악을 사하시며 네 모든 병을 고치시며 네 생명을 파멸에서 속량하시고 인자와 긍휼로 관을 씌우시며 좋은 것으로 네 소원을 만족하게 하사 네 청춘을 독수리같이 새롭게 하시는도다 시 103:1-5

시편의 이 말씀을 매일 묵상하라! 예수님이 십자가에서 마치신 일의 은택을 하나라도 망각하지 말라! 예수님은 당신의 모든 죄를 용서하시며, 당신의 모든 병을 고치시며, 당신을 파멸에서 건지시며, 인자와 긍휼로 관을 씌우시며, 좋은 것들로 당신의 소원을 만족시켜 당신을 독수리같이 새롭게 하신다.

이런데도 하나님이 자녀들의 죄를 징벌하기 위해서나 아니면 자녀들에게 교훈을 가르치기 위해서 질병이나 사고를 주신다고 하나님을 헐뜯겠는가?

그리고 하나님께서 신자들을 징벌하거나 교훈을 주시기 위해 질병을 사용하신다고 주장하는 자들이 정말로 자기들의 주장을 믿는다면, 그들이 몸이 아플 때 병을 고치기 위해 의사를 찾는 까닭이 무엇인가? 앞뒤가 맞지 않는다. 그들은 한편으로는 자신들의 질병이 하나님으로부터 온 것이라고 말한다. 그리고 다른 한편으로는 그 질병을 없애기 위해 의사들을 찾아다닌다.

나는 우리 교회 교인들에게 늘 이렇게 말한다.

"교회에 올 때 두뇌를 집에 두고 오지 마십시오."

하나님께서 우리를 징벌하거나 교훈을 가르치기 위해 질병과 사고를 주신다는 거짓말을 믿는 것을 중단하라! 솔직히 나는, 우리 하나님께서는 은혜와 자비로 충만하셔서 우리가 건강하고 부요하고 온갖 나쁜 일들로부터 보호받기를 원하시는데, 병드는 것과 깨지는 것과 패배당하는 것이 정당하다고 열렬히 옹호하는 신자들이 있는 까닭을 도무지 이해하기가 어렵다.

하나님으로부터 좋은 선물을 기대하자! 하나님께서 우리에게 화를 내시며 혹시라도 우리가 넘어지면 질병과 사고를 보내 훈련시키실 거라는 의미를 간접적으로라도 암시하는 모든 가르침을 거부하자!

바울의 육체의 가시는 어떻게 되는 거지?

당신은 당연히 이렇게 반론을 제기할 것이다.

"하지만 목사님! 바울의 '육체의 가시'에 대해서는 뭐라고 말씀하실 거죠? 그건 질병이 아니었나요?"

바울이 그 '육체의 가시'에 대해 뭐라고 말했는지 먼저 살펴보자.

"여러 계시를 받은 것이 지극히 크므로 너무 자만하지 않게 하시려고 내 육체에 가시 곧 사탄의 사자를 주셨으니 이는 나를 쳐서 너무 자만하지 않게 하려 하심이라"(고후 12:7).

그 '육체의 가시'가 질병이라는 말은 이 구절 어디에도 나오지 않는다. 성경은 인간의 억측이 아니라 성경으로 풀어야 한다. 성경에서 '가시'는 보통 우리를 괴롭히는 사람을 일컫는다. 현대 영어에서도 괴롭히거나 못살게 구는 누군가를 기술하기 위해 'a pain in the neck'(목 안의 통증)이라는 어구를 사용한다. 이 어구는 단순한 표현법일 뿐이지, 우리의 목이 실제로 아프다거나 병에 걸렸음을 가리키지 않는다. 마찬가지로, 바울이 가졌던 '육체의 가시'는 실제 질병이 아니었다. 구약 민수기에 보면 이스라엘의 원수들을 '가시'라 일컫은 대목이 나온다.

"너희가 만일 그 땅의 원주민을 너희 앞에서 몰아내지 아니하면 너희가 남겨둔 자들이 너희의 눈에 가시와 너희의 옆구리에 찌르는 것이 되어 너희가 거주하는 땅에서 너희를 괴롭게 할 것이요"(민 33:55).

그 육체의 가시가 무엇인지에 대해서는 바울 자신이 분명하게 말한다. 그는 그것을 '사탄의 사자'(a messenger of Satan)라고 일컬었다. 따라서 그것은 바울이 복음을 전파하는 곳마다 사람들을 선동하여 그를 공격하고 험담했던 어떤 인물에 관련된 게 틀림없다.

그리고 하나님이 이 육체의 가시에 대해 바울에게 뭐라고 말씀하셨는가? "바울아, 침착해! 내 은혜가 네게 충분하지 않니?"(고후 12:9 참조)라고 말씀하셨다. 따라서 바울이 어떤 질병을 앓았던 것이 아니다. 그는 우리 주 예수님의 부활의 생명으로 실로 충만하게 기름부음 받았던지라, 그의 손수건이 병자들에게 닿기만 해도 병자들이 치유를 받았다.

당신은 좋은 소식을 듣고 있는가?

최근에 우리 교회의 한 여성이 어떤 예언 집회에 참석했다가 소위 '예언자'라는 사람에게 "당신의 아들이 신체적 장애를 갖게 된 것은 당신의 죄 때문입니다"라는 말을 들었다고 한다. 당신에게도 누군가 이런 거짓말을 먹여준 적이 있는가? 당신이 겪고 있는 부정적인 일들이 당신의 죄에 대한 하나님의 징벌의 결과라고 말한 적이 있는가? 그런 말들이야말로 터무니 없는 허튼소리요, 지독한 잔인함이다. 은혜의 새 언약 아래서는 하나님이 질병으로 우리의 죄를 징벌하는 일이 일어나지 않기 때문이다.

왜 그런가? 십자가에 달리신 예수님이 그 몸으로 우리의 모든 죄에 대한 징벌을 이미 받으셨기 때문이다. 우리의 죄 사함을 위한 예수님의 피가 이미 뿌려졌기 때문이다. 예수 그리스도를 우리 삶에 영접했을 때, 우리의 모든 죄가 깨끗이 씻어졌기 때문이다. 그것이 이미 끝난 일이기 때문이다!

결국 그 여성은 우리 교회 사역자들에게 도움을 청했고, 그들은 하나님이 이미 그녀의 모든 죄를 예수님의 십자가에서 징벌하셨다고 가르쳐주었다. 그 말을 들은 그녀는 그 예언자라 하는 사람이 무슨 뜻으로 그런 말을 한 것인지 묻기 위해 다시 찾아갔지만, 그 사람은 그녀를 회피하면서 만나주지 않았다. 그러다 마침내 그 사람을 만나 무슨 뜻으로 그런 말을 한 것인지를 묻자 그는 이렇게 대답했다.

"하나님이 그렇게 말씀하셨기 때문이에요!"

누군가 성경에 반하는 것들을 말하기 위한 구실로 건방지고 편리하게 주님의 이름을 들먹일 때 겁먹지 말라! 그 사람은 그렇게 말하고는 자기 명함을 건네면서 자기가 부업으로 그런 예언 집회를 운영하고 있다고 설명했다. 본업을 따로 가지고 있는 '아르바이트 예언자'란 말이었다.

정말 잔인하지 않은가? 하나님의 백성들은 귀하다. 그들은 절박한 심정으로 해결책과 해답과 도움을 구한다. 그러나 그 예언자 같은 자들이 신자들을 정죄하며 하나님이 그들에게 화를 내시고 질병과 사고로 그들의 죄를 징벌하신다는, 진리에서 가장 멀리 떨어져 있는 음험한 거짓으로 신자들을 고문하며 지금도 신자들 주변을 맴돌고 있다.

지금은 우리가 성경적 토대도 없고 우리 주 예수 그리스도의 새 언약에 근거하지도 않은 그런 모든 가르침들을 이겨내야 할 때이다. 우리 주님은 우리가 "뱀같이 지혜롭고 비둘기같이 순결하기를"(마 10:16) 바라신다. 눈을 떠라! 하나님에 관한 잘못된 가르침과 은혜의 새 언약에 근거하지 않은 오류투성이 가르침으로 신자들을 속박하려는 사탄의 악한 음모를 간파하라!

우리 마음에 두려움과 걱정을 가득 불러일으키는 가르침이 들릴 때마다 그것이 예수님의 복음의 좋은 소식이 아니란 것을 확신하라! 예수님의 좋은 소식은 언제나 우리를 자유롭게 해주고, 예수님의 완벽한 사랑은 모든 두려움과 염려를 제거한다. 예수님의 좋은 소식은 언제나 믿음을 주고, 예수님이 십자가에서 행하신 일을 드높인다!

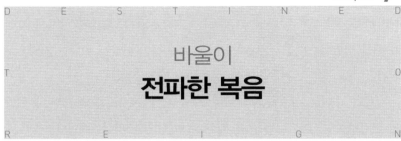

Chapter 7

바울이
전파한 복음

초보적인 가르침인가?

"죄의 용서는 복음이 가르치는 모든 교훈 가운데 가장 초보적인 가르침이다!"

이런 개념을 우리 뇌리에서 근절해야 한다. 생각해보라! 만일 그것이 정말 초보적인 가르침에 불과하다면 수많은 신자들이 그것을 이해하지 못하는 까닭이 무엇이며, 또한 그에 대한 이해의 부족으로 패배의 삶을 사는 까닭이 뭐란 말인가?

복음의 능력은 깨어 있는 순간순간 우리의 모든 죄가 용서받았음을 온전히 확신하며 살아가는 데 있다. 이런 확신을 가지고 살아가는 것과, 우리가 죄를 지으면 하나님과의 친밀한 교제가 깨어지고 하나님이 더 이상 우리 기도에 응답하지 않으시며 멀리 떠나서는 우리가 모든 죄를 자백하고 회개할 때까지 성령님이 돌아오지 않는다는 생각들에 으레 따르기 마련인 죄책감과 정죄감과 자책감을 가지고 살아가는 것을 비교해보라.

많은 그리스도인들이 이런 느낌, 즉 하나님께 용서받은 상태를 자신의 행위와 노력으로 계속 유지해야 할 의무가 자기에게 있다는 느낌을 여전히 가지고 있다. 상황이 이런데 어찌 죄의 용서를 가르치는 복음이 초보적인 가르침에 지나지 않는다고 할 수 있겠는가? 많은 신자들이, 심지어 목회자와 설교자와 사역자들이, 화려한 직함과 신학교 학위를 가지고 있는 많은 이들이 용서의 가르침을 혼동하고 있다.

복음을 이해하기 위한 최선의 방법은 여러 곳에서 들은 말들을 토대로 삼는 것이 아니라 초대교회 사도들이 전파했던 말씀으로 돌아가는 것이다. 여기서는 새 언약의 사도인 바울이 전파했던 말씀을 살펴보기로 하자. 그는 은혜의 복음을 전파하도록 하나님의 기름 부음을 받은 사도였으니 말이다. 그는 다른 사도들이 은혜의 새 언약에 관해 받았던 모든 계시보다 은혜의 새 언약에 관한 계시를 더 많이 받았고, 신약성경의 3분의 2 이상을 기록하는 책임을 부여받았다.

능력으로 충만했던 바울의 가르침
사도행전의 한 대목을 읽어보자.

루스드라에 발을 쓰지 못하는 한 사람이 앉아 있는데 나면서 걷지 못하게 되어 걸어본 적이 없는 자라 바울이 말하는 것을 듣거늘 바울이 주목하여 구원받을 만한 믿음이 그에게 있는 것을 보고 큰 소리로 이르되 네 발로 바로 일어서라 하니 그 사람이 일어나 걷는지라 행 14:8-10

성령께서 이 사람을 어떻게 묘사하고 있는지 주목하라. 첫째, 그 사람은 발을 쓰지 못했다. 둘째, 나면서 걷지 못하게 되었다. 셋째, 걸어본 적이 없었다. 성령께서는 그 사람이 걸을 수 없었다는 점과 사람의 눈으로 보기에 불가능한 상황에 놓여 있었다는 점을 강조하기 위해 세 가지 다른 표현을 거듭하여 사용하셨다. 그러나 그 사람은 바울이 전하는 복음을 들었을 때, 고침 받을 만한 믿음으로 충만하게 되었다!

그런데 그 사람은 어떻게 믿음으로 충만하게 되었을까? 성경은 믿음은 들음에서 나고, 들음은 그리스도의 말씀에서 말미암는다고 말한다. 루스드라 지방의 그 사람이 믿음으로 충만해진 것은 그리스도의 말씀을 들었기 때문이다.

> 그러므로 믿음은 들음에서 나며 들음은 그리스도의 말씀으로 말미암았느니라 롬 10:17

믿음은 '그리스도의 말씀'으로 말미암는다. 믿음은 오로지 그리스도의 말씀을 들음으로써 온다. 이는 우리가 성경에 붉은 색으로 표시된 부분, 즉 예수님이 말씀하신 것을 나타내는 부분들을 본문으로 하는 설교만 골라 들어야 한다는 뜻이 아니다(사실, 성경에서 예수님이 말씀하신 부분들을 붉은 색으로 표시하는 것은 인간이 만들어낸 관행일 뿐이다). 그리스도의 말씀을 듣는다는 것은 예수님이 십자가에서 마치신 일과 은혜의 새 언약을 통하여 걸러진 설교와 가르침을 듣는다는 것이다.

당신이 설교자라면 창세기부터 시작하여 요한계시록에 이르기까지 예수님과 예수님의 은혜의 관점으로 설교할 수 있다. 우리 교회에서 나는 신약과 구약 모두를 광범위하게 설교하고 가르치는 목사로 알려져 있다. 그리스도가 구약에 감추어져 있고 신약에 드러나 있기 때문이다.

구약에서 우리는 레위기의 다섯 가지 제사와 모세의 성막, 심지어 대제사장의 의복에서조차 그리스도의 그림자를 발견할 수 있다. 그러나 그런 것에서 그리스도를 끌어내려면 새 언약의 도움이 필요하다. 설교자가 오직 그리스도를 전파할 때에만 하나님께서 신자들에게 믿음을 주신다. 나는 예수님에 대해 전하는 것이 참 좋다!

바울은 뭐라고 설교했는가?

이제 다시 루스드라의 그 사람 이야기로 돌아가보자. 대체 바울이 어떤 강력한 설교를 했기에 누가 봐도 불가능한 상황에서 치유 받을 수 있다고 믿는 그런 믿음을 준 것일까? "그거야 뭐 바울이 하나님의 치유에 대해 설교했기 때문이 아니겠어요?"라고 쉽게 대답하고 싶은가? 그렇다면 본문을 살펴보자. 성경은 바울이 루스드라에게 복음을 전했다고 말할 뿐이다(행 14:7 참조).

성경은 바울이 하나님의 치유를 전했다고 말하지 않는다. 오해는 말라! 하나님의 치유를 가르치는 게 옳지 않다는 말이 아니다. 나도 하나님의 치유에 대한 가르침을 시리즈로 전했다. 그러나 하나님의 치유에 대한 가르침을 들었을 때에만 치유를 위한 믿음이 오는 것은 아니다. 치유를 위한 믿음은 단지 복음을 들었을 때에도 올 수 있다!

언젠가 나는 바울이 루스드라에서 전한 것이 어떤 것인지 무척이나 알고 싶었던 적이 있었다. 한 사람의 목회자로서 바울이 전했던 것과 똑같은 메시지를 전파하여 사람들에게 믿음을 주고 싶었기 때문이다. 그래서 바울이 그곳에서 무엇을 전했는지 알려달라고 주님께 구했다. '성령께서 어떻게 그렇게 중요한 사항을 성경에서 쏙 빼놓으실 수 있지? 성경에 기록하셨으면 얼마나 좋을까?' 하는 생각을 하면서 말이다.

그런데 주님은 바울의 설교 한 편을 성경에 기록해놓으셨다고 말씀하셨다. 주님은 바로 앞 장을 보라는 마음을 주셨고, 사도 바울이 어디를 가든지 전파했던 복음의 견본 하나를 바로 거기, 사도행전 13장에 보존해두셨음을 보여주셨다. 거기에 있었다. 성령께서 우리를 위해 정확히 기록하신 바울의 설교 한 편이 거기 있었다. 바울은 그 설교에서 많은 것에 대해 말했다. 그러나 우리는 그 설교의 핵심이 무엇이었고, 그 설교가 어디에서 절정을 이루었는지에 주목하기로 하자.

> 그러므로 형제들아 너희가 알 것은 이 사람을 힘입어 죄 사함을 너희에게 전하는 이것이며 또 모세의 율법으로 너희가 의롭다 하심을 얻지 못하던 모든 일에도 이 사람을 힘입어 믿는 자마다 의롭다 하심을 얻는 이것이라
>
> 행 13:38,39

믿는 모든 사람을 위한 모든 죄의 용서

바울이 전파한 복음의 능력은 '믿는 모든 사람을 위한 모든 죄의 용서'에 있다. 우리 죄를 용서받기 위한 다른 자격 요건은 없다. 율법의 옛 언약은 행위, 즉 십계명을 지키는 것에 의해 의롭다 인정받는 것에 바탕을 두고 있었다. 옛 언약 아래서는 용서받으려면 행해야 했다. 그러나 은혜의 새 언약은 믿음, 즉 예수 그리스도를 믿는 것으로 의롭다 인정받는 것에 전적으로 근거하고 있다.

이 둘의 근본적인 차이를 분간할 수 있겠는가? 우리는 더 이상 아무것도 요구받지 않는다. 예수님이 모든 요구사항을 충족하셨기 때문이다. 좋은 소식은 이것이니, 예수님을 믿는 모든 사람이 그들의 모든 죄를 용서받고, 모세의 율법으로는 의롭다 인정하심을 받을 수 없던 모든 일에서도 의롭다 하심을 얻는다는 것이다! 좋은 소식 아닌가? 할렐루야! 이보다

더 좋은 소식이 어디 있을까?

나는 누구든지 예수님을 믿기만 하면 모세의 율법으로 의롭다 하심을 얻을 수 없던 모든 일에서 의롭다 하심을 얻을 수 있다는 바울의 설교를 듣고 루스드라의 그 사람이 어떻게 반응했을지 충분히 상상이 간다. 그리스도의 좋은 소식에 대해 전하는 바울의 설교를 들었을 때, 믿음이 그 사람 마음에 들어와 그를 가득 채웠다.

그는 눈물 가득한 눈으로 자신의 다리에 꽂혀 있던 시선을 돌렸을 것이고, 자기가 태어날 때부터 절름발이가 된 것이 자신의 죄나 부모의 죄에 대한 징벌 때문이라는 생각을 떨쳐냈을 것이다. 예수 그리스도를 믿기만 하면 자신의 모든 죄가 용서받으리라는 것을 그는 온 마음을 다해 믿었을 것이다. 어쩌면 쏟아지는 눈물을 억누르면서 이렇게 속삭였을지도 모른다.

'나는 믿어!'

그리고 바로 그 순간, 그는 큰 목소리 하나를 들었다.

"네 발로 바로 일어서라!"

바울의 명령이었다. 그리고 머뭇거릴 겨를도 없이, 너무나도 기쁘게, 제 발로 벌떡 일어나는 자신의 모습을 발견했다. 그리고 그렇게 생전 처음 걸었다!

믿음을 주는 용서의 복음

바울이 그 사람의 치유를 위해 안수를 하지도 않았다는 점을 주목하라. 거기에는 치유 받기 원하는 사람들은 앞으로 나오라는 강단의 초청도 없었다. 그 사람은 예수 그리스도의 복음을 들음으로써 치유를 받을 만한 믿음을 얻었다.

우리 교회 성도들도 그와 같은 일들을 체험한다. 사람들이 예배당에 앉아 예수님이 십자가에서 마치신 일과 은혜의 복음이 전파되는 것을 들을 때, 치유의 이적들이 갑자기 일어나기 때문이다.

언젠가 친한 친구인 마르셀 가센베크(Marcel Gaasenbeek)가 몇몇 친구들과 함께 차를 타고 루마니아로 가고 있는 동안 차에서 일어난 놀라운 치유의 이적에 대해 말해준 적이 있다. 그는 하나님의 은혜로 역동하는 네덜란드의 한 교회를 섬기는 목회자로, 그날 그는 설교 약속을 위해 루마니아로 향하는 중이었다. 그는 종종 자동차 안에서 내 설교를 듣곤 했는데, 그날도 내 설교를 듣고 있었다.

장거리 자동차 여행의 단조로움 때문이었는지, 뒷좌석에 앉아 있던 그의 친구 한 사람이 졸기 시작했다. 그 사람은 몇 해 전에 제트스키를 타다 사고를 당해, 이후로 종종 허리 통증을 하소연하곤 했다. 그런데 꾸벅꾸벅 졸던 그 사람이 비몽사몽간에 내 설교의 한 대목을 들었던 모양이다.

"예수님이 이미 당신을 치유하셨습니다. 사탄은 당신 몸에 가짜 증세를 주는 자입니다!"

그 사람은 마음으로 "아멘!" 했고, 예수님이 자신의 죄와 저주를 가져가 대신 짊어지심으로써 자신을 이미 치유하셨다는 선포를 그대로 받아들였다. 바로 그 순간, 그는 하나님의 능력이 자신의 몸을 관통하고 지나가는 것을 느꼈고, 말끔히 치유 받았다! 그의 허리 통증이 씻은 듯 사라진 것이다!

예수님의 복음을 듣는 것의 능력이 그러하다. 믿음은 그렇게 온다! 예수님에 대해 더 많이 들을수록 예수님의 은혜를 더 많이 받는다. 예수님이 십자가에서 마치신 일에 대해 더 많이 깨달을수록 어떤 일이라도 일으킬 수 있고, 심지어 불가능해 보이는 일도 일으킬 수 있는 믿음, 곧 하나님이 주시는 믿음을 더 많이 받을 것이다.

말씀에 울린 차임

2000년 어느 날, '알레프에서 타브까지 – 성경에 있는 예수님의 서명'이라는 제목으로 우리 교회의 정기적인 주간 성경공부 모임에서 설교하는 중이었다. '알레프'(aleph)는 히브리어 알파벳의 첫 글자이고, '타브'(tav)는 끝 글자이다. 그 메시지는 전적으로 예수님에 관한 것이었고, 예수님이 어떻게 자신을 알파와 오메가로, 처음과 끝으로 계시하셨는지에 관한 것이었다. 나는 말씀을 전하면서 방금 살펴보았던 바울의 설교의 두 구절을 큰 소리로 읽기 시작했다.

> 그러므로 형제들아 너희가 알 것은 이 사람을 힘입어 죄 사함을 너희에게
> 전하는 이것이며 또 모세의 율법으로 너희가 의롭다 하심을 얻지 못하던
> 모든 일에도 이 사람을 힘입어 믿는 자마다 의롭다 하심을 얻는 이것이라
> 행 13:38,39

그런데 이 두 구절을 인용하여 읽기를 마친 순간, 강대상 뒤편에 있던 차임(chime, 조율이 된 한 벌의 금속관이나 종들로 구성된 타악기)이 저절로 아름다운 연주를 시작했다. 차임 근처에는 아무도 없었다. 우리 교회 악기 연주자들은 내가 설교할 때 강대상 뒤쪽에 앉지 않는다. 모든 사람들이 여느 때처럼 내 앞에 앉아 있었다.

그냥 부드럽게 딸랑거리는 소리가 아니었다. 차임은 앞에서부터 뒤로, 뒤에서부터 앞으로, 첫 번째 것에서 마지막 것에 이르기까지 저절로 오가면서 아름다운 연주를 했다. 당시 그 자리에 있던 천여 명 이상의 사람들

이 그 장면을 목격했다. 성경공부에 참석했던 사람들 모두가 차임에서 흘러나오는 청아한 울림을 들을 수 있었다. 하나님의 기름부음이 예배당을 휩쓸고 지나갔다. 어떤 사람들은 눈물을 흘리기 시작했고, 어떤 사람들은 하나님께 영광을 올리며 박수를 치기 시작했다. 실로 아름다운 광경이었다.

내가 죄의 용서에 관한 하나님의 말씀 두 구절을 읽기를 끝마친 바로 그 순간, 성령께서 우리 교회 교인들에게 임하여 포근히 안아주신 것이었다. 마치 성령께서 널리 울려 퍼지는 소리로 그 두 구절에 "아멘!"이라고 말씀하시는 것 같았다.

그 소리를 들은 사람들은 누구나 차임에서 흘러나온 그 아름다운 울림의 물결이 예배당 안에 갑자기 불어닥친 바람이나 다른 어떤 자연적 원인으로부터 나올 수 없었음을 단언할 수 있다. 그것은 초자연적인 사건이었다. 하나님께서 하나의 표적을 일으켜 하나님의 말씀을 확증해주신 것이었다.

차임은 저절로 소리를 낸 동시에 매우 의도적으로 연주되었다. 차임을 따라 부드럽게 손을 움직이면서, 낮은 음계에서 높은 음계로, 다시 높은 음계에서 낮음 음계로 옮겨가는 하나님의 천사의 모습을 상상해봄직하다. 당시 예배당에서 일어났던 일을 완벽하게 묘사하기란 불가능하다. 애석하다! 당신이 직접 그 소리를 들었어야 했는데!

우리 교회의 다른 모든 예배와 마찬가지로 그 예배도 녹화되었다. 당시 예배 실황을 녹화한 DVD를 본다면, 저절로 연주되는 차임 소리를 생생하게 들을 수 있을 것이다. 한 가지 아쉬운 점은, 내가 차임 쪽으로 돌아서서 교인들에게 차임을 보라고 손짓하는 장면은 볼 수 있지만, 차임이 저절로 움직이는 모습을 DVD로 확인할 수는 없다는 사실이다. 촬영 기사가 그 장면을 잡지 못했기 때문이다. 그가 그 초자연적인 현상에 기절할 듯 놀라 카메라의 초점을 온통 내게만 맞추고 있던 탓이다.

나중에야 알게 된 사실이지만, 그날 밤은 내게 정말로 특별히 중요한 밤이었다. 그 이유는 이렇다. 당시 우리 교회와 나에 관한 악의적인 내용의 이메일이 사람들 사이에 돌고 있었다. 몇몇 사람들이 나에 대해 적의를 갖고 온갖 불쾌한 욕설과 몇 가지 부당하고 얼토당토않은 비난을 쏟아붓고 있었다. 나도 모르는 사이에, 우리 교회의 많은 신자들이 그 메일을 읽고 매우 좋지 않은 영향을 받았다.

그런데 그날 밤, 성경공부가 끝나고 그 메일을 읽었던 많은 사람들이 나를 찾아와 말했다.

"목사님! 제가 오늘밤 이 집회에 참석한 것은 그 메일에 기록된 목사님에 관한 비난들이 사실인지 알려달라고 하나님께 기도하면서 묻기 위해서였습니다. 저는 그 메일을 작성한 사람들의 말도, 목사님의 말도 듣고 싶지 않았습니다. 하나님께서 제게 말씀해주시기만을 원했습니다."

그 메일을 읽었던 많은 사람들이 나를 찾아와 그날 밤 자신들이 무엇을 위해 기도했는지 말해주었다. 그들의 설명은 거의 동일했다. 그 메일에 기록된 내용의 진위 여부와 관련하여 하나님께 직접 대답을 듣기 원했다는 것이다.

나는 깜짝 놀라지 않을 수 없었다. 그날 밤 그렇게 많은 교인들이 그 악성 메일의 진위 여부를 직접 말씀해달라고 하나님께 구하고 있었는데, 차임이 그렇게 초자연적으로 연주되자 그것을 내가 전해온 메시지에 대한 하나님의 확증으로 받아들였고, 그 메일을 무시하기로 결정했기 때문이다.

나는 치명적인 독이 우리 교회 교인들 사이에 퍼지고 있다는 것을 미처 알지도 못했는데, 주님이 나의 정당성을 입증해주신 것이었다. 주님은 나를 변호해주셨다. 할렐루야! 몇 년 동안, 많은 사람들이 나에 대해 온갖 끔찍한 말들을 했다. 생전 들어보지도 못한 온갖 종류의 욕설을 다 들었다. 그러나 절대 응수하지도, 보복하지도 않았다.

나는 주님만 굳게 믿고 의지할 뿐이다. 나를 비난하는 사람들에게 대항하기 위해 펜을 들지도 않았고, 부정적인 말 한 마디 하지 않았다. 나를 반대하는 사람들을 반대하지 않았다. 어떤 상황에서도 그 상황을 통하여 예수님을 가장 영화롭게 할 수 있게 해달라고 기도했고, 그리스도의 몸 된 교회에 가장 큰 유익을 끼칠 수 있게 해달라고 기도했다.

은혜의 복음에 대한 박해

어쨌든지 나는 박해를 각오하고 있다. 오래전 주님은 바울이 전했던 복음을 전하려면 대가를 지불해야 한다고 내게 경고해주셨다. 주님은 많은 사람들이 내게 욕을 하며 박해할 것이라고 말씀하셨다. 그리고 나는 정말 그런 박해를 받았다. 그러나 그런 박해는 거의가 율법과 인간의 자기 노력을 통한 '칭의'(justification, 하나님께 의롭다 일컬음을 받는 것)를 믿는 사람들에게서 온 것이었다.

이는 예수님이 경험하셨던 것과 비슷하다. 예수님이 이 땅을 걸으셨을 때, 예수님에게서 아무것도 받지 못한 유일한 사람들은 바리새인들, 즉 율법 전문가들뿐이었다. 그들은 율법을 두루 꿰고 있었지만, 그들 바로 앞에 서 있는 율법의 입안자는 알지 못했다. 기이하지 않은가? 이는 율법주의가 사람의 눈을 멀게 한다는 사실을 보여준다. 율법에 얽매인 사람들은 눈이 있어도 보지 못하고, 귀가 있어도 듣지 못한다!

반대로, 자신들이 무력한 죄인임을 인정한 사람들(창녀들, 부패한 세관원들, 거친 어부들, 사회의 변경으로 내몰린 사람들)은 바리새인들만큼 율법을 잘 알지는 못했지만 기쁘게 예수님을 받아들였고 환영했다.

나를 미심쩍게 보는 누군가는 당연히 이렇게 말할 것이다.

"하지만 당신이 전파하는 게 정말로 하나님으로부터 온 것이라면 그것이 사람들 사이에 분열을 일으키지는 않을 텐데요!"

사도행전 13장에서 일어났던 일들을 보자. 바울이 설교를 마쳤을 때, 이방인들은 그 다음 주 안식일에도 동일한 설교를 베풀어달라고 청했다. 그리고 그 다음 주 안식일, 성경에 따르면 안디옥의 "온 시민이 거의 다"(행 13:44) 바울의 설교를 들으러 모여들었다.

그들은 사도 바울이 죄의 용서와 하나님의 은혜와 예수님의 십자가를 통해 믿음으로 의롭다 일컬음 받는 것에 대해 설교하는 것을 듣기 위해 모여들었다. 안디옥 시민들 거의 모두가 바울의 설교를 들으러 모여들었다는 사실은 바울이 전한 좋은 소식이 이미 안디옥 전체에 삽시간에 확산되었음을 뜻한다.

율법주의자들이 시기하고 반박하고 비방한 까닭

그러나 바울이 전파하는 복음을 매우 못마땅하게 여기는 한 무리의 사람들이 있었다는 점을 주목하라! 바리새인들 혹은 내가 '종교 마피아'라 칭하는 이들이었다. 그들은 바울의 설교를 들으러 모여든 군중들을 보자 "시기가 가득하여 바울이 말한 것을 반박하고 비방했다"(행 13:45).

이들처럼 외양적으로 율법을 지키는 것을 고집하는 완고한 사람들이 우리 주변에도 존재한다. 율법이 그들의 눈을 멀게 한다. 그들의 눈은 탁한 빛깔의 너울로 덮여 있기 때문에, 율법의 옛 언약이 더 이상 유효하지 않다는 것을 보지 못한다. 그들은 은혜에 감동되는 신자들을 보면 시기심으로 가득해진다. 그들은 자신들이 뜻하는 '자기 의'에 이르기 위해 자신들의 행위와 노력에 의지해 애쓰는데, 은혜를 받아들인 신자들은 너무나도 쉽게 의로움을 주장하기 때문이다.

그리하여 바리새인들은 신자들이 은혜 아래서 예수 그리스도의 능력으로 이적과 축복과 해결책을 받고, 인간의 어떤 행위나 자기 노력 없이 예수님의 완벽한 의(義)를 입는 것을 보았을 때 시기심으로 가득해졌고, 그렇게 가득해진 시기심으로 바울을 반박하고 비방했다.

사도 바울이 예수 그리스도의 복음을 전하지 않아서 분열이 일어난 것이 아니었다. 오히려 하나님으로부터 온 은혜의 복음을 정확히 전했기 때문에 일어났다. 하나님의 은혜는 인간의 전통과 충돌한다. 그것이 인간의 자기 노력을 아무것도 아닌 것으로 만들고, 예수 그리스도를 모든 것으로 만들기 때문이다. 예수님 당시의 종교 마피아들은 이에 분노했다.

바울의 설교는 하나님의 은혜와 새 언약의 용서를 거부하는 이들에 대한 경고로 끝났다.

> 보라 멸시하는 사람들아 너희는 놀라고 멸망하라 내가 너희 때를 당하여 한 일을 행할 것이니 사람이 너희에게 일러줄지라도 도무지 믿지 못할 일이라 행 13:41

바울이 준 이 경고는 그의 설교를 듣던 청중 전체를 향한 것이 아니라 은혜의 복음을 거부한 자들을 향한 것이었다. 모세의 율법을 지킴으로써 의롭다 일컬음을 받기 위해 힘써야 한다고 무턱대고 우기는 사람들은 믿음으로 의롭다 일컬음을 받는 것에 대해 들어도 '도무지' 믿지 않을 것이며, 너무나 좋아서 사실로 믿기 어렵다고 속으로 말할 것이다. 그들 눈에 덮인 율법이라는 너울로 인해 그들은 하나님의 은혜를 보지 못한다.

그러나 하나님을 찬양하라! 예수님이 십자가에 못 박히셨을 때 지극히 의롭지 못한 인간을 지극히 의로우신 하나님으로부터 분리했던 휘장이 영원히 제거되었다! 성경은 예수님이 숨을 거두셨을 때에 "성소 휘장이 위로부터 아래까지 찢어져 둘이"(마 27:51) 되었다고 말한다.

이 성소의 휘장은 모세의 율법을 나타낸다. 이렇게 율법이 제거되었을 때 인간은 예수님의 십자가 보혈 안에서 믿음으로 의로워졌고, 하나님께서 임재하시는 지성소로 들어갈 수 있는 길이 열렸다!

너무나 좋아서 사실로 믿기 어려운가? 그러나 명백한 사실이다. 예수 그리스도의 복음이 오늘 우리에게 좋은 소식인 까닭이 바로 그런 이유이다. 예수님은 우리에게 율법을 주기 위해, 더 많은 율법을 주기 위해 오시지 않았다. 예수님은 은혜를 통하여 생명을 주시기 위해, 더 풍성한 생명을 주시기 위해 오셨다(요 10:10 참조).

'분열을 일으키는 은혜의 복음'이라는 문제에 대해 몇 마디 더 해두자. 우리가 은혜의 복음을 전했는데, 그것이 사람들 사이에 분열을 일으키고, 심지어 어떤 사람들은 우리를 도시 밖으로 추방하려 한다. 이런 일이 가능할까? 가능하다! 초대교회에서도 그런 일이 일어났다.

바울은 안디옥을 떠나 이고니온으로 갔고, 거기에서 주님을 힘입어 담대히 말하고 주님의 은혜의 말씀을 전파했다. 그러자 "그 시내의 무리가 나뉘어 유대인을 따르는 자도 있고 두 사도를 따르는 자도 있었다"(행 14:4). 심지어 바울을 모욕하고 돌로 쳐 죽이기 위한 이방인과 유대인과 그 관리들의 폭력적인 시도도 있었다(행 14:5 참조).

그러므로 우리가 바울이 전했던 것과 동일한 좋은 소식을 전파할 때 모든 사람이 한마음으로 "할렐루야"를 외치며 찬양하지는 않으리라는 것이 명백하다. 우리를 도시 밖으로 추방하려는 사람들도 있을 것이고, 우리를 깎아내리기 위해 온갖 종류의 욕설과 험담을 늘어놓는 사람들도 있을 것이다.

그러나 바울의 경우에서 확인할 수 있는 것처럼, 그런 분열이 일어났다는 것이 우리가 진리가 아닌 것을 전했다는 뜻은 아니다. 하나님께서 지극히 좋은 어떤 것을 일러주실지라도 믿기를 거부하는 이들이 있을 것이라고 바울이 경고한 것이 정확히 그런 이유이다.

"너희에게 일러줄지라도 도무지 믿지 못할 일이라"(행 13:41).

바울이 전한 복음이 인간을 기쁘게 하는 복음이 아닌 것은 그런 까닭이다. 바울은 어디를 가든지 말씀을 전파했지만 사람들의 환대를 받기 위해 전하지는 않았다. 그는 복음의 진리를 전하는 것이 반대자들에게 축출당하고 돌에 맞는 것을 의미한다 할지라도, 복음의 진리를 전했다. 복음이 구원에 이르는 하나님의 능력이기에 그는 복음을 전했다!

표적과 기사로 은혜의 말씀을 증명해주시는 하나님

당신이 이런저런 예배와 집회에서 듣고 있는 복음이 바울이 전했던 것과 동일한 복음인지 확인하라! 성경은 바울과 바나바의 사역과 관련하여 "주께서 그들의 손으로 표적과 기사를 행하게 하여 주사 자기 은혜의 말씀을 증언하시니"(행 14:3)라고 말한다. 하나님께서는 설교자들이 '하나님의 은혜의 말씀'을 전파할 때에 이적과 놀라운 일들을 허락하시어 그들이 하나님의 은혜에 대해 전하는 말들이 참되다는 것을 증언해주신다.

기적적인 돌파구를 얻기를 갈망하는가? 당신 삶과 육신과 재정적 문제와 직장과 사역에 하나님의 더 많은 능력이 나타나는 것을 보기 원하는가? 그렇다면 율법의 말이 아니라 '하나님의 은혜의 말씀'을 듣고 있는지 꼭 확인하도록 하라!

그런데 하나님께서 바울이 표적과 기사를 일으키도록 허락하셔서 그 은혜의 말씀이 참되다는 것을 증언해주시기 전에, 바울이 먼저 은혜의 복음을 전파해야 했다는 점을 주목하라. 먼저 좋은 소식을 전하는 이것은 예수님의 방식과도 일치한다. 예수님은 어디를 가든지 먼저 무리들을 가르치고 그들에게 말씀을 전파하신 다음에 치유하셨다.

많은 사람들이 종종 나를 찾아와 자신들의 처지를 위해 기도해달라고 부탁한다. 그들은 복음을 듣는 것에 관심이 없다. 어떤 가르침이나 설교를 듣는 것에 관심이 없다. 그저 자신들을 위한 기도만을 원한다. 그러나 하나님의 방식은 언제나 가르침과 설교가 먼저 오고 그 다음에 치유가 뒤따르는 것이다. 하나님께서는 하나님의 은혜의 말씀이 참되다는 것을 표적과 기사로 입증해주신다.

견딜 수 없을 만큼 힘든 상황에 처하여 있는가? 돌파구를 갈망하면서 하나님을 의지하고 있는가? 그렇다면 예수님의 좋은 소식으로 가득한 좋은 가르침을 꼭 붙잡으라고 권해주고 싶다. 예수님에 관하여 더 많이 들을수록 더 많은 믿음을 얻을 것이다. 당신 자신과 당신의 부족함과 연약함에 정신 팔기를 중단하고, 대신 예수님과 예수님의 아름다우심과 예수님의 완전하심과 예수님의 은혜에 온전히 몰두하게 될 것이다!

바울이 전한 복음

한 사람의 목회자로서 내가 유일하게 경주하고 있는 노력은, 바울이 전했던 복음과 동일한 복음을 전하되 다른 복음은 아무것도 전하지 않는 것이다. 바울은 어떤 다른 복음을 전하는 것을 매우 심각한 문제로 여겼다. 사실, 그는 다른 복음을 전하는 이들에게 이중(二重)의 저주를 선고

했다. 그는 이렇게 말했다.

"그러나 우리나 혹은 하늘로부터 온 천사라도 우리가 너희에게 전한 복음 외에 다른 복음을 전하면 저주를 받을지어다"(갈 1:8).

그리고 그것만으로는 충분하지 못하다는 듯 바로 다음 절에서 이렇게 반복했다.

"우리가 전에 말했거니와 내가 지금 다시 말하노니 만일 누구든지 너희가 받은 것 외에 다른 복음을 전하면 저주를 받을지어다"(갈 1:9).

나는 이 말씀의 뜻을 이해하지 못하는 바보가 아니다. 따라서 사람들이 나에 대해 뭐라고 말하든지 원하는 대로 말하게 내버려둘 것이다. 다만 나로서는 어떤 다른 복음을 전하여 하나님의 저주를 받는 비극적인 사태는 결단코 피하리라고 오래전에 굳게 마음을 먹었다.

예수 그리스도의 복음은 어떤 자들에게 구원을 가져다주는 하나님의 능력인가? 모세의 율법을 지키는 모든 자들인가? 자신의 죄를 자백하는 모든 사람들인가? 금식하며 장시간 기도하는 모든 사람들인가? 정답은 무엇인가?

이중에 정답은 없다. 정답은 '예수님을 믿는 모든 사람들에게'이다! 이것이 바울이 말한 '믿음으로 의롭다 일컬음을 받는 것'이요, 내가 전하려는 것이다!

우리는 은혜의 새 언약 아래서 우리의 올바른 행위가 아니라 예수 그리스도를 믿는 올바른 믿음으로 의롭다 일컬음을 받는다. 우리 모든 죄의 용서가 이 한 사람, 예수 그리스도를 통하여 우리에게 전파된다. 그러므로 누구든지 우리 모든 죄의 용서에 더 이상의 조건을 덧붙이게 허락하지 말라! 우리는 단지 예수님을 믿음으로 인하여 모든 죄를 용서받았다. 그 이상의 무엇도, 그 이하의 무엇도 아니다!

이것이 바울이 전한 복음이다. 이 진리를 굳게 붙잡고 단순하게 믿을 때, 하나님의 능력이 우리의 상황 속으로 들어와, 우리의 고단한 상황을 영원히 돌려세우는 것을 목격하게 될 것이다!

DESTINED TO REIGN

Chapter 8

새 언약의
핵심

용서받지 못할 죄를 지은 고등학생

고등학생 때, 나는 어떤 책에서 그리스도인들이 '용서받지 못할 죄'를 지을 수 있다는 가르침을 접했다. '용서받지 못할 죄'라는 것을 들어본 적이 있는가? 이 그릇된 가르침은 모든 죄가 용서받을 수 있지만, 성령을 모독하는 죄를 지으면 용서가 없다고 말한다(마 12:31 참조). 그 죄가 '용서받지 못할 죄'라고 알려지게 된 것이 그런 까닭이다.

나는 한 사람의 그리스도인으로서, 그리스도인들이 용서받지 못할 죄를 실제로 범할 수도 있음에도 다른 많은 그리스도인들이 태평하게 살아가는 까닭이 무엇인지 이해할 수 없었다. 나는 정말 두려웠기 때문이었다. 내 양심은 극도로 예민해졌고, 예수님을 믿는 신자라도 성령을 모독하는 용서받지 못할 죄를 지을 수 있다는 말에 대해 곰곰이 생각하면 할수록 내가 이미 그런 죄를 범한 게 틀림없다는 생각이 들었다. 내 생각은 점차 부정적으로 변했고, 심지어 하나님을 의심하기 시작했다. 그리고 나의 내면에서 일어난 그런 일들은, 내가 정말로 성령을 모독하는 죄를 지었다고 믿을 만한 이유들을 한층 더해주었다.

나는 조언을 얻기 위해 우리 교회 전도사님들을 찾아갔다. 그러나 그분들은 나를 은혜의 새 언약으로 이끌어주는 대신, 그리스도인이 용서받지 못할 죄를 짓는 것이 정말로 가능하다고 말했다. 결국 나는 점점 더 낙담했다. 사탄은 죄책감과 정죄와 자책감에 대한 온갖 생각들로 나를 억압했다.

그 시절, 나는 그런 생각들로 몹시 괴로워하면서 내가 정말로 성령을 모독하는 결코 용서받지 못할 죄를 지었다고 믿고서, 싱가포르의 주요 쇼핑 지역인 '오차드 로드'(Orchard Road)로 나아가 거리를 지나는 사람들에게 예수님을 전하곤 했다. 그렇게 해서라도 사람들을 구원으로 인도하면, 그들이 장차 천국에 당도했을 때 하나님께서 그들을 보시고 혹이라도 지옥에 있는 조셉 프린스를 기억해주실지 모른다고 생각했기 때문이었다. 나는 정말로 그렇게 될 거라고 정직하게 믿었다.

지나가는 말이지만, 한 가지 놀라운 사실은, 나는 천국에 이르지 못할 거라고 생각하고 있었음에도 불구하고 전도의 기름부음이 이미 내 안에서 흐르고 있어서 많은 사람들이 예수님을 믿었다는 것이다.

은혜의 복음 발견하기

내가 용서받지 못할 죄를 여전히 가지고 있다고 믿을수록, 나는 내 삶에 있는 하나님의 은혜를 내가 다 써버렸다고 믿게 되었다. 당시 내 주변에는 예수님의 십자가 보혈에 대해 가르쳐주는 사람도 없었고, 용서받지 못할 죄를 혹시나 용서받을 수 있을까 하여 벌인 나의 열렬한 전도 행위가 실제로는 그리스도의 십자가 보혈을 모욕하는 것이며, 예수님이 십자가에서 나를 위해 마치신 일을 부정하고 있는 것이라는 사실을 지적해주는 사람도 없었다.

그 누구도 내게 예수님의 좋은 소식을 전해주지 않았다. 그래서 결국 나는 나의 죄가 하나님의 은혜보다 훨씬 더 크다고 생각하게 되었다. 단단히 실성하여 신경쇠약의 언저리에 놓인 것 같은 느낌이었다. 말 그대로 정신이상자가 되기 직전이었고, 그렇게 가다가 정신질환자 보호시설에 보내지지 않을까 무척이나 두려웠다.

나는 그런 산란하고 격앙된 여정을 지나면서 우리 주 예수님의 은혜를 깨닫기 시작했다. 오늘 나는 그리스도인들이 용서받지 못할 죄를 지을 수 없다고 믿는다. 믿음의 길을 가다보면, 사탄이 성령에 관한 부정적인 생각들을 당신 마음에 집어넣거나 혹은 당신 자신이 성령에 대해 부정적인 말을 하는 때가 있다. 그럴 때 당신은 자신이 성령을 모독하는 죄를 범한 것은 아닌지 의심하며 염려할지 모른다. 그러나 그리스도인이 용서받지 못한 죄는 없다! 하나님께서 왜 성령을 보내주셨는지를 이해한다면, 용서받지 못할 죄라는 것은 단지 지속적으로 예수님을 거부하는 것이라는 사실을 깨달을 수 있을 것이다!

성경은 성령이 예수 그리스도에 대해 증언하고 공언하기 위해 오셨다고 말한다.

아버지께로부터 나오시는 진리의 성령이 오실 때에 그가 나를 증언하실 것이요 요 15:26

따라서 성령을 모독한다는 것은, 성령께서 증언하시는 그리스도를 지속적으로 거부한다는 뜻을 갖는다. 하나님의 말씀을 주의 깊게 상고하라! 예수님이 마태복음 12장에서 용서받지 못할 죄에 대해 말씀하셨을 때, 누구를 향하여 말씀하셨는가? 바리새인들이었다! 그들은 예수님을 구원자로 영접하기를 계속 거부한 사람들이었고, 몇 번이나 예수님을 죽일 음모를 꾸민 자들이었다. 심지어 그들은 예수님이 부정한 영을 갖고 있다고 비난하면서 "그가 바알세불이 지폈다 하며 또 귀신의 왕을 힘입어 귀신을 쫓아낸다"(막 3:22)라고 말했다. 이에 대한 예수님의 대답은 이랬다.

"사람의 모든 죄와 모든 모독하는 일은 사하심을 얻되 누구든지 성령을 모독하는 자는 영원히 사하심을 얻지 못하고 영원한 죄가 되느니라"(막 3:28,29).

왜 예수님이 그렇게 말씀하신 것일까? 바로 다음 절이 말해준다.

"이는 그들이 말하기를 더러운 귀신이 들렸다 함이러라"(막 3:30).

성령께서는 오늘날에도 여전히 예수님에 대해 증언하기 위해 활동하신다. 그러므로 성령을 모독한다는 것은 예수님의 복음을 지속적으로 거부한다는 것이며, 구원을 받기 위해 인간의 자기 노력을 의지한다는 것이다. 그래서 예수님이 바리새인들에게 그런 죄를 짓지 말라고, 예수님을 거부하는 것을 중단하라고 경고하신 것이다. 즉 이는 신자들에게 적용되는 말이 아니다. 성경을 읽을 때는 어떤 말씀이 누구에게 전해진 말인지에 주목하는 것과 과연 그 말씀이 신자들에게 관계된 말씀인지 확인하는 것이 중요하다.

마태복음 12장 31절의 경우는, 예수님을 거부하고 심지어 예수님이 더러운 영을 갖고 있다고 주장한 바리새인들에게 말씀하신 것이다. 그들의 완악함과 뻔뻔스러움이란! 당신과 나에 대해 말하자면, 우리는 예수님을 믿는 신자들이다. 따라서 우리가 성령을 모독하는 용서받지 못할 죄를 짓는 것은 불가능하다. 신자들은 영원한 생명의 선물을 이미 받아들였다. 따라서 영원한 죄 아래 놓이지 않을 것이다.

누구에게? 왜?

오늘날 교회 안에 많은 혼란과 잘못된 믿음들이 있다. 많은 그리스도인들이 옛 언약과 새 언약을 올바로 분별하지 못하고 성경을 읽는 탓이다. 심지어 그들은 예수님이 사복음서에서 하신 몇몇 말씀들이 옛 언약의 일부라는 것을 깨닫지 못한다. 그런 말씀들은 십자가 이전에 나온 말씀들이다. 예수님이 아직 십자가에 달리시기 전에 하신 말씀들이기 때문이다. 새 언약은 십자가 이후에, 오순절에 성령이 주어졌을 때에 시작되었다.

물론 성경이 구약과 신약으로 나뉘어 있고 신약이 사복음서로 시작된다는 것을 나는 잘 알고 있다. 하지만 십자가가 차이를 만들었다는 사실을 깨닫는 것이 중요하다! 예수님이 십자가 이전에 하신 말씀들 몇 가지와 십자가 이후에 하신 말씀들은 전적으로 다른 언약 아래서 말해진 것들이다. 또한 예수님이 누구에게 어떤 말씀을 하셨는지 아는 것도 중요하다. 때로 예수님은 완벽하게 율법을 지킨다고 자부하며 뽐내는 바리새인들에게 말씀하셨다. 그런 경우에 예수님은 율법을 본래의 표준으로, 그 어떤 인간도 완벽히 지키기 불가능한 것으로 다시 갖다놓으셨다.

당신은 더 이상 참지 못하고 따져 물을 것이다.

"하지만 믿는 사람이라면 예수님이 말씀하신 모든 것을 당연히 행해야 하는 것 아닙니까?"

좋다. 예수님은 "만일 네 오른 눈이 너로 실족하게 하거든 빼어 내버리라 … 또한 만일 네 오른손이 너로 실족하게 하거든 찍어 내버리라 네 백체 중 하나가 없어지고 온 몸이 지옥에 던져지지 않는 것이 유익하니라"(마 5:29, 30)라고 말씀하셨다. 당신은 이렇게 했는가?

우리가 실제로 이렇게 하기를 기대하고 예수님이 이런 말씀을 하신 것이라고 생각하는가? 아니면 우리가 말씀을 올바로 분별하기를, 그래서 무슨 뜻으로 이런 말씀을 하셨고 또 누구에게 이런 말씀을 하신 것인지 이해하기를 원하신다고 생각하는가?

만일 교회가 이 구절에서 예수님이 말씀하신 것들을 문자 그대로 이행한다고 하면, 교회는 사지 절단 환자들로 북적이는 큰 병동이 되고 말 것이다. 예수님이 이 말씀을 하신 것은, 율법을 그 본래의 높은 표준, 즉 그 어떤 인간도 완벽하게 지키지 못한다고 확언하는 율법 본래의 엄격한 표준으로 되돌려놓기 위함이었다.

예수님은 인간이 자기 자신을 의지하는 것을 중단하고, 자기에게 구원자가 절실히 필요하다는 것을 깨닫도록 그 모든 말씀을 하셨다. 그러므로 사복음서에서 예수님의 말씀을 읽을 때 예수님이 누구에게 하신 말씀인지 이해하는 것이 중요하다.

다른 예를 들어보겠다. 아마 당신은 몇몇 설교자들이 불신자에게 고함을 지르며 "독사의 자식들"(마 12:34 ; 23:33)이라는 표현을 사용하는 것을 들어보았을 것이다. 하지만 예수님은 죄인들을, 심지어 창녀들이나 부패한 세관원들을 향하여 단 한 번도 "독사의 자식들"이라고 부르지 않으셨다. 결코 부르지 않으셨다!

예수님 입에서 나온 그 가혹한 말은 율법에 집착함으로 눈이 멀어 육신을 입고 세상에 오신 하나님, 즉 인간에게 율법을 주셨을 뿐만 아니라 인간 대신에 율법을 성취하러 세상에 오신 예수님을 알아보지 못한 바리새인들을 위해 따로 준비된 것이었다. 그러니 성경을 읽을 때 하나님의 말씀을 올바로 분별하는 법을 배워라!

사도 바울의 편지들을 먼저 드세요!

사도 바울의 편지들은 교회를 향해 기록된 것들로 우리에게 유익하다. 하나님께서는 그를 택하셔서 승천하신 예수님, 즉 지금은 하나님 우편에 앉아 계신 예수님의 말씀들을 기록하게 하셨다. 그래서 나는 교회의 새신자들에게 바울의 편지를 먼저 읽으라고 언제나 격려한다. 많은 새신자들이 바울의 편지들을 읽음으로 은혜의 복음 안에 터를 닦기도 전에, 무작정 창세기부터 시작하여 요한계시록까지 읽고 싶어 하기 때문이다.

바울이 '용서받지 못할 죄'라는 것을 단 한 번도 언급한 적이 없다는 것을 알고 있는가? 그는 초대교회들에게 보낸 모든 편지에서 단 한 번도 용서받지 못할 죄에 대해 경고하지 않았다. 만약에 그리스도인들이 용서받지 못할 죄를 지을 수 있다면, 그는 분명 자신이 기록한 모든 편지에서 그에 대해 상세히 언급했을 것이다.

오히려 바울은, 예수님이 십자가 죽음으로 우리를 "그와 함께 살리시고 우리의 모든 죄를"(골 2:13) 사하셨음을 강조했다. 나는 이 구절의 '모든'[5]이란 단어를 헬라어 성경에서 찾아보았다. 무엇을 발견했을까? '모든'은 '모든'을 뜻한다! 예수님은 그분의 십자가 보혈로 우리의 '모든 죄'를 용서해주셨다. 그러므로 신자들에게 있어 '용서받지 못할 죄'는 없다! 예수님은 하나의 완벽한 희생제사로 우리 생애 전체의 죄를 씻어주셨고, 우리는 영원한 생명의 약속을 확인받았다! 이것이 바로 은혜와 확신을 우리 마음에 정착시키는 좋은 소식이다.

하나님께서는 우리가 구원 받았는지 받지 못했는지 의심하는 상태에 내버려두지 않으신다. 하나님께서는 우리가 하나님의 것이라고, 그 무엇도 언제까지나 그리스도의 사랑에서 떼어놓지 못한다고 전격적으로 말씀하신다. 우리가 범하는 죄조차도 우리를 그리스도의 사랑에서 떼어놓지 못한다. 예수님의 십자가 보혈이 우리의 죄보다 훨씬 더 크기 때문이다!

우리의 모든 죄가 용서받았다는 것을 아는 것은 우리의 건강과 마음의 평화와 온전함과 행복에 결정적으로 중요하다. 고등학생 시절에 '용서받지 못할 죄'에 대한 생각으로 몸부림쳤던 나의 경험이 딱 들어맞는 사례이다. 우리의 모든 죄가 예수님의 십자가 보혈로 용서받았음을 믿으면 믿을수록, 우리의 육신이나 영혼이나 영이 더욱 온전해질 것이다!

이쯤이면 하나님의 말씀을 문맥에서 슬쩍 빼내는 것이 얼마나 위험한지 알았으리라 기대해본다. 우리는 성경의 한 구절을 문맥에서 따로 떼어내, 그 주변에 가르침이나 교설을 건축하지 않도록 주의해야 한다. 어떤 가르침이든 그것의 타당성을 뒷받침해주는 몇 가지 성경구절로 확증해야 하며, 그러한 구절들은 적절한 문맥 안에서 연구되어야 한다.

당신 마음에 두려움을 잔뜩 집어넣고 속박 아래로 데려가는 가르침을 듣거든, 그 낚시 바늘과 그 낚시 줄을, 그 낚시 추를, 그 형벌기구를 꿀꺽 삼키지 말라! 누가 어떤 구절로 당신을 가르치거든, 그 구절의 문맥을 자세히 살펴보고 그것이 새 언약의 진리인지 옛 언약의 가르침인지 확인하라! 그 구절이 누구를 향해 선포된 것인지, 오늘의 신자들에게 어떻게 적용되는지 생각해보라. 그리고 한 가지, 새 언약의 모든 진리들은 언제나 예수님과 예수님이 십자가에서 끝마치신 일을 드높인다는 사실을 기억하라! 할렐루야!

새 언약의 핵심구절

오늘날 강당에서 다음과 같은 새 언약의 말씀이 거의 선포되지 않는다는 것은 참으로 애석한 일이다.

날이 이르리니 내가 이스라엘 집과 유다 집과 더불어 새 언약을 맺으리라 … 내가 그들의 열조의 손을 잡고 애굽 땅에서 인도하여 내던 날에 그들과 맺은 언약과 같지 아니하도다 그들은 내 언약 안에 머물러 있지 아니하므로 내가 그들을 돌보지 아니하였노라 … 그 날 후에 내가 이스라엘 집과 맺을 언약은 이것이니 내 법을 그들의 생각에 두고 그들의 마음에 이것을 기록하리라 나는 그들에게 하나님이 되고 그들은 내게 백성이 되리라 … 내가 그들의 불의를 긍휼히 여기고 그들의 죄를 다시 기억하지 아니하리라 하셨느니라 히 8:8-12

"내가 그들의 불의를 긍휼히 여기고 그들의 죄를 다시 기억하지 아니하리라!"

이 구절을 암송하라! 이것이 새 언약의 핵심이자 모든 것이기 때문이다. 그러나 불행하게도 오늘날 대부분의 그리스도인들은 완전히 반대로 믿고 있는 것 같다. 그들은 하나님께서 자신들의 죄를 긍휼히 여기지 않고 낱낱이 기억하신다고 믿는다. 무슨 일이 잘못되면 그들은 마음 깊이 생각한다.

'그래, 자업자득이야. 내가 지은 죄가 나를 포박한 거야. 내 가족과 재정 상태에 이런 끔찍한 일들이 일어난 것은 내가 죄를 지었기 때문이야!'

그들은 자동차를 운전하다 타이어에 펑크가 나도 이렇게 생각한다.

'하나님이 나의 무슨 죄를 이렇게 징벌하시는 거지?'

이런 생각들이 교회에 만연하다. 그리스도인들 자신이 새 언약 아래 있다는 것을 진정으로 믿지 않기 때문이다.

오늘의 교회가 안고 있는 문제는 '잘못 믿는 것'이다. 미안한 말이지만, 하나님께서 새 언약 안에 있는 용서에 대해 하신 말씀을 진정으로 믿기를 거부한다면, 그것은 실제로 불순종 안에 있는 것이다. 예수님은 제자들과의 마지막 만찬에서 새 언약을 이렇게 정의해주셨다.

> 이것은 죄 사함을 얻게 하려고 많은 사람을 위하여 흘리는 바 나의 피 곧 언약의 피니라 마 26:28

새 언약의 핵심은 예수 그리스도께서 흘리신 피로 인하여 우리의 모든 죄가 용서받았다는 것이다. 우리가 얼마나 많은 선행을 했고, 얼마나 많은 돈을 자선단체에 기부했고, 교회에서 얼마나 강력한 지도력을 발휘하고 있는가 하는 것은 전혀 중요하지 않다. 만일 당신이 이러한 새 언약의 핵심을 믿지 않는다면, 당신은 불순종 안에 있는 것이다!

하나님은 잊으셨다!

앞에서 살펴본 히브리서 단락에서 하나님께서 새 언약의 핵심을 마지막에 두신 것은, 그 새 언약의 핵심이 바로 모든 것을 제대로 돌아가게 하는 모든 것임을 보여주기 위해서다. 만일 우리가 핵심이자 모든 것인 그 말씀을 믿지 않는다면, 그것은 새 언약을 거부하는 것이요, 예수님이 십자가에서 마치신 일을 부정하는 것이다.

새 언약은 하나님이 우리의 모든 불의를 긍휼히 여기실 것이며, 우리의 죄를 기억하지 않으실 것이라고 말한다. 하나님께서 기억하지 않겠다고 말씀하셨다는 것은 정말로 기억하지 않으신다는 뜻이다. 우리가 누구라고 감히 하나님의 말씀에 이의를 제기할 수 있을까? 하나님은 거짓말을 못하신다!

"하나님이 내 죄를 기억하지 않으신다니, 어떻게 그럴 수 있을까요?"

그럴 수가 있다! 하나님께서는 그렇게 할 수 있으시다. 하나님이시기 때문이다! 우리 죄를 기억하지 않겠다고 말씀하셨다면 기억하지 않으신다. 우리 자신은 우리가 몇 년 전에 지은 죄를 기억하고 있을지 몰라도, 하나님은 잊으셨다! 우리가 지금까지 배운 교훈들과 정반대로 하나님께서는 우리의 모든 잘못들을 항목별로 요약한 명세서를 갖고 있지 않으시다.

천국에는 우리가 태어날 때부터 천국에 갈 때까지 지은 모든 죄를 보여주는 고성능 영사기 같은 것이 없다. 우리의 모든 죄에 대한 기록은, 예수님이 십자가에서 "다 이루었다"(요 19:30)라고 외치셨을 때 예수님의 십자가 보혈로 완전히 소각되었다. 예수님의 보혈이 우리 평생의 죄를 다 없애 버렸다. 하나님께서는 오늘 우리를 보실 때에 예수님의 보혈로 덮여 완벽하게 의로워진 모습으로 보신다.

오직 사탄만이, 우리 자신이나 주변의 사람들만이 우리 죄에 대한 기억을 되살려주지, 하나님은 결단코 기억하지 않으신다. 그러니 과거의 실수에 대한 생각이 무겁게 짓누르거든 하나님께 달려가 하나님의 은혜에 기대라! 하나님은 우리의 불의를 긍휼히 여기시고 우리의 죄를 다시 기억하지 않으시기 때문이다. 이것이 바로, 은혜의 새 언약의 핵심이다!

Chapter 9

용서의
폭포수

DESTINED TO REIGN

이상한 사람들

앞 장에서 우리는 새 언약의 핵심과 모든 것이 히브리서 8장 12절에 표현되어 있다는 점을 분명히 했다.

"내가 그들의 불의를 긍휼히 여기고 그들의 죄를 다시 기억하지 아니하리라!"

그러면 이런 질문이 따를 것이다.

"만일 사람들이 자신의 모든 죄가 이미 용서받았다는 것을 알게 되면 세상으로 달려 나가 마음 놓고 죄를 짓지 않을까요?"

정말 그럴까? 나는 우리 주 예수님의 용서의 은혜를 받아들인 뒤에, "음, 이제 세상으로 나아가 마음껏 죄를 지어도 되겠군!"이라고 말하는 이상한 사람을 아직 만나보지 못했다.

하지만 악한 의도를 가지고 있거나 죄를 짓고 싶어서가 아니라, 옛 언약의 율법을 진실한 마음으로 지키려고 애썼으나 계속 실패함으로 인해

결국 위선자가 되었다는 느낌에 짓눌려 믿음의 길을 포기하고 하나님을 떠난 사람을 만난 적은 있다.

다른 한편으로 나는 새 언약의 진리를 가르친 결과로, 수없이 많은 간증 편지들을 받고 있으며, 사람들의 귀한 삶과 결혼생활과 가족들이 우리 주 예수님의 은혜로 철저히 변화되는 모습을 직접 목격하고 있다.

언젠가 젊은 남녀 한 쌍이 나를 찾아와 우리 교회에서 결혼하고 싶다는 이야기를 했다. 아이들 몇 명이 함께 있기에 나는 전에 결혼한 적이 있냐고 물었다. 사실 나는 그들이 각자의 아이들을 데리고 재혼하려는 줄 알았다. 그러자 그들은 환하게 웃으며 결혼한 지가 꽤 되었는데 그동안 별거를 해왔다고 말했다. 그리고 그렇게 별거하던 중에 각각 우리 교회에 출석하기 시작했는데, 하나님의 은혜와 용서에 관한 가르침을 듣는 동안 하나님이 그들의 관계를 회복시켜주셨고, 그래서 새로운 마음으로 다시 결혼을 하고 싶다는 것이었다.

정말 놀랍지 않은가? 나는 그들의 자녀들이 자기들 부모의 결혼식을 보면 더욱 멋질 거라고 생각했다. 그런 특권을 누리는 자녀들이 몇 명이나 되겠는가? 이런 것이 바로 그리스도의 복음의 능력이다. 그리스도의 복음은 결혼생활을 회복하는 것, 사람들의 부서진 삶을 수리하는 것에 관계되어 있다.

용서와 사랑의 상관관계

우리가 완전히 용서받았다는 것을 깨달을 때, 그 깨달음은 우리 삶에 있는 죄의 힘을 파괴한다. 이러한 계시가 나와 나의 삶을 완전히 변화시켰다. 예수님은 많이 용서받은 사람이 예수님을 많이 사랑할 것이라 말씀하셨다. 적게 용서받은 사람(사실이지 우리 모두가 아주 많이 용서받았기 때문에 그런 이들은 존재할 수 없다), 혹은 자기가 적게 용서받았다고 생각하는 사람들은 예수님을 조금만 사랑할 것이다.

예수님이 바리새인 시몬의 집에 갔을 때, 향유를 담은 옥합을 가지고 와서 예수님의 발에 부었던 여인을 기억하는가? 성경에서 그 대목을 읽어 보자.

"시몬에게 이르시되 이 여자를 보느냐 내가 네 집에 들어올 때 너는 내게 발 씻을 물도 주지 아니하였으되 이 여자는 눈물로 내 발을 적시고 그 머리털로 닦았으며 … 이러므로 내가 네게 말하노니 그의 많은 죄가 사하여졌도다 이는 그의 사랑함이 많음이라 사함을 받은 일이 적은 자는 적게 사랑하느니라"(눅 7:44-47).

우리가 많이 용서받았다는 것, 우리의 모든 죄를 정말로 용서받았다는 것을 깊이 깨달을수록, 우리는 예수님을 더욱더 사랑하게 될 것이다. 용서는 용서받은 사람을 죄의 삶으로 이끌지 않는다. 주 예수님을 영화롭게 하는 삶으로 이끈다. 예수님이 그곳을 떠나신 뒤, 그 여인이 어떠한 삶을 살았을 것이라 생각하는가? 죄의 삶을 계속 살아가기 원했을까, 아니면 하나님의 은혜로 자신의 많은 죄가 용서받았음을 깨달아 예수님을 높이고 영화롭게 하는 삶을 살고자 했을까?

이 책을 쓰고 있는 나 자신을 포함하여 우리는 실로 많은 죄를 용서받았다. 우리 모두는 하나님의 율법을 여러 번 위반했다. 행동으로 위반하지 않았다면 생각과 마음으로 위반했다. 예수님은 까닭 없이 형제들에게 화를 내는 것도 살인을 저지른 것이며, 정욕의 눈으로 여인을 바라보기만 해도 마음으로 간음을 저지른 것이라 말씀하셨다(마 5:21,22,27,28 참조).

그러므로 우리는 정말 많은 죄를 용서받았다. 우리가 예수님을 많이 사랑하지 않아도 될 만한 이유는 전혀 없다. 그럼에도 많은 사람들이 예수님을 많이 사랑하지 못하는 유일한 이유는, 바로 자신들이 얼마나 많이 용서받았는지 이해하지 못하기 때문이다. 그들은 바리새인 시몬과 같아 '자기 의'를 확신한다.

경건의 비밀

오늘날 많은 설교자들이 신자들을 향해 그리스도인의 성품과 절제와 경건함과 형제 우애를 더 많이 나타내 보여야 한다고 목소리를 높이고 있다. 이 모든 것들이 좋은 것이고 필요한 것이라는 데 전적으로 동의한다. 그러나 묻고 싶다. 이런 것들을 발달시키려면 어떻게 해야 할까? 목회자들과 설교자들이 어떻게 해야 신자들이 그리스도인의 성품을 더 나타내도록 도울 수 있을까? 대부분의 사역자들은 해결책을 요청 받으면 이렇게 대답한다.

"훈련하세요! 십계명에 초점을 맞추고 훈련해야 해요! 그렇게 하면 절제와 경건과 친절이 따라올 것입니다!"

좋은 말로 들린다. 그러나 성경이 말하는 것은 아니다. 나는 한 사람의 사역자로서 언제나 하나님의 말씀을 따라 움직이고 싶다.

> 너희 믿음에 덕을, 덕에 지식을, 지식에 절제를, 절제에 인내를, 인내에 경건을, 경건에 형제 우애를, 형제 우애에 사랑을 더하라 이런 것이 너희에게 있어 흡족한즉 너희로 우리 주 예수 그리스도를 알기에 게으르지 않고 열매 없는 자가 되지 않게 하려니와 이런 것이 없는 자는 맹인이라 멀리 보지 못하고 그의 옛 죄가 깨끗하게 된 것을 잊었느니라 벧후 1:5-9

이 말씀이 무엇을 말하는가? 어떤 사람이 절제나 경건이나 형제 우애

같은 그리스도인의 좋은 성품들을 갖고 있지 않다면, 훈련이 부족해서가 아니라 새 언약의 핵심을 망각했기 때문이라는 것이 명백하다. 그 사람은 예수님이 십자가에서 피를 흘리심으로 자신의 모든 죄가 사함을 얻었다는 사실을 망각했다.

우리의 모든 죄가 깨끗이 씻어졌다는 사실을 날마다 우리 자신에게 상기시키면, 이런 그리스도인의 성품들을 더욱더 많이 나타내게 될 것이다. 우리 마음은 절제와 경건과 인내와 형제 우애와 사랑으로 넘치게 될 것이다.

날마다 이렇게 기도하라. 그리고 우리가 받은 용서를 한껏 누려라!

"사랑의 아버지, 예수님의 십자가를 인하여 감사드립니다. 예수님의 십자가 보혈로 저의 모든 죄가, 과거와 현재와 미래의 모든 죄가 용서받은 것을 감사드립니다. 저의 불의를 긍휼히 여기심을 믿습니다. 저의 죄를 기억하지 않으심을 믿습니다. 제가 행한 일들 때문이 아니라 예수님 때문에 저를 완벽하게 의로워진 인간으로 보심을 믿습니다. 제가 하나님의 크신 복을 받았음을, 분에 넘치는 은총을 받았음을, 깊은 사랑을 받았음을 믿습니다. 아멘."

경건한 모든 사람들의 이면에 놓여 있는 비밀은 자신의 모든 죄가 용서받았다는 진리를 믿는 믿음이다. 그들의 경건함은 자기가 용서받았음을 깨닫는 데서 비롯된다. 그들은 하나님의 말씀을 믿고 높인다. 하나님께서 그들의 모든 죄를 용서하셨고, 그들에게 긍휼을 베푸시고 그들의 죄를 기억하지 않는다고 말씀하실 때, 그 말씀을 그대로 받아들인다. 자신들이 용서받았음을 온종일 의식한다. 심지어 자기도 모르게 나쁜 말들이 튀어나올 때나 옳지 못한 일을 할 때나 그릇된 생각을 할 때도 자신의 죄가 용서받았다는 것을 의식한다. 그들은 예수님의 십자가 보혈이 계속적으로 자신을 씻는 것을 본다. 그들은 자비와 은혜 안에 계신 하나님을 본다. 그들은 자신이 용서받았음을 계속 의식함으로써 죄를 압도하는 승리를 체험한다.

그러면 죄의 자백은 어떻게 되는 것이지?

이쯤에서 당신은 마음에 담고 있던 결정적인 질문 하나를 내게 던질 것이다.

"그러면 우리가 우리 죄를 하나님 앞에서 자백하지 않아도 된다는 말인가요?"

잘 들어라! 우리가 용서받기 위해 하나님 앞에서 우리의 죄를 자백해야 하는 것이 아니다. 그것은 우리가 이미 용서를 받았기 때문이다. 여기서 '우리 죄를 자백한다'고 말하는 것은 '하나님께 아무것도 숨기지 않는 것'과 관련 있다.

나는 하나님 앞에 나아가되 용서를 간청하면서 나아가지는 않는다. 내가 하나님 앞에 나아가 나의 죄에 대해 고하는 것은 내가 이미 용서받았다는 것을 알고 있기 때문이다. 나는 내가 하나님께 자유로이 나아갈 수 있다는 것을, 그분이 나의 하나님이시자 나의 아빠 하나님이시라는 것을 잘 알고 있다. 죄의 용서는 '내가 하는 일'이 아니라 '예수님이 십자가에서 이미 행하신 일'에 의해 결정된다.

그러므로 새 언약 안에서의 죄의 자백은 우리의 부족함과 연약한 인간성에 대해 하나님 앞에서 정직해지는 것이며, 하나님께 아무것도 숨기지 않는 것이다. 새 언약 안에서의 죄의 자백은 이미 용서받은 것의 결과이지, 용서받기 위해 행해지는 것이 아니다.

이해를 돕기 위해 한 가지 예를 들겠다. 나의 어린 딸이 어떤 잘못을 했을 때, 딸이 와서 "아빠, 잘못했어요"라고 말해야만 내가 용서해주겠는가? 아니다. 그렇지 않다. 나는 자녀를 사랑하는 아버지로서 딸의 잘못을 이미 용서해주었다. 딸이 나를 찾아와 자기 잘못을 자백했기 때문이라거나 아니면 다른 어떤 행동을 했기 때문이 아니다. 그러나 딸이 나를 찾아와 "아빠, 잘못했어요"라고 말하면 나는 딸아이에게 사랑한다고 말해줄 수 있고, 또 아이의 잘못을 이미 용서했다고 말해줄 수도 있다.

마찬가지이다. 우리가 하나님 앞에 나아가 우리의 죄를 자백해야만 우리를 사랑하시는 하늘의 아버지께서 용서해주시는 것이 아니다. 우리가 믿음의 길에서 때로 죄를 짓는다고 해서 하나님과의 친밀한 관계가 깨지는 것이 아니다. 우리의 죄의 용서는 우리가 행하는 것을 조건으로 하지 않고, 예수님이 십자가에서 마치신 일을 조건으로 하기 때문이다. 우리가 하나님 앞에 나아가 죄를 자백하는 것은 우리 죄를 용서받기 위해서가 아니라, 우리가 이미 용서받았기 때문이다. 이 차이를 이해하는 것이 이 땅에서 천국을 경험하느냐, 아니면 이 땅에서 지옥을 경험하느냐를 결정한다.

하나님과의 현장 즉석 거래

이것을 좀 더 설명해보자. 나는 그리스도인으로 성장하면서 내 모든 죄를 자백하지 않으면 용서받지 못할 것이라는 가르침을 받았다. 심지어 나는 자신의 모든 죄를 자백하지 않으면 결국 지옥 깊은 곳에 떨어질 것이라는 말도 들었다. 그런 가르침들은 죄의 용서를 예수님의 십자가 보혈에 달려 있는 무엇이 아닌, 인간의 책임으로 만들었다. 그런 가르침들은 인간의 전통에 근거한 것이지 성경에 근거한 것이 아니다.

그런 가르침들은 십대 시절의 나를 잔혹하고 모질게 속박했다. 죄를 자백해야만 용서를 받을 수 있다고 믿고 있던 나는, 예수님을 영접한 신자들도 성령을 모독하는 '용서받지 못할 죄'를 지을 수 있다고 믿고 있던 때와 마찬가지로 다른 그리스도인들이 어떻게 그렇게 멀쩡하고 태평하게 살아가는 것인지 정말 이해할 수 없었다. 나는 정말로 힘들고 괴로웠다.

나는 진지했고, 언제나 하나님과 올바른 관계를 갖기를 원했고, 용서받지 못한 죄는 아무것도 갖고 있지 않으려고 노력했다. 나는 죄를 자백하지 않음으로, 그래서 용서받지 못함으로써 하나님과의 친밀한 관계를 깨뜨리고 싶지 않았다. 그래서 어디를 가든지 나의 죄를 자백하곤 했다. '어디를 가든지'라는 말의 의미를 눈치챘는가?

나는 친구들과 종종 축구를 했고, 골키퍼로서 수비수들에게 고함을 지르곤 했다.

"야! 뭐하는 거야! 저쪽 스트라이커를 막아야지! 한심하긴!"

그렇게 축구를 하면서 종종 화를 냈고, 때로는 친구들에게 욕을 하고 싶기도 했다. 그리고 그런 느낌이 들 때마다 퍼뜩 정신을 차리고 생각했다.

"나는 믿는 사람이야. 어떻게 그런 생각을 할 수 있는 거지?"

그러고는 바로 그 자리에서 눈을 감고 작은 소리로 입술을 움직이며 내 죄를 자백하곤 했다. 그리고 그렇게 기도한 뒤에 눈을 뜨면, 어느샌가 공이 쌩하고 내 옆을 지나 골대 그물을 흔들곤 했다. 나는 그저 멍한 표정으로 서서 의아해했다.

"하나님, 너무하신 거 아니에요? 하나님과의 관계를 올바로 하고 있는 이 순간에 상대편이 점수를 얻게 하시다니요?"

하나님과의 이런 '현장 즉석 거래'는 군대에 징집되었을 때도 계속되었다. 싱가포르의 모든 남자들은 병역의무를 지고 있다. 어느 날, 내무반 동료들이 나에 대해 하는 말을 우연히 듣게 되었다.

"정말 이상한 녀석이야."

한 사람이 말했다. 그러자 다른 사람이 맞장구쳤다.

"맞아, 왜 그러는지 모르겠어. 봤어? 구보할 때나 작업할 때 입술을 씰룩거리면서 뭐라고 중얼거리는 거 말이야!"

그때 나는 깨달았다. 내가 믿지 않는 사람들에게 삶의 모습으로 예수님을 전하는 증거의 역할을 못하고 있다는 사실을 말이다. 당시 나의 군대 동료들은 그리스도인들은 정말 이상한 자들이라고 생각했을 것이다. 하지만 나는 정말 무거운 압박감에 짓눌려 있었다. 내가 행했다고 생각되는 모든 죄에 대해 반드시 자백해야만 하나님께 용서받을 수 있을 거라고 믿었고, 그런 자백은 계속되었다.

그리고 그 모든 일이 예수님을 영접한 신자들도 성령을 모독하는 '용서받지 못할 죄'를 지을 수 있다고 믿고 있던 동안에 일어났기 때문에, 나는 '최대한의 안전'을 확보하기 위해 최대한으로 나의 죄를 자백했다. 나는 요한일서 1장 9절을 극단적인 의미로 받아들였고, 그 말씀으로 인해 거의 정신병자처럼 되었다.

요한일서 1장 9절의 의미

그러나 요한일서 1장 9절이 정말 그런 뜻일까? 그 말씀은 누구를 향한 말씀일까?

만일 우리가 우리 죄를 자백하면 그는 미쁘시고 의로우사 우리 죄를 사하시며 우리를 모든 불의에서 깨끗하게 하실 것이요 요일 1:9

사실 요한일서 1장은 하나님을 믿지 않는 영지주의자들(Gnostics, 영과 정신은 선하고 육신과 물질은 악하다는 극단적 이원론에 입각하여 예수님의 인성을 부정한 초기 이단)을 향해 기록된 것이다. 그런데 사람들은 요한일서의 이 구절을 가져다가 그 주변에 한 덩어리의 교리를 건축한다. 요한은 그 불신자들을 향해 만일 그들이 그들의 죄를 자백하면 하나님께서 그들을 모든 불의에서 깨끗하게 하실 것이라고 말하고 있다.

우리 신자들로 말하면, 우리가 예수님을 영접하는 순간 우리의 모든 죄가 사함 받았다. 우리는 죄를 자백하고 또 자백하면서가 아니라 믿고 또 믿으면서, 즉 예수 그리스도와 그분께서 십자가에서 마치신 일을 믿고 또 믿으면서 살아야 한다.

만일 우리가 죄의 용서를 받으려면 반드시 자백해야 한다고 믿는다면, 말 그대로 우리는 삶의 모든 것을 자백해야 할 것이다. 우리가 생각하기에 '큰 죄'만 자백해서는 안 될 것이다. 또한 걱정하거나 두렵거나 의심할 때마다 그 죄들을 자백해야 할 것이다. 성경은 "믿음을 따라 하지 아니하는 것은 다 죄니라"(롬 14:23)고 말하고 있기 때문이다. 이렇게 우리는 우리가 죄로 여기는 것들이 아니라 성경이 죄라고 하는 모든 것, 우리 삶의 모든 것을 자백해야 할 것이다. 이것이 가능할까?

우리의 모든 죄를 자백해야만 용서받을 수 있다고 정말로 믿을 때, 우리가 어떤 일들을 하며 살게 될지 알고 있는가? 우리는 깨어 있는 모든 시간에 언제나 항상 죄를 자백하며 살게 될 것이다. 그런 사람이 어찌 담대하게 하나님 앞에 나아갈 수 있을까? 그런 사람이 어찌 하나님의 자녀로서 자유를 누릴 수 있을까? 내가 경험한 바 그런 것은 불가능하다!

요한일서 1장 9절을 토대로 한 덩어리의 교리를 건축하지 말도록 하자. 만일 죄의 고백이 죄의 용서에서 그렇게 중요하다면, 신약성경의 3분의 2 이상을 기록한 사도 바울이 우리에게 매우 부당한 짓을 했다고 말하지 않을 수 없다. 그는 초대교회에 보낸 수많은 편지 그 어느 곳에서도 그에 대해 단 한 번도 언급하지 않기 때문이다. 고린도교회에 죄 가운데서 사는 사람들이 있었을 때, 그는 "여러분의 죄를 자백하시오!"라고 말하지 않았다. 대신 다음과 같이 말하면서 그들의 의(義)를 상기시켜주었다.

> 너희 몸은 너희가 하나님께로부터 받은 바 너희 가운데 계신 성령의 전인 줄을 알지 못하느냐 고전 6:19

그들이 죄 가운데서 살고 있었음에도, 바울이 여전히 그들을 하나님의 전으로 여기고 이 진리의 말씀을 그들에게 상기시켜주었다는 점을 주목하라.

용서의 폭포수 아래서

우리는 한 가지를 확언할 수 있다. 우리가 예수님을 영접하던 그날, 우리의 모든 죄를 한 번에 영원히 하나님 앞에서 자백했다고 말이다. 그렇다. 그날 우리는 우리가 구원자가 절실히 필요한 죄인이라는 것을 인정했고, 하나님이 미쁘신 분이므로 우리를 모든 불의에서 깨끗하게 하시리라 믿었다. 우리 생애의 모든 불의가 그 시점에 깨끗해졌다!

사람들은 요한일서 1장 9절 주변에 전체적인 교리를 건축했다. 그러나 사실 요한은 빛 가운데 행하는 신자들에 관한 한 예수 그리스도의 피가 그들을 모든 죄에서 깨끗하게 하리라는 점을 같은 장에서 분명히 밝힌다.

> 그가 빛 가운데 계신 것같이 우리도 빛 가운데 행하면 우리가 서로 사귐이 있고 그 아들 예수의 피가 우리를 모든 죄에서 깨끗하게 하실 것이요 요일 1:7

빛 가운데 행하는 우리에 관한 한, 모든 죄에서 깨끗하게 하는 것은 우리의 죄의 자백이 아니라 예수님의 피라는 이 말씀을 주목하라! 또한 이 구절이 '빛 가운데 행하는 것'을 말하고 있지, '빛을 따라 행하는 것'을 말하고 있지 않다는 점도 주목하라!

빛 가운데 행한다는 것은 그리스도의 죽음이 이미 우리를 옮겨다놓은 그곳, 빛의 영역 안에서 행한다는 뜻이다. 그리스도인들은 종종 이 구절이 빛을 따라 행하는 것을 뜻한다고 오해하여, 우리가 빛 안에 머물러 있기 위해 힘쓰면 어둠이 감소하고 빛이 증대될 것이라고 생각한다.

그러나 그것은 이 구절이 말하는 게 아니다! 이 구절은 어둠의 영역으로부터 이미 빛의 영역으로 옮겨진 우리에 대해 말하고 있다. 하나의 작은 단어가 모든 차이를 만들어낸다! 이 구절을 제대로 이해할 때, 우리는 비록 죄를 짓더라도 빛의 영역 안에서 죄를 짓는 것이라는 사실을 깨닫게 된다. 그래서 우리는 빛 안에서 죄를 짓더라도, 빛 안에서 깨끗해지며, 빛 안에 계속 남겨진다. 우리가 죄를 지으면 어둠으로 들어가게 된다는 생각은 성경으로부터 온 것이 아니다.

현재진행형으로 계속 씻어주시는 예수님

성경은 보화로 풍성하고 가득하다! 요한일서 1장 7절의 '깨끗하게'라는 하나의 단어조차도 정말로 아름답다는 것을 알고 있는가? 헬라어 원어 성경에서 이 단어의 시제는 현재진행 중인 동작을 나타낸다. 즉, 우리가 예수님을 영접하는 순간부터 예수님의 피가 계속 우리를 깨끗하게 한다는 것을 뜻한다.[6] 우리가 용서의 폭포수 아래에 앉아, 위로부터 떨어지는 물을 계속 맞고 있는 것 같은 양상이다. 우리가 실수하거나 넘어지더라도 위로부터 떨어지는 물은 끊어지지 않는다. 용서의 폭포수는 계속 떨어진다. 우리의 모든 죄와 모든 불의를 깨끗하게 한다!

깨어 있는 시간 동안 항상 죄를 자백하다 보면 죄의식만 커질 뿐이다. 반면 우리가 예수님의 용서의 폭포수 아래 있다는 것을 확실히 알면, 우리가 용서받았다는 것을 계속 의식하게 된다. 그리고 우리의 모든 죄를 용서받았다는 것을 확실히 알게 되면, 모든 파괴적인 습관을 압도할 수 있는 능력과 승리의 삶을 살아갈 수 있는 능력을 얻게 된다!

요한은 요한일서 2장 1절에서 신자들을 "나의 자녀들아"라고 부르면서 이렇게 말했다(1장에서 불신자들에게 말할 때는 '나의 자녀들아'라고 부르지 않았다).

> 내가 이것을 너희에게 씀은 너희로 죄를 범하지 않게 하려 함이라 만일 누가 죄를 범하여도 아버지 앞에서 우리에게 대언자가 있으니 곧 의로우신 예수 그리스도시라 요일 2:1

요한이 신자들에게 "만일 죄를 범하거든 반드시 자백하라!"고 말하지 않았다는 점을 주목하라! 그가 죄를 지은 신자들을 위해 가지고 있던 해결책은, 예수님이 십자가에서 마치신 일을 가리키는 것이었다. 예수님은 하나님 앞에서 우리를 변호해주는 분이시요, 우리의 모든 죄가 용서받은 것은 그분의 십자가 보혈 때문이다. 지금은 우리가 전통적인 가르침들에 도둑질 당하기를 중단할 때요, 우리를 끊임없이 씻어주는 예수님의 용서의 폭포수를 한껏 누리기 시작할 때이다. 예수님의 용서의 폭포수는 절대 멈추지 않는다. 계속, 계속해서 우리를 씻어준다. 아마 당신도 그랬을 것이라 짐작되는데, 내가 전통적인 가르침과 다른 말을 한다는 이유로 내게 품었던 부정적인 생각들까지도 말끔히 씻어주시고 또 씻어주셨다!

폭포수 아래 놓인 때 묻은 돌

숲속의 낡아빠진 오두막에 살고 있던 한 소년이 집에서 조금 떨어진 숲에서 놀고 있었다. 부모가 너무 가난하여 장난감을 사줄 수 없던 터라, 소년은 눈에 띄는 대로 아무것이나 가지고 놀아야 했다. 어느 날, 소년은 그때껏 보지 못했던 특이한 돌 하나를 우연히 발견했다. 만질만질한 돌의 표면이 소년의 손 안에서 반짝거렸고, 여기저기 햇빛을 비출 때마다 소년에게 윙크를 보냈다. 그 귀한 보물이 소년의 마음에 들었다. 하지만 소년은 그 돌을 집으로 가져갈 수가 없었다. 자기 집에는 숨길만한 곳이 없었기 때문이었다. 소년은 떡갈나무 아래 깊이 구멍을 파고, 그 귀한 보물을 거기 파묻기로 했다.

다음 날, 소년은 일초라도 빨리 돌을 가지고 놀고 싶은 마음에 해가 뜨기가 무섭게 숨겨놓은 장소로 달려갔다. 그러나 질퍽거리는 흙을 헤치고 다시 돌을 손에 넣었을 때, 전날 소년의 마음을 사로잡았던 광택은 어디론가 사라지고 더럽고 지저분한 때만 잔뜩 묻어 있었다. 소년은 시냇가로 달려가 조심스레 진흙과 때들을 씻어냈다. 다시 깨끗해졌다. 갈망하던 보물을 다시 수중에 넣자 소년의 마음은 자부심으로 풍선처럼 부풀었다. 그러나 집으로 돌아갈 시간이 너무나 빨리 다가왔던지라 소년은 다시 돌을 은폐 장소에 파묻어야 했다.

그렇게 매일 소년은 돌을 숨겨놓은 곳으로 달려갔고, 반짝이는 표면이 진흙으로 더러워진 것을 보았고, 멀리 있는 시내로 가서 돌을 씻었다. 그런 일들이 한동안 계속 되었다. 마침내 소년은 문제를 해결하기로 했다. 어느 날, 집으로 돌아갈 시간이 되었을 때, 소년은 작은 폭포로 달려가 폭포수가 지속적으로 흐르는 중앙에 위치한 두 개의 돌 사이에 자신의 보물을 조심스레 단단히 껴놓았다. 폭포수는 밤새도록 계속 돌을 씻었다.

소년은 다시 돌을 씻지 않아도 되었다. 다시 수중에 넣을 때마다 완벽하게 깨끗해져서 반짝반짝 빛났다.

그 소년이 처음에 돌을 갖고 한 행동은 옛 언약 아래서 일어났던 일들에 비유할 수 있다. 옛 언약 아래서 우리는 죄를 지을 때마다 씻음을 받아야 했다. 하지만 우리는 우리가 죄를 지었다는 것을 미처 알기도 전에 또 다른 죄를 지었고, 죄 씻음을 얻기 위해 황소나 어린 양 같은 속죄의 제물들을 제사장에게 계속 가져가야 했다.

어떤 신자들은 이것이 은혜의 새 언약이라고 여전히 생각한다. 그러나 단언컨대, 예수님의 피가 황소나 염소의 피보다 훨씬 더 크다. 하나님의 아들 예수 그리스도의 피는 우리에게 영원한 용서를 사주었다(엡 1:7 ; 히 9:12 참조). 옛 언약 안에서 황소와 염소의 피는 일시적인 용서만 줄 수 있었다. 이스라엘 자손들이 죄를 지을 때마다 속죄의 제물로 바칠 동물들을 제사장에게 계속, 반복하고 또 반복하여 가져가야 했던 것이 그런 까닭이다.

그러나 예수님은 십자가에서 한 번에 영원히 죽으셨다(히 10:1-14 참조). 우리는 거듭났을 때 하나의 살아 있는 돌이 되었고, 하나님께서는 우리를 하나님의 아들의 피로 된 폭포수 바로 밑에 갖다놓으셨다. 따라서 우리가 갖고 있는 모든 부적절한 생각들, 옳지 않은 느낌들, 그릇된 모든 행위들까지 깨끗이 씻김 받는다! 예수님의 피가 계속적으로 우리를 씻어주는 덕에 우리는 언제나 깨끗한 상태로 유지되고 용서받는다!

성만찬 이해하기

"그런데요, 성만찬에 참여할 때는 어떻게 되는 건가요? 성만찬에 합당하게 참여하려면 우리의 모든 죄를 자백해야 하는 것 아닌가요?"

이런 질문을 던지고 싶을지 모르겠다. 그러면 사도 바울이 성만찬에 참여하는 것에 대해 뭐라고 말했는지 살펴보자.

그러므로 누구든지 주의 떡이나 잔을 합당하지 않게 먹고 마시는 자는 주의 몸과 피에 대하여 죄를 짓는 것이니라 사람이 자기를 살피고 그 후에야 이 떡을 먹고 이 잔을 마실지니 주의 몸을 분별하지 못하고 먹고 마시는 자는 자기의 죄를 먹고 마시는 것이니라 그러므로 너희 중에 약한 자와 병든 자가 많고 잠자는 자도 적지 아니하니 고전 11:27-30

그리스도의 몸 된 교회는 이 구절의 '성만찬에 합당하지 않게 참여하는 것'이 우리 삶의 죄를 가지고 참여하는 것을 뜻한다고 오랫동안 잘못 믿어왔다. 아마 당신은 하나님과의 올바른 관계를 유지하고 있지 못하다는 생각이 들면 성만찬에 참여하지 말아야 하며, 그런 상태로 참여했다가는 병들거나 쇠약해지거나 때가 이르기 전에 죽게 될 거라는 말을 들어왔을 것이다. 그러나 그것은 축복으로 의도된 것을 저주로 바꾸는 것이다.

십대 시절, 그런 잘못된 가르침을 받았을 때 나는 성만찬의 떡과 잔이 옆으로 지나가게 내버려두면서 이렇게 생각했다.

'나는 바보가 아니야!'

내 삶의 모든 죄를 자백하지 않은 탓에, 그런 상태로 참여했다가는 분명 합당하지 않게 참여하게 될 거라고 걱정했기 때문이다. 당시 나는 그렇게 행동하여 안전한 방책을 강구함으로써 예수님의 상한 몸과 흘린 피로 말미암은 귀한 복과 은택을 나 자신에게서 스스로 강탈하고 있다는 것을 깨닫지 못했다. 물론 지금은 그것이 성경의 가르침이 아니라는 것을 잘 알고 있다.

성만찬에 합당하지 않게 참여한다는 것은 자신의 모든 죄를 자백하지 않은 사람은 성만찬에 참여할 수 없다는 말이 아니다. 예수님은 합당하지 않은 우리를 위해 십자가에서 죽으셨다. 이 구절이 실제로 언급하는 것은 성만찬에 참여하는 방식이다.

성만찬에 합당하지 않게 참여한다는 것은, 우리 손에 쥐고 있는 떡이 우리가 나음과 고침을 받도록 우리를 위해 찢기고 상한 예수 그리스도의 몸임을 분별하지 못한다는 것을 뜻한다. 초대교회 안에는 그런 분별을 하지 못하는 사람들이 실제로 있었다. 그저 배가 고파서 성만찬의 떡을 먹는 신자들, 혹은 주님의 몸을 분별하지도 믿음을 나타내지도 못하고 그저 하나의 의식(儀式)으로 떡을 받는 신자들이 있었다.

우리 가운데 병든 이들이 많은 진짜 이유

그러므로 성만찬에 합당하지 않게 참여한다는 것은, 우리 자신을 살피고 죄를 자백하여 합당하게 참여하기 위한 자격을 갖추어야 함에도 그렇지 못한 상태에서 성만찬에 참여하고 있다는 뜻이 아니다. 그것은 성만찬에 참여하는 '사람'에 관계되어 있지 않다. 그것은 사람이 성만찬에 참여하되 어떤 방식으로 참여하느냐 하는 것에 관계되어 있다. 그것은 예수님의 몸을 분별하는 데 관계되어 있다. 즉, 성만찬의 떡을 우리의 나음을 위해 채찍에 맞으신 예수님의 몸으로 여기는 믿음을 나타내고, 성만찬의 잔을 우리의 모든 죄의 용서를 위해 흘려진 예수님의 피로 여기는 믿음을 나타내는 것에 관계되어 있다.

하나님이 주시는 신령한 건강과 온전함의 비밀이 거기에 있다. 많은 사람들이 성만찬에 참여하면서도 예수님의 몸을 분별하지 못하고, 예수님이 그들을 대신하여 몸으로 어떤 고통을 당하셨는지 보지 못한다. 앞의 말씀대로 우리 가운데 병든 이들과 약한 이들이 많은 것이 그런 까닭이다. 성만찬에 합당하게 참여한다는 것은 우리 자신을 돌아보면서 죄를 자백하는 것에 관계되어 있지 않다. 그것은 예수님을 바라보는 것, 예수님이 십자가에서 우리를 위해 이루신 것을 바라보는 것에 관계되어 있다!

우리 교회는 주일마다 성만찬을 거행한다. 그리고 그때마다 주님의 몸을 분별하라는 교훈을 나눔으로써 경이로운 치유의 이적들을 연거푸 체험하고 있다. 우리 교회에 심정맥 혈전증을 앓는 여성이 한 명 있었다. 어느 날, 그녀는 교인 몇 사람과 함께 이스라엘 성지순례를 떠나게 되었다(우리 교회는 교인들을 정기적으로 성지순례에 보낸다). 비행기에 탑승한 그녀는 약을 먹은 뒤에 잠들었고, 오랜 시간 동안 비행기 여행을 하면서 움직이지 않은 탓에 체내 혈액이 충분히 원활하게 순환하지 못했다. 결국 그녀는 이스라엘에 도착하자마자 혼수상태에 빠져 즉시 병원으로 실려 갔다.

당시에 나도 다른 볼 일로 우리 교회 사역자들과 함께 이스라엘에 체류하고 있었다. 우리는 그녀가 입원한 병원을 방문하여 그녀의 침상 곁에서 성만찬을 베풀었다. 그리고 예수님이 십자가에서 이루신 일을 의식불명으로 누워 있는 그녀 위에서 공표했다. 그런데 이틀 후, 그녀가 혼수상태에서 깨어났다. 의사들이 잠재적인 치명적 상태라고 말했던 그녀가 기적적으로 깨어난 것이다. 그리고 완전히 치유되었다. 그녀는 예수님의 부활의 생명으로 충만하여졌고, 다음 비행기로 이스라엘에 도착한 그룹들과 함께 성지순례 일정을 마쳤다. 할렐루야! 주님을 찬양하라!

기억하라! 성만찬에 합당하게 참여하는 것, 그것은 우리가 자신을 살피고 죄를 자백하여 합당하게 참여할 자격을 얻는 것에 관계되어 있지 않다. 그것은 전적으로 예수님의 몸을 분별하는 것에 관계되어 있다! 그것은 전적으로 예수님에 관한 것이지, 인간 자신의 노력에 관한 것이 아니다.

능력 있는 예수의 보혈을 의식하라

어쩌면 당신은 지금 인생의 고단한 문제를 겪으면서 내 말에 의아해할지 모른다.

"예수님의 피가 어떻게 나에게 치유와 축복과 승리의 삶을 가져다줄 수 있다는 걸까?"

당신이 알아야 할 모든 것은 예수님이 당신의 모든 죄들을 계속적으로 씻어주고 계시다는 사실이다. 당신의 모든 죄가 정말로 용서를 받았고 하나님께서 당신의 그 무엇도 나쁘게 여기지 않으신다는 것을 일단 믿으면 엄청난 믿음이 콸콸 샘솟을 것이다. 치유를 위한 믿음, 부요함을 위한 믿음, 가정과 결혼생활의 회복을 위한 믿음이 생길 것이다.

예수님의 피의 계속적인 씻어줌은 현재의 우리 삶에 필요한 어떤 이적이라도 받을 수 있는 믿음과 자격을 부여해준다. 마가복음에서 예수님은 한 중풍병자에게 "작은 자야 네 죄 사함을 받았느니라"(막 2:5)라고 먼저 말씀하셨고, 그런 뒤에 "네 상을 가지고 집으로 가라"(막 2:11)고 말씀하셨다. 이유가 무엇일까? 그 사람이 자신의 모든 죄가 용서받았다는 것을 확신하지 못하면 고침 받을 수 있는 믿음을 갖지 못하리라는 것을 예수님은 잘 알고 계셨기 때문이다. 그것이 바로 사람들이 들어야 할 말이다. 그것이 바로 우리가, 교회에서 가르쳐야 할 말이다.

사탄의 전략은 우리로 하여금 "나는 하나님 앞에 나아갈 자격이 없어!"라고 느끼게 하는 것이다. 사탄은 죄를 고발하는 신랄한 생각들로 우리를 폭격하며, 우리가 옳지 못한 생각들을 갖고 있거나 다른 누군가에게 모진 말들을 했기 때문에 하나님 앞에 나아갈 자격이 없다고 비난한다. 사탄은 왜 우리가 하나님의 복을 받기에 부적합한지에 대해 수천수만 가지 이유들을 제시한다.

그러나 진리는 이것이니, 우리가 아무리 잘못된 생각을 갖고 있더라도, 아무리 나쁜 습관에 묶여 있더라도, 예수님의 피가 계속 씻어준다는 것이다. 예수님의 피는 지극히 높으신 하나님께 언제나 다가갈 수 있는 자격을 우리에게 부여해준다. 우리가 이런 용서의 폭포수 아래 있기 때문에 우리의 모든 기도는 역사하는 힘이 커진다.

우리는 어린양의 피로 사탄을 정복한다. 주일이 지나 월요일이 되고 화요일이 되었을 때, 하나님의 말씀을 전해줄 목회자가 곁에 없을 때, 당신 자신에게 어떤 말씀을 상기시켜야 하는지 알고 있는가? 요한일서 1장 7절이다.

"그 아들 예수의 피가 우리를 모든 죄에서 깨끗하게 하실 것이요."

예수님의 피는 우리의 모든 죄를 깨끗하게 씻어주는 일을 계속한다. 예수님의 피가 하루 24시간 내내, 일주일 내내 우리를 계속 깨끗하게 씻어주고 있다. 그리고 우리가 언제 기도하든지, 기도할 때마다 놀라운 응답을 받는다.

용서받은 상태를 계속 유지하려고 자신의 행위와 노력을 의지하는 것을 중단하라! 엄청난 물줄기로 끊임없이 쏟아지는 하나님의 용서의 폭포수를 삶의 순간순간 한껏 누리기 시작하라! 그러면 우리의 영혼의 평화를 얻을 것이며, 생명 안에서 왕 노릇을 할 수 있는 능력이 내면에서 분출해 오를 것이다. 삶에서 놀라운 이적들이 펼쳐지는 것을 분명히 보게 될 것이다!

Chapter 10

죽게 하는
직분

DESTINED TO REIGN

죽이는 언약, 생명을 주는 언약

내가 이 책을 쓰는 것은 당신의 잘못된 점을 가르치거나 그 부족함을 지적하기 위함이 아니다. 오히려 모든 결점에도 불구하고 예수 그리스도로 말미암아 우리 모두에게 합당하게 된 것들을 분명히 밝히기 위해 이 책을 썼다. 이 책은 예수 그리스도의 좋은 소식에 관련되어 있다. 예수님이 세상에 오신 것은 우리를 정죄하기 위함이 아니다. 예수님은 우리에게 떨어진 하나님의 유죄판결을 가져다가 자신이 대신 지기 위해, 그래서 우리가 다시 정죄를 받지 않도록 하기 위해 이 땅에 오셨다. 몇 가지 질문을 던져보자.

"예수님은 우리를 위해 십자가에서 죽으셨는가?"

"예수님은 우리의 죄 사함을 위해 피 흘리셨는가?"

"그런데도 많은 신자들이 여전히 정죄를 받는 상태에서 살아가고 있는 까닭이 무엇인가?"

"십자가는 차이를 만들었는가, 만들지 못했는가?"

예수 그리스도는 모든 신자들을 인간을 정죄하는 율법 언약으로부터 이미 건져주셨다. 그런데 어찌된 일인지 신자들 가운데는 예수님이 직접 피를 흘려 사신 은혜를 받아들이는 대신 율법의 정죄 아래서 계속 살아가는 쪽을 택하는 자들이 있다. 그들은 예수 그리스도를 통한 하나님의 선하심과 분에 넘치는 은혜를 믿고 의지하는 대신에 십계명을 지키는 자신의 능력을 믿고 의지하기로 선택한다. 간단히 말해서, 그들은 자신을 '죽게 하는' 직분을 택한다.

이런 말을 들으면 그들은 이렇게 흥분할지 모른다.

"아니, 그건 신성모독이에요! 십계명이 하나님의 거룩한 율법이라는 것을 모릅니까? 목사라는 사람이 어찌 감히 십계명을 가리켜 '죽게 하는 직분'이라고 할 수 있는 겁니까?"

진정하라. 그건 내가 지어낸 말이 아니다. 성경은 분명히 말한다.

돌에 써서 새긴 죽게 하는 율법 조문의 직분도 영광이 있어 이스라엘 자손들은 모세의 얼굴의 없어질 영광 때문에도 그 얼굴을 주목하지 못하였거든 하물며 영의 직분은 더욱 영광이 있지 아니하겠느냐 정죄의 직분도 영광이 있은즉 의의 직분은 영광이 더욱 넘치리라 고후 3:7-9

돌에 써서 새긴 십계명을 '죽게 하는 직분'이라 기술한 것은 내가 아니라 성경이다! 어떤 사람들은 이 구절의 '죽게 하는 직분'이 모세 율법의 의식(儀式)법, 즉 동물 제사에 관련된 율법 조항 같은 것들만 한정적으로 지칭한다고 주장한다. 그러면서 그들은 우리가 더 이상 구약의 의식법의 구속은 받지 않지만 그래도 여전히 도덕법이나 십계명의 구속은 받는다고 말한다.

그러나 그런 주장은 타당치 않다. 왜냐하면 모세 율법의 의식법은 돌에 써서 새겨진 것이 아니기 때문이다. 그것들은 양피지에 기록되었다. 오직 십계명만이 돌에 써서 새겨졌고, 성경은 그것을 '죽게 하는 직분'이라 일컫는다. 또한 성경이 바로 앞 절에서 "율법 조문은 죽이는 것이요 영은 살리는 것이니라"(고후 3:6)고 말하는 것도 그런 까닭이다. 율법 언약은 죽인다. 그러나 은혜 언약은 생명을 준다!

더 영광스러운 은혜 언약

나는 시내 산에서 십계명을 받고 내려온 모세가 수건으로 자기 얼굴을 가린 이유(출 34:28-34 참조)가 그의 얼굴에서 너무나도 환한 광채가 나서 백성들이 겁을 먹을까봐 염려했기 때문이라고 생각했다. 그러나 사실 성경은 그가 수건으로 자기 얼굴을 가린 까닭이 "장차 없어질 것의 결국"(고후 3:13)을 백성들이 알게 되기를 원하지 않았기 때문이라고 말한다.

모세는 율법, 십계명을 대표한다. 그는 죽게 하는 직분, 인간을 정죄하는 직분을 대표한다. 성경은 말하기를, 율법 즉 인간을 정죄하는 직분도 영광을 갖고 있으나 "의의 직분은 영광이 더욱 넘치리라"(고후 3:9)고 한다. 우리를 새 언약 아래 두신 하나님을 찬양하자! 의와 은혜의 언약 아래 두신 하나님을 찬양하자!

그러면 어떻게 은혜 언약이 율법 언약보다 더 찬란하고 영광스러운 걸까? 율법은 죄악 가득한 인간에게 의로움을 요구한다. 반면 은혜는 죄악 가득한 인간에게 의로움을 준다. 예를 들어 설명해보자. 율법은 대머리인 사람에게 이렇게 말한다.

"너는 대머리가 되면 안 돼!"

가엾은 그는 몇 가닥 남지 않은 자기 머리카락을 붙들고 이렇게 한탄한다.

"어쩔 수 없어요. 자꾸 빠지는 걸 어떻게 해요!"

반면 은혜는 이렇게 말한다.

"머리카락을 받아라!"

그는 새 머리카락을 얻는다!

율법은 인간에게 완벽함을 요구하지만, 정작 인간을 돕기 위해서는 손가락 하나 까딱하지 않는다. 이런 예에서 알 수 있듯이, 인간은 아무리 열심히 노력한다 해도 율법의 요구를 온전히 이행할 만한 능력을 가지고 있지도 않고 따라서 율법을 범한 데 대한 형벌을 모면할 길이 없다. 그리하여 율법은 인간을 죽인다.

반면 은혜는 예수 그리스도를 통하여 인간에게 완벽함을 주고 인간을 위해 모든 것을 해준다. 그리고 은혜 아래서 인간이 해야 할 모든 일은 '믿는 것'뿐이다.

어느 것이 더 찬란하고 영광스러울까? 완벽함을 요구하는 죽게 하는 직분일까? 아니면 완벽함을 주는 은혜의 직분일까?

죽게 하는 십계명

하나님께서 시내 산에서 모세에게 율법을 주셨던 날은 이스라엘 백성들을 애굽의 속박에서 건지신 날인 유월절로부터 정확히 50일째 되는 날, 첫 번째 오순절이었다. 하나님이 모세에게 십계명을 주셨을 때 무슨 일이 있었는가? 그날 3천 명의 이스라엘 백성들이 시내 산 기슭에서 죽었다(출 32:28 참조). 자, 이것을 신약과 비교해보자. 예수님이 승천하신 뒤 오순절이 왔을 때, 하나님은 모든 육체에 성령을 부어주셨다. 결과가 어땠는가? 베드로가 담대히 일어나 복음을 전했고, 그날 3천 명이 구원을 받았다(행 2:41 참조).

이스라엘에 가본 사람들은 알겠지만, 오늘날에도 유대인들은 오순절을 하나님이 십계명을 주신 날로 경축한다. 예수님을 믿는 우리는 오순절을 교회의 생일로, 하나님이 우리에게 성령을 주신 날로 경축한다. 안타깝게도 예수님을 믿는 우리 가운데도, 율법은 죽이지만 영은 생명을 준다는 진리를 깨닫지 못하여 새 언약의 영 안에서 즐거워하는 대신 여전히 십계명을 칭송하는 자들이 있다.

이제 십계명이 우리를 죽이는 직분이란 것을 알았을 테니, 함께 생각해보자. 교회가 여전히 율법에 매여 있을 때 어떤 일들이 일어나겠는가? 설교자들이 십계명을 강조하며 전할 때 어떤 일들이 일어날까? 오늘날 그리스도의 몸 된 교회가 이다지도 연약하고 의기소침해진 까닭이 무엇인지 알고 있는가? 신자들이 죄를 압도하는 능력을 소유하고 있지 못한 까닭을 알고 있는가?

교회는 십계명에 대해 전하고 강조하면 신자들이 거룩해질 것이라고 오랫동안 믿어왔다. 설교자들은 신자들의 죄가 중대되는 것을 보면 율법에 대해 더 많이 설교하기 시작한다. 하지만 하나님의 말씀은 "죄의 권능은 율법이라"(고전 15:56)고 말한다. 즉 죄에게 힘을 주는 것이 율법이라는 것이다. 또한 "죄가 너희를 주장하지 못하리니 이는 너희가 법 아래에 있지 아니하고 은혜 아래에 있음이라"(롬 6:14)고 말한다. 따라서 죄를 압도하기 위한 교회의 능력은 은혜 아래 거하는 것에 있지, 율법을 강화하는 것에 있지 않다. 죄에 대항하기 위해 율법을 더 많이 설교하는 것은 맹렬히 타는 불에 장작을 더하는 것과 다르지 않다!

그렇다면 누가 지금껏 우리를 혼란케 한 것일까? 대체 누가 거짓을 진실인 양 선전해온 것일까? 하나님의 은혜가 죄에 대한 해독제가 확실한데도 하나님의 은혜를 전파하는 설교자들을 수상쩍은 눈초리로 흘겨보게 된 까닭이 무엇일까? 그리스도의 몸 된 교회여, 지금은 이 모든 것으로부터 이득을 취하고 있는 자가 바로 사탄이란 것을 간파해야 할 때다. 사탄은 신자들에게 죽음과 정죄를 안겨주기 위해, 여전히 억압 아래 두기 위해 율법을 악용하고 있는 자다!

나는 반(反) 율법주의자?

율법에 대한 이 같은 주장이 많은 이들의 심기를 불편하게 하리란 것을 알고 있다. 그러나 율법의 옛 언약의 흠을 잡고 있는 장본인은 내가 아니란 점을 알아주길 바란다. 성경은 "저 첫 언약이 무흠하였더라면 둘째 것을 요구할 일이 없었으려니와"(히 8:7)라고 말한다. 하나님 자신이 율법의 옛 언약과 십계명의 흠을 찾으셨다.

하나님은 예수 그리스도를 "더 좋은 약속으로 세우신 더 좋은 언약의 중보자"(히 8:6)로서 우리에게 보내셨다. 그리고 정말로 은혜의 새 언약은 더 좋은 약속 위에 세워졌고, 우리를 죽게 하는 율법보다 더 찬란하고 영광스럽다. 이는 옛 언약과 달리 우리 자신의 노력이나 행위에 의존되어 있지 않으며 절대로 실패할 수 없으신 예수님께 전적으로 의존되어 있기 때문이다.

하나님은 은혜의 새 언약을 맺으심으로써 첫 것은 낡아지게 만드셨다(히 8:13 참조). 다시 말해서 은혜의 새 언약의 도래와 더불어 십계명은 낡아서 없어지게 된 것이다. 우리는 더 이상 우리를 죽게 하는 직분 아래 있지 않다. 우리는 생명을 주시는 예수님의 직분 아래 있다!

사도 바울은 "내가 복음을 부끄러워하지 아니하노니 이 복음은 모든 믿는 자에게 구원을 주시는 하나님의 능력이 됨이라"(롬 1:16)고 선언했다. 나는 사도 바울이 그렇게 선언한 이유를 사역의 체험을 통해 점점 더 분명히 이해하고 있다. 이전까지 나는 "사도 바울은 왜 복음을 부끄러워하지 않는다고 단언한 것일까?"라고 의아해하곤 했다. 예수님의 좋은 소식을 부끄러워하게 만들 만한 이유, 주님의 복음을 담대하게 전하지 못하게 할 이유라도 있었던 것일까?

그렇다. 나는 요즘 예수님의 좋은 소식이 정말로 좋은 소식이란 사실을 모든 사람이 기꺼이 받아들이는 것은 아니란 것을 깨닫고 있다. 나는 신자들이 더 이상 율법 아래 있지 않다는 진리를 가르친다는 이유로 온갖 부당한 욕설과 비방을 받았다. 물론 오늘날에는 바울의 시대처럼 사람들이 돌을 던지진 않는다. 그러나 악성 이메일을 던진다.

사람들이 나를 비난하는 죄목 가운데 하나는, 내가 반(反) 율법주의자(모세의 율법에 반대하는 사람)란 것이다. 그러나 그렇지 않다. 나는 율법을 매우 존중한다. 세상 그 어떤 인간도 율법을 지킬 수 없기 때문에 우리가 전적으로 예수님을 의지해야 한다는 진리를 내가 정확하게 알고 있는 이유도 정확히 말하자면 내가 율법을 매우 존중하기 때문이다.

나를 포함하여 은혜를 전하는 많은 설교자들을 반 율법주의자라고 비난하는 사람들은 성경의 율법 가운데서 자신이 지키기 편한 조항들만 고르고 뽑아내는 사람들이다. 그들은 자신들이 율법을 매우 중요하게 여긴다고 주장하지만, 실상은 하나님 율법의 높은 표준을 자기들이 실제로 지킬 수 있다고 생각하는 낮은 수준으로 낮추고 있다. 그리하여 율법 가운데서 그들 성미에 편리하거나 혹은 그들 교파의 가르침과 일치하는 조항들을 선별하고 뽑아낸다.

누가 더 율법을 높이 존중하고 있는 것인가? 우리가 하나님의 은혜를 전파하는 까닭은 인간이 율법을 완벽하게 지키는 것이 불가능하다는 사실을 인정하기 때문이다!

말 나온 김에 율법을 지키는 것에 대해 몇 가지 말해두자면, 우리가 지키기 원하는 조항만 고르고 뽑아선 안 된다. 성경은 율법을 지키기 원한다면 그 모든 것을 지켜야 할 것이로되, 한 가지를 범하면 모든 것을 범하게 된다고 말한다(약 2:10 참조). 율법은 하나의 복합적인 총체이다.

율법과 관련하여 하나님은 상대평가 방식을 취하지 않으신다. 우리가 하나님의 기준에 미치지 못한다 하더라도 다른 사람에 비해 비교적 잘한다고 인정해주는 것이 아니란 말이다. 또한 율법은 외양적으로만 지키면 되는 것이 아니다. 내면적으로도 지켜야 한다. 하나님의 율법을 외적으로나 내적으로 항상, 완벽하게 지킬 수 있는 인간을 알고 있는가?

율법을 주신 목적

오해가 없도록 다음 한 가지를 명료하게 말해두고 싶다. 나는 율법에 찬성하지만, 하나님이 인간에게 율법을 주신 목적 때문에 찬성한다. 알다시피 하나님은 우리에게 율법을 지키라고 주신 것이 아니다. 하나님이 우리에게 율법을 주신 것은, 우리들을 인간의 한계 끝으로 데려가 우리에게 구원자가 절실히 필요하다는 것을 깨우쳐주기 위함이었다.

본래 율법에는 잘못된 것이 없다. 율법은 거룩하고 의롭고 선하다. 그러나 율법이 비록 거룩하고 의롭고 선하더라도 율법에는 우리를 거룩하게 만드는 능력이 없다는 사실을 반드시 깨달아야 한다. 율법은 우리를 의롭게 만드는 능력도 없거니와 선하게 만드는 능력도 물론 없다.

율법은 우리 얼굴의 흠을 드러내는 거울과 같다고 한 말을 기억하는가? 거울을 볼 때 그 안에 비친 얼굴이 추하고 못생겼다고 해서 거울을 탓할 사람이 있겠는가? 거울을 향해 미친 듯 광분하며 주먹을 한 방 먹이는가? 아닐 것이다. 거울의 잘못이 아니기 때문이다. 거울은 다만 우리 얼굴의 홈을 드러낸다. 그것이 거울의 용도이기 때문이다.

마찬가지로 율법 그 자체는 잘못된 것이 없다. 율법의 목적은 우리의 죄를 드러내는 것이다. 율법은 우리 죄를 제거하기 위해 계획된 것이 아니다. 사실 성경은 우리의 죄를 확대하기 위해 율법이 주어졌다고 말한다.

"율법이 들어온 것은 범죄를 더하게 하려 함이라"(롬 5:20).

거울이 없으면 우리는 얼굴에 난 여드름이나 뾰루지를 볼 수 없다. 마찬가지로 하나님의 말씀은 "율법으로는 죄를 깨달음이니라"(롬 3:20)고 말한다. 또한 하나님의 말씀은 율법의 역할이 무엇인지 분명히 한다.

"이같이 율법이 우리를 그리스도께로 인도하는 초등교사가 되어 우리로 하여금 믿음으로 말미암아 의롭다 함을 얻게 하려 함이라"(갈 3:24).

이 모든 말씀들이 무엇을 뜻하는가? 율법이라는 것이 우리를 한계 끝으로 몰고 가 하나님의 표준에 도달하려는 '자기 노력' 속에서 절망하게 만들기 위해, 그래서 그런 절대적 절망 속에서 우리에게 구원자가 필요하다는 것을 깨닫게 하기 위해 계획된 것이라고 말하지 않는가?

율법은 그 누구에게도 의로움을 주지 못한다. 우리 가운데 가장 선량한 사람에게도 유죄를 선고한다. 그러나 은혜는 우리 가운데 가장 악한 사람이라도 구원한다. 그런데도 십계명을 사용하여 자신의 죄를 제거하고자 애쓰는 사람들이 여전히 있다니! 그것은 우리 얼굴의 여드름을 없애기 위해 거울로 얼굴을 박박 문질러대는 것과 같다. 소용없는 짓이다. 오직 예수님의 피만이 죄를 제거할 수 있다. 우리의 모든 죄가 사함 받도록 예수님이 갈보리에서 피를 흘리셨다. 이 좋은 소식을 믿기 시작하라!

종교인가, 관계인가?

에덴동산에는 우리가 알아야 할 두 그루의 나무가 있다. 첫 번째 나무는 선악을 알게 하는 나무이다. 아담과 하와가 열매를 먹지 못하도록 금지당한 그 나무이다. 그런데 당신은 이 나무가 '악을 알게 하는 나무'라 불리지 않았다는 사실을 알고 있는가? 그 나무는 '선과 악을 알게 하는 나무'라 불렸다. 그 나무가 하나님의 율법 혹은 십계명을 나타내기 때문이다.

율법은 선과 악을 알게 하는 지식이다. 하나님은 인간이 율법 나무의 열매를 먹기를 원치 않으셨다. 대신 두 번째 나무, 즉 생명나무의 열매를 먹기를 원하셨다. 그 나무는 우리의 구원자 예수 그리스도를 나타낸다. 누구든지 이 나무의 열매를 먹는 사람은 영원한 생명을 얻을 것이다(창 3:22 참조).

그렇다면 선과 악을 아는 게 뭐 잘못된 것인가? 율법을 아는 것이 잘못된 것인가? 위험한 것이 있다. 그것은 우리가 율법을 속속들이 잘 알고 있으면서도 하나님으로부터 멀리, 매우 멀리 떨어질 수 있다는 것이다. 율법 아래 있을 때 우리가 갖게 될 모든 것은 종교이지 하나님과의 관계가 아니다. 그러나 하나님은 우리와 관계 맺기를 바라신다. 그리고 그 관계는 하나님의 선하심에, 오직 하나님의 선하심에 달려 있다.

인간은 선과 악을 알게 하는 나무의 열매를 먹을 때 선해지기 위해, 악으로부터 멀어지기 위해 자신의 노력을 의지한다. 그리고 그렇게 자기 노력을 의지할 때 필연적으로 실패할 수밖에 없다. 반면 생명나무의 열매를 먹을 때 예수님을, 오직 예수님만을 전적으로 의지하게 된다.

그런데 누가 에덴동산에 선과 악을 알게 하는 나무를 심었을까? 뱀인가? 아니다. 하나님이시다. 사실 하나님이 에덴의 모든 것을 창조하셨을 때, 그 모든 것이 하나님 보시기에 좋았다. 거기에는 선과 악을 알게 하는 나무도 포함되었다. 선과 악을 알게 하는 나무는 하나님으로부터 온 것이었다. 그러나 그 나무는 그 자체로는 좋은 것이었지만, 인간이 그 열매를 먹기에는 좋지 않았다.

마찬가지로 하나님의 율법은 거룩하고 의롭고 좋은 것이지만, 인간이 지키도록 의도된 것이 아니었다. 인간에게는 율법을 지킬 만한 능력이 없다. 또한 인간은 자신이 지켜야 할 율법을 임의로 골라 뽑을 수도 없다. 하나를 지키지 못하면 전부를 지키지 못한 게 된다.

또 하나님은 인간들이 율법 과목에서 획득한 점수를 서로 비교하여 상대적으로 우수한 성적을 거둔 이들에게 합격점을 주시는 상대평가 방식을 택하지 않으신다. 성경은 죄의 삯이 사망이라고 말한다(롬 6:23 참조). 그러므로 인간은 율법의 한 국면에서 실패하면 사형선고를 받게 되고, 그에게 영원한 생명을 가져다줄 생명나무의 열매를 더 이상 먹을 수 없게 된다. 아담과 하와가 죄를 범했을 때, 하나님께서 그들을 동산 밖으로 쫓아내야 하셨던 것과 "에덴동산 동쪽에 그룹들과 두루 도는 불 칼을 두어 생명나무의 길을 지키게"(창 3:24) 하셔야 했던 것이 그런 까닭이다.

심판의 칼을 멈춰 세우신 예수님

하나님이 그룹들과 두루 도는 불 칼을 두어 생명나무의 길을 지키게 하셨다는 말씀의 의미가 무엇일까? 성경 해석에는 '첫 언급 법칙'이라 알려진 원칙이 있다. 어떤 단어가 성경에 처음 언급되었을 때 갖는 의미가 성경 전체에서 그 단어를 어떻게 이해할 것인가에 대한 특별한 중요성을 지닌다는 원칙이다.

창세기 3장 24절의 경우 성경에서 '칼'이란 단어가 여기서 처음 등장한다. 사람들은 이 구절의 문맥에서 '칼'을 하나님의 심판으로 간주한다. 그것은 하나님께 불순종한 인간이 다시 하나님께 돌아오는 것을 막기 위해 모든 방향으로 도는, 항상 움직이는 칼이다.

그럼 이제 '칼'이라는 단어가 구약에서 마지막으로 언급된 경우를 살펴보자.

만군의 여호와가 말하노라 칼아 깨어서 내 목자, 내 짝 된 자를 치라 목자를 치면 양이 흩어지려니와 작은 자들 위에는 내가 내 손을 드리우리라

슥 13:7

이 구절에 언급된 '목자'는 우리의 선한 목자 예수님을 지칭하고, 나머지 부분은 예수님이 십자가에 달리자 예수님의 제자들이 어떻게 도망쳤는지를 일컫는다. 이 구절은 죄악된 인간이 거룩하신 하나님께 나아가지 못하도록 오랜 세월 막고 있던 그 쉬지 않고 사방으로 움직이는 심판의 칼이, 우리의 모든 죄에 대한 하나님의 완전한 심판과 형벌이 십자가에서 예수님 위에 떨어졌을 때 마침내 우리 주 예수님의 가슴을 푹 찔렀다는 것을 보여준다. 예수님은 우리의 죄로 인해 십자가에서 죽임을 당하셨다.

예수님은 자신을 희생시킴으로써, 그리고 우리에게 예정되었던 심판의 예봉을 받아들임으로써 우리가 생명나무의 열매를 먹지 못하도록 막고 있던 사방으로 움직이는 심판의 칼을 멈춰 세우셨다. 예수님은 생명나무로 향하는 길을 우리에게 터주기 위해 자신을 희생시키셨다. 하나님의 독생자 예수님이 이미 우리를 대신하여 형을 받았으므로 우리는 결코 하나님께 정죄 받지 않을 것이다. 갈보리 십자가는 새 언약 안에서 우리를 위한 생명나무가 되었다. 우리는 예수님의 의(義)를 마음껏 먹을 수 있으며,

아무런 죄책감도, 정죄도, 자책감도, 부끄러움도 없이 매일을 살아갈 수 있다. 할렐루야!

이것이 무슨 말일까? 하나님께서 우리를 바라보실 때 더 이상 심판은 없다는 말이다. 하나님께 의롭다 일컬음을 받으려고 선악을 알게 하는 나무를 의지하는 것, 즉 율법의 행위를 의지하는 것을 즉각 중단하라! 예수님이 십자가에서 죽으심으로 '죽게 하는 직분'으로부터 우리를 건지셨다! 예수님이 우리에게 주시려고 십자가에서 피 흘려 사신 모든 것을 한껏 누려라! 우리의 생명나무이신 예수님이 십자가에서 마치신 일을 먹어라!

우리는 더 이상 우리를 죽게 하는 직분 아래 놓여 있지 않다. 예수님은 우리에게 생명을 주시기 위해, 더 풍성하게 주시기 위해 오셨다!(요 10:10 참조)

Chapter 11

D E S T I N E D

가장 깊은
뿌리 파내기

R E I G N

뿌리에 손대기

언젠가 설교 준비를 하는데 마음 가운데 주님이 보여주시는 환상이 떠올랐다. 잎사귀들이 제각각 특정한 상황을 나타내는 병든 식물에 관한 환상이었다. 그리고 주님이 그 식물의 뿌리를 보여주셨을 때, 나는 정말 깜짝 놀라 자세를 바로 하고 앉아 주목하지 않을 수 없었다. 잔뿌리 몇 가닥은 지표면 바로 아래 닿아 있어 힘들이지 않고도 쉽게 파낼 수 있을 것처럼 보였지만, 굵은 뿌리는 땅 속 깊이 파묻혀 있었다.

가장 강한 인상을 남긴 것은 주님이 그 다음에 일러주신 말씀이었다. 주님은 그 식물의 가장 깊은 뿌리가 사탄이 인간을 해하기 위해 즐겨 사용하는 기본적인 전략을 나타낸다고 하셨다. 순간 나는, 하나님의 백성들을 해하려는 사탄의 전략을 폭로하여 사탄의 공격에 맞설 채비를 갖추도록 하기 위해 하나님이 내게 그런 진리를 보여주셨다는 생각이 들었다.

다들 공감하겠지만 우리는 인생의 어떤 문제를 다룰 때 그 뿌리를 해결하기 원한다. 우리가 식물 하나를 키우고 있는데 그것이 점차 병들어 시들어간다면 어떻게 하겠는가? 잎사귀에 집중적으로 양분을 공급해서 소생시키려는 시도는 어리석은 짓이 될 게 분명하다. 그 문제를 해결하려면 뿌리에 손을 대야 한다.

마찬가지로 우리 삶의 고질적 질병, 정신적 침체, 끊임없는 불안, 재정적 어려움, 결혼생활의 불화와 같은 것들은 병든 식물의 시들어가는 잎사귀와 같다. 시들시들한 잎사귀 하나 잘라내는 것은 일도 아니다. 그러나 또 다른 잎이 말라 죽기 시작하는 것은 시간문제일 뿐이다.

따라서 이번 장에서는 신자들이 종종 부닥치는 몇 가지 문제들의 뿌리에 대해 살펴보고 싶다. 뿌리의 상태를 확인하고 적절한 조치를 취할 수 있으면 잎사귀나 열매나 외적으로 나타나는 것들은 자연히 해결될 것이다. 뿌리가 건강하면 다른 모든 것들 역시 자연스럽게 건강해지게 된다.

지표면 얕은 곳에 묻힌 뿌리 한 가닥

현대 의학은 수많은 질병들이 스트레스라 불리는 뿌리 한 가닥과 연관이 있다는 사실을 알아냈다. '메이오 클리닉'(환자 중심 서비스로 유명한 미국 병원) 웹사이트에 올라온 한 논문은, 스트레스가 신체의 거의 모든 작용을 혼란시키고, 생명을 위협하는 건강 문제들에 더 취약하게 만들 수 있다고 경고한다.[7] 스트레스가 어떻게 건강에 악영향을 끼치고 질병을 유발하는지에 대한 전문가들의 의견은 여러 매체를 통해 이미 접해보았을 것이다. 과학적 연구들은 심혈관계 질환, 고혈압, 콜레스테롤 수치 상승, 심장 발작, 피부 발진, 편두통, 성기능 저하, 불임 등의 다양한 질병들과 스트레스의 연관 관계를 계속해서 입증하고 있다.[8]

약간 더 깊게 묻힌 뿌리 한 가닥

현대 의학은 또한 두려움이 스트레스의 뿌리라는 사실도 밝혀냈다. 전문가들은 두려움이 스트레스를 수반한다는 사실을 발견했다. 두려움은 공황장애나 영구적 불안 상태 등의 형태로 나타날 수 있다. 그것은 또한 장기적 수면장애, 지속적인 불안, 산란한 마음 상태 등을 야기할 수 있다. 이처럼 두려움은 반드시 손봐야 할 결정적인 뿌리로 보이지만, 가장 깊이 묻혀 있는 뿌리는 아니다. 주님은 스트레스나 두려움보다 더 깊이 파묻힌 뿌리 하나를 보여주셨다. 가장 크고 깊은 뿌리 하나가 영적인 영역에 존

가 장 깊 은 뿌 리

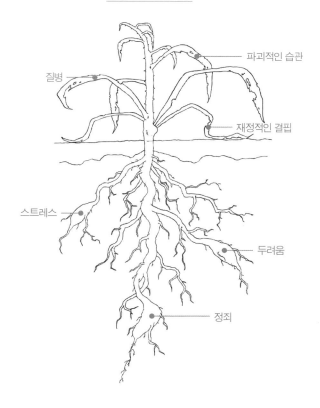

재하며, 그것은 오로지 예수님이 십자가에서 마치신 일의 능력으로만 파괴할 수 있다는 것이다.

그 뿌리를 발견하는 데 관심이 있는가? 스트레스나 두려움보다 더 깊고 음흉한 그 뿌리를 발견하기 위해 한 걸음 더 나아가고 싶은가?

가장 깊게 묻힌 뿌리

주님은 가장 깊은 뿌리가 정죄라는 것을 보여주셨다. 그것은 모두 아담과 하와가 에덴동산에서 선과 악을 알게 하는 나무의 열매를 따먹었을 때 시작되었다. 그때 이후로 인간은 양심을 발달시켰다. 양심이란 우리 내면에 있는 무엇, 선과 악을 알고 있는 무엇이다. 우리 양심은 정의와 옳은 것을 이해한다. 우리 양심은 죄가 있으면 징벌을 받아야 한다는 것을 이해한다. 그리고 그것은 인간을 계속 정죄함으로써 인간으로 하여금 자신의 죄에 대해 스스로 징벌하게 만든다.

양심의 고발과 정죄와 죄책감에 짓눌려 패배의 삶을 살아가는 사람들 가운데는 신자들도 있고 불신자들도 있다. 그러나 신자들이 불신자들과 다른 것이 있다. 예수 그리스도와 그분이 십자가에서 마치신 일의 능력을 소유하고 있는 신자들은 사탄과 양심이 우리를 향해 던져대는 어떤 비난이나 고발이나 정죄나 죄책감을 거부할 수 있다는 점이다. 성경은 이렇게 말한다.

우리가 마음에 뿌림을 받아 악한 양심으로부터 벗어나고 몸은 맑은 물로 씻음을 받았으니 참 마음과 온전한 믿음으로 하나님께 나아가자 히 10:22

우리 마음은 예수님의 피 뿌림을 받아 악한 양심으로부터 벗어났다.

악한 양심이란 우리의 죄와 잘못을 끊임없이 의식하여 으레 형벌을 예상하게 하는 무엇이다. 그런 양심은 율법의 정죄 아래 있는 양심이다.

그러나 우리는 하나님의 은혜로 예수님의 피 뿌림을 받은 선한 양심을 가질 수 있고, 언제나 죄를 의식하며 살아가는 대신 언제나 용서를 의식하며 살아갈 수 있다. 우리는 언제나, 심지어는 부족하여 넘어질 때에라도 그리스도 예수 안에 있는 우리의 의로움을 의식할 수 있다. 예수님의 피 뿌림을 받은 선한 양심은 선과 악을 아는 지식을 먹지 않는다. 선한 양심은 그리스도의 생명을 먹으며, 하나님이 신자들에게 결코 화를 내지 않으신다는 것을 굳게 믿는 "참 마음과 온전한 믿음으로" 하나님께 가까이 나아갈 수 있는 확신을 준다.

사탄과 악한 양심이 던지는 정죄와 고발은 우리에게서 하나님과의 친밀한 교제를 강탈한다. 그러나 성경은 "섬기는 자들이 단번에 정결하게 되어 다시 죄를 깨닫는 일이 없으리니"(히 10:2)라고 말한다. 오늘날 많은 신자들이 십자가의 능력을 의지하여 우리 삶에서 율법과 악한 양심의 정죄를 뿌리 뽑을 수 있음에도 불구하고 그렇게 하지 못하는 것은 참으로 불행한 일이다. 그들은 죄책감과 정죄로부터 자유로워지기 위해 여전히 '자신들의 노력'을 의지하여 옳은 것들을 더 많이 하려 애쓴다.

형제를 참소하는 자

정죄가, 다시 말해서 율법과 악한 양심이 던져대는 고발과 비난과 유죄 판결이 모든 문제의 가장 깊은 뿌리인 것이 그런 까닭이다. 그것은 인간의 '자기 노력'으로 정복할 수 있는 뿌리가 아니다. 정죄는 우리의 모든 죄와 잘못에 대한 대가 지불을 요구한다. 그러나 예수님이 없으면 그러한 대가의 지불도 없다.

지금까지 심리학자들은 죄책감이라는 것이 어떻게 인간의 신체에 여러 부정적인 징후들을 나타나게 하는지에 대해 말해왔다. 그러나 그것은 그저 문제의 표면을 스쳐지나가는 것에 불과하다. 심리 전문가들이 죄책감과 정죄가 인간의 많은 문제의 근본적인 원인이라는 것을 알아낼 수는 있어도, 그 근본적인 원인을 해결할 해결책은 갖고 있지 않다.

그들은 사탄이 사람들을 괴롭힐 목적으로 음흉하게 정죄를 이용함으로 오늘날 실로 많은 사람들이 영적 문제에 부딪혀 있다는 사실을 알지 못한다. 히브리어로 사탄의 이름은 '하 사탄'(ha-satan)인데, 이는 문자적으로 '비난하는 자'를 뜻한다.⁹⁾ 사탄은 율법 쪽에 서 있는 검사요, 우리를 정죄하는 전문가요, 언제나 우리의 결함과 잘못을 지적해댄다. 성경이 그를 "형제들을 참소하던 자"(계 12:10)라 일컫는 것이 그런 까닭이다.

우리를 비난하는 그는 우리가 옳은 일을 할 때에도 이렇게 말한다.

"아직 부족해!"

그는 우리를 비난하는 정죄의 말들을 끊임없이 토해낸다. "똑, 똑, 똑" 계속 떨어지는 물방울 소리 같다. 그가 가장 값진 성과로 여기는 것은 우리를 비난하는 말들을 우리 삶에 스리슬쩍 집어넣고 오랫동안 들키지 않고 숨겨두는 것이다.

그런 사탄의 정죄 아래 놓여 있는 신자들은 때때로 그것이 성령께서 자신들의 죄를 일깨워주고 지적해주시는 것이라고까지 생각하곤 한다. 그들은 자신에 대해 부정적인 생각을 품기 시작한다. 자신의 죄와 형편없는 모습 때문에 자신에 대해 부정적인 생각을 갖는 것이 당연하다고 믿기 시작한다. 이처럼 사탄이 더없는 최고의 성과로 여기는 것은 우리 삶에 슬쩍 집어넣은 비난의 말들을 기만의 안개로 은폐하여 우리가 사탄의 정죄를 받고 있다는 사실을 결코 깨닫지 못하게 만드는 것이다.

사탄의 정죄 아래서 괴로워하며 나를 찾아와 상담을 요청한 사람들 가운데 이렇게 말하는 사람들이 적지 않다.

"목사님, 제가 사탄의 정죄를 받고 있다고는 생각하지 않아요. 단지 과중한 스트레스를 받고 있을 뿐이에요!"

물론 스트레스가 중요한 문제임을 부정하지 않겠다. 사실 나는 스트레스를 정복하는 것을 주제로 수차례 설교했고, 그 설교들을 책으로 펴내기도 했다. 그러나 많은 경우 스트레스나 두려움보다 더 깊은 뿌리가 있으니, 그것이 바로 '정죄'라고 분명히 말하고 싶다. 우리를 비난하는 자의 가장 효율적인 책략은 언제나 매우 음흉하다. 세상은 그의 책략을 괴멸할 답안을 갖고 있지 않다.

그러나 신자인 우리는 그 해결책을 분명히 가지게 되었다. 우리는 예수님이 십자가에서 마치신 일을 소유하고 있다. 우리가 결코 정죄 안에서 살아가지 않도록 예수님이 이미 우리를 대신하여 정죄를 받으셨고, 이미 피를 흘리셨다!

성령의 일 이해하기

그렇다면 성령께서 죄에 대하여 세상을 책망하러 오셨다고 말하는 요한복음 16장 8절 말씀은 뭐가 되는가? 그 단락을 살펴보기로 하자.

그가 와서 죄에 대하여, 의에 대하여, 심판에 대하여 세상을 책망하시리라 죄에 대하여라 함은 그들이 나를 믿지 아니함이요 의에 대하여라 함은 내가 아버지께로 가니 너희가 다시 나를 보지 못함이요 심판에 대하여라 함은 이 세상 임금이 심판을 받았음이라 요 16:8-11

특정 성경구절을 문맥 안에서 읽는 것은 언제나 중요하다. 많은 사람들이 그렇게 하지 않는 탓에 하나님의 말씀을 오해한다. 성경구절을 문맥 안에서 읽기 위한 한 가지 방법은, 그 구절이 누구에 대하여 말하고 있는지를 분별하는 것이다. 그렇다면 요한복음 16장 8절에서 예수님은 누구에 대하여 말씀하고 계신 것일까? 믿는 사람들인가? 아니면 믿지 않는 사람들인가?

세상은 예수님을 믿지 않는다. 따라서 성령께서 죄에 대하여 세상을 심판하러 오실 것이라고 하셨을 때, 예수님이 불신자를 지칭하고 계신 것이 틀림없다. 불신자들이 바로 세상에 속한 사람들이기 때문이다. 그리고 이 구절에 성령께서 '죄들'에 대해 세상을 책망할 것이라고 말하고 있지 않다는 데 주목하라. 성령께서는 '죄' 하나에 대해 세상을 책망하신다. 그것은 불신앙의 죄, 예수님을 거부하는 죄, 예수님이 십자가에서 이루신 일을 믿지 않는 죄이다.

예수님은 세상 전체를 위해 십자가에서 죽으셨다. 하지만 그것이 세상 전체가 자동적으로 구원받는다는 뜻은 아니다. 개인들 각자가 예수님을 자신의 구원자로 영접하겠다고 인격적으로 결단해야 한다. 햄버거 가게에 들어간다고 햄버거가 되는 것이 아니고, 차고에 들어간다고 자동차가 되는 게 아닌 것처럼, 믿는 가정에서 태어났다고 자동적으로 거듭난 신자가 되는 것이 아니다. 그런 게 아니다. 모든 사람이 예수님을 자신의 구원자로 영접하겠다고 인격적인 결단을 해야 한다. 그러므로 성령께서는 '불신앙'이라는 그 하나의 죄를 불신자들에게 깨우쳐주고 책망하기 위해 활동하고 계신다.

그러나 요한복음 16장 8절 말씀을 해당 문맥에서 뚝 떼어내면 성령께서 신자들에게 그들의 죄를 깨우쳐주시는 일을 하신다고 잘못 믿게 된다.

성령께서 깨우쳐주시는 것

그렇다면 성령께서는 과연 무엇을 깨우쳐주실까? 그에 대해 예수님은 이렇게 말씀하셨다.

의에 대하여라 함은 내가 아버지께로 가니 너희가 다시 나를 보지 못함이요

요 16:10

이 말씀은 누구에게 하신 것일까? '너희'라는 2인칭 대명사를 사용하신 것으로 볼 때, 예수님의 제자들로 대표되는 신자들에게 말씀하신 것이 명백하다. 이는 성령께서 신자들에게 '의'(義)를 깨우쳐주기 위해 보내심을 받았다는 것을 말해준다.

당신은 당신의 행위로 의롭게 되었는가, 아니면 예수님을 믿는 믿음으로 의롭게 되었는가? 분명 당신은 자신의 행위가 아니라 믿음으로 의롭게 되었다는 것을 알 것이다. '의로움'이란 것이 올바로 행하는 것이 아니라 올바른 믿음으로 인하여 하나님 앞에 올바로 서는 것이기 때문이다. 그렇기 때문에 우리가 그 사실을 놓칠 때, 우리가 예수 그리스도로 말미암아 하나님의 의가 되었다는 것을 성령님이 깨우쳐주고 상기시켜주시는 것이다. 성령님은 새 언약의 핵심, 즉 하나님이 우리의 불의를 긍휼히 여기시고 우리의 죄를 다시 기억하지 않으신다는 것(히 8:12 참조)을 상기시켜주기 위해 활동하신다.

성령님은 우리를 돕는 분이시다(요 14:16 참조). 성령께서는 우리의 모든 죄를 꼬치꼬치 지적하면서 달달 볶아대기 위해서가 아니라 우리를 돕기 위해 우리 안에서 살도록 보내심을 받았다. 쉴 새 없이 잔소리를 해대며 들볶는 사람과는 같이 살 수 없다. 성령님은 그런 분이 아니시다. 그

분은 영원한 의를 깨우쳐주심으로 우리를 돕기 위해 보내심을 받은 분이시다.

깨어 의를 행하고 죄를 짓지 말라!

예수님을 믿는 신자들은 예수님 안에서 영원히 의롭게 되었다. 나는 그 진리를 가르친다. 하지만 그런 가르침을 좀 자제하라고 나를 만류하는 사역자들을 종종 만난다. 그들이 그렇게 나를 만류하는 까닭은 신자들이 그 진리를 깨닫게 되면 세상에 나아가 죄를 지을 것이라 염려하기 때문이다.

어떤 사역자는 내 설교를 다 들은 뒤에 성경을 일일이 찾아가면서 우리가 정말로 우리의 행위와 무관하게 오직 예수님의 십자가 덕분으로 의롭게 되었다는 것을 확인했다. 그러나 그는 나와 같은 설교는 못하겠다고 했다. 그 이유를 묻자 신자들이 자기가 영원히 의롭게 되었다는 진리를 알게 되면 세상으로 나아가 죄를 지을까 우려되기 때문이라는 대답이 돌아왔다.

슬픈 일이 아닐 수 없다! 죄를 압도하는 능력이 바로 우리가 의롭게 되었음을 아는 데 있기 때문이다. 만일 어떤 신자가 죄의 문제로 몸부림을 치고 있다면 그것은 자신의 정체성을 오인한 데서 기인한 결과이다. 그는 자신이 여전히 썩어문드러진 죄인이며, 그렇기 때문에 필연적으로 썩어문드러진 죄인으로 계속 살아가게 되리라 생각한다. 하지만 그가 자신의 행위와 무관하게 의롭게 되었다는 것을 확실히 깨달으면 깨달을수록 의롭게 살아갈 수 있는 능력을 더 많이 받을 것이다.

오늘날 많은 신자들이 죄의 문제로 씨름하고 있는 까닭은 자신이 의롭게 되었다는 것을 깨닫지 못하기 때문이다. 성경은 "깨어 의를 행하고 죄를 짓지 말라"(고전 15:34)고 말한다. 이 말씀은, 우리가 정말로 의롭게 되었음을 깊이 깨달으면 깨달을수록 의로운 사람답게 더욱 분명히 처신하기 시작하게 될 것이라는 의미이다. 지금은 깨어 의를 행할 때이다!

올바로 믿으면 올바로 살게 될 것이다!

이 말을 꼭 기억하라! 올바로 믿으면 올바로 살게 된다! 큰 소리로 복창하자. 이것은 결코 놓쳐서는 안 되는 강력한 계시이다.

"올바로 믿으면 언제나 올바로 살게 된다!"

이 진리를 이해하려면 창조세계 안에서 우리 눈에 보이는 모든 것들이 영적인 영역에서 왔다는 것을 깨달아야 한다. 영(Spirit)이신 하나님은 창조하여 존재하게 하신 모든 것들을 말씀하셨다. 마찬가지로 우리에게 임할 은총과 축복은 물질적 현상으로 나타나기 오래전에 먼저 우리의 영(spirit) 안에 있다. 성경은 "선한 사람은 그 쌓은 선에서 선한 것을 내고"(마 12:35)라고 말한다.

다시 말하면, 오늘 우리의 삶은 지금껏 내내 우리 마음에 옮겨져 감추어져 있던 것들의 나타남이다. 그러므로 삶이 변화되기를 원한다면, 그 해결책은 우리 환경이 아니라 우리 마음, 곧 우리가 믿는 것들을 변화시키는 것에 있다. 확실히 장담하건대, 만일 지금 당신이 삶의 어떤 영역에서 연약함과 실패를 맛보고 있다면 그 영역에 대한 잘못된 믿음이 있는 게 분명하다. 부지런히 성경을 탐색하여 예수님을 찾아라! 진리를 찾아라! 문제에 대한 해답은 올바로 믿는 것에 있다!

그리스도의 몸 된 교회가 오랜 세월 사탄의 지속적인 정죄로 집중포화 받아온 것, 그 집요한 폭격에 패배당한 것은 성령의 사역에 대한 잘못된 믿음을 가지고 있었기 때문이다. 오늘부터 올바로 믿기 시작하라! 이번

장에서 우리가 함께 살펴본 것들을 되풀이해서 읽으며 곱씹고 또 곱씹어라. 여기 제시된 성경구절들을 묵상하라. 하나님의 진리가 마음 가장 깊은 곳에 스며들게 하라. 성령님이 우리를 도우신다는 것을, 우리의 의로움을 일깨워주시기 위해 하나님의 보내심을 받은 우리의 조력자라는 사실을 깨달아 자유를 얻어라! 우리는 그리스도 안에서 하나님의 의(義)가 되었다(고후 5:21 참조).

의롭게 되었음을 믿어라!

우리 교회의 귀한 형제의 간증이다. 예수님을 자기 삶의 주인과 구원자로 영접한 이후, 그의 삶은 급변하기 시작했다. 그러나 그는 흡연 습관을 버리는 데 무척이나 큰 어려움을 겪고 있었다. 꽤 오래전에 담배를 피우기 시작한 그는 하루에 한 갑 이상을 피우지 않으면 견디지 못하는 중독자가 되어 있었다.

그는 담배를 피울 때마다 추악한 죄인이 된 것 같은 느낌이 들었다고 했다. 정죄를 받는 것처럼 느껴지고, 그를 고발하고 비난하는 사탄의 목소리가 계속 들리는 듯했다.

"네가 그러면서도 그리스도인이야? 봐! 여전히 담배를 피우잖아! 포기해! 너 같은 인간은 그리스도인이 될 자격이 없어! 넌 지독한 위선자일 뿐이야!"

이런 비난의 소리가 계속 들려왔고, 그런 비난의 목소리가 더 많이 들릴수록 그는 더 많은 담배를 피워댔다. 모든 의지력을 동원하여 담배를 끊어보려 애썼지만 소용없었다. 그 역시 자신의 몸이 하나님의 전(殿)이라는 것을 알고 있었다. 하나님을 영화롭게 하기를 진정으로 원했다. 그러나 그렇게 할 능력이 없었다. 그리하여 자신을 정죄하기 시작했다. 패배를 인정할 준비를 했다.

그러던 어느 날, 성령님이 우리의 의로움을 깨우쳐주시기 위해 우리 내면에 거하시며, 예수 그리스도 덕분에 의롭게 되었다는 사실을 굳게 믿으면 믿을수록 우리 행동이 더욱 정확하게 우리의 믿음과 일직선에 놓일 것이라는 나의 설교를 듣게 되었다. 그래서 그는 매일 외치기 시작했다.

"나는 예수 그리스도를 통하여 하나님의 의가 되었어!"

그리고 매일 아침, 잠에서 깨어날 때마다 거울에 비친 자신의 모습을 바라보며 이렇게 말했다.

"지금 내 앞에는 의롭게 된 사람 하나가 서 있어!"

심지어 유혹에 굴하여 담뱃불을 붙일 때에도 여전히 고백했다.

"나는 예수 그리스도를 통하여 하나님의 의가 되었어. 내가 담배를 피우고 있는 이 순간에조차도 하나님은 나를 의롭게 보셔!"

그는 자신이 의롭게 되었다는 것을, 자신이 행한 어떤 일 때문이 아니라 예수님이 행하신 일 때문에 하나님 앞에서 의롭게 되었다는 것을 진정으로 믿었다. 그리고 그가 그 사실을 더욱 굳게 믿을수록 그를 옭아매던 니코틴 중독의 힘은 더욱 약해졌다. 그렇게 얼마 지나지 않았을 때 그는 매일 다량의 니코틴을 흡입하던 나쁜 습관을 근절하는 초자연적인 힘을 갖기 시작했다.

그는 "너는 위선자야! 네가 그러면서도 그리스도인이야?"라는 비난의 목소리를 "너는 하나님 보시기에 의롭게 되었어. 하나님은 예수 그리스도를 의롭게 보시는 것처럼 너를 의롭게 보셔!"라고 선언하는 성령의 음성으로 대체하기 시작했다. 성령의 음성은 점점 더 커져 비난하는 자의 목소리를 완전히 삼켜버렸다.

마침내 그는 맹렬하게 정죄하는 사탄의 목소리에 조금도 귀 기울이지 않고 오로지 의(義)의 음성만을 들었다. 그러던 어느 날, 잠자리에 일어났을 때 그는 담배를 피우고픈 욕구가 더 이상 들지 않는다는 사실을 깨달았다. 할렐루야!

그는 단지 성령께서 일깨워주시는 것을 그대로 믿고 매일 자신을 하나님의 의로 여김으로써 그 파괴적인 습관에서 건짐 받았다. 그가 그리스도 안에서 하나님의 의(義)가 되었음을 신실하게 믿고 자인했을 때, 그것이 그의 삶에 하나님의 능력으로 나타나 담배에 대한 욕구를 완전히 사라지게 한 것이다. 우리가 그리스도 안에서 하나님의 의(義)가 되었음을 믿고 자인할 때, 그것은 실로 강력한 능력을 가져온다!

하나님의 은혜가 우리의 죄보다 크다!

어쩌면 당신은 지금 어쩌지 못할 중독증에 사로잡혀 있는지 모른다. 흡연중독일 수도 있고, 알코올중독일 수도 있고, 도박중독일 수도 있고, 약물중독일 수도 있고, 쇼핑중독일 수도 있고, 포르노중독일 수도 있다. 그러나 그것이 무엇이든 하나님의 은혜가 그 중독증보다 훨씬 더 크다는 사실을 기억하라!

하나님의 은혜가 당신의 중독증을 삼킬 것이다. 오늘은 당신의 자유와 해방의 날이다. 오늘은 하나님이 비난하는 자(사탄)가 당신에게 퍼붓던 모든 거짓말과 죄책감과 정죄로부터 당신을 자유롭게 해주실 날이다. 이제 이렇게 기도하자.

"주 예수님, 십자가의 은혜에 감사드립니다. 주님이 저를 위해 죽으셨을 때, 주님의 피로 제 모든 불의와 평생의 죄를 깨끗하게 씻어주신 것을 감사드립니다. 주님은 제 인생의 주인이시며 구원자이십니다. 오늘 저의 모든 중독증을 주님께 드립니다. 패배의 삶에 지쳤습니다. 비난하는 자의 정죄를 받는 것에 지쳤습니다. 신물이 납니다. 이제 예수 그리스도의 보혈로 제가 하나님의 의(義)가 되었음을 굳게 믿고 고백합니다. 제가 예수 그리스도를 통하여 하나님의 의(義)가 되었음을 제 안에서 역사하시는 성령의 초자연적인 힘과 능력을 힘입어 매일 기억할 것입니다."

할렐루야! 우리가 우리의 행위나 일과 상관없이 하나님 앞에서 의롭게 되었다는 것을 믿기 시작하면 우리를 정죄하기 위해 오는 사탄의 목소리가 더 이상 우리 삶을 지배하지 못할 것이다.

지금은 우리가 깨어 의를 행하고, 하나님 앞에서 의롭게 되었음을 끊임없이 의식하여 죄를 짓지 말아야 할 때이다! 올바로 믿으면 올바로 살게 될 것이다! 당신이 하나님 앞에서 의롭게 되었다는 것을 믿어라! 그러면 하나님의 의로운 사람답게 살기 시작할 것이다. 정죄가 우리 삶의 모든 문제의 가장 깊은 뿌리일지라도 우리는 해결책을 가지고 있다. 우리가 예수 그리스도로 말미암아 하나님의 의(義)가 되었다는 것을 그저 믿는 것이 그것이다!

신자들도 심판을 받는가?

성령께서는 죄에 대하여 세상을 책망하기 위해, 즉 예수님을 믿지 않는 죄에 대해 세상을 책망하기 위해 오셨다. 그러나 우리 신자들에 대해 말하자면, 성령께서는 신자들이 그리스도 안에서 의로워졌음을 일깨워주기 위해 세상에 오셨다. 이것이 우리가 요한복음 16장 8-10절까지의 말씀을 통해 살펴본 것이다.

우리는 앞에서 우리의 모든 죄에 대한 하나님의 진노와 심판이 예수님이 십자가에 달리셨을 때 그 몸에 남김없이 쏟아졌다는 점에 대해 충분히 살펴보았다. 그런데 신자들이 무슨 심판을 또 받아야 한다는 것일까? 예수님은 요한복음 16장 11절에서 이렇게 말씀하셨다.

"심판에 대하여라 함은 이 세상 임금이 심판을 받았음이라."

예수님은 누구에 대하여 말씀하고 계셨던 것일까? 신자들? 불신자들? 어느 쪽도 아니다. 예수님은 이 구절이 명백히 말하는 그대로 '이 세상 임금'에 대하여 말씀하고 계셨다. 그러면 '이 세상 임금'은 또 누구일까?

이 세상 임금은 우리를 비난하는 자, 곧 사탄이다. 하나님은 아담과 하와를 창조하셨을 때 세상에 대한 지배권을 그들에게 주셨다. 그러나 아담은 죄를 지었을 때 그 지배권을 사탄에게 넘겨주었다. 그래서 우리가 지금 질병과 전쟁과 지진과 홍수가 곳곳에서 일어나는 이 타락한 세상에서 살아가게 된 것이다. 이런 것들은 하나님의 일하심이 아니다. 그런 것들은 사탄의 행위이다.

예수님은 멸망시키기 위해서가 아니라 구원하기 위해 오셨다(흠정역 영어성경 눅 9:56 ; 요 3:16-21 참조). 따라서 세상에서 우리 눈에 보이는 파괴적인 것들은 이 세상 임금의 작품이다. 그러나 알고 있는가? 세상에 대한 사탄의 임대 기한 만기가 다 되어가고 있고, 예수님이 우리를 위해 다시 오실 날을 향해 우리가 날마다 조금씩 나아가고 있다는 사실을! 할렐루야!

의인의 머리 위에 임하는 하나님의 축복

우리는 지금까지 성령께서는 첫째로 불신자들에게 불신앙의 죄를 책망하기 위해, 둘째로 신자들은 행위와 무관하게 의롭게 되었음을 신자들에게 일깨워주기 위해, 셋째로 이 세상 임금인 사탄이 예수님의 십자가에서 이미 심판을 받았다는 것을 우리에게 일깨워주기 위해 오셨다는 것을 살펴보았다. 이것이 바로 하나님의 말씀을 올바로 분별하는 것이다.

성령께서는 당신에게 "너 따위가 그리스도인이라고?"라고 말씀하지 않으신다. 이런 말들은 모두 우리를 '비난하는 자'가 토해낸 것들이다. 우리를 비난하는 그 자의 전략은 우리에게 "아, 나는 하나님 앞에 나아가기에 합당치 못한 사람이야!"라는 느낌을 주는 것이다. 그래서 우리 스스로 우리 자신을 '실격 처리'하게 하려고 우리를 향해 무수한 정죄의 말들을 내뿜는 것이다.

그러나 성령은 보혜사, 곧 '위로하는 분'(흠정역 영어성경 요 14:26, Comforter)이라 불리신다. 성령님은 우리가 넘어질 때마다 위로하기 위해, 예수님의 십자가를 다시 가르쳐주기 위해 우리 안에서 역사하고 계신다. 성령께서 우리에게 일깨워주시는 유일한 하나는, 우리가 예수 그리스도 안에서 하나님의 의가 되었다는 명백한 사실이다!

우리가 그리스도 안에서 하나님의 의가 되었다는 것을 믿어라! 사탄의 정죄에서 벗어나 그리스도께서 우리에게 주려고 십자가에서 피 흘려 사신 자유 안에서 걷기 시작하라! 의인의 머리 위에 임하는 하나님의 복(잠 10:6 참조)을 한껏 누려라!

Chapter 12

정죄는
죽인다!

DESTINED TO REIGN

정죄하는 사무

우리를 '비난하는 자'는 우리를 정죄하기 위해 주저 없이 십계명을 사용하는, 율법의 기민한 검사(檢事)이다. 그래서 하나님 말씀이 십계명을 가리켜 '죽게 하는 직분'이라고 할 뿐 아니라 '정죄의 직분'이라고 단언하는 것이다(고후 3:7,9 참조).

물론 십계명 자체에는 신성하지 않은 것이 아무것도 없다. 십계명은 거룩하고 의롭고 선하다. 그러나 그것은 우리를 거룩하고 의롭고 선하게 해줄 능력이 없다. 율법은 구부러지지 않고 휘어지지도 않는 하나의 높은 표준이다. 율법은 타협을 모른다. 지키지 못한 사람에게 은혜를 베풀 줄 모른다. 안다면 더 이상 율법이 아니다! 사도 바울이 이렇게 말한 것이 그런 까닭이다.

"생명에 이르게 할 그 계명이 내게 대하여 도리어 사망에 이르게 하는 것이 되었도다 죄가 기회를 타서 계명으로 말미암아 나를 속이고 그것으로 나를 죽였는지라"(롬 7:10,11).

죄가 '계명으로' 사도 바울을 속였고, 죽였다는 것을 주목하라! 이 말의 뜻은, 사도 바울이 율법의 옛 언약 아래 있었을 때에는 동시에 그를 '죽게 하는 직분'과 그에게 유죄선고를 하는 '정죄의 직분' 아래에 있게 되었다는 것이다.

율법은 언제나 정죄하는 사무에 종사한다. 율법 아래 있는 사람은 율법을 지키지 못할 때마다, 하나님의 높은 표준에 미치지 못할 때마다 율법의 정죄를 피할 길이 없다. 반면 은혜는 언제나 의(義)의 사무에 종사한다. 하나님의 은혜를 가리켜 '의의 직분'이라 하는 것이 그런 까닭이다. 그리고 그 '의의 직분'의 영광은 '정죄의 직분'의 영광보다 훨씬 더 찬연하다.

정죄의 직분도 영광이 있은즉 의의 직분은 영광이 더욱 넘치리라 고후 3:9

우리가 은혜 아래 있다면 간혹 넘어져 하나님의 표준에 미치지 못하더라도 하나님께서는 예수 그리스도로 인하여 여전히 우리를 의롭게 여겨주신다. 하나님이 인간에게 율법을 주신 것은 열심히 잘 지켜서 스스로 의롭게 되라는 뜻이 아니었다. 하나님께서는 인간이 죄를 알도록 율법을 주셨다. 율법이 없다면 죄는 죽은 것이나 다름없다.

사도 바울은 이에 대해 가장 적절하게 기술했다.

"율법으로 말미암지 않고는 내가 죄를 알지 못하였으니 곧 율법이 탐내지 말라 하지 아니하였더라면 내가 탐심을 알지 못하였으리라 그러나 죄가 기회를 타서 계명으로 말미암아 내 속에서 온갖 탐심을 이루었나니 이는 율법이 없으면 죄가 죽은 것임이라"(롬 7:7,8).

죄의 욕구를 선동하는 율법

율법에는 잘못된 것이 없다. 문제는 인간이다. 한번 상상해보자. 한 무리의 십대들이 흥겹게 어울리면서 동네를 거닐고 있다. 그들이 지나는 길에 온실이 하나 있었다. 아무도 관심을 갖지 않는다. 그런데 그들이 동네 길 끝에 이를 즈음, 아까 보았던 것과 거의 비슷한 온실이 하나 더 있었다. 그런데 이번에는 그 온실 앞에 커다란 경고판들이 여러 개 세워져 있고, 거기엔 빨간 글씨들이 쓰여 있다.

"온실에 돌을 던지면 경찰에 신고할 것임!"

처음 보았던 온실에는 아무 경고판도 세워져 있지 않았다. 아이들은 두 번 쳐다보지도 않고 그냥 지나갔다. 그런데 두 번째 온실 주변에는 여기저기 경고판들이 세워져 있다. 아이들은 가던 길을 멈춘다. 그들 내면의 무엇인가가 요동한다. 그들은 옆에 누가 있는지 주변을 살핀다. 그리고 '쨍그랑!' 온실 유리창 깨지는 소리가 들린다. 뒤이어 '후다닥!' 하는 아이들의 발걸음 소리가 들린다.

그 아이들이 동네 어귀를 걷기 시작했을 때, 나쁜 장난을 치고자 하는 욕구가 그들 안에 있었을까? 있었다. 아이들은 동네를 어슬렁대는 내내 그런 욕구를 지니고 있었다. 다만 법이 없었기 때문에 그들 안에 있던 죄를 짓고자 하는 욕구가 요동치지 않았을 뿐이었다. 율법이 하는 일이 그렇다. 율법은 우리 안에 있는 죄의 욕구를 선동한다.

또 다른 상황을 가정해보자. 당신이 어떤 방에 혼자 있다. 그 방의 출입문 맞은편에 또 다른 문 하나가 있고, 거기 경고판이 걸려 있다.

"사적인 곳. 들어가지 마시오!"

무슨 일이 일어날까? 아마도 당신은 그 방에 감시 카메라가 숨겨져 있지는 않은지 신중히 확인할 것이고, 슬그머니 그 문으로 다가갈 것이며,

그 문 뒤에 무엇이 있는지 보고 싶은 욕구가 요동하는 통에 문고리를 잡을 것이다.

이런 것이 바로 율법이 우리에게 끼치는 영향이다. 율법 자체에는 잘못된 것이 없다. 십계명 자체에는 잘못된 것이 없다. 내가 하는 말을 잘 들어라. 하나님 말씀에 대해 말할 때는 정밀하고 정확해야 한다. 따라서 성경이 하는 말들을 정확하게 따라가기로 하자! 바울은 율법이 범죄를 더하게 하기 위해 계획된 것이라고 말했다.

"율법이 들어온 것은 범죄를 더하게 하려 함이라"(롬 5:20).

율법은 인간의 육신 안에 있는 죄의 욕구를 선동한다. 명백한 사실이다. 우리는 현재의 육신을 입고 있는 한 죄의 성향을 결코 버릴 수 없다. 내 머리로 생각해낸 말이 아니다. "내가 행하는 것을 내가 알지 못하노니 곧 내가 원하는 것은 행하지 아니하고 도리어 미워하는 것을 행함이라"(롬 7:15)고 말한 사람은 바로 사도 바울이다.

그 말이 무슨 뜻인가? 우리가 현재의 육신 안에 있는 한, 화를 내거나 흥분하지 않으려고 아무리 애를 써도 어쩔 수 없이 화를 내거나 흥분하게 된다는 뜻이다. 넘어지지 않으려고 아무리 노력해도 우리는 넘어질 수밖에 없다. 그리고 우리가 넘어질 때, 사탄은 하나님의 율법을 무기로 사용하여 우리를 정죄한다.

사탄은 만일 우리를 정죄 아래에 가져다놓을 수만 있다면 우리가 두려워하기 시작하리란 것을 잘 알고 있다. 그리고 그 두려움이 우리 안에 스트레스를 낳을 것이고, 그러면 온갖 종류의 정신적, 육체적 질병과 억압이 우리를 잠식하기 시작할 수 있다는 것을 잘 알고 있다. 이는 농담으로 흘려버릴 문제가 아니다. 정죄는 우리를 정말로 죽인다!

정죄의 공격을 정복하기 위한 비밀

그렇다면 예수님의 십자가 피로 의롭게 된 하나님 자녀들에게 정죄의 폭탄을 계속 투하하는 사탄의 맹공격에 대항하려면 어떻게 해야 할까? 사도 바울 역시 당신과 내가 오늘날 직면한 것과 똑같은 문제에 부닥쳤다. 그의 한탄이 로마서 7장에 기록되어 있다.

> 내가 원하는 바 선은 행하지 아니하고 도리어 원하지 아니하는 바 악을 행하는도다 ⋯ 오호라 나는 곤고한 사람이로다 이 사망의 몸에서 누가 나를 건져내랴 롬 7:19,24

하지만 바울은 그렇게 한탄하는 데서 멈추지 않는다. 그는 계속 나아가 어떻게 우리가 사탄의 공격에 대항할 수 있는지 보여준다.

> 그러므로 이제 그리스도 예수 안에 있는 자에게는 결코 정죄함이 없나니 롬 8:1

이제 그리스도 예수 안에 있는 자에게는 결코 정죄함이 없다! 이는 정말로 강력한 구절이다. 이 구절을 반드시 암송하여 마음에 새겨라! 그렇게 하기만 하면 사탄의 모든 공격을 격퇴할 수 있을 것이다! 당신은 지금 그리스도 예수 안에 있는가? 그렇다! 그렇다면 이제 당신의 삶 위에는 결코 정죄가 떨어지지 않을 것이다!

"하지만 프린스 목사님! 목사님은 성경구절을 문맥 안에서 해석하는 것에 대해 강조합니다. 그런데 제가 가진 성경은 정죄를 받지 않기 위한 조건 하나가 있다고 말합니다. 우리가 육체를 따라서가 아니라 성령을 따라서 걸어야 한다는 것입니다. 그렇다면 그것이 우리가 죄를 짓지 않아야만 정죄를 받지 않게 된다는 뜻인 건 아닐까요?"

그렇게 질문해주니 기쁘다. 아마도 흠정역 영어성경(King James Version, KJV)을 가지고 있는 모양인데, 그렇다면 우선 흠정역 영어성경의 로마서 8장 1절을 그대로 인용해보자.

"그러므로 이제 그리스도 예수 안에 있는 사람들에게는 결코 정죄함이 없으니, 그들은 육체를 따라 걷지 않고 성령을 따라 걷는다"(롬 8:1, KJV 역자 직역).

그러나 이 구절의 후반부, 즉 "그들은 육체를 따라 걷지 않고 성령을 따라 걷는다"는 말씀이 성경 번역자들에 의해 보태진 부분으로, 원래 헬라어 사본에는 나오지 않는다는 사실을 알고 있는가?[10] 내 말을 믿지 못하겠거든 직접 확인해보라. 로마서 8장 1절에 관한 한은 흠정역 영어성경보다는 '새 미국 표준 성경'(New American Standard Bible, NASB)이 헬라어 원어를 더 정확히 번역했다. 새 미국 표준 성경의 표현을 그대로 인용해보자.

"그러므로 이제 그리스도 예수 안에 있는 사람들에게는 결코 정죄함이 없다"(롬 8:1, NASB 역자 직역).

바로 이것이다. 그리스도 예수 안에 있는 사람들은 결코 정죄함이 없다, 그리고 마침표! 그것으로 끝이다. 아무 조건도, 선행요건도 없다. 그리스도 예수 안에 있는 사람들에게는 '결코 정죄함이 없다'는 사도 바울의 선언은 전적으로 예수님이 십자가에서 이루신 일에 관계된 것으로, 인간의 노력과는 아무 관계가 없다. 할렐루야!

그러므로

그러나 신자들 가운데는 죄를 범하지 않을 때만 아무 정죄도 받지 않는 것이라고 주장하는 사람들이 있다. 그러나 그들 말대로 우리가 죄를 범하지 않을 때만 아무 정죄도 받지 않는 것이라면, 구태여 '결코 정죄함이 없다!'라고 선언할 필요가 있을까? 만약에 우리가 죄를 짓지 않을 때만 아무 정죄도 받지 않는 것이라면, 그리스도 예수 안에 있는 사람들은 결코 정죄를 받지 않는다는 바울의 진술은 그야말로 쓸데없는 진술이 될 것이다. 따라서 바울이 선포한 좋은 소식이란, 그리스도 예수 안에 있는 사람들은 이제 죄를 지을 때에라도 아무 정죄도 받지 않으며, 그 까닭은 예수 그리스도께서 이미 우리의 모든 죄에 대한 정죄를 받으셨기 때문이라는 것이다. 할렐루야!

'그러므로'라는 단어가 성경에 등장할 때는 왜 그 단어가 거기에 있는지 질문하고 그 답을 찾는 것이 매우 중요하다. 사도 바울은 "그러므로 이제 … 결코 정죄함이 없나니"(롬 8:1)라는 말에서, 그를 생명으로 인도해야 할 계명(율법)은 오히려 속이고 죽였지만 예수 그리스도는 그를 생명으로 인도했음을 가리키고 있다. 바울은 율법 아래서 분투하며 애썼을 때 계속 반복하여 정죄를 받았다. 사실이지 그는 "오호라 나는 곤고한 사람이로다 이 사망의 몸에서 누가 나를 건져내랴"(롬 7:24)라고 절규하기까지 했다. 하지만 그것은 정답을 이미 명확히 알고 있는 상태에서 던진 하나의 수사학적 질문이었다. 그 자신이 그 질문에 뭐라고 대답했는지 보라.

우리 주 예수 그리스도로 말미암아 하나님께 감사하리로다 롬 7:25

사도 바울은 예수 그리스도와 예수 그리스도께서 십자가에서 마치신 일 덕분에 자신이 사망의 몸에서 건짐 받았다는 것을 깨달았다. 그래서 "그러므로 … 결코 정죄함이 없다!"라고 선언할 수 있었던 것이다.

정죄는 율법의 동의어

어떻게 하면 이 진리 안에서 성장할 수 있는지에 대해 실제적인 조언을 하나 해주고 싶다. 그것은 바로 율법과 정죄를 같은 것으로 여기는 법을 배우라는 것이다. 율법에 대해 읽거나 생각할 때마다 '정죄'라는 단어를 기억하라.

최근 우리 교회의 한 형제와 이야기를 나누었다. 그 사람은 율법을 지킨다는 것을 옳은 일을 해야 하는 것이라고 이해하고 있었다. 율법이 우리에게 '옳은 일을 행하라'고 말하고 있는 것은 사실이지만, 그럼에도 우리가 율법을 지키려고 힘쓸 때면 언제나 율법의 정죄를 받는 것으로 끝날 수밖에 없다. 인간은 율법을 온전히 지킬 능력을 가지고 있지 않기 때문이다.

율법이 '정죄의 직분'이라 불리는 까닭은, 그것이 우리를 옳은 일을 행하는 사람으로 만들기 위해서가 아니라 오히려 정죄하기 위해 설계된 것이기 때문이다. 그리고 알고 있는가? 의롭다 일컬음을 받기 위해 율법을 지키려 애쓰면 애쓸수록 더 많이 넘어지게 되고, 그것에 의해 더 많은 정죄를 받게 된다는 것을 말이다. 이것은 하나님의 길이 아니다. 하나님께서는 정죄와 죄책감 안에서 살아가는 우리의 모습을 원하지 않으신다. 왜냐하면 앞서 말했듯이 정죄는 스트레스와 두려움과 온갖 종류의 질병을 낳는 가장 깊은 뿌리이기 때문이다. 정죄는 말 그대로 우리를 죽인다!

하나님의 자녀들을 비난하는 자, 곧 사탄이 우리의 모든 잘못에 대해 정죄하러 와서 "어떻게 너 따위가 그리스도인이라는 거지?", "너는 세상에서 가장 끔찍한 위선자야!"와 같은 말들을 할 때야말로 그 어떤 정죄로부터도 완벽하게 자유로워진 우리 자신의 모습을 똑똑히 보아야 할 때다.

'정죄의 직분'의 정반대는 '의의 직분'이요, 그 직분의 영광은 정죄의 직분의 영광보다 더 찬연하다(고후 3:9 참조). 당신 자신을 의롭게 된 사람으로 여기기 시작하라! 우리가 무엇을 행했거나 행하지 않았기 때문이 아니라, 예수님이 십자가에서 이미 행하신 일로 인해, 그리고 예수님의 피가 계속적으로 우리를 씻고 있기 때문에 의롭게 된 사람으로 여기기 시작하라! 성령께서 오신 것이 우리의 행위와 무관하게 의롭게 되었음을 당신에게 일깨워주기 위함이라는 것을 당신 자신에게 계속 상기시켜라! 사탄은 우리를 정죄하기 위한 무기로 율법을 사용한다. 그러나 하나님을 찬양하라!

"그러므로 이제 그리스도 예수 안에 있는 자에게는 결코 정죄함이 없나니!"

언제 정죄함이 없다는 말인가? 지금이다!

은혜의 보좌로 나아가는 담대함

그렇다면 우리가 죄를 지을 때 어떻게 되는 것인가? 앞에서 살펴본 구절에서 '이제'는 우리가 죄를 짓는 순간도 포함할까? 물론이다. "그러므로 이제 … 정죄함이 없나니"는 현재시제이다. 이 선언은 모든 날, 모든 순간에 정확히 적용된다. 아침에도, 밤에도, 내일도 그대로 적용된다. 그리스도 예수 안에 있는 사람들은 언제나 현재시제로, 계속적으로 어떤 정죄도 받지 않는다!

하나님께 나아갈 담대함을 주는 것은 하나님이 우리를 완벽하게 의로워진 인간으로 봐주신다는 사실을 깊이 깨닫는 것이다! 다시 이런 의문이 들 것이다.

"우리가 넘어졌을 때에 최소한 약간이라도 정죄를 받아야 하나님께 다시 돌아갈 수 있는 것 아닙니까?"

그럴까? 아담은 정죄를 받았을 때 하나님으로부터 숨었다. 우리가 넘어질 때 정죄와 죄책감은 우리를 하나님으로부터 도망치게 할 것이다. 정죄와 죄책감이 우리를 다시 하나님께로 데려간다는 말은 거짓말이다. 하나님께 나아갈 담대함을 주는 것은 하나님은 언제나 우리를 은혜로 대하시며, 완벽하게 의로워진 인간으로 봐주신다는 사실을 깊이 깨닫는 것이다. 우리가 예수 그리스도 안에 있기 때문에 하나님께서 결코 우리를 정죄하지 않으신다는 것을 깊이 깨닫고 믿을 때, 우리는 하나님 은혜의 보좌 앞에 담대하게 나아가게 될 것이다!

아버지의 은혜와 용서의 마음

우리가 넘어질 때에 하늘에 계신 우리 아버지께서 어떻게 반응하시는지 알고 싶은가? 예수님이 주신 탕자의 비유를 보라.

또 이르시되 어떤 사람에게 두 아들이 있는데 그 둘째가 아버지에게 말하되 아버지여 재산 중에서 내게 돌아올 분깃을 내게 주소서 하는지라 아버지가 그 살림을 각각 나눠 주었더니 그 후 며칠이 안 되어 둘째 아들이 재물을 다 모아 가지고 먼 나라에 가 거기서 허랑방탕하여 그 재산을 낭비하더니 다 없앤 후 그 나라에 크게 흉년이 들어 그가 비로소 궁핍한지라 가서 그 나라 백성 중 한 사람에게 붙여 사니 그가 그를 들로 보내어 돼지를 치게 하였는데 그가 돼지 먹는 쥐엄 열매로 배를 채우고자 하되 주는 자가 없는지라 이에 스스로 돌이켜 이르되 내 아버지에게는 양식이 풍족한 품꾼이 얼마나 많은가 나는 여기서 주려 죽는구나 내가 일어나 아버지께 가서 이르기를 아버지 내가 하늘과 아버지께 죄를 지었사오니 지금부터는 아버지의 아들이라 일컬음을 감당하지 못하겠나이다 나를 품꾼의 하나로 보소서 하리라 하고 이에 일어나서 아버지께로 돌아가니라 아직도 거리가 먼데 아버지가 그를 보고 측은히 여겨 달려가 목을 안고 입을 맞추니 아들이 이르되 아버지 내가 하늘과 아버지께 죄를 지었사오니 지금부터는 아버지의 아들이라 일컬음을 감당하지 못하겠나이다 하나 아버지는 종들에게 이르되 제일 좋은 옷을 내어다가 입히고 손에 가락지를 끼우고 발에 신을 신기라 그리고 살진 송아지를 끌어다가 잡으라 우리가 먹고 즐기자 이 내 아들은 죽었다가 다시 살아났으며 내가 잃었다가 다시 얻었노라 하니 그들이 즐거워하더라 눅 15:11-24

여기서 우리는 방탕한 아들이 돌아오는 것을 멀리서 보고서 뛰어나가 포옹하는 어떤 아버지를 본다. 그런데 그 아버지의 행동이 사실 모세의 율법에 위배되는 행동이었다는 것을 알고 있는가? 나는 오래전에 이 비유에 대해 연구하면서 그 사실을 깨달았다. 모세의 율법을 따르면, 누군가 부모의 훈계 듣기를 거부하는 비뚤어지고 반항적인 아들을 두었을 경우, 그 부모는 그 아들을 마을의 장로들에게 데려가야 하며, 그들 가운데서 악을 제거하고 모든 이스라엘이 듣고 두려워하도록 그 마을의 모든 주민들이 그 아들을 돌로 쳐서 죽여야 한다(신 21:18-21 참조). 그것이 모세의 율법이다.

예수님이 탕자의 비유를 말씀하셨을 때, 그 말을 듣고 있던 모든 유대인들은 이런 율법을 잘 알고 있었을 것이다. 그러나 예수님은 그 반항적인 아들이 율법 아래서 받아 마땅했던 정죄와 징벌을 강조하시는 대신, 새 언약 안에 있는 아버지의 은혜와 용서의 마음을 계시해주셨다.

그때, 예수님은 은혜의 새 언약을 세우시기 위한 십자가 죽음을 아직 당하지 않은 상태였고, 예수님의 말씀을 듣고 있던 사람들 또한 아직 모세의 율법 아래 있는 상태였다. 예수님은 앞으로 올 것들을 그들에게 살짝 맛보여주고 계신 것이었다. 오늘날 우리가 한껏 누리고 있는 명백한 사실을 그들에게 보여주고 계신 것이었다. 할렐루야!

아들의 의도를 문제 삼지 않는 아버지

아들은 아버지에게 잘못했는가? 분명 그렇다. 그러면 아버지가 자기 아들 위에 정죄와 죄책감을 산더미처럼 얹어준 다음에야 받아주었는가? 분명 그렇지 않다. 사실 아버지는 아들이 예행연습 했던 말들을 끝마칠 기회조차 주지 않았다. 자신을 품꾼의 하나로 대접해달라고 청하기도 전에 아버지는 아들의 말을 가로막았다. 아버지는 아들이 아버지에게 지은 죄로 자기를 정죄하지 않도록 아들의 말을 중단시켰고, 아들에게 가장 좋은 옷을 입히고 그 손에 가락지를 끼워주고 그 발에 신을 신겨주라고 종들에게 명했다!

그 아버지가 집으로 다시 돌아오는 아들의 의도가 그다지 선하지 않을 수도 있다는 점을 문제로 삼았는가? 우리는 그 아들이 집으로 다시 돌아온 것이 자기 아버지에게 저지른 잘못을 깨달아서가 아니란 사실을 잘 알고 있다. 그저 배가 고파서 집으로 돌아왔을 뿐이다.

돼지들이나 먹는 열매로 주린 배를 채우던 아들은 자기 아버지 집에 고용된 품꾼들조차 자기보다 더 풍족하게 먹는다는 것을 기억했다. 아들이 아버지 집으로 다시 돌아가리라 결단한 것은 바로 그때였다.

그러나 아버지는 아들이 어떤 의도로 다시 집으로 돌아오는 것인지 상관하지 않았다. 아버지는 집으로 돌아오는 그 방탕한 아들이 아직도 저

멀리 있을 때(아버지는 아들이 왜 다시 돌아오는지 이유를 따져볼 겨를이 없었다) 자기 아들을 보았고, 측은함을 느꼈고, 즉시 달려가 목을 껴안고 입을 맞추었다. 우리를 향한 하나님의 지극하신 사랑을 생생하게 보여주는 경이로운 그림이 아닐 수 없다!

탕자의 비유를 말씀하신 분이 누구인가? 예수님이시다. 나는 예수님이 하늘의 아버지를 누구보다 더 잘 알고 계시다고 생각한다. 당신도 기꺼이 동의할 것이다. 예수님은 하나님이 어떤 분이신지 분명히 알고 계신다. 따라서 우리는 이 구절에서 하늘에 계신 우리 아버지 하나님이 어떤 분이신지에 관한 목격자의 생생한 증언을 듣고 있는 것이다.

죄를 지은 자녀들에게 하나님이 보이시는 반응을 예수님이 어떻게 묘사하셨는지 주목하라! 어떻게 그 아버지는 집으로 다시 돌아오는 방탕한 아들이 아직 저 멀리 있을 때에 그 모습을 볼 수 있었던 것일까? 아들이 돌아오기만을 학수고대하며 기다리고 있었기 때문이었다. 아버지는 날마다 시선을 지평선에 고정했을 것이고, 그날이 사랑하는 귀한 아들이 집으로 다시 돌아오는 날이 되기를 소망하면서 살았을 것이다.

아빠를 향한 발걸음 하나

우리가 하나님의 기대에 미치지 못하더라도, 하나님께서 어떤 마음으로 우리를 사랑해주시는지 이제 좀 알겠는가? 우리는 그저 하나님을 향한 발걸음 하나를 떼기만 하면 된다. 그러면 사랑이 충만하신 하늘에 계신 우리의 아빠가 어떤 정죄도 없이 우리를 향해 달려오실 것이다. 하나님께서는 우리를 와락 껴안고, 입을 맞추고, 하나님의 사랑과 축복을 아낌없이 부어주기를 원하신다!

하나님께서는 우리에게 의(義)의 옷을 입혀주시기 위해, 권세의 도장이 새겨진 반지를 우리 손에 다시 끼워주시기 위해, '올바로 섬'(right standing)의 신을 우리 발에 신겨주기 위해 지금 우리를 기다리고 계신다. 하나님께서는 우리를 원래 상태로 회복시켜주기를, 우리가 다시 집으로 돌아와 우리를 깨끗이 씻기시고 큰 잔치를 베풀어주시기를 원하신다. 우리 하나님은 우리의 그 무엇도 결코 정죄하지 않고 달려오시는 하나님이시다!

그러니 하나님에 관한 종교적인 개념들을 던져버리자! 혹시 넘어졌을 때라도 우리의 아빠를 향한 발걸음 하나를 떼도록 하자! 그러면 그분께서 달려와 꼭 안아주실 것이다. 하나님께서는 당신을 사랑하시며, 당신을 있는 그대로 받아주신다. 넘어졌을 때, 패배의 느낌에 압도당할 때, 하나님께서는 우리를 도우실 수 있는 모든 능력을 갖고 계신다.

그러니 기뻐하라! 이제 그리스도 예수 안에 있는 자에게는 결코 정죄함이 없나니!

Chapter 13

D E S T I N E D

'결코 정죄함이 없나니'의
선물

R E I G N

연쇄 살인마의 손아귀에서 풀려난 소녀

오래전, 목회자가 되기 위한 학업과정을 다 마치고 최종적인 학업 결과가 나오기를 기다리는 몇 개월 동안 초등학교에서 시간제 교사를 한 적이 있다. 나는 30명 정도의 여자아이들로 구성된 초등학교 3학년 한 학급을 맡게 되었다.

어느 날 아침, 우리 반 아이 하나가 결석을 했다. 아이들이 여러 이유로 하루나 이틀 정도 결석을 하는 것은 흔한 일이었기에 그다지 신경 쓰지 않았다. 하지만 그날 저녁 집에서 기도하는데, 주님이 그 아이를 마음 가운데 떠올려주셨다. 그때 나는 날마다 우리 반 아이들을 위해 기도하고 있었고, 그 기도는 내가 맡은 아이들을 위한 일상적이고 일반적인 기도였다.

그러나 그날엔 그 아이가 매우 구체적으로 떠올랐기 때문에, 나는 주님이 그 아이를 위해 기도하도록 나를 이끌고 계시단 것을 느낄 수 있었다. 그래서 나는 예수님의 피로 그 아이를 보호해달라고 기도했다. 당시 나는 예수님의 십자가 보혈에 대해 그리 많은 것을 이해하고 있던 상태는 아니었지만, 그래도 예수님의 피가 우리를 보호한다는 것을 확신할 만큼은 알고 있었다.

그렇게 며칠이 지났는데도 그 아이는 학교에 나오지 않았다. 그리고 어느 날, 그 아이의 사진과 이름이 신문에 실렸고, 싱가포르 국영 TV와 주요 일간지들이 그 아이의 이야기를 대서특필했다. 경악을 금치 못할 일이 일어났다. 그 아이가 '아드리안 림'이라는 이름의 악명 높은 연쇄살인범에게 납치를 당했다는 것이다. 아드리안 림은 밀교(密敎) 제단에 관련된 살인마로, 아이들을 납치하여 자기가 숭배하는 우상들에게 인간 제물로 바치던 흉악한 짐승이었다.

그런데 그 아이가 납치를 당했다는 소식보다 더 놀라운 소식은 그 연쇄 살인마가 그 아이를 풀어주었다는 소식이었다. 그 아이는 매체와의 인터뷰에서, 자신이 역겨운 향냄새가 진동하는 어떤 작은 방에 감금되어 있었다고 말했다. 그 방의 조명은 매우 흐릿했지만 그 아이는 아드리안 림이 이상한 의식을 거행하면서 우상들 앞에서 기도하는 모습을 볼 수 있었다. 그런데 갑자기 그가 그 아이를 쏘아보더니, 그의 신들이 그녀를 원하지 않는다고 말하면서 질색했다는 것이다. 그렇게 그녀는 자유를 얻었고, 흉악무도한 연쇄 살인마의 검은 손에서 풀려난 유일한 아이가 되었다. 그때까지 그에게 납치되었던 다른 모든 아이들은 잔혹하게 살해당했다.

나는 그 소식을 접했을 때, 그 아이를 보호해주신 분이 바로 주님이시라는 것을 알았다. 예수님의 피가 그녀를 보호하고 있었기에 어떤 다른 신도 그녀를 소유할 수 없었던 것이다. 지금 그 아이는 아름다운 여성으로 성장하여 자녀들을 낳고 행복한 결혼생활을 하고 있다. 주님을 찬양하라!

정죄로부터 보호해주는 피

당시 나는 예수님의 피의 주된 작용이 무엇인지, 혹은 그 피가 왜 우리를 보호해주는지 알지 못했다. 나는 그저 예수님의 피가 우리의 모든 것을 보호해준다고만 알고 있었다. 나는 그리스도인들이 예수님의 피를 의지하여 사탄의 음모로부터 보호받고자 하는 것에 반대하지 않는다. 그러나 지금 나는 예수님의 피를 더 깊이 이해하고 있다.

예수님이 제자 중 한 명에게 배신당하시던 그날 밤, 자신의 피에 대하여 뭐라고 말씀하셨는지 알고 있는가? 제자들과 마지막 만찬을 가지시던 그 밤에, 예수님이 그 손에 잔을 드시고 "이것은 너희들의 보호를 위해 흘리는 새 언약의 피니라"고 말씀하셨는가? 아니다. 예수님은 이렇게 말씀하셨다.

이것은 죄 사함을 얻게 하려고 많은 사람을 위하여 흘리는 바 나의 피 곧 언약의 피니라 마 26:28

예수님의 피는 우리의 모든 죄를 용서하기 위해 흘려졌다. 예수님의 피가 우리를 보호하는가? 물론 그렇다. 그러나 그것이 예수님이 십자가에서 피를 흘리신 주된 이유는 아니었다. 우리가 모든 정죄로부터 보호받고 있다는 걸 알면, 오늘 우리를 속박하고 있는 죄와 중독증과 영적, 육체적 침체를 압도할 수 있는 힘을 얻을 것이다.

우리 구원자이신 예수 그리스도께서 피를 흘리신 가장 주된 이유는 우리 죄의 용서를 위해서였다. 이는 또한 예수님의 피가 어떤 형태의 정죄로부터도 우리를 보호한다는 걸 의미한다. 예수님의 피가 우리를 의롭게 한다는 진리와 우리의 모든 죄를 예수님의 피로 용서받았다는 진리를 확실히 알고 있을 때, 우리는 '비난하는 자'의 정죄로부터 보호를 받는다. 이 두 가지 진리를 깨닫는 것이 절대적으로 중요하다. 왜냐하면 그 진리들을 깨달아야만 하나님의 은혜의 보좌 앞에 담대히 나아가 그분을 사랑이 충만하신 아버지로 여기는 확신을 얻을 수 있기 때문이다. 그 진리들이 오늘 우리를 속박하고 있는 죄와 중독증과 영적, 육신적 침체를 압도할 수 있는 힘을 줄 것이다.

정죄로 인한 나의 몸부림

고등학교 시절, 내가 용서받지 못할 죄를 지었다는 생각으로 인해 가혹한 고통의 골짜기를 지나고 있을 때 누군가 나에게 이러한 진리를 알려주었다면 얼마나 좋았을까! 당시 내가 느꼈던 정죄감, 내가 성령을 모독하는 죄를 지었다는 생각은 사실 비난하는 자인 사탄에게서 온 것이었다. 참으로 끔찍한 시기였다. 그 전까지 받았던 모든 가르침들은 아무 도움도 되지 못했다.

물론 지금의 나는 신자들이 성령을 모독하는 용서받지 못할 죄, 즉 예수 그리스도를 지속적이고 고집스럽게 거부하는 죄를 짓는 것이 불가능하다는 것을 잘 알고 있다. 만일 당신이 신자라면, 당신은 이미 예수님을 영접했고, 따라서 당신이 그 용서받지 못할 죄를 짓는 것은 불가능하다.

그러나 당시의 나는 은혜의 새 언약에 대한 지식이나 그리스도 안에 있는 나의 의로움에 대한 깨달음이나 예수님의 피의 능력에 대한 이해가 전혀 없었던, 고등학생 그리스도인에 지나지 않았다. 이런 진리를 알지 못했던 나는 사탄의 엄청난 사기극에 속수무책으로 기만당했다. 나는 하나님께 돌이킬 수 없는 죄를 지었다고 믿었다. 하나님과 성령님에 대해 경건치 않은 생각들을 품음으로써 성령을 모독하는 죄를 지었다고 믿었다.

사탄은 죄책감과 정죄감으로 맹렬하고 집요하게, 사정없이 나를 폭격했다. 나는 정말 정신이 확 돌아버리기 직전까지 갔다.

그 모든 정죄는 사탄으로부터 온 것이었다. 하나님의 자녀들을 비난하는 그 자가 내 마음에 하나님에 대한 부정적인 생각을 넣은 것인데, 나는 그런 생각들을 거부하는 법을 몰라서 그 생각들이 나 자신의 생각이라 여겼고, 그것을 빌미로 사탄이 토해내는 지옥의 온갖 거짓말과 정죄를 그대로 받아들인 것이다. 돌이켜보면 하나님이 나를 정말 하나님의 일꾼으로 부르셨는지조차 알 수 없었던 것 같다. 어떻게 알 수 있었겠는가? 당시 나는 내가 저지른 용서받지 못할 죄로 인해 천국에 갈 수 없을 거라고 정말로 믿고 있었다.

견딜 수 없는 정죄감으로 고통스럽던 그 시절, 하나님의 사람 한 사람을 찾아가 기도를 청했다. 그가 나를 두려움과 억압에서 건져줄 수 있기를 바랐다. 그의 이름은 퍼시 캠벨(Percy Campbell)로 당시 싱가포르의 유명한 성경학교 중 한 곳을 감독하고 있었다. 그는 내게 안수하고 기도하기 시작했다. 그러고는 뉴질랜드 특유의 억양으로 말했던 것이 지금도 기억에 생생하다.

"조, 내 마음에 네가 보이는구나! 네가 수많은 사람들 앞에서 설교하는 것이 보여!"

당시 나는 사람들 앞에서 말이라도 할라치면 와들와들 떨리는 무릎이 서로 부닥치고 말을 더듬는, 숫기라고는 전혀 찾아볼 수 없는 고등학생이었다. 사실 학창시절, 늘 나를 교실에서 일으켜 세워 아이들 앞에서 책을 읽게 했던 정말로 잔인한 선생님이 있었다. 내가 중얼중얼 더듬으며 한 문장이라도 제대로 읽으려고 애쓰고 있으면 우리 반 여자 애들은 깔깔거리며 웃어댔고, 그럴 때마다 내 얼굴은 귀까지 시뻘개져 불처럼 타올랐다. 정말 고통스러운 순간들이었다.

그런 나였으니, 나를 억압하는 상황에서 벗어나기 위해 그를 찾아갔을 때, 내가 기대했던 해방의 말이 아닌 내가 수천 명 앞에서 설교를 하게 될 거라는 예언을 들었을 때 나는 정말 질겁하지 않을 수 없었다.

2004년, 그가 우리 교회를 방문하여 하나님의 은혜로 놀랍게 성장한 교회를 직접 목격했다. 예배를 마친 뒤에 우리는 담소를 나누었고, 그가 눈물 그렁그렁한 눈으로 나를 보면서 말했다.

"예언이 이루어진 거야!"

그는 오래전 그날, 내가 정죄와 억압으로 몸부림치고 있던 그 십대 시절에 내게 해주었던 말을 기억하고 있었다. 모든 영광을 주님께!

아픈 것은 누구의 잘못 때문도 아니다

나는 사탄으로부터 온 죄책감과 정죄 아래 놓이는 것이 무엇을 뜻하는지 누구보다 잘 알고 있다. 그는 오늘날에도 신자들을 괴롭히기 위해 똑같은 작전을 쓰고 있다. 사탄은 우리가 무엇을 생각하든지 간에, 그 생각 때문에 죄책감을 느끼게 하기 위해 시도 때도 없이 불쑥 찾아온다. 그는 한 가정의 아버지로서 우리가 하는 역할에서 죄책감을 갖게 만든다. 가장(家長)으로서, 주부로서, 학생으로서, 자녀로서, 고용주로서, 고용인으로서 우리가 하는 일에서 죄책감을 갖게 만든다. 심지어 몸이 아픈 것에서도 죄책감을 갖게 만든다!

그러나 신자들은 몸이 아픈 것 때문에 죄책감을 느끼면 안 된다. 많은 사람들이 하나님과 동행하는 신자라면 결코 질병의 공격을 받지 않으며, 혹 어떤 신자가 질병의 공격을 받는다면 그것은 죄를 범했기 때문이라고 생각한다. 그러나 우리는 그렇게 생각하는 문화가 교회 안에 생기지 않도록 주의해야 한다. 어떤 신자가 몸이 아프다거나 질병을 앓는다는 것이, 그 사람이 하나님께 죄를 지었다거나 하나님이 그에게 교훈을 주고 계시다는 것을 의미하는 게 아니기 때문이다. 그것은 단지 그 사람에게 치유가 임하고 있는 중이란 것을 의미할 뿐이다!

예수님과 제자들이 길을 가다가 눈먼 사람을 보았을 때, 예수님의 제자들은 그 사람의 눈이 멀게 된 것이 그 사람이 지은 죄 때문인지 아니면 그 사람의 부모가 지은 죄 때문인지 물었다. 그때 예수님은 이렇게 대답하셨다.

"누구의 죄 때문도 아니다!"

그리고 계속하여 "내가 세상의 빛이다!"라고 말씀하셨고, 그 사람의 눈을 고쳐주셨다(요 9:1-7 참조). 나는 그런 예수님의 방식이 참 마음에 든다.

당신 삶에 문제가 있는가? 처리하라! 누구의 잘못 때문인지 질문하지 말라! 당신의 아버지의 죄 때문인지, 당신의 할아버지의 죄 때문인지, 당신의 증조할아버지의 죄 때문인지 질문하지 말라! 그 누구의 잘못 때문도 아니다! 예수님의 방식으로 상황을 해결하는 법을 배워라! 예수님은 눈먼 사람을 만났을 때 자신이 세상의 빛이라고 선언하셨고, 그 사람을 고쳐주셨다.

당신의 몸이 아플 때, 사탄은 당신이 무언가 죄를 지었기 때문에 아픈 거라고 생각하게 하며 죄책감을 갖게 한다. 그런 사탄의 정죄를 단호히 거부하라. 그런 죄책감이야말로 당신을 계속 아프게 만들 것이다.

모든 정죄를 뿌리 뽑아라

사탄은 대다수의 정신과 의사들이나 심리학자들보다 더 똑똑하다. 지엽적인 것들을 다루지 않기 때문이다. 사탄은 피상적인 사소한 것들에 정신을 팔지 않는다. 그의 이름이 무엇인지 정확히 아는가? 그는 죽이는 자임에도 '살인자'라 불리지 않는다. 훔치는 자임에도 '도적'이라 불리지 않는다. 파괴하는 자임에도 '파괴자'라 불리지 않는다. 그의 이름은 '사탄', 히브리말로 '비난하는 자'[11]라는 뜻이다.

그는 우리의 죄를 고발하는 검사(檢事)이다. 검사는 좋은 점에 대해 말하는 사람이 아니다. 검사가 검사로 존재하는 이유는 우리의 모든 잘못 하나하나에 대해 우리를 기소하기 위해서다. 그는 우리의 치부(恥部)를 샅샅이 드러내, 우리의 잘못을 입증하는 증거들을 하나씩 하나씩 제시한다.

사탄의 정죄를 받아들이면 두려움, 스트레스, 온갖 종류의 질병들은 당연한 결과로 수반될 것이다. 우리가 스트레스와 두려움 같은 얕은 뿌리들을 뽑아내려 애쓰는 동안, 사탄은 가장 깊은 뿌리를 교묘히 이용하여 우리 위에 죄책감과 정죄의 말들을 산더미처럼 쌓아 올린다. 그는 우리를 정죄 아래 놓기만 한다면 두려움과 스트레스와 온갖 종류의 질병들이 자연스레 우리 위에 쌓이리란 것을 잘 알고 있다. 그리하여 언제나 급소를 정확히 찌른다.

그러면 어떻게 해야 할까? 정죄를 뿌리 채 뽑아내야 한다. 우리 삶에서 근절해야 한다. 비난하는 자의 목소리가 들리거든 로마서 8장 1절 말씀을 당신 자신에게 상기시켜라!

"그러므로 이제 그리스도 예수 안에 있는 자에게는 결코 정죄함이 없나니!"

왜? 사탄이 우리의 무엇에 대해, 뭐라고 정죄하든지 예수님이 우리의 모든 죄를 용서하기 위해 십자가에서 피를 흘리셨기 때문이다. 예수님의 피가 완벽하게 제거하지 못한 죄는 아무것도 없다. 그러므로 오늘 사탄이 우리에게 던질 수 있는 그 어떤 죄책감도, 정죄도 있을 수 없다!

이사야 선지자는 "너를 치려고 제조된 모든 연장이 쓸모가 없을 것이다"고 말한다. 백 번 천 번 지당한 선언이다! 사탄이 우리를 치려고 사용하는 무기가 무엇인가? 우리는 그것이 율법이라는 것을 배웠다. 사탄은 신자들을 정죄하기 위해 그리고 신자들이 하나님의 표준에 미달한다는 것을 계속 상기시키기 위해 율법을 이용한다. 그러나 하나님의 말씀은 단언한다.

"너를 치려고 제조된 모든 연장이 쓸모가 없을 것이라 일어나 너를 대적하여 송사하는 모든 혀는 네게 정죄를 당하리니"(사 54:17).

사탄은 부지런히 혀를 놀리면서 정죄하는 말들과 죄책감을 주는 말들을 우리에게 토해낸다. 그러나 우리는 사탄이 대적하여 토해내는 그 모든 심판의 말들을 오히려 정죄할 권세와 능력을 가지고 있다!

'결코 정죄함이 없나니'의 선물

당신은 우려의 끈을 놓지 못하여 계속 질문할 것이다.

"아무리 그렇대도 신자들이 결코 정죄함이 없다는 것을 알게 되면 세상으로 나아가 죄를 짓게 되지 않을까요?"

그럴까? 예수님이 그렇게 생각하지 않았다는 것은 명백하다. 간음 현장에서 잡힌 여인에게 하셨던 말씀을 기억하는가?

예수께서 일어나사 여자 외에 아무도 없는 것을 보시고 이르시되 여자여 너를 고발하던 그들이 어디 있느냐 너를 정죄한 자가 없느냐 대답하되 주여 없나이다 예수께서 이르시되 나도 너를 정죄하지 아니하노니 가서 다시는 죄를 범하지 말라 하시니라 요 8:10,11

한 가지 사실, 즉 예수님이 먼저 그녀에게 '결코 정죄함이 없나니'의 선물을 주셨고, 그런 다음에 "가서 다시는 죄를 범하지 말라"고 말씀하셨다는 사실에 주목하기 바란다. 그러나 오늘의 교회는 말한다.

"자, 먼저 죄를 짓지 마세요. 그래야만 당신을 정죄하지 않을 거예요!"

교회는 순서를 뒤바꾼다. 그것도 예수님의 순서를! 많은 사람들이 교회를 꺼리는 이유가 바로 이것이다. 그들이 교회를 꺼리는 이유는 예수님께 반항하기 때문이 아니라, 죄책감을 느끼고 있는 죄인들에게 '결코 정죄함이 없나니'의 선물을 주시는 예수님을 제대로 소개받지 못했기 때문이다.

우리는 믿지 않는 사람들에게 너무나 자주 그들을 심판하고 정죄할 뿐인 하나의 규칙 체계로 기독교를 소개해왔다. 만일 믿지 않는 사람들이 기독교에 대해 무엇을 알고 있는지 조사해본다면, 그들 가운데 많은 이들이 십계명만 조금 알고 있다는 사실을 발견하게 될 것이다. 그들은 자신들을 죽이는 율법에 대해서만 알 뿐, 우리에게 생명을 주기 위해 오신 예수님에 대해서는 전혀 알지 못한다.

그러나 기독교는 규칙이나 법에 관한 것이 아니다. 기독교는 예수님에 관한 것이요, 예수님이 어떻게 우리 죄의 용서를 위해 십자가에서 피를 흘리셨는지에(히브리서 9장 22절 말씀대로 피 흘림이 없으면 사함이 없으므로) 관한 것이다. 기독교가 예수 그리스도께서 흘리신 피에 근거한 하나의 관계인 것이 그런 까닭이다.

예수님의 피는 우리의 모든 죄를 깨끗이 씻었고, 예수님은 우리가 꼭 충족시켜야 했던 율법의 모든 요구들을 우리를 대신하여 온전히 충족시키셨다. 심지어 예수님은 율법주의에 스스로 맞서기까지 하셨다. 예수님의 입에서 나온 가장 강력한 말씀들은 죄인들이 아니라 당대의 가장 종교적인 바리새인들을 향한 것이었다. 성경에서 예수님이 세리들이나 창녀들을 향하여 "독사의 자식들아!"라고 하신 예가 단 한 번이라도 있는지 찾아보라.

간음 현장에서 체포된 여인의 이야기로 돌아가보자. 한 가지 묻겠다. 그 여인은 죄를 지었는가? 그렇다. 의심의 여지가 없다. 성경은 그 여인이 '간음하다가 현장에서 잡혔다'(요 8:4)고 말한다. 그러나 예수님은 간음한 여인은 돌로 쳐서 죽여야 한다는 모세의 율법(모세의 율법은 언제나 정죄하고 죽이는 사무에 종사할 뿐, 죄인을 구원하지 못한다)을 따라 그녀를 정죄하는 대신, 그녀에게 은혜를 보여주셨고, '결코 정죄함이 없나니'의 선물을 안겨주셨다.

이후에 그녀는 어떻게 되었을까? 예수님에게 '결코 정죄함이 없나니'의 선물을 받은 즉시 그곳을 떠나, 자기 애인에게로 달려가 다시 끌어안고 침대에서 뒹굴었을까? 결코 아닐 것이다. 어떤 사람이 하나님이 자기를 정죄하지 않으신다는 것을 진정으로 깨달으면 사악한 죄의 순환의 고리에서 벗어날 능력을 갖게 되리라고 예수님이 믿으셨다는 것이 명백하다. 그렇다. 그런 사람은 '가서 다시는 죄를 짓지 않을' 능력을 갖게 될 것이다!

어느 쪽을 더 신뢰하겠는가? 인간에 내재하는 죄의 성향을 온통 덮어버리는 예수님의 은혜인가? 아니면 신자들이 예수님의 은혜를 죄를 짓기 위한 면허증으로 사용할지도 모른다는 인간의 우려인가?

패배의 악순환

당신에게 꼭 말해두고 싶은 게 있다. 정죄 아래 놓이게 되면 죄를 되풀이할 수밖에 없다는 것이다. 왜 그런가? 정죄 아래 놓이게 되면, 죄책감과 자책감과 정죄를 받는 느낌에 계속 짓눌리게 되고, 그러면 하나님과의 친밀한 교제가 깨졌다고 믿게 되기 때문이다. 그리고 당신은 하나님이 멀리 계시다고 믿어, 동일한 죄를 반복하는 결과에 이르게 된다.

물론 당신은 하나님과의 친밀한 교제가 회복되었다고 느낄 만한 어떤 선한 일을 할 수도 있다. 그러나 다시 넘어지면 다시 정죄를 받아들이게 되고, 다시 정죄를 당하면 하나님과의 관계가 깨졌다고 다시 믿게 되고, 그러면 또 죄를 짓게 되고…, 그렇게 패배의 악순환이 계속된다.

그러나 죄에 대항하기 위한 예수님의 방법은 완전히 다르다. 당신이 죄를 지었을 때 예수님은 이렇게 말씀하신다.

"나도 너를 정죄하지 아니하노니 가서 다시는 죄를 범하지 말라"(요 8:11).

당신이 예수님이 주시는 '결코 정죄함이 없나니'의 선물을 받아들일 때, 예수님의 십자가 피가 당신을 계속적으로 씻어주심으로 하나님과 당신의 친밀한 교제가 결코 깨지지 않는다는 사실을 확실히 알게 될 것이다. 당신이 예수 그리스도를 통하여 하나님의 의(義)가 되었다는 것을 그저 믿고, 예수님이 건네시는 '결코 정죄함이 없나니'의 선물을 받아들이면, '가서 다시는 죄를 짓지 않을' 능력을 얻을 것이다.

은혜에서 뒷걸음치지 말라

"하지만 제가 아는 어떤 사람은 은혜 아래 있다고 말하면서 명백한 죄의 삶을 살아가고 있어요. 은혜 아래 있는 사람도 여전히 죄 안에서 살아갈 수 있는 것 아닌가요?"

부정적인 사례들이 눈에 보인다는 이유로 은혜의 복음에서 뒷걸음치지 말라! 그런 사람이 있거든 찾아가서 만나라. 만일 그가 "나는 은혜 아래 있어요"라고 말하면서 여전히 명백한 죄의 삶을 살고 있다면 나는 그에게 이렇게 말해주고 싶다.

"아니오! 당신은 은혜 아래 있지 않아요. 성경은 우리가 율법 아래가 아니라 은혜 아래 있을 때 죄가 우리를 주장하지 못할 것이라고 말하고 있어요(롬 6:14 참조). 그러니 당신이 지금 죄 안에서 살아가고 있다면, 단언컨대 당신은 은혜 아래 있는 게 아닙니다. '결코 정죄함이 없나니'라는 하나님의 선물과 값없이 주시는 과분한 하나님의 은총을 한껏 누리고 있는 게 아닙니다. 그렇기 때문에 죄가 당신을 지배하고 있는 것입니다. 당신이 죄 안에서 계속 살아가는 한, 당신은 은혜 아래 있다고 주장하면 안됩니다!"

그런 사람들은 사탄이 은혜의 복음에 대한 의혹과 우려를 신자들 마음 가운데 주입하기 위해 사용하는 사탄의 꼭두각시들이다. 극소수의 사람들이 하나님의 은혜를 죄의 삶을 지속하려는 약삭빠른 핑계로 이용하고 있다는 이유로 예수님이 전하신 복음에서 물러나는 것은 우리의 마땅한 본분이 아니다.

만일 누군가 하나님의 은혜와 '결코 정죄함이 없나니'의 선물을 정말로 알고 있고 또 진정으로 체험했다면, 그는 죄 안에서 살기를 결코 원하지 않을 것이다. 물론 인간인지라 간혹 넘어질 수는 있겠지만, 죄는 그 사람이 가장 싫어하는 것이 될 것이다.

간략하게 요약해주겠다. 누구든지 죄 안에서 살고 있는 사람은 은혜 아래 있는 것이 아니며, '결코 정죄함이 없나니'의 선물을 체험한 것이 아니다. 은혜는 언제나 죄를 압도하는 승리를 낳는다!

다시는 죄를 짓지 않을 능력

나는 대부분의 신자들이 하나님을 영화롭게 하는 삶을 살고자 소망한다고 믿는다. 또 이성적이고 정상적인 대부분의 인간들은 죄 지을 구실을 갈망하지 않는다고 믿는다. 그러나 우리가 사도 바울이 기록했던 것과 같은 몸부림을 피할 수 없는 것도 사실이다.

> 내가 행하는 것을 내가 알지 못하노니 곧 내가 원하는 것은 행하지 아니하고 도리어 미워하는 것을 행함이라 롬 7:15

나는 지금 신자들을 위해 이 책을 쓰고 있다. 진실한 마음으로 율법과 씨름하는 신자들, 그래서 바울처럼 "오호라 나는 곤고한 사람이로다 이 사망의 몸에서 누가 나를 건져내랴"(롬 7:24)라고 절규하는 신자들을 향해 이 책을 쓰고 있다. 당신이 지금 이렇게 절규하고 있다면 특별히 당신을 위해 해주고 싶은 말이 있다. 그것은 바로, 당신을 건져주실 분은 예수님이시란 것이다! 예수님의 놀라운 은혜가 모든 곤고한 사람들을 구원할 것이다.

예수님은 처절한 무력감과 연약함 가운데 주저앉아 있는 당신을 부드러운 사랑의 눈으로 응시하며 말씀하신다.

"너를 정죄하고 비난하는 자들이 어디 있니? 아무도 너를 정죄하지 않지? 나도 너를 정죄하지 않으니 가서 다시는 죄를 짓지 말거라!"

믿음의 길을 가다가 간혹 생각으로나 말로나 행동으로 넘어질 때마다 이 말씀을 새로이 받고 또 받아라.

> 그러므로 이제 그리스도 예수 안에 있는 자에게는 결코 정죄함이 없나니
> 롬 8:1

예수님이 십자가에서 죽으셨을 때, 십자가에 달리신 그 몸으로 우리의

모든 죄와 잘못에 대한 정죄를 이미 받으셨다. 오늘날 우리는 자유롭게 승리의 삶을 살아갈 수 있다. 우리가 율법에 순종했기 때문이 아니라 예수님의 피와 의를 믿는 믿음에 순종했기 때문이다.

사도 바울은 이렇게 말했다.

"율법이 육신으로 말미암아 연약하여 할 수 없는 그것을 하나님은 하시나니 곧 죄로 말미암아 자기 아들을 죄 있는 육신의 모양으로 보내어 육신에 죄를 정하사"(롬 8:3).

하나님께서는 자기 아들을 보내심으로써 율법이 할 수 없던 그것을 '하셨다'(과거시제에 유의하라. 헬라어 성경에는 과거시제로 되어 있다). 율법은 곤고한 인간인 우리를 구원할 수 없었다. 그저 정죄만 할 수 있었다. 그러나 하나님께서는 우리의 죄에 대한 모든 책임과 형벌과 정죄를 갈보리 십자가에 달리신 예수님의 몸 위에 놓으심으로 우리를 구원하셨다.

따라서 우리는 이제 더 이상 우리의 죄에 대한 책임과 형벌과 정죄가 아니라 예수 그리스도를 통하여 의와 평화와 기쁨을 유산으로 물려받게 되었다. 이것이 바로 인간의 '자기 노력' 없이도 삶에서 승리할 수 있게 해주는 하나님의 방법이다. 예수님이 우리 대신에 이미 모든 것을 다 행하셨다. 우리의 역할은 그저 믿고 받아들이는 것뿐이다. 그것이 바로 우리 삶의 모든 죄와 중독증과 부정적인 생각들과 우리를 속박하는 패배의 악순환을 압도하는 승리 안에서 걷기 위한 방법이다. 정말 좋은 소식 아닌가? 그것이 바로 예수 그리스도의 복음이다!

Chapter 14

더 이상 죄를
의식하지 말라

죄 탐색하기

내가 그리스도인으로 성장하는 동안 받았던 가르침 중 하나는, 마음을 잘 살펴서 죄가 없다는 것을 확인해야만 하나님을 예배할 수 있다는 것이었다. 교회 선생님들과 목사님들은 예배를 드리기 전에 고개를 숙이고 마음을 살펴 죄가 있는지 확인해야 한다고 말했다. 그리고 나는 그렇게 할 때마다 마치 거미줄 가득한 어둡고 음침한 지하창고로 들어가는 것 같은 느낌을 받았다.

나는 그 어두컴컴한 지하창고에서 작은 횃불을 들고 나의 모든 죄들을 샅샅이 탐색하는 모습을 그리곤 했고, 그런 탐색을 하면 할수록 내가 하나님을 예배하기에 합당하지 못하다는 느낌이 더욱 강하게 들었다. 탐색을 하면 할수록 더 많은 죄들을 발견했고, 마침내는 정죄의 느낌과 유죄 선고를 받는 느낌이 너무나도 강하게 압도하는 탓에, 결국 나라는 인간은 하나님 앞에 나아갈 자격이 없다는 생각까지 들곤 했다.

그렇게 나는 나의 구원자이신 예수님의 사랑을 더욱더 의식하는 대신에 나의 자아와 나의 죄를, 나의 부정함과 죄 있음과 부적합함을 더욱더 의식하게 되었다. 두 손을 높이 들고 하나님을 찬양하며 예배하는 것이 당초 나의 의도였으나, 내 마음에 죄가 있는지 살피면 살필수록 잔뜩 낙담하여 두 손을 끌어내릴 수밖에 없었고, 완전히 실망하여 고개를 숙이지 않을 수 없었다. 나 같은 죄인이 어찌 하나님을 예배할 수 있을까? 어찌나 같은 죄인이 담대하게, 아니 뻔뻔스럽게 하나님을 찬미하면서 거룩한 궁정에 들어간단 말인가?

있는 모습 그대로

그러나 나는 자기 마음을 샅샅이 살펴 모든 죄를 철저하게 자백한 사람만이, 그렇게 '올바르게 된' 사람만이 예수님을 예배할 수 있다는 생각이 인간의 전통이란 것을 하나님의 은혜로 깨닫게 되었다. 누가복음 7장에 나오는 여인, 귀한 향유 옥합을 가지고 예수님께 나아갔던 그 여인은 그저 예수님 발치에 서서 예수님을 예배했다. 그녀는 자기 눈물로 예수님의 발을 적시었고, 자기 머리카락으로 예수님의 발을 닦았으며, 그런 뒤에 예수님의 발에 향유를 부었다.

성경은 그녀가 죄인이었다고 분명히 기록한다. 그러나 그녀가 예수님을 예배하기 전에 자기 마음을 살폈는지 혹은 죄를 자백했는지에 대해서는 아무 말도 하지 않는다. 그녀는 있는 모습 그대로 예수님을 예배했다. 그리고 그 후에 예수님이 그녀에게 "네 죄 사함을 받았느니라"(눅 7:48)고 말씀하셨다. 무엇을 가지고 있는지 혹은 가지고 있지 않든지 예수님께 나아가라! 예수님은 당신의 구원자, 치유자, 공급자, 평화이시다.

나는 사탄이 우리에게서 이 엄청난 진리를 강탈하기 위해 무척이나 애쓰고 있다고 생각한다. 무엇을 갖고 있든지, 갖고 있지 않든지, 빚더미에 올라앉아 있든지, 특정한 죄의 함정에 빠져 있든지, 미래에 대한 두려움에 압도되어 있든지 어쩌든지 간에 지금 그대로의 모습으로 예수님께 나아가라! 예수님은 당신의 구원자이시다. 당신의 치유자이시다. 당신의 공급자이시다. 당신의 평화이시다. 당신의 용서이시다. 당신이 인생길에서 어떤 상황에 부닥치든지, 그 모든 상황들을 위해 존재하시는 당신의 크신 분이시다.

당신에게 지금 무엇이 부족하든지 예수님이 당신의 해결책이시다. 있는 모습 그대로 예수님께 나아가 예배하라! 그리하면 당신에게 부족한 바로 그 부분을 채워주실 것이다. 당신의 죄에 대하여 걱정하지 않아도 된다. 당신의 죄를 용서해주시는 바로 그분을 예배하고 있는 것이기 때문이다. 당신의 질병에 대하여 걱정하지 않아도 된다. 당신을 치유해주시는 바로 그분을 예배하고 있는 것이기 때문이다. 우리가 이 진리를 진정으로 알게 된다면 그 무엇도, 설령 인간이 제어할 수 없는 어떤 힘일지라도, 우리가 하나님을 예배하기 위해 나아가는 것을 결단코 막지 못할 것이다!

목욕을 하기 위해 몸을 씻는 사람들

목욕을 하기 위해 자기 몸을 깨끗이 씻는 사람을 보았는가? 정말 우스꽝스러운 일이다. 그러나 실제로 자기 삶의 문제들을 먼저 말끔히 해결해야 한다는 느낌 때문에 예수님께 나아가기를 회피하는 사람들이 있다. 그들은 지금 목욕하기 위해 먼저 몸을 깨끗이 씻어야 한다고 말하고 있다는 사실을 모르는 걸까? 있는 모습 그대로 예수님께 나아가라!

예수님은 우리를 깨끗하게 씻기는 분이시다. 예수님은 우리 삶의 모든 문제들의 해결책이시다. 예수님은 우리의 힘으로 결코 해결하지 못할 것들을 능히 해결하게 도와주신다.

그러나 우리 자신을 먼저 깨끗하게 씻어야만 예수님이 받아주신다는 거짓말이 오늘의 교회 안에 너무나도 확고하게 굳어져 있다. 그래서 정말 많은 신자들이 이렇게 말한다.

"제 삶을 올바르게 교정하고 난 뒤에 예수님께 나아가고 싶어요!"

당신도 이렇게 말하고 있다면 나는 정말 슬픈 사실을 알려주지 않을 수 없다. 당신의 삶을 올바르게 교정하는 단계에는 결단코 이르지 못할 것이므로 당신은 결단코 예수님께 나아가지 못하게 되리라고 말이다! 그 냥 가서 씻으라. 그것이 당신을 깨끗하게 해줄 것이다. 당신의 모든 죄를 가지고 지금 모습 그대로 예수님께 나아가라! 그러면 예수님이 당신의 모든 죄책감과 당신 영혼에 높은 언덕처럼 쌓여 있는 정죄의 말들을 깨끗이 씻어주실 것이다.

우리는 아직 예수님을 믿지 않는 세상 사람들에게 의무조항과 금지조항을 정리한 산더미 같은 목록들이 아니라 이 진리의 말씀을 힘써 전해야 한다. 이 진리를 전파하라!

그러면 세상의 많은 사람들이 자기 문제에 대한 답을 찾기 위해 교회로 모여들 것이다. 그들은 실제적인 것들을 갈망한다. 그리고 우리는 그들에게 바로 그런 것들을 내밀 수 있다. 그러나 돌판 두 개에서는 그런 실제적인 것들을 발견할 수 없다. 돌에 새겨진 차갑고 딱딱한, 비인격적인 율법과는 인격적인 관계를 맺을 수 없다.

그러나 무엇보다 명백한 사실은 우리의 구원자 예수 그리스도와는 친밀한 인격적 관계를 맺을 수 있다는 것이다. 그분은 따뜻하다. 사랑이 넘친다. 은혜로 충만하다. 교회가 예수님의 참된 복음을 전할 때, 하나님이 바울에게 힘써 전하라고 명하신 그 복음, 은혜와 용서의 그 복음, '결코 정죄함이 없나니'의 그 복음을 힘써 전파할 때, 세상의 많은 사람들이 교회로 모여들 것이다.

선한 열매를 낳는 것은 율법이 아니라 은혜다

무엇이 그리스도의 몸 된 교회 안에 신령한 성품과 경건함과 성령의 열매들을 낳을 수 있는지 알고 있는가? 이 모든 선한 열매들을 낳는 것은 율법이 아니라 하나님의 은혜의 순수한 복음이다. 이는 성경이 명백하게 말하고 있다.

"모든 사람에게 구원을 주시는 하나님의 은혜가 나타나 우리를 양육하시되 경건하지 않은 것과 이 세상 정욕을 다 버리고 신중함과 의로움과 경건함으로 이 세상에 살고"(딛 2:11,12).

신중하고 의롭고 경건한 삶을 낳는 것은 하나님의 은혜이다! 나는 은혜의 복음을 힘써 전하되, 하나님의 말씀을 그 문맥 안에서 전하려고 한다. 나는 솔직히, 은혜에 반대하는 몇몇 설교자들이 성경의 문맥 안에서 하나님의 말씀을 정확히 깨닫고 있는지 의아하지 않을 수 없다. 경건하지 않은 것과 세상 정욕을 버리는 법을 가르치기 위해 '나타난'(딛 2:11)것은 하나님의 율법이 아니다. 그럼에도 많은 신자들이 그런 설교들을 듣고 있다.

성경이 강조하는 것을 강조하자. 새 언약은 구원을 가져다주는 하나님의 은혜에 전적으로 관계되어 있다. 그리고 은혜는 하나의 가르침이 아니다. 하나의 교리도 아니다. 신학교 교육과정에서 다루는 하나의 주제도 아니다. 은혜는 인격 한 분이요, 그분의 이름은 예수님이다.

은혜는 '모든 사람에게 나타났고', 우리에게 경건과 거룩함과 신령한 성품에 이르는 비밀을 가르쳤다. 은혜이신 분, 즉 예수님은 그 모든 것을 예수님 안에서, 그리고 예수님이 십자가에서 이루신 일 안에서 발견할 수 있다는 것을 보여주셨다. 우리가 그분을 소유하고 있을 때 경건해진다. 의롭게 된다. 선한 성품을 나타낼 수 있다. 거룩하게 된다!

거룩함이란 무엇인가? 교회는 전통적으로 거룩함이 '옳은 일들을 행하는 것'에 관계되었다고 이해해왔다. 그러나 헬라어 성경을 살펴보면, 그것이 '하기아스모스'(hagiasmos), 즉 '하나님께 분리됨'을 뜻한다는 것을 알 수 있다.[12] 따라서 '거룩하다'는 말은, 우리가 따로 떼어져서 불신자들의 세상이라는 나머지 것들과 달리 범상치 않게 되었다는 것을 뜻한다.

하나님께서는 옛 언약 안에서 이스라엘 자손들을 나머지 세상으로부터 따로 떼어내셨을 때, 애굽에 내려진 재앙으로부터 그들을 격리시키셨다. 하나님께서는 그분의 백성들을 친히 돌보신다. 하나님께서는 옛 언약 아래서 이스라엘 백성들에게 필요한 것들을 공급하셨고, 그들을 보호하셨다. 그들이 황소와 염소의 피로 거룩하게 되었기 때문에, 하나님께 따로 떼어졌기 때문이었다. 그러니 새 언약 안에 있는 우리, 예수 그리스도의 영원한 희생의 피로 거룩해지고 하나님께 따로 떼어진 신자들은 얼마나 더 지극하고 자상하게 돌봐주시겠는가?

하나님께서 보시는 것

하나님께서는 우리의 마음을 잘 살펴서 죄를 찾아내야 하나님을 예배할 수 있을 것이라 요구하지 않으신다. 다윗이 시편에서 "하나님이여 나를 살피사 내 마음을 아시며"(시 139:23)라고 외쳤을 때, 자기 마음을 살펴달라고 하나님께 청했다.

오늘날 하나님께서 우리 마음을 살피실 경우, 어떤 경우에라도 하나님은 우리에게서 예수 그리스도 안에 있는 우리의 의로움만 발견하신다. 왜냐하면 하나님은 예수님 안에 있는 신자들을 의롭게 된 인간으로, 거룩하게 된 인간으로, 용서받은 인간으로 보아주시기 때문이다.

> 내가 그들의 불의를 긍휼히 여기고 그들의 죄를 다시 기억하지 아니하리라
> 히 8:12

우리가 여러 번 확인했던 대로 이는 하나님께서 분명하게 선언하신 말씀이다. 당신은 당신 자신을 어떤 인간으로 보는가? 당신의 죄를 더 의식하는가, 아니면 예수님의 피가 당신을 위해 한 일과 예수님 안에 있는 당신의 의로움을 더 의식하는가?

전통은 우리 자신에 집중하라고 가르쳐왔다. 그러나 은혜는 그리스도께 집중하라고 가르친다. 우리 자신에게 집중하면 할수록 더 풀이 죽고, 더 억눌리고, 더 우울해질 수밖에 없다. 왜 그런가? 어느 각도에서 우리 자신을 보더라도 경건하지 못함, 합당하지 못함, 자격 미달된 모습만 보일 것이기 때문이다.

그리스도께 집중한다는 말은 우리 자신에게서 눈을 돌려 예수님을 바라본다는 뜻이다. 예수님은 귀한 다이아몬드와 같다. 예수님을 우리 손에 들고 하나님 말씀의 빛에 비추어 보면, 어느 방향으로 돌려보든지 아름다움과 완벽함과 의로움과 거룩함과 온전함의 광채로 반짝인다. 그 반짝임을 지금 보고 있는가? 당신 자신의 연약함에 쏠려 있던 시선을 돌려 예수님을 바라보라! 성경은 말한다.

"주께서 그러하심과 같이 우리도 이 세상에서 그러하니라"(요일 4:17).

예수님이 거룩하신가? 당신도 그러하다!

우리는 어떻게 거룩해진 것일까?

우리는 어떻게 거룩해진 것일까? 이 책의 초반부터 쭉 설명했던 대로 우리 자신의 생각이나 행위로 거룩하게 된 것은 아니다. 우리가 거룩하게 된 것은 전적으로 예수님의 십자가 희생 덕택이다. 이제 좀 더 깊이 들어가서, 예수님이 우리를 대신하여 치르신 희생에 대해 살펴보기로 하자.

레위기는 옛 언약의 다섯 가지 제사, 즉 번제와 화목제와 소제와 속죄제와 속건제에 대해 말한다. 이 제사들은, 우리 주 예수님이 십자가에서 우리를 위해 자기 생명을 바치셨을 때 이루신 것들의 그림자 혹은 예표(豫表)이다. 예수님이 우리의 희생 제물로서 십자가에서 이루신 일은 실로 경이롭기에 구약의 다섯 가지 제사 모두에 대해 말하지 않고서는 예수님의 십자가, 그 하나의 희생을 제대로 기술할 수 없다. 그러나 여기서는 나머지 세 가지보다 더 중요한 두 가지 제사, 즉 번제와 속죄제에 초점을 맞추기로 하자.

속죄제 – 우리의 죄를 용서받음

율법에 의하면, 이스라엘 백성은 죄를 지을 때마다 속죄제의 제물을 제사장에게 가져가야 했다. 당신이 구약시대에 살고 있다고 가정해보자. 당신이 죄를 짓는다. 그래서 어린 양 한 마리를 속죄제의 제물로 제사장에게 가져간다.

제사장이 가장 먼저 하는 일은, 당신이 가져온 제물에 흠이 있는지 검사하는 것이다. 어린 양은 흠이 없는 온전한 것이어야 한다. 예수님의 온전함을 나타내기 때문이다. 예수님은 아무 죄도 모르시지만 우리의 죄를 대신 짊어지셨다(고후 5:21 참조). 예수님은 아무 흠이 없는 참된 희생의 어린양이시다.

그렇게 제물 검사가 끝나면, 당신은 그 제물의 머리 위에 손을 얹어 안수해야 한다.

속 죄 제

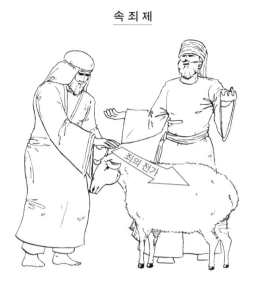

죄의 전가

그 어린 양에게 안수해야 하는 까닭이 무엇일까? 당신이 제사장에게 가져온 희생 제물에 안수하는 것은, 그 동물과 당신을 '동일시'하는 행위이다. 당신이 그 제물에 안수할 때, 당신의 죄가 그 무죄한 동물에게 옮겨지는 것이다.

이렇게 안수하고 나면, 그 동물을 잡아야 한다. 그 어린 양은 반드시 죽어야 한다. 당신의 모든 죄가 그 어린 양의 몸에 옮겨졌기 때문이다. 그리고 그 동물이 당신의 죄를 짊어지고 죽으므로, 당신은 자유로이 집으로 돌아갈 수 있다.

마찬가지로 예수님은, 당신이 자유로워지도록 십자가에서 당신의 죄를 대신 짊어지고 죽으셔야 했다. 엄밀한 의미에서 예수님은 살해당하지 않으셨다. 예수님은 당신과 나를 위해 자기 목숨을 버리셨다(요 10:15,17 참조). 예수님은 십자가에서 우리의 죄를 위한 속죄의 제물이 되기로 선택하셨다. 세례 요한이 예수님을 보고 "보라 세상 죄를 지고 가는 하나님의 어린양이로다"(요 1:29)라고 말한 것도 그런 까닭이며, 사도 바울이 "하나님이 죄를 알지도 못하신 이를 우리를 대신하여 죄로 삼으신 것은"(고후 5:21)이라 말한 것도 그런 까닭이다.

이 모든 것이 무엇을 의미하는지 아는가? 당신이 예수 그리스도를 영접한 순간, 당신의 모든 죄가 예수님께 옮겨졌다는 것, 영원히 옮겨졌다는 것을 뜻한다!

그러나 구약의 속죄 제사와 우리를 위한 예수님의 십자가 희생에는 엄청나게 큰 차이 하나가 있다. 구약에서 황소와 염소의 피는 그저 한시적으로만 죄를 덮어줄 수 있을 뿐이었다. 이스라엘 백성들은 매번 넘어질 때마다 또 다른 제물을 제사장에게 가져가야 했다. 그러나 하나님을 찬양하라! 성경은 하나님께서 새 언약 안에서 "거룩하게 된 자들을 한 번의 제사로 영원히 온전하게 하셨느니라"(히 10:14)고 단언한다.

황소와 염소의 피는 결코 죄를 제거하지 못했다. 그래서 계속 반복하여 제사를 드려야 했다. 그러나 예수님의 희생은 단번에 드려진 영원한 제사였다(히 10:10,12 참조). 그것은 완결된, 끝마쳐진 일이다. 예수님이 다시 희생될 필요가 전혀 없다! 예수님은 완벽한 속죄의 제물이셨다.

예수님의 피는 우리의 죄를 한시적으로 덮지 않는다. 우리의 모든 죄는 영원히 제거되었다! 우리가 내일 실패하더라도, 예수님이 내일 다시 희생될 필요가 없다.

예수님의 희생은 우리를 온전하게 했다. 언제까지? 영원히! 우리는 영원히 온전해졌다. 우리는 여생(餘生)의 모든 날들을 온전해진 사람으로 살아갈 수 있다. 예수님의 피가 계속적으로 우리를 씻어준다. 우리는 지금 용서의 폭포수 아래 있다. 우리는 영원히 성결하게 되었다. 할렐루야!

번제 – 예수님의 의가 우리에게 옮겨짐

속죄제는 십자가에 달리신 예수님에게로 옮겨진 우리의 죄에 대해 말한다. 하나님께서 오늘날 우리의 죄에 대해 죄의식을 갖지 않기를 바라시는 것이 그런 까닭이다. 하나님은 우리의 모는 죄가 용서받았음을 의식하길 바라신다.

이제 번제에 대해 살펴보자. 번제는 아름답다. 속죄제가 우리 죄를 짊어지신 예수님에 대해 말하는 반면, 번제는 십자가를 통해 우리에게 옮겨진 예수님의 의로움에 대해 말하기 때문이다.

레위기를 읽어보면, 하나님께서 구약의 다섯 가지 제사 가운데 번제를 가장 앞에 두시고 속죄제를 가장 나중에 두셨음을 알 수 있다. 그런데 인간은 이 순서를 빙글 돌려, 번제의 의미보다 속죄제의 의미를 더 강조한다. 우리는 먼저 우리의 모든 죄를 가지고 하나님께 나아간다. 우리의 모든 죄는 예수님의 십자가에서 하나의 속죄제로 심판을 받는다. 물론 그것이 잘못되었다는 말은 아니다. 그러나 하나님께서는 우리가 거기에서 멈추기를 바라지 않으신다.

하나님께서는 우리가 예수님이 우리의 죄를 위한 속죄의 제물로 죽으셨을 뿐 아니라, 하나님이 우리를 만족스럽고 의롭게 여기시고 은총을 베푸실 만한 존재로 여기시도록 우리를 위한 번제의 제물로 죽으셨음을 알기 원하신다. 제사장이 번제를 드릴 때 그것이 '향기로운 냄새'(레 1:9,13,17)로 하나님께 올라간 것(속죄제에는 향기로운 냄새가 없다)이 그런 까닭이다. 번제의 '향기로운 냄새'는 예수님의 아름다움과 온전함과 아버지의 마음에 흡족함을 나타낸다.

번 제

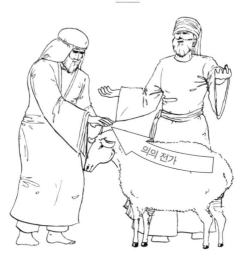

의의 전가

즉, 다시 정리하면 속죄제는 우리 죄가 예수님께 그대로 옮겨졌음을 말한다. 반면 번제는 하나님 앞에서의 예수님의 의로움과 합당함과 받아들여짐과 기쁨 되심이 우리에게 그대로 옮겨졌음을 말한다. 오늘날 하나님께서는 자신의 아들에게 은혜를 베푸시는 것과 동일하게 우리에게도 은혜를 베풀어주신다.

그러나 불행하게도 오늘의 신자들 가운데는 자신들이 용서받았단 것만 이해하는 이들이 많이 있다. 그들은 자신이 예수님의 십자가로 말미암아 또한 의롭게 되었음을 이해하지 못한다. 그 때문에 그들은 사탄이 고발하고 비난하는 말들로 자신을 정죄 아래 두는 것을 허용한다.

만일 당신도 그런 신자들 가운데 한 명이라면, 이제 기뻐하라! 오늘날 하나님께서는 당신을 바라보실 때, 하나님의 아들의 의(義)의 옷을 입고 있는 당신의 모습을 보신다. 예수님이 십자가에서 당신의 번제의 제물이 되셨기 때문이다.

이 진리를 굳게 믿어라! 그래서 모든 죄책감과 정죄에서 풀려나 자유를 얻어라!

파괴적인 자기 정죄

몇몇 신자들이 병들고 침울해지고 억압당하는 까닭은 그리스도 안에 있는 자신들의 의로움을 의식하는 대신, 죄를 고발하고 비난하는 양심의 소리에 골몰하기 때문이다. 그들은 간혹 죄를 범하는 순간 무의식적으로 누군가가(보통은 자기 자신이) 그 대가를 지불해야 한다고 느낀다. 만일 당신도 그렇다면 우리가 의로움과 용서받음을 의식하는 대신 죄를 의식할 때 어떤 일이 일어날지 말해줄 테니, 이 말에 주목하기 바란다.

당신이 죄를 범하여 정죄 아래 놓일 때, 당신의 육신과 생각은 말하기 시작한다.

'이 사람은 자기 자신을 징벌하기를 원하는군! 그렇다면, 스스로 죄의 대가를 치르게 하자고!'

당신 육신은 이러한 형벌의 필요성에 반응하기 시작할 것이고, 그러면 당신 육신에 우울증과 질병을 발병시킬 수 있다. 오늘날 몇몇 신자들이 질병을 앓고 있는 까닭은 하나님이 그들의 죄를 징벌하고 계시기 때문이 아니라, 그들이 자기 자신을 정죄하기 때문이다(십자가에 달리신 예수님이 그 몸으로 이미 우리의 모든 죄에 대한 형벌을 받으셨으므로 하나님이 우리를 다시 징벌하시는 일은 일어나지 않는다는 점은 누차에 걸쳐 강조했다). 앞에서 우리는 사탄으로부터 오는 정죄에 대해 살펴보았다. 그러나 지금 내가 말하고 있는 것은 인간의 '자기 정죄', 즉 자기가 죄를 지었다는 것을 알았을 때 자기 스스로에게 형벌을 부과하려는 무의식적 욕구이다.

인간의 '자기 정죄'는 파괴적이다. 당신이 받아야 할 형벌을 예수님이 이미 받으셨던 것을 깨닫지 못할 때, 당신은 스스로를 징벌하게 되거나 아니면 언어폭력이나 심지어 신체적 학대 같은 행위로 가족들에게 분풀이를 하게 된다. 당신 스스로 나는 오직 징벌을 받아 마땅할 뿐 축복 같은 것은 가당치 않다고 믿을 때, 당신의 내면은 무의식적으로 '자기파괴 구조'를 가동시키게 되고, 그것은 결국 당신 자신을 징벌하고 실패로 이끈다.

당신은 어쩌면 수익성이 큰 사업 계약을 목전에 놓고 있거나, 관심 있는 일자리를 얻기 직전일 수도 있다. 하지만 어쨌든지 당신이 '자기 정죄' 아래 놓일 때, 그래서 스스로에게 형벌을 부과하려는 무의식적 욕구에 짓눌릴 때, 그런 중요한 일 자체를 파괴하고 그것을 당신 눈앞에서 가루처럼 부서트리는 행동을 하고 있는 당신 자신의 모습을 발견하게 될 것이다. 왜? 당신은 그런 것들을 받을만한 자격이 없는 사람이라고 내면 깊이 생각하기 때문이다.

또한 인간의 '자기 정죄'는 인간관계에 파괴적인 영향을 끼치면서 그 모습을 나타낸다. 당신을 진정으로 사랑하고 보살펴주는 누군가와 아름다운 관계를 유지하고 있는 상태에서 '자기 정죄' 아래 놓이게 되면, 당신 같은 인간은 그런 좋은 사람에게 관심과 사랑을 받을만한 자격이 없다고 당신 내면의 무언가가 자꾸 속닥이는 탓에 그 관계를 파괴하는 짓을 저지르는 것이 불가피하다.

정신과 의사들은 가혹한 죄책감에 혹사당하는 사람들, 자신을 징벌하기 원하는 집요한 느낌에 시달리는 사람들이 그런 행동을 하게 된다고 말한다. 세상은 이처럼 무의식적으로 자아를 징벌하려는 욕구를 드러내는 사람들을 묘사하기 위한 온갖 종류의 멋진 용어들을 갖고 있다. 그러나 그 욕구를 압도하는 법은 제시하지 못한다. 그러한 욕구를 압도하는 데는 예수님이 십자가에서 이루신 일에 대한 가르침과 깨달음이 필요하다.

자기 징벌을 즉각 중단하라!

잠에서 깨어나라! 예수님이 당신 대신 이미 형벌을 받으셨음을 깨달아라! 예수님이 당신 대신 이미 정죄와 형벌을 받으셨으니, 자신을 정죄하기를 즉각 중단하라! 당신 자신을 징벌하기를 즉각 중지하라! 하나님께서 당신의 모든 죄를 용서해주셨음을 정말로 믿는가? 그런데 왜 여전히 죄책감을 느끼는가? 당신 삶에 죄책감과 정죄가 여전히 존재한다는 사실은 당신의 모든 죄가 용서받았다는 것을 당신이 진정으로 믿고 있지 않다는 사실을 반증할 뿐이다.

구약의 이스라엘 백성들은 자신들의 죄를 끊임없이 의식할 수밖에 없었다. 황소와 염소의 피는 죄를 제거하지 못했고(히 10:1-4 참조), 그리하여 계속 반복해야 했던 동물 제사가 그들의 죄를 계속 상기시켜주었기 때문이다. 그러나 오늘의 신자들은 자신들의 죄를 의식하면서 살지 않아도 된다. 신자들을 위해 단번에 영원한 번제의 제물이 되신 예수님이 이미 신자들의 모든 죄를 제거하셨기 때문이다. 예수님의 번제로 인하여 언제나 의(義)를 의식하면서 살아야 하기 때문이다!

나는 지금 이 글을 읽고 있는 독자를 하나님을 영화롭게 하는 삶을 진정으로 살고 싶지만 이따금 넘어지는 탓에 죄책감과 정죄로 괴로워하며 씨름하는 신자들로 한정하고 싶다. 만일 당신이 죄 가운데 살고 있으면서도 그러한 죄 된 삶의 방식을 버리기 원하지 않는 사람이라면, 얘기는 완전히 달라진다.

그런 경우에 당신은 원하는 만큼 죄를 의식하지 않으려 노력할 수 있지만 실패할 수밖에 없다. 그 까닭은 분명하게 당신이 여전히 죄 가운데서 (예를 들어 불륜관계를 청산할 마음은 조금도 갖지 않고 여전히 쾌락을 탐닉하고 있다든지) 살고 있기 때문이다. 하나님의 은혜를 의지하여 그런 죄의 삶의 방식을 꼭 버리기 바란다. 차이점 하나가 있다는 걸 이해하는가? 당신이 죄 가운데서 살고 있는 것이 아니더라도 이따금 넘어짐으로 인해 죄의식과 씨름할 수도 있다는 말이다.

나는 지금 '자기 정죄'가 초래하는 패배의 악순환을 깨뜨리기를 원하는 신자들에게, '너는 하나님의 축복을 받을 자격이 없어'라는 '자기 거짓말'의 함정에 빠져 있는 신자들에게, 죄책감과 정죄로 자기를 파괴하는 어리석은 짓을 중단하기 원하는 신자들에게, 죄 가운데서 살아가고 있지 않으면서도 죄의식과 씨름하는 신자들에게 이 글을 쓰고 있다.

나는 지금 마음을 잘 살펴 죄가 있는지 확인하라는 가르침을 듣고 자기 마음을 살핀 결과 '나는 하나님 앞에 나아갈 자격이 없어!'란 판정을 내린 신자들에게, 그리하여 하나님 앞에 나아가 하나님을 예배하는 합당한 담대함을 강탈당한 신자들에게 이 글을 쓰고 있다. 만일 당신이 이러한 신자라면, 오늘이 바로 당신의 자유의 날이 되기를 진정으로 소망한다.

모든 죄를 넘치게 갚아주신 예수님

당신과 나는, 우리 힘으로 도무지 갚을 수 없는 죄의 빚을 하나님께 지고 있었다. 그러나 예수님이 우리의 빚을 이미 갚아주셨다. 사실 예수님은 우리가 우리 양심에 그 빚을 다시는 지지 않도록 그 빚을 넘치게 갚아주셨다. 당신이 영적인 눈을 떠서 당신의 죄의 빚이 얼마나 충분히 갚아졌는지 깨닫기를 바라는 일념으로 한 가지 예화를 들겠다(이 예화를 위해 우리 교회의 두 목회자 로렌스 목사와 헨리 목사의 이름을 빌리겠다).

당신이 로렌스에게 5만 달러를 빌렸고, 1개월 이내에 상환하겠다고 약속했다고 해보자. 기한이 되었다. 당신은 갚을 능력이 없다. 하지만 로렌스는 채무상환을 요구하지 않는다. 이럴 때 비록 그가 채무상환을 요구하지 않을지라도 그 채무가 당신 양심에 걸려서 그와의 관계에 어떤 변화가 일어나지 않을까? 교회나 거리에서 그를 보면 당신이 먼저 반갑게 달려가 악수를 나누고 그의 등을 툭툭 치면서 "반갑습니다. 평안하시죠?" 하며 인사를 건넬까? 아닐 것이다! 혹시라도 로렌스와 마주친다면 왠지 모르게 부끄럽고 창피하여 우물쭈물 중얼거릴 것이다.

"저… 죄송해요. 지금 좀 바빠서…. 다음에 봬요!"

십중팔구 가능한 한 그를 피하려고 할 것이다.

그리고 바로 그날, 당신이 로렌스에게 빚을 지고 있다는 소식을 헨리가 들었다고 생각해보자. 그리고 헨리가 억만장자이고 당신의 절친한 친구라고도 생각해보자.

그는 사업 차 급히 파리로 날아가야 한다. 그러나 떠나기 전, 로렌스를 찾아가 당신의 채무액이 얼마인지 알아본다. 로렌스는 5만 달러라고 말한다. 헨리가 그에게 1백만 달러를 지불해준다. 물론 로렌스는 깜짝 놀란다. 로렌스는 당신의 채무액이 그렇게 많지 않다고 말하면서 받기를 사양한다. 그러나 헨리는 당신을 너무나 사랑하고 또 당신이 다시는 마음에 그 빚을 느끼지 않게 하기 위한 것이라고 말하며 1백만 달러를 고집스레 건넨다. 그리하여 당신의 빚은 넘치게 갚아진다.

좋은 소식을 제대로 전하지 못한 탓에

그러나 그런 경우라도, 당신의 양심에 여전히 채무가 남는 사건이 발생할 수 있다. 헨리가 서둘러 파리로 떠나야 했던 까닭에 당신에게 자세히 말해줄 시간이 없었고, 대신 자기 비서를 시켜 당신의 빚이 이미 갚아졌다는 소식을 전해주라고 지시했다고 하자. 하지만 당신을 찾아온 헨리의 비서는 당신의 빚이 넘치게 갚아졌다는 사실과 당신이 로렌스에게 진 채무를 헨리가 대신 넘치게 갚은 덕택에 로렌스가 더 부유해졌다는 사실을 완전하게 전하지 못한다. 그는 당신에게 이렇게 말한다.

"헨리 씨가 당신의 채무가 갚아졌다는 소식을 전해달라고 했어요. 하지만 자세한 것까진 잘 모르겠어요. 제가 보기에는…, 가능한 대로 로렌스에게 계속 돈을 갚는 게 좋지 않을까 싶어요!"

이 시나리오의 옥에 티가 무엇인가? 심부름꾼이 좋은 소식을 제대로 전달하지 못한 탓에, 당신의 빚이 이미 충분하게 갚아졌다는 사실과 당신이 그 채무로부터 완전히 자유로워졌다는 사실을 당신이 확인하지 못하게 되었다는 점이다. 안타까운 일이다.

그러나 정확히 바로 그런 일들이 오늘날 그리스도의 몸 된 교회에서 일어나고 있다는 것을 알고 있는가?

"다 이루었다!"

많은 설교자들은 예수님이 십자가에서 이렇게 외치셨다고 선포한다. 그러나 동시에 성실한 신앙 행위와 근면한 자기 노력으로 자기 죄의 빚을 계속 갚아나가야 한다고도 외친다.

당신에게 묻겠다. 당신이 '내 집 마련'을 위해 은행에서 받았던 융자를 다 갚았는데도, 여전히 매달 납입금을 은행에 내야 하는가? 물론 아니다. 당신은 은행에 돈 내는 것을 중단해야 한다. 왜? 당신 빚을 이미 다 갚았기 때문이다. 만일 은행에 계속 돈을 낸다면 당신의 귀한 시간과 돈을 헛되이 버리는 것이다.

좋은 소식을 제대로 전했지만 믿지 못할 때

또 다른 시나리오가 하나 있다. 헨리가 파리로 떠나기 전에 당신과 만나기 어려웠고, 그래서 당신의 절친한 다른 친구에게 연락하여 당신의 채무가 충분하게 갚아졌다는 좋은 소식을 당신에게 전달해달라고 부탁했다고 생각해보자. 당신 친구는 그 소식을 한시라도 빨리 전해주고픈 마음에, 늦은 밤인데도 불구하고 당신의 집으로 찾아와 잔뜩 흥분한 어조로 말한다.

"할렐루야! 자네를 위한 좋은 소식이 있어! 자네 채무가 갚아졌어. 사실 초과로 넘치게 갚아졌어! 자네는 로렌스에게 5만 달러를 빚졌지만, 헨리가 자네 채무를 해결해주기 위해 1백만 달러를 지불했다네!"

이번에는 심부름꾼이 좋은 소식을 제대로 전했다. 그러나 이 경우에도 문제가 없지는 않다. 당신이 그 말을 믿지 않을 수 있기 때문이다. 당신은 의심스러운 눈초리로, 세 줄 주름을 미간에 만들면서 대답한다.

"정말? 나는 그토록 오랫동안 애썼지만 그 빚을 갚지 못했어. 그런데 지금 그 빚이 갚아졌다는 거야? 그런 말로 사람을 놀리면 못 써!"

아니면 "할렐루야!"를 외치면서 당신의 빚을 청산해준 헨리의 분에 넘치는 선물로 인해 크게 기뻐할 수 있다!

자, 당신에게 묻겠다. 당신이 그 좋은 소식을 믿지 못하는 경우, 당신의 채무는 여전히 갚아진 상태로 있을까? 재차 묻겠다. 당신의 채무가 이미 갚아졌다는 것을 당신이 믿지 못하는 경우, 당신의 채무는 여전히 갚아진 상태로 있을까?

그렇다! 물론 그렇다! 당신의 채무가 이미 갚아졌음을 당신이 믿지 못한다고 해서, 당신의 채무가 충분히 갚아졌다는 사실이 바뀌는 것은 아니다. 하지만 당신이 그 사실을 믿지 못한다면 그 채무가 여전히 당신 양심에 걸림이 될 것이고, 또 당신이 로렌스를 볼 때마다 피하려 할 것이므로 당신에게 부정적인 영향을 끼칠 것이다.

반대로 그 좋은 소식을 믿을 경우, 당신은 로렌스를 피하려 하지 않을 것이다. 사실이지, 헨리가 당신의 채무를 초과하여 갚아준 덕택에 로렌스가 백만장자가 되었다는 것을 알게 되면, 당신은 로렌스에게 전화를 걸어 한 턱 단단히 내라고 요구할 만큼 담대하고 씩씩해질 것이다!

예수님이 당신의 죄의 빚을 이미 충분히 갚아주셨다. 그러므로 당신의 양심이 그 채무를 계속 의식하게 그냥 내버려두는 것이 얼마나 괴이한 짓인지 알고 있는가? 당신 죄를 의식할 때마다, 당신 죄의 빚을 대신 갚아주신 우리 주 예수 그리스도를 모욕하고 있는 것이다! 당신 죄의 빚을 대신 갚은 예수님의 십자가 죽음이 충분하지 않다고 떠들어대고 있는 것이다!

또한 알고 있는가? 당신 죄의 빚에 대한 예수님의 지불금을 기꺼이 받아주신 하나님까지도 모욕하고 있는 것임을? 예수님이 이미 갚아주신 당신 죄의 채무를 당신의 행위와 노력으로 갚으려고 애쓸 때마다, 하나님이 예수님의 초과 지불금을 매우 흡족하게 받아주신 것이 명백한 진리임에도, 하나님은 예수님이 지불하신 지불금을 못 마땅하게 여기신다고 떠들고 있는 것이다. 예수님은 살아 계신 하나님의 사랑의 아들이시다. 그런데 어찌 감히 당신이 예수님의 희생이 충분치 못하다고 말할 수 있는가?

예수님이 당신의 모든 죄의 채무를 이미 완벽하게 갚아주셨음에도 당신 스스로 계속 자신을 정죄하는 것, 당신 양심이 그 죄의 채무를 계속 의식하게끔 내버려두는 것이 문제가 될까? 물론 그렇다. 당신이 당신의 죄를 계속 의식할 때, 그것이 예수님이 십자가에서 이루신 일을 욕되게 한다는 사실은 차치하더라도, 당신이 계속 하나님을 회피하게 만들고 또 당신 삶에 정죄와 질병과 침체와 죄의 악순환을 초래할 수 있기 때문이다!

신중하게 잘 들어라! 예수님의 신분으로 인해, 그분의 가치로 인해, 그분이 우리의 죄를 위해 지불하신 대가는 초과 지불이 되었다. 모든 죄인들의 가치를 합한다고 해도 한 분 예수님의 가치와는 비교조차 되지 않는다. 이 좋은 소식을 믿어라!

그리고 오늘 당신의 구원자께 가까이 나아가라! 하나님의 말씀은 "우리가 예수의 피를 힘입어 성소에 들어갈 담력을 얻었나니"(히 10:19)라고 단언한다. 그리고 "우리가 마음에 뿌림을 받아 악한 양심으로부터 벗어나고 몸은 맑은 물로 씻음을 받았으니 참 마음과 온전한 믿음으로 하나님께 나아가자"(히 10:22)라고 권고한다.

예수님의 복음을 더 많이 들어라

당신은 고개를 끄덕이며 질문할지 모른다.

"알겠어요, 내 죄를 의식하는 것을 중단하고 싶어요. 하지만 그렇게 하려면 어떻게 해야 하나요?"

죄의식 밖으로 나오는 길은, 예수님이 십자가에서 이루신 일에 대한 가르침과 예수님의 피가 어떻게 우리의 모든 죄를 깨끗하게 씻고 사했는지에 관한 가르침을 더 많이 듣는 것이다. 예수님을 우리의 희생 제물로 받아들일 때, 우리 모든 죄에 대한 징벌이 이미 예수님께 가해졌으므로 우리 마음은 예수님의 피로 뿌림을 받아 악한 양심으로부터 벗어날 것이다.

'악한 양심'이란 우리의 죄를 지속적으로 의식하는 양심을 말한다. 그리스도를 드높이는 가르침을 들을 때, 우리가 죄를 지었다는 것보다 용서를 받았다는 것을 더 많이 의식하기 시작할 것이다. 그리고 우리의 마음과 생각에서 죄의식과 정죄 품는 것을 중단하는 순간, 우리는 하나님 말씀의 맑은 물로 씻음 받을 것이고, 그러면 그것이 우리 영과 육신에 영향을 끼치기 시작할 것이며 우리 삶의 건강하지 못한 모든 영역에 놀라운 치유를 가져올 것이다.

어떤 그리스도인들은 자기가 용서받았다는 사실을 받아들이지 못하는 탓에 자신이 치유될 수 있다는 사실을 받아들이지 못한다. 그들은 여전히 죄를 의식하며 자신들이 용서받았다는 것을 의심한다. 그들은 하나님께서 그들의 과거의 죄는 용서해주셨다고 믿지만, 그들의 삶 전체의 죄는 용서하지 않으셨다고 믿는다.

그러나 하나님께서는 사람들이 자기 죄가 용서받았단 것을 확신해야만 자신이 치유될 수 있음을 받아들일 수 있단 것을 잘 알고 계시다. 그래서 성경도 그 점을 분명하게 밝히고 있다. 시편 기자는 시편 103편에서 하나님의 모든 은택들을 나열할 때, "그가 네 모든 죄악을 사하시며"라고 먼저 말한 다음에 "네 모든 병을 고치시며"라고 말한다(시 103:3).

신약에서 사람들이 어떤 집의 지붕을 뜯어내고 중풍병자를 예수님 앞에 달아 내렸을 때, 예수님은 먼저 "작은 자야 네 죄 사함을 받았느니라"라고 말씀하셨고, 그런 뒤에 "일어나 네 상을 가지고 집으로 가라"고 말씀하셨다(막 2:1-11 참조).

당신의 모든 죄는 용서받았다. 당신 자신을 징벌하고 정죄하는 것을 중단하라! 지금은 하나님께서 주시는 이적을 풍성하게 받아야 할 때이다!

속죄의 제물을 검사하는 제사장

당신은 이렇게 반문할지 모른다.

"하지만 나는 분명히 죄를 지었어요. 어떻게 내 죄에 대한 징벌이 없을 수 있다는 거죠?"

분명히 말하지만, 죄에는 반드시 징벌이 따른다는 점을 나는 결코 부정하지 않는다. 그러나 더욱 분명히 말하는데, 당신의 모든 죄에 대한 징벌은 십자가에 달리신 예수님께 이미 가해졌다. 그분은 당신의 흠 없는 온전한 번제 제물이요, 따라서 예수님의 용서를 받아들인 신자들은 더 이상 죄를 의식하지 말아야 한다.

구약에서 어떤 사람이 속죄의 제물을 제사장에게 가져갔을 때, 제사장이 그 사람 본인을 검사하지 않았다는 점을 기억하라! 제사장은 그 사람이 가져온 제물을 검사했다. 제사장은 하나님을 나타낸다. 오늘 당신이 하나님께 나아갈 때, 하나님께서는 당신을 검사하지 않으신다. 하나님께서는 당신의 속죄의 제물을 검사하신다. 완벽하게 온전하신, 죄가 없으신, 티도 없고 주름 잡힌 것도 없고 흠도 없으신 예수님을 검사하신다. 하나님께서는 예수님을 당신의 속죄의 제물로 받아주시며, 당신의 모든 죄를 예수님께로 옮겨주신다.

예수님이 이미 당신의 죄를 위해 징벌을 받으셨다. 이를 믿어라! 이를 믿어, 당신의 양심을 만족시켜라! 하나님이 주시는 모든 은택들을 한껏 누려라! 그것들이 모두 예수님이 당신에게 주려고 십자가에서 피를 흘려 사신 권리들이기 때문이다.

시편 103편을 묵상하라! 죄 사함이 당신의 것임을 깨달아라! 치유가 당신의 것임을 깨달아라! 파멸로부터의 구원이 당신의 것임을 깨달아라! 인자와 긍휼의 면류관을 쓰는 것이 당신의 것임을 깨달아라! 청춘의 새로워짐이 당신의 것임을 깨달아라! 할렐루야! 하나님께 지고 있던 당신의 죄의 채무가 영원히 해결되었다는 것을 단순하게 믿고, 이러한 축복들 안에서 자유로이 걸어라!

DESTINED TO REIGN

15

엠마오로
가는 길

D E S T I N E D
T O
R E I G N

교회를 향한 예수님의 두 가지 지적

우리에게 부족한 것이 무엇이든지 간에, 신체적인 것이든 정서적인 것이든 정신적인 것이든 사회적인 것이든 재정적인 것이든 우리는 예수님의 큰 계시 하나에서 그 해결책을 발견할 수 있다. 예수님이 그분의 모든 위엄 가운데서 나타나실 때 가난한 자들이 부요해질 것이며, 약한 자들이 강해질 것이며, 병든 자들이 고침을 받을 것이다.

예수님은 말씀하신다.

주의 성령이 내게 임하셨으니 이는 가난한 자에게 복음을 전하게 하시려고 내게 기름을 부으시고 나를 보내사 포로 된 자에게 자유를, 눈 먼 자에게 다시 보게 함을 전파하며 눌린 자를 자유롭게 하고 눅 4:18,19

그렇다. 예수님은 우리에게 좋은 소식을 전하시려고 기름부음을 받으셨다. 그러니 예수님이 전파하는 것을 들을 때마다 좋은 소식들이 우리의 삶 위에 선포될 것이고, 우리의 재정 문제와 결혼 생활과 가정 위에 한량 없는 복이 임할 것이다.

예수님이 죽었다가 다시 살아나셨을 때, 예루살렘에서 엠마오라 하는 마을로 돌아가고 있던 두 제자들에게 위로를 베푸셨다. 예수님이 그들에 게 가까이 다가가 동행했을 때, 최근에 일어난 사건들에 대해 대화를 나 누고 있던 그들은 무척이나 낙담하고 슬픈 상태였다. 성경은 그들의 눈이 가리어져서 부활의 몸으로 나타나신 예수님을 알아보지 못했다고 말한 다(눅 24:16 참조).

예수님은 그들에게 물으셨다.

"너희가 길 가면서 서로 주고받고 하는 이야기가 무엇이냐"(눅 24:17).

두 제자는 예수님에게 일어났던 일들과 어떻게 예수님이 사형 판결을 받고 십자가에 달리셨는지에 대해 말하기 시작했다. 우리는 그들의 말투 에서 그들이 예수님이 부활하리라고 믿지 않았음을 알 수 있다.

그들은 예수라는 사람이 이스라엘을 속량해주기를 바랐다고 말했고, 또한 그의 무덤에 갔다 온 여인들에게서 그의 시신을 찾지 못했단 말을 들었을 때 정말 깜짝 놀랐다고 말했다. 그들이 말을 마치자 예수님이 말 씀하셨다.

미련하고 선지자들이 말한 모든 것을 마음에 더디 믿는 자들이여 눅 24:25

이것은 그리스도의 몸 된 교회를 향한 두 가지 지적이다. 첫째는 우리 가 미련하다는 것이다. 즉, 우리의 무지, 곧 하나님의 말씀에 대한 지식과 말씀으로부터 오는 계시가 없는 탓에 고생하고 있다는 것이다. 둘째는 우리가 하나님의 말씀을 알고 있을지라도 마음에 더디 믿는다는 것이다.

그러나 우리 주 예수님은 사랑이 풍성하신 분이므로 해결책은 주지 않으면서 문제만 지적하고 끝내지 않으신다. 예수님이 그들을 향해 두 가지 지적의 말씀을 하신 직후에 무엇을 하셨는지 보라.

이에 모세와 모든 선지자의 글로 시작하여 모든 성경에 쓴 바 자기에 관한 것을 자세히 설명하시니라 눅 24:27

정말 놀랍다! 바로 거기에서, 엠마오로 향하는 길에서 예수님이 직접 성경을 주해하기 시작하셨다! 예수님은 모세오경부터 시작하셔서 대소 선지자들의 책들이 포함된 구약의 나머지 부분들로 나아가셨다. 예수님은 구약의 모든 성경에 담긴 '자기에 관한 것'을 설명하셨고, 성경의 모든 페이지마다 담겨 있는 자신을 나타내는 그림들을 보여주셨다. 얼마나 경이로운 성경공부 시간이었을까!

구약에 감추어져 있고 신약에 드러나 있다

이는 성경의 모든 페이지들이 예수님에 관계되어 있음을 보여준다. 예수님은 구약에 감추어져 있고, 신약에 드러나 있다. 성경에는 중요하지 않은 지엽적인 내용이 하나도 없다. 성경 안에 있는 모든 것들이 그 안에 담긴 까닭은, 예수님을 가리키기 위함이다.

예수님이 자신이 바로 에덴동산에서 약속되었던 뱀의 머리를 상하게 할 그 '후손'(창 3:15)이란 것을 밝히기 시작하셨을 때 슬픔에 잠겨 있던 그 두 제자가 얼마나 흥분했을지 상상이 된다. 그런 뒤에 예수님은 레위기에 기술된 다섯 가지 제사가 예수님이 십자가에서 단번에 완벽하게 이루신 일을 어떻게 묘사하는지에 대해 설명해주셨을 것이다. 예수님은 대제사장에 대하여 설명하셨을 것이고, 대제사장의 의복조차도 예수님을 하나님 앞에서 우리를 대표하는 대표자로 말하고 있음을 설명해주셨을 것이다. 그 장면을 상상할 수 있겠는가?

심지어 예수님은 구약의 기사 속에 깊이 파묻혀 있는 예수님을 나타내는 모든 예표들을 밝혀주셨을 것이다. 예수님은 요셉의 성품이 어떻게 예수님의 성품을 예시하는지에 대해, 예수님이 동포인 유대인들에게서 어떻게 거부당했는지에 대해, 그러나 자신이 어떻게 이방인들의 생명의 떡이 되셨고 또 어떻게 이방인 신부(오늘의 교회이다. 우리는 예수님의 이방인 신부이다!)와 혼인하셨는지에 대해 설명해주셨을 것이다.

예수님은 그 모든 것들을, 아니 그보다 더 많고 많은 것들을 설명해주셨을 것이다! 장차 어느 날 내가 천국에 이르게 되면, 주님께서 그 두 제자를 엠마오로 이끄시며 진행하셨던 이 경이로운 성경공부 장면을 비디오로 보여달라고 주님께 꼭 청하고 싶다.

예수님이 직접 가르쳐주신 성경공부 방법

나는 주님이 왜 그 두 제자의 눈을 가리어, 처음 그들에게 나타나셨을 때 주님인 것을 알아보지 못하게 하셨는지 종종 의아해하곤 했다. 그런데 어느 날 주님이 그 이유에 대해 말씀해주셨다.

"나는 그들이 내가 부활한 예수란 것을 알아보지 않기를 바랐어. 그들이 먼저 성경말씀 듣기를 원했기 때문이지. 나는 그들이 단지 나를 보았기 때문에 나를 믿는 믿음이 아니라 나에 대해 말하는 성경말씀을 듣고 나를 믿는 믿음을 갖게 되길 원했단다. 그리고 나는 그와 동일한 특권을 오늘의 교회에도 주고 있어!"

이 말씀을 들었을 때 정말 기뻤다. 오늘날 우리는 "아, 내가 예수님 시대에 살았더라면 얼마나 좋았을까!" 혹은 "예수님이 오늘 내게 나타나시면 얼마나 좋을까!"라고 소망할 필요가 없다. 왜냐하면 예수님은 우리가 성경에서 예수님을 보기를 바라시기 때문이다. 그것이 예수님의 방법이기 때문이다.

나는 예수님이 그 두 제자에게 성경을 직접 설명해주셨을 때, 성경을 공부하는 방법을 우리에게 보여주셨다고 생각한다. 예수님은 우리가 성경을 읽되, 무엇을 행해야 하고 무엇을 행하면 절대 안 되는지를 알기 위해 읽기를 바라지 않으신다. 예수님은 우리가 성경을 읽되, 예수님을 보기 위해 그리고 성경에서 예수님에 관한 모든 것을 보기 위해 읽기를 원하신다.

당신은 알고 있는가? 우리 교회가 '복음 혁명'을 체험한 이래로 성경공부가 참으로 흥미로워졌다는 사실을 말이다. 나는 주일 아침에 레위기를 본문으로 설교할 때조차 흥분과 감격에 젖는 나 자신을 발견하곤 한다. 믿을 수 있겠는가? 모르긴 몰라도 많은 신자들의 경우, 몇 해 동안 성경을 읽은 탓에 다른 부분은 다 너덜너덜해졌어도 레위기 부분만큼은 새 책처럼 모든 페이지가 반들반들 찰싹 붙어 있을 것이다.

그러나 성경의 모든 페이지들에서 예수님을 보기 시작할 때, 그 모든 페이지들이 살아 움직인다. 우리 교회에서는 예수님에 관한 감추어진 보물들과 진리들을 찾아내기 위해, 창세기에서 성경책 맨 뒷면에 붙어 있는 지도들까지 샅샅이 파고든다.

우리는 말씀 속에서 즐거움을 맛본다. 왜냐하면 예수님이라는 분이 말씀 안에서 우리에게로 툭 튀어나올 때, 성경공부는 더 이상 학구적이고 건조한 연구가 아니라 생생하고 흥미진진한 깨달음이 되기 때문이다. 그래서 우리는 성경공부를 무척이나 좋아한다.

우리 속에서 마음이 뜨겁지 아니하더냐!

미련하고 더디 믿는 우리를 위해 예수님이 제시하시는 해결책은, 성경을 공부하라는 것이다. 성경은 그 두 제자가 여정을 거의 끝마쳤을 즈음 서로에게 이렇게 말했다고 기록한다.

"길에서 우리에게 말씀하시고 우리에게 성경을 풀어주실 때에 우리 속에서 마음이 뜨겁지 아니하더냐"(눅 24:32).

성경을 읽으면서 예수님을 더욱더 알아갈 때 우리 마음은 뜨거워질 것이다. 사실 '엠마오'라는 단어의 히브리어 어근은 '따뜻한 목욕물' 혹은 '따뜻한 샘물'을 뜻한다.[13] 예수님이 성경말씀에 대해 설명해주셨을 때, 그 두 제자의 마음은 '따뜻한 목욕'을 체험했다. 이상하게도 그들 마음은 뜨거워졌고 위로를 받았다.

나는 성지순례 일정 중 하나로 우리 교회의 지도자들과 함께 엠마오로 가는 그 길을 걸어본 적이 있다. 여행 도중 이스라엘인 안내자가 예수님 당시에는 실제로 그 길에 천연온천이 있어서 많은 사람들이 약효가 있는 그 온천의 따뜻한 물로 목욕을 하면서 많은 효험을 보았다고 말해주었다. 나는 그 말을 들은 직후 정말 감격했다. 주님이 내 마음에 이런 계시를 허락해주셨기 때문이다.

"네가 성경에서 나를 드러내는 기름부음의 사역을 감당할 때, 네 마음이 내 사랑의 따스함에 온통 잠길 뿐 아니라 네 육신 또한 치유를 받고 회복될 것이다!"

성경에서 예수님을 보는 것, 그 능력

성경에서 예수님을 보는 것, 거기에는 약효가 있다. 실제적인 치유의 효력이 있다. 왜냐하면 예수님의 말씀은 정말로 그것을 "얻는 자에게 생명이 되며 그의 온 육체의 건강이 되기"(잠 4:22) 때문이다.

성경은 예루살렘에서 엠마오까지가 약 10킬로미터(25리, 눅 24:13) 정도라고 말한다. 이는 그 두 제자가 몇 시간 동안 예수님과 함께 성경을 공부했다는 의미이다.

또한 성경은 그 두 제자가 엠마오에 당도하여 자기들에게 말씀하시던 분이 예수님이라는 것을 깨달았을 때, 즉시 일어나 다시 예루살렘으로 돌아갔다고 말한다(눅 24:33 참조). 이는 그들이 10킬로미터를 걸어 엠마오에 도착했고, 다시 10킬로미터를 걸어 예루살렘으로 돌아갔다는 의미이다.

나는 그들의 신체에 어떤 초자연적인 일이 일어난 게 틀림없다고 믿는다. 그들이 매우 강력한 생명으로 충만하여져서 그 길을 다시 돌아갈 수 있었던 것이며, 왕복 20킬로미터의 거리를 걸어갈 수 있었던 것이다. 몇 해 전 그 사실에 주목했을 때 주님은 내게 말씀하셨다.

"아들아, 네가 나에 대해 성경을 가르치는 기름부음의 사명을 감당할 때 네 육신이 반응할 것이고, 생명력을 얻을 것이며, 깊고 무한한 에너지가 흐르리라!"

다윗이 시편에서 "주의 말씀대로 나를 살아나게 하소서"(시 119:25)라고 말한 것은 결코 놀랄 일이 아니다. 그것은 "주님 말씀을 통하여 제게 생명을 주소서!"라는 뜻이었다.

당신이 성경말씀 속에서 예수님이 드러나는 것을 볼 때, 예수님이 전파되는 것을 들을 때, 당신의 육신이 치유 받는다는 것은 전혀 놀랄 일이 아니다. 예수님의 신령한 부활의 생명이 당신에게로 전해지기 때문이다.

루스드라 지방의 앉은뱅이로 태어났던 사람에게 일어났던 일이 바로 그것이다(행 14:8-10 참조). 그 사람이 행한 일이라고는 바울이 예수님에 대해 전하는 말을 들은 것뿐이었다. 그러나 바울이 그 사람에게 명했을 때 강력한 생명력이 그 사람의 다리를 가득 채웠고, 그는 벌떡 일어나 걸을 수 있었다!

새 언약을 전파하는 사역

새 언약을 가르치고 전파하는 모든 교사들과 설교자들의 직분은, 예수님을 드러내기 위해 그리고 우리가 예수님의 피로 하나님 앞에 나아가기에 합당하게 되었음을 확신시키기 위해 힘쓰는 것이다. 그들의 주요 사역은 우리의 결함을 폭로하는 것도 아니고, 하나님 앞에 나아가 하나님의 축복을 한껏 누릴 수 있는 우리의 자격을 박탈하기 위해 우리의 죄를 자꾸 상기시키는 것도 아니다. 그런 것들은 옛 언약을 전파하는 자들이 하는 일이다. 옛 언약 아래 있던 사르밧의 한 과부는 엘리야에게 이렇게 말했다.

"하나님의 사람이여 당신이 나와 더불어 무슨 상관이 있기로 내 죄를 생각나게 하고…"(왕상 17:18).

우리는 길가에 굴러다니는 돌멩이와 같아서 어떤 방향에서 보든지 결함과 흠집투성이다. 그러나 예수님은 귀한 다이아몬드와 같아, 어떤 방향에서 보든지 광채와 아름다움과 완벽함으로 눈부시게 빛난다. '비난하는 자' 사탄은 우리가 계속해서 우리의 죄를 의식하기를 바란다. 그래서 '너의 잘못된 행실과 생각을 좀 보라'고 끊임없이 우리 귀에 속닥인다. 심지어 그는 하나님의 말씀을 깊이 묵상하거나 매일 기도하는 등의 '옳은' 무언가를 할 때조차 속닥인다.

'그것으로는 부족해! 너는 하루에 성경을 5장씩 읽지? 아무개 집사는 10장씩이나 읽는다던데? 너는 하루에 1시간씩만 기도하지? 아무개 장로는 새벽기도에 빠지지도 않고 하루에 4시간씩 기도한다던데?'

사탄의 장난에 놀아나지 말라! 사탄의 비난에서, 당신 자신에게서 눈을 돌려 예수님을 바라보라!

오늘 하나님께서는 우리의 행위나 생각이나 됨됨이에 근거하여 우리를 심판하지 않으신다. 하나님께서는 우리를 그리스도 안으로 옮겨 놓으셨다. 따라서 우리를 바라보실 때 예수님의 빼어남과 아름다움과 온전함을 보신다.

사탄은 계속해서 우리가 자신을 의식하기를 바란다. 반면 하나님께서는 예수님을 계속 의식하기를 바라신다. 예수님에 대하여 할 수 있는 대로 많이 깨닫는 것, 즉 예수님이 어떤 분이신지와 예수님의 이름들과 예수님의 찬연한 영광들과 예수님이 소유하고 있는 모든 것을 깨닫는 것이 우리에게 최선의 유익이 된다. 왜냐하면 예수님의 성품과 소유를 포함하여 예수님의 모든 것을 하나님께서 우리 앞으로 해주셨기 때문이다. 그뿐 아니라 우리는 하나님이 소유하신 모든 것을 그리스도와 함께 받을 공동 상속자요, 그러므로 예수님께 주어질 모든 유업이 또한 우리의 것이다(롬 8:17 참조).

그러나 불행하게도 많은 신자들이 예수님을 바라보는 대신, 하나님께서 됨됨이나 행위에 근거하여 자신을 바라보신다고 생각하는 함정에 빠져 있다. 분명하게 말하지만, 그렇게 생각하는 순간 당신은 율법 아래 놓이게 된다.

당신도 알고 있겠지만, 율법은 우리의 행함이나 행하지 않음에 초점을 맞추어 우리가 우리의 자아(自我)를 의식하도록 한다. 심지어 우리가 행위와 자아에 집중하는 순간 우리 자신을 율법 아래 놓게 된다는 사실조차 깨닫지 못할 수 있다. 어떤 것을 더 많이 하지 못했거나, 더 잘하지 못했거나, 전혀 하지 못했기 때문에 정죄의 느낌을 받는 순간, 우리는 이미 자신을 율법 아래 놓은 것이며, 예수님이 우리를 위해 이루신 일을 똑바로 바라보는 대신 우리가 행한 것들을 바라보고 있는 것이다.

예수님을 더 많이 보는 것

율법은 우리 자신을 바라보는 것에 전적으로 관계되어 있다. 반면 은혜의 새 언약은 예수님을 바라보는 것에 전적으로 관계되어 있다. 바리새인들은 하나님의 말씀을 무척이나 많이 암송하고 있었다. 하지만 그들은 자신들 앞에 서 있는 육신을 입으신 하나님의 말씀을 보지 못했다.

성경 지식을 축적하는 데만 관심을 쏟을 일이 아니다. 예수님을 더 많이 보기 위해 성경을 펴야 한다. 어떤 사람들은 히브리어와 헬라어를 배우면 성경을 더 잘 이해할 수 있으리라 생각한다. 바리새인들은 히브리어에 정통한 자들이었으나, 그 사실은 그들에게 아무런 유익도 주지 못했다. 우리에게는 성령께서 예수님과 예수님이 십자가에서 이루신 일에 관한 계시와 귀한 보물을 우리 심령에 밝혀주시는 것이 꼭 필요하다.

"어떤 사람들은 히브리어로 성경을 읽고 또 어떤 사람들은 헬라어로 성경을 읽는다. 나는 성령으로 성경 읽는 것을 좋아한다!"

스미스 위글스워드(Smith Wigglesworth, 1859~1947, 영국의 복음전도자이자 치유사역자)의 말이다. 그의 말이 마음에 든다.

성경 읽기는 전적으로 예수님을 보는 것에 관계되어 있다. 예수님으로부터 모든 것이 공급되기 때문이다. 나는 설교를 하는 중에도 예수님을 바라본다. 나는 말씀을 구하면서 예수님을 바라본다. 지침을 구하면서 바라본다. 언제나 바라본다.

베드로는 예수님께 시선을 고정하고 있는 한 물 위를 걸을 수 있었지만, 예수님에게서 시선을 떼고 폭풍을 바라본 순간, 곧 긴장과 중압감을 일으키는 문제와 환경을 바라본 순간 가라앉기 시작했다.

사람들은 일단 예수님에게서 눈을 떼면 교회 출석을 중단하고 자기가 가진 나름의 해결책과 자기 자신을 바라보게 된다. 그들은 생각한다.

"시간이 더 필요해. 좀 더 열심히 노력해야 해. 야근도 많이 하고 주일에도 놀지 말아야 해!"

그러나 주일을 교회에서 보내지 못할 까닭이 무엇일까? 가족들과 함께 지내지 못할 까닭이 무엇일까? 범사에 형통하도록 주님이 보살펴주시리라 믿고 의지하지 못할 까닭이 무엇일까? 하나님께서는 당신 자신의 힘이나 야근을 통해 이룰 수 있는 것들보다 훨씬 더 많은 것들을 예수님의 기름부음을 받은 가르침을 통해 당신 안에서 이룰 수 있으시다. 그러니 예수님을 더욱더 많이 보기 위해 한 마음으로 힘쓰자!

성경에 담겨진 예수님의 예표들

이제 성경에서 예수님을 보고자 하는 기대에 잔뜩 부풀어 있을 테니, 구약성경 몇 군데서 예수님을 드러내보기로 하자. 만일 당신이 예표(豫表)를 통해 성경을 해석하는 것에 익숙하지 않다면 한 가지를 분명히 말해두고 싶다. 그것이 성경적인 것이며, 예수님 자신도 예표를 사용하여 가르치셨다고 말이다. 예수님은 요한복음에서 처음 예표를 사용하여 가르치셨을 때, 이렇게 말씀하셨다.

"모세가 광야에서 뱀을 든 것같이 인자도 들려야 하리니 이는 그를 믿는 자마다 영생을 얻게 하려 하심이니라"(요 3:14, 15).

이렇게 질문할지 모르겠다.

"아니, 지금 예수님을 뱀에 비유하는 건가요?"

그렇다. 당신이 읽은 그대로다. 예수님 자신이 그러한 비유를 꺼내셨다. 그것이 바로 우리가 '예표'라 일컫는 것이다. 구약은 그러한 예표들로 가득하다. 성경은 이렇게 말한다.

"일을 숨기는 것은 하나님의 영화요 일을 살피는 것은 왕의 영화니라" (잠 25:2).

하나님께서는 하나님의 사랑하시는 외아들과 그 아들이 십자가에서 마치신 일에 관한 온갖 오묘한 진리들을 성경 전반에 숨겨 놓으셨다. 그리고 예수님에 관계된 그러한 진리들을 탐색하는 것은 우리의 영광이다. 자, 이제 준비되었는가?

예수님, 참된 생명의 떡

먼저 민수기 21장으로 가서, 무엇이 예수님을 상징하고 있는지 살펴보기로 하자. 이스라엘 자손들은 광야를 여행하던 중에 마음이 몹시 상하고 말았다. 그들은 하나님과 하나님이 세우신 지도자 모세를 원망하면서 투덜거리기 시작했다.

"어찌하여 우리를 애굽에서 인도해 내어 이 광야에서 죽게 하는가 이곳에는 먹을 것도 없고 물도 없도다 우리 마음이 이 하찮은 음식을 싫어하노라"(민 21:5).

상상할 수 있겠는가? 하나님께서는 권능의 손을 들어 그들을 애굽의 노예 상태에서 해방시키셨고, 불기둥으로 바로의 군대로부터 보호해주셨고, 홍해를 갈라 지나가게 하셨다. 그러나 그들은 하나님께 감사드리기는커녕 불평했고, 심지어 하늘로부터 내려온 만나를 '하찮은 음식'이라고 했다. 흠정역 영어성경(KJV)은 이 어구를 '부슬부슬한 빵'(light bread)이라 옮겼다. 이는 그들이 만나를 '거지 같은 것', 만족을 주지 못하는 것으로 여겼다는 의미를 함축한다.

시편 기자는 만나를 가리켜 '천사들의 떡'(시 78:24,25 참조 KJV, NASB)
이라 했다. 그 떡은 매우 좋은 음식이었는지라, 이스라엘 자손들이 40년
동안이나 광야에서 그 떡을 먹었음에도 그들의 발이 붓지 않았고, 그들
가운데 연약한 자들이 하나도 없었다. 하나님께서 그들에게 용사들을 위
한 음식, 질병과 질환으로부터 지켜주는 음식, 날마다 하늘에서 내려오는
하늘의 양식을 공급해주셨던 것이다. 그들은 그저 매일 아침 밖으로 나
가서 그날 필요한 만큼 충분히 거둬들이면 그만이었다. 그럼에도 그들은
만나를 몹시 싫어했다.

오늘의 교회는 이스라엘 자손들이 하나님으로부터 온 만나를 '거지 같
은 하찮은 음식'이라 일컬었을 때 저질렀던 것과 동일한 실수를 저지르지
않도록 조심해야 한다. 하나님께서 그들에게 주셨던 만나는 예수님을 나
타내는 그림 혹은 상징이었다. 예수님의 말씀이다.

> 내가 곧 생명의 떡이니라 너희 조상들은 광야에서 만나를 먹었어도 죽었거
> 니와 이는 하늘에서 내려오는 떡이니 사람으로 하여금 먹고 죽지 아니하게
> 하는 것이니라 요 6:48-50

오늘날 정말 많은 곳에서 예수 그리스도는 절대적으로 필요한 만큼 강
조하지 못하면서 성경말씀에서 찾아낼 수 있는 교리와 원칙들은 필요 이
상으로 강조하는 기이한 일들이 벌어지고 있다.

교회가 신자들에게 금전관리 원칙이나 지혜의 열쇠나 지도력 등을 가르
치기 위해 하나님의 말씀을 사용하면 안 된다고 말하는 게 아니다. 우리
교회 역시 그 모든 것들을 가르친다. 내가 말하려는 것은 교회가 예수님
을 '하찮은 음식'으로 여겨 교회의 가르침 저 변두리로 내모는 과오를 저

지르지 않도록 신중해야 한다는 것이다.

예수 그리스도와 예수 그리스도께서 십자가에서 이루신 일에 초점을 맞추지 않는 사람은, 그 누구라도 그 안에 하나님의 지혜와 하나님의 능력을 가지고 있지 않다. 십자가에 달리신 그리스도께서 하나님의 지혜요 능력이라고 성경이 분명히 말하고 있기 때문이다(고전 1:23,24 참조). 그분은 하늘로부터 온 참된 생명의 떡이요, 오직 그분만이 우리를 배부르게 하실 수 있다!

사탄은 십자가에 달리신 예수 그리스도를 전파하는 교회를 두려워한다. 왜 그런가? 하나님이 어떻게 그 외아들을 세상에 보내시어 우리를 위해 십자가에서 죽게 하셨는지 알게 될 때, 하나님은 우리를 무조건적으로 사랑하시는 자비의 하나님이라는 진리를 깨달을 것이고, 그러면 그 진리가 우리를 자유롭게 하리란 것을 사탄이 너무나도 잘 알고 있기 때문이다. 사탄은 우리가 진리로 자유로워지는 것을 결코 원하지 않는다.

한 가지만 덧붙이자. 이스라엘 자손들이 신선한 만나를 거두기 위해 매일 아침 장막 밖으로 나가야 했다는 것을 알고 있는가? 이스라엘 자손들은 다음 날을 위해 만나를 저장할 수 없었다. 다음 날까지 놓아두면 퀴퀴한 냄새를 풍기면서 벌레가 났기 때문이다.

하나님께서 그들에게 일주일치 만나를 한꺼번에 공급하지 않으신 까닭이 무엇인지 생각해본 적이 있는가? 우리가 날마다 성경을 펴고 예수님이라는 신선한 만나를 거둬들이기를 바라시기 때문이다. 하나님께서는 우리가 예수님에 관하여 과거에 받았던 신선하지 않은 계시를 주식으로 먹고살기를 원하지 않으신다. 우리를 향한 하나님의 자비가 매일 아침마다 새로워지기 때문이다. 할렐루야!

예수님, 광야의 놋 뱀

이스라엘 자손들이 그렇게 원망하고 불평한 뒤에 어떤 일이 일어났는지 계속 살펴보자. 성경은 말한다.

"여호와께서 불뱀들을 백성 중에 보내어 백성을 물게 하시므로 이스라엘 백성 중에 죽은 자가 많은지라"(민 21:6).

여기서 그 뱀들이 언제나 광야에 있었다는 점을 인식하는 것이 중요하다. 뱀들은 언제나 광야에 있었다. 그러나 하나님께서는 그것들로부터 이스라엘 백성들을 보호해주셨다. 하지만 그들이 모세에게 원망했을 때, 그 보호를 걷어치우신 것이다.

이 사건이 율법의 옛 언약 아래서 일어났음을 기억하라! 그러나 당신과 내가 속해 있는 은혜의 새 언약 아래서는, 우리가 간혹 넘어지거나 잘못을 저지른다고 해서 하나님께서 우리 위에 드리우신 하나님의 보호의 손길을 거두시는 일은 결코 일어나지 않는다. 하나님을 찬양하라! 구약을 읽을 때 이 사실을 늘 염두에 두라.

이스라엘 백성들은 모세에게 간청했고, 모세는 그들을 위해 하나님께 기도했다. 이에 하나님께서 모세에게 말씀하셨다.

"불뱀을 만들어 장대 위에 매달아라 물린 자마다 그것을 보면 살리라"(민 21:8).

그리하여 모세가 놋으로 뱀을 만들어 장대 위에 매달았고, 뱀에게 물린 자마다 놋 뱀을 쳐다보고 모두 살았다(민 21:9 참조). 장대 위에 매달린 놋 뱀은 십자가에 달리신 예수님을 나타내는 그림 혹은 상징이다(요 3:14,15 참조). 예수님은 어느 모로 보아도 뱀 같은 분은 아니다. 아름답고, 비길 데 없고, 흠이 없고, 전적으로 사랑스러운 분이시다. 그런데 왜 자신을 뱀에다 비유하신 것일까? 당신도 이미 잘 알겠지만, 예수님은 우리 죄로 인해 우리가 마땅히 받아야 할 저주를 십자가에서 대신 받으셨다. 아무 죄도 모르는 분이 죄인이 되셨다. 예수님은 당신과 내가 자유케 되도록 십자가에서 저주받은 피조물의 상징인 뱀이 되셨다.

그리고 그렇게 예수님이 십자가에서 희생하심으로 말미암아, 에덴동산에 사망을 가져왔던 그 범죄의 피조물이 예수님 은혜의 상징이 되었다. 마치 하나님께서 매우 추한 어떤 것을 매우 아름다운 어떤 것으로 변화시켜 주시는 느낌이다. 그렇다! 그것이 바로 하나님의 은혜가 우리의 삶 속으로 들어오도록 순복할 때 우리에게 일어나는 일이다. 하나님께서는 우리 안의 모든 추한 것들을 가져다가 아름답게 만들어주신다.

그런데 왜 놋 뱀일까? 모세는 왜 진짜 뱀을 장대 위에 매달지 않은 것일까? 만약 그렇게 했다면, 그것은 예수님의 예표가 되지 못했을 것이다. 예수님은 '죄 있는 육신'으로 세상에 오지 않으셨다. 예수님은 "죄 있는 육신의 모양"(롬 8:3)으로 세상에 오셨다. 거기에는 엄청난 차이가 있다. 예수님은 아무 죄도 모르셨다. 예수님 안에는 아무 죄도 없다. 따라서 진짜 뱀으로는 예수님을 나타낼 수 없다. 예수님은 뱀의 모양으로 만들어진 하나의 놋 형상으로 표현되었다.

그러면 왜 또 하필이면 놋(bronze)일까? 놋은 성경 전반에서 심판을 의미한다. 예를 들어, 구약의 동물제사를 위한 번제의 제단은 아카시아 나무(조각목)로 만들어 놋을 입혔다. 그 제단에 부속된 모든 기구들과 그물 모양의 석쇠는 놋으로 만들어졌다(출 27:1-4 참조). 그러므로 놋 뱀으로서의 예수님을 본다는 것은, 우리를 대신하여 하나님의 심판을 받고 있는 십자가의 예수님을 바라본다는 의미를 나타낸다.

하나님께서는 우리가 우리 자신이나 우리의 고통이나 질병을 바라보기를 원치 않으신다. 우리가, 당신과 내가 우리의 모든 죄와 저주와 심판을 짊어지고 십자가에 달리신 예수님을 그저 한 번 바라보는 것만으로도 죽지 않고 살 것이기 때문이다. 모세는 놋 뱀을 장대에 매달은 뒤에 이스라엘 모든 백성들이 볼 수 있도록 높은 곳에 두었을 것이다.

마찬가지로 하나님께서는 온 세상이 볼 수 있게끔 예수님을 십자가 높이 매다셨다. 누구든지 십자가의 예수님을 올려다보는 사람은 구원받을 것이다. 내가 치러야 할 죄의 대가, 내가 받아야 할 저주, 내가 앓아야 할 병을 십자가에 달리신 예수님이 나를 대신하여 형벌로 받으셨음을 보고 믿는 사람은 누구나 구원받을 것이다. 바라보는 사람은 나을 것이다! 바라보는 사람은 살 것이다!

성경은 모세(율법)를 바라보라고 말하지 않는다. 예수님을 바라보라고 말한다. 예수님을 바라보되, 이 땅 위를 걸으셨던 예수님뿐 아니라 우리를 대신하여 놋 뱀으로 십자가에 달리신 예수님을 바라보라고 말한다. 예수 그리스도가 우리의 해답이다! 십자가에 달리신 그분이 우리의 해결책이다!

당신 자신에게 골몰하기를 중단하라! 인간의 '자기 노력'에 집중하기를 중단하라! 당신 자신을 자격 없는 자로 단정하기를 중단하라! 예수님께 몰두하기 시작하라! 예수님이 십자가에서 이루신 일에 집중하기 시작하라! 예수님에 관한 모든 것을 깨닫기 위해, 그리고 예수님이 얼마나 아름다운 분이신지 성령께서 밝혀주실 때 당신 마음이 얼마나 뜨거워지는지 실제로 느껴보기 위해 성경을 탐색하기 시작하라!

당신에겐 실로 경이로우신 구원자가 있다. 당신의 상처와 아픔에서 시선을 떼고 예수님을 바라보라. 그러면 구해주실 것이다!

Chapter 16

다윗의
비밀

축복의 열쇠는 뭘까?

하나님께서 다윗을 왜 "내 마음에 맞는 사람"(행 13:22)이라 하셨는지 생각해본 적 있는가? 다윗의 비밀은 무엇이었을까? 다윗의 무엇 때문에 하나님께서 그에게 그토록 풍성한 복을 주시고 왕으로 세우셨을까? 어떤 사람들은 그 이유를 다윗이 신속하게, 즉각 회개하는 사람이었기 때문이라고 말한다.

그러나 성경에는 신속하게, 즉각 회개한 다른 사람들도 많다. 따라서 그것으로 다윗을 구별하는 특징으로 꼽기는 힘들다. 더욱이 하나님께서 다윗을 하나님 마음에 맞는 사람이라 일컬으신 때는 다윗이 밧세바와 간음죄를 범하기 전이었다. 그러니 다윗의 비밀을 신속한 회개로 볼 수는 없다.

다윗을 돋보이게 했던 독특한 무엇이 있는 게 분명하다. 그 비밀을 알고 싶은가? 나는 그 비밀을 아는 것이 우리가 하나님의 풍성한 복을 받는 중요한 열쇠가 된다고 믿는다.

자, 그럼 시편 132편을 펼쳐보자. 거기에 다윗의 비밀이 있다. 다윗이 이 시편을 기록한 때는 사울 왕에게 사냥감처럼 추격을 당하고 있던 때였다. 사울은 다윗을 질투하고 있었고 언젠가는 다윗이 자기를 몰아내고 왕이 될까봐 두려워하고 있었기에 광야로 피신한 다윗을 집요하게 추격했다. 다윗은 그런 상황에서 이렇게 기록했다.

여호와여 다윗을 위하여 그의 모든 겸손을 기억하소서 그가 여호와께 맹세하며 야곱의 전능자에게 서원하기를 내가 내 장막 집에 들어가지 아니하며 내 침상에 오르지 아니하고 내 눈으로 잠들게 하지 아니하며 내 눈꺼풀로 졸게 하지 아니하기를⋯ 시 132:1-4

광야에서 피신 생활을 하고 있던 다윗은 자신이 '무엇인가'를 할 때까지는 잠도 자지 않고 쉬지도 않겠다고 하나님께 서원하고 있었다. 그것이 무엇인지 말하기 전에 먼저 해줄 말이 있으니 너무 조바심 내지 말라. 하나님께서 다윗을 어떻게 보셨는지에 대해 다윗 스스로 말한 것을 먼저 살피는 일이 필요할 것 같다.

그러나 이스라엘 하나님 여호와께서 전에 나를 내 부친의 온 집에서 택하여 영원히 이스라엘 왕이 되게 하셨나니 곧 하나님이 유다 지파를 택하사 머리를 삼으시고 유다의 가문에서 내 부친의 집을 택하시고 내 부친의 아들들 중에서 나를 기뻐하사(He liked me) 온 이스라엘의 왕을 삼으셨느니라 대상 28:4

"하나님께서 나를 좋아하셨다!"(God liked me. KJV)

다윗이 한 말이다. 정말 마음에 드는 말이다. 다윗이 했던 말을 이런 식으로 표현한 '흠정역 영어성경'의 번역 방식이 마음에 쏙 든다.

"하나님께서 나를 좋아하셔서 온 이스라엘의 왕으로 삼으셨다!"

오늘날에도 이스라엘 사람들이 "나는 네가 좋아"라고 말할 때, 이 구절에 쓰인 것과 똑같은 단어인 '라차흐'(ratsah)[14]를 사용하고 있다는 것을 알고 있는가? "I ratsah you!"는 "나는 네가 좋아!"란 뜻이다.

무엇이 그를 특별하게 만들었을까?

왜 하나님께서 다윗을 좋아하셨는지 알고 싶은가? 무엇이 그를 그렇게 특별하게 만들었을까? 나는 하나님께서 가장 중요하게 여기고 계시는 것을 다윗이 정확히 알고 있었기 때문이라고 믿는다. 그는 하나님의 생각을 알고 있었고, 하나님 마음에 있는 목표 하나를 이해하고 있었다. 그 목표가 무엇인지는 그가 광야에서 했던 서원인 시편 132편에 잘 드러나 있다.

내 눈으로 잠들게 하지 아니하며 내 눈꺼풀로 졸게 하지 아니하기를 여호와의 처소 곧 야곱의 전능자의 성막을 발견하기까지 하리라 시 132:4,5

다윗은 무엇에 대해 말하고 있는 것일까? 명확한 이해를 위해 계속 읽어보자. 다윗은 몇 구절 뒤에서 말한다.

여호와여 일어나사 주의 권능의 궤와 함께 평안한 곳으로 들어가소서
시 132:8

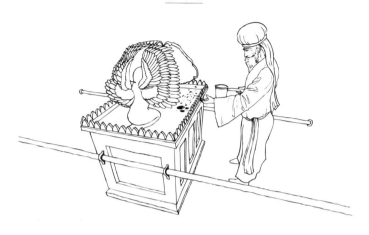

그렇다. 그는 언약궤를 예루살렘으로 다시 가져오는 것에 대해 말하고 있었다. 다윗이 소원하고 있던 게 그것이었다. 그리고 그가 언약궤를 다시 가져오는 것을 중요하게 여기고 있었기에, 하나님께서 그를 하나님의 마음에 맞는 사람으로 여기신 것이었다. 위에 언약궤 그림을 제시하였으니 참고 바란다.

옛 언약의 날들에는 하나님께서 언약궤 위의 두 그룹(cherubim) 사이에 거하셨다(삼상 4:4 참조). 그곳은 하나님의 보좌였다. 이스라엘 백성들이 하나님과 올바른 관계를 유지하면서 언약궤를 가지고 전장에 나갈 때마다 하나님께서는 원수들을 압도하는 승리를 안겨주셨다.

언약궤가 구약시대에 얼마나 중요했는지에 대해 꼭 짚어주고 싶다. 당신이 인디아나 존스 영화 시리즈의 1편인 〈레이더스 - 잃어버린 성궤를 찾아서〉라는 영화를 보고 언약궤의 중요성을 잘못 이해할까 적잖이 우려되기 때문이다. 당신이 그 영화를 보았다면, 확실하게 말해두지만, 그 영화에서 본 것은 언약궤에 대한 정확한 묘사가 아니다. 언약궤 안에는 그 영화의 마지막 장면에 나오는 것 같은 '살아 있는 정령들'이 없다!

구약시대 동안, 하나님께서 이 지구를 내려다보셨을 때, 하나님 보시기에 가장 거룩한 나라는 어디였을까? 이스라엘이었다. 그러면 이스라엘의 모든 도시들 중에서 가장 거룩한 도시는 어디였을까? 예루살렘이었다. 그러면 예루살렘의 모든 장소들 중에서 가장 거룩한 곳은 어디였을까? 예루살렘 성전이었다. 성전에는 바깥뜰, 성소, 지성소가 있었다. 성전에서 가장 거룩한 곳은 어디였을까? 당연히 지성소였다.

성전의 성소에는 촛대, 분향 제단, 진설병 탁자 등의 기물들이 있다. 그리고 휘장 하나가 성소와 지성소를 구분하고 있다. 그러면 성소 안쪽의 휘장 뒤편 지성소에는 무엇이 있을까? 하나의 기물만 있다. 언약궤이다. 이는, 언약궤가 당시 지구상에서 가장 거룩한 물건이었음을 뜻한다. 그것은 우주의 중앙에 있으면서 동시에 하나님 마음의 한복판에 있는 하나님의 가장 중요한 기물이었다.

구약에서 하나님께서는 언약궤 위에 있는 '두 그룹 사이에서' 대제사장에게 명령하시겠다고 말씀하셨다(출 25:22 참조). 그곳은 사실 언약궤의 덮개, 즉 '속죄소'였다. 속죄소는 대제사장이 해마다 '속죄일'에 제물로 바쳐진 동물의 피를 뿌리는 곳이기도 했다. '속죄일'은 1년 중 단 하루로, 대제사장은 오직 그날에만 성소의 휘장을 지나 지성소에 들어갈 수 있었다.

집중력을 유지하면서 잘 따라오고 있는가? 가장 흥미로운 부분에 이르렀으니 조금 더 집중하여 따라오라!

언약궤 예표

앞에서 말했던 대로, 예수님은 엠마오로 가는 두 제자에게 모세의 글에서 시작하여 모든 선지자들의 글에 이르기까지 자신에 관한 것들을 설명해주셨고, 예수님의 설명을 들었을 때 두 제자의 마음은 뜨거워졌다. 자, 이제 우리도 구약에서 예수님을 드러낼 준비가 되었고, 그것이 당신의 마음을 뜨겁게 해줄 것이다. 준비되었는가? 바로 들어가보자.

언약궤는 하나님께 매우 중요했으므로 하나님께서는 언약궤를 만드는 법과 관련하여 이스라엘 백성에게 매우 구체적인 지침을 주셨다(출 25:10-22 ; 37:1-9 참조). 물론 우리는 이 책에서 표면을 스치듯 지나갈 수밖에 없지만, 성경에는 중요하지 않은 부차적인 것들이 하나도 없으므로, 언약궤에 관한 세세한 사항들 모두가 예수님을 뚜렷하게 나타내준다.

먼저 언약궤가 우리 주 예수 그리스도께서 어떤 분이시고 어떤 일을 하실지를 가리키고 있다는 점을 알려주고 싶다. 그리스도는 하나님 마음의 중심에 놓여 있는, 하나님께서 가장 중요하게 여기시는 분이다. 당신은 이 부분을 계속 읽어나갈수록 그리스도와 더 깊은 사랑에 빠져들게 될 것이다.

먼저 앞에 제시한 언약궤 그림을 보라. 이제부터 언약궤를 이루고 있는 몇 가지 구성요소를 살펴보자.

언약궤의 네모진 상자 부분은 아카시아 나무(조각목)로 만들어져 있고 그 위에 금이 입혀져 있다. 성경에서 나무는 보통 인간성(humanity)을 말한다(사 55:12 ; 막 8:24 참조). 이스라엘에서 아카시아 나무는 썩지 않는 목재로 알려져 있다. 따라서 그것은 예수님의 부패하지 않은 인간성을 말한다. 예수님은 '죄 있는 육신의 모양'(롬 8:3)으로 하나의 인간으로 세상에 오셨지만, 예수님 안에는 죄가 없었다.

한편 금은 성경에서 보통 신성(神性)과 지고(至高)함을 말한다(사 2:20 ; 아 5:11,14,15 참조). 그러니 '금으로 덮은 나무'는 예수님이 어떤 분인지를 말한다. 예수님은 완벽한 인간인 동시에 완벽한 하나님이시다.

언약궤 안에 있던 것들

이제 그 궤의 덮개를 보자. 덮개 전체는 순금 판(板)으로 되어 있다. 히브리어로 그 덮개는 '카포레스'(kapporeth)라 불린다. '자비의 자리'(속죄소)라는 뜻이다.[15) 그러면 그 덮개는 무엇을 덮기 위해 사용되었을까?

언약궤 안에는 세 가지 물건이 보관되어 있었다. 첫째는 하나님께서 십계명을 기록하신 돌판이었다. 그 돌판은 하나님의 율법을 완벽하게 지키지 못하는 우리의 무능력, 하나님에 대한 우리의 반항을 말한다.

둘째는 아론의 지팡이였다. 그 지팡이는 평범한 보통 지팡이가 아니었다. 그것은 이스라엘 자손들이 광야를 지나던 시기에 성막 안에 하룻밤 놓여 있었는데, 다음 날 보니 움이 돋고 순이 났을 뿐 아니라 꽃이 피고 살구 열매를 맺었다(민 17:1-10 참조).

하나님께서 그렇게 하신 까닭을 알고 있는가? 하나님께서 아론을 이스라엘의 대제사장으로 세우신 데 대하여 이스라엘 자손들이 거칠게 항의하고 불평하자, 아론을 대제사장으로 세우신 이가 바로 하나님 자신임을 보여주기 위해 아론의 지팡이에서 싹이 나고 열매가 맺히는 초자연적 역사를 보이신 것이었다. 그러므로 아론의 싹 난 지팡이는 하나님께서 세우신 지도자에 대한 인간의 반항을 말한다.

언약궤 안에 보관되어 있던 마지막 물건은 만나를 담은 금 항아리였다. 성경은 만나를 가리켜 '천사의 음식'(시 78:24,25 참조, KJV, NASB)이라 말한다. 이스라엘 자손들은 40년의 세월 동안 광야를 배회하면서 만나를 먹었지만, 그들 가운데 그 누구도 병들지 않았다. 하지만 그들은 그것을 거지같은 '하찮은 음식'(민 21:5)이라 일컬었다. 따라서 만나를 담은 금 항아리는 하나님의 공급하심에 대한 인간의 반항을 말한다.

언약궤 안에 보관되어 있던 물건들 모두가 하나님에 대한 우리의 죄와 반항을 나타내고 있다는 사실을 알겠는가? 그러나 하나님께서 우리의 죄와 반항을 어떻게 하셨는가? 그것들 모두를 언약궤 안에 넣으시고, 희생의 제물로 바쳐진 동물의 피가 뿌려지는 속죄소(덮개)로 덮으셨다. 이렇게 하심으로써 인간의 죄와 반항을 보기를 원하지 않으신다고 말씀하고 계신 것이다. 하나님께서는 인간을 내려다 보실 때, 인간의 죄와 반항을 보지 못하신다. 언약궤의 덮개, 즉 속죄소 위에 뿌려진 희생 제물의 피가 그 모든 것을 덮고 있기 때문이다!

명확히 이해할 수 있도록 다시 한 번 말하겠다. 희생 제물의 피가 당신의 죄를 덮고 있을 때, 하나님께서는 당신의 죄를 보지 못하신다. 구약에서 이스라엘의 대제사장이 해마다 한 번씩 속죄일(Day of Atonement, 레위기 16장 참조)에 지성소로 들어가 희생 제물의 피를 속죄소 위에 뿌릴 때마다 이스라엘 백성들이 크게 기뻐한 것이 바로 그런 까닭이다.

희생 제물의 피가 속죄소 위에 있을 때, 하나님께서는 십계명의 돌판이 나타내는 하나님의 율법을 거부한 이스라엘의 죄를 보실 수 없었고, 아론의 지팡이가 나타내는 하나님께서 직접 세우신 대제사장을 거부한 이스라엘의 죄를 보실 수 없었으며, 만나를 담은 금 항아리가 나타내는 하나님께서 공급해주신 것을 거부한 이스라엘의 죄를 보실 수 없었다. 하나님께서는 오로지 속죄소 위에 뿌려진 피만을 보셨다!

속죄소가 그리스도를 말해준다
그뿐만이 아니다. 속죄소는 또한 그리스도가 어떤 분이신지 말한다. 성경은 말한다.

그는 우리 죄를 위한 화목 제물이니 요일 2:2

이는 예수님이 우리에게 떨어져야 할 하나님의 진노를 자기에게 돌리기 위해 우리의 희생 제물이 되셨다는 의미이다. '화목 제물'이라는 단어는 참으로 아름다운 단어이다. 예수님은 십자가에서 우리의 죄를 위한 화목 제물이 되셨다. '70인 역 헬라어 성경'(현존하는 가장 오래된 헬라어 번역판 구약성경)을 보면, '화목 제물'을 뜻하는 단어와 '속죄소'를 뜻하는 단어가 동일함을 발견할 수 있다.[16]

따라서 예수님이 우리의 화목 제물이라는 사도 요한의 말은 곧 예수님은 우리의 속죄소라는 말이 된다. 언약궤의 덮개인 속죄소는 두드려서 모양을 낸 하나의 순금 판(板)으로 만들어졌다. 마찬가지로 예수님은 우리를 대신하여 죄의 형벌을 받기 위해, 우리의 속죄소가 되기 위해 잔인하게 맞으셔야 했고 채찍질을 당하셔야 했다. 그리하여 우리는 나음을 입었다.

또한 언약궤의 속죄소 테두리 부분을 살펴보면 왕관과 유사하다는 점을 발견할 수 있다. 그것은 예수님의 위엄과 영광과 왕권을 나타낸다. 예수님은 섬김을 받기 위해서가 아니라 섬기기 위해 오신 유일한 왕이셨다. 예수님은 왕이셨으나 십자가에서 우리를 위해 종이 되셨다.

이처럼 언약궤는 우리 주 예수 그리스도의 그림자요, 그분의 인격과 사역을 나타내는 예표이다. 예수님의 피로 말미암아 우리의 모든 죄가 깨끗이 씻겼다.

속죄소를 열지 말라

구약의 사람들 누구든지 언약궤에 손을 대는 것이 위험했던 까닭이 무엇이었을까? 언약궤 덮개(속죄소)를 열어, 하나님께서 덮어 가리신 자신들의 죄와 반항을 들춰내는 일이야말로 실로 위험한 일이 아니었을까?

누구든지, 언제든지 언약궤 덮개(속죄소)를 열면 안 되었으며, 그 결과는 매우 가혹했다. 성경은 구약시대에 벧세메스라 하는 마을의 주민들이 언약궤 안을 들여다보기 위해 속죄소를 들어 올렸을 때, 그들 가운데 정말 많은 이들이 하나님께 죽임을 당했다고 말하고 있다(삼상 6:19 참조).

언약궤 안에 있는 십계명 돌판을 잠깐 슬쩍 엿보는 것조차 용인되지 않았다. 하나님께서는 율법이 드러나는 것을 원하지 않으신다. 율법이 우리의 죄와 반항을 나타낼 뿐 아니라 우리를 죽이고 정죄하는 일을 하기 때문이다.

그러나 참으로 해괴한 일 하나가 있다. 구약에서조차 하나님께서는 율법을 속죄소 아래 덮어두셨는데, 오늘날 많은 그리스도인들이 십계명을 기록한 액자를 안방이나 거실에 걸어놓고 있으니 말이다!

아마도 그들은 하나님의 자비와 은혜를 율법보다 더 높여야 한다고 생각하지 않는 모양이다. 속죄소가 율법 위에 놓여 있다는 점을 주목하라! 이는 하나님의 자비가 심판을 이긴다는 사실을 말해준다(약 2:13 참조).

하나님의 은혜가 하나님의 심판보다 더 위에 있다. 하나님께서 심판하시는 것은 공의로운 분이시기 때문이지만, 하나님께서는 심판하시는 것을 기뻐하지 않으신다. 하나님께서는 자비와 은혜 베풀기를 기뻐하신다. 하나님의 진노는 한순간 지속될 뿐이지만, 하나님의 자비는 영원히 지속된다. 내 말이 아니라 성경의 말이다(시 30:5 ; 106:1 참조).

그러나 오늘날 몇몇 사람들이 하나님을 잘못 묘사한 탓에, 수많은 신자들이 하나님의 자비는 한순간만 지속되고 하나님의 진노는 영원히 지속된다는 그릇된 생각을 갖고 있다. 이는 진실이 아니다. 우리를 향한 하나님의 진노는 십자가에 달리신 예수님에게 발하여진 그 순간 종결되었다.

사실 하나님의 심판조차도 하나님의 은혜를 실증한다. 왜냐하면 하나님께서 우리의 죄에 대하여 우리를 심판하시는 대신, 죄가 없는 자신의 외아들 예수님을 대신 심판하셨기 때문이다! 그것이 은혜이다. 우리가 받아 마땅했던 하나님의 심판은 예수님 위에 떨어졌고, 예수님이 받아 마땅했던 하나님의 축복은 우리 위에 떨어졌다! 그것이 바로 아무 자격 없고 공로도 없는 우리에게 주시는, 분에 넘치는 하나님의 은총이다.

그러니 언약궤 덮개를, 속죄소를 열지 말라! 하나님께서 덮으신 당신 자신의 죄나 다른 사람들의 죄를 들추지 말라! 그 모든 죄들은 예수님의 피로 완벽하게 용서받았다. 할렐루야!

언약궤 다시 가져오기

다윗의 서원으로 돌아가보자. 그는 언약궤를 예루살렘으로 다시 가져오겠다고 하나님께 서원했다. 당시 언약궤는 '기럇여아림'이라는 작은 산골 마을에 20년 이상 놓여 있던 상태였다. '기럇여아림'은 '나무들의 들판'이라는 뜻이다.[17]

다윗은 '베들레헴 에브라다'(예수님이 태어나신 베들레헴) 지방에서 자라던 어린 시절부터 언약궤에 대하여 들었다. 그가 시편에서 기럇여아림을 가리키면서 "우리가 그것이 에브라다에 있다 함을 들었더니 나무 밭에서 찾았도다"(시 132:6)라고 말한 것을 보면 알 수 있다.

성장기의 다윗은 분명, 원래 예루살렘에 있던 언약궤를 다시 예루살렘으로 가져오는 일을 아무도 하지 않는 까닭이 무엇인지 의아했을 것이다. 당시 이스라엘의 왕은 사울이었지만, 그는 언약궤를 다시 가져오고자 하는 마음이나 의욕을 조금도 가지고 있지 않았다. 그 작은 산골 마을에 계속 방치해둘 뿐이었다. 그래서 다윗은 하나님의 언약궤를 예루살렘의 시온 산으로 다시 가져오는 것을 자신의 열렬한 갈망으로 삼았다.

하나님께서 그곳을 자신이 거하는 곳으로 택하셨기 때문이었다.

> 여호와께서 시온을 택하시고 자기 거처를 삼고자 하여 이르시기를 이는 내
> 가 영원히 쉴 곳이라 내가 여기 거주할 것은 이를 원했음이로다 시 132:13,14

하나님께서 시내 산이 아니라 시온 산을 택하신 까닭이 무엇인지 알고
있는가? 시내 산은 하나님의 율법을 나타내는 반면, 시온 산은 하나님의
은혜를 나타내기 때문이다.

하나님께서는 최초의 오순절에, 즉 최초의 유월절로부터 50일이 되던
날에 시내 산에서 이스라엘 백성들에게 십계명을 주셨으나, 그날 3천 명가
량의 백성들이 죽었다(출 32:16-28 참조). 반면, 예수님의 부활 이후에 임한
오순절에는 하나님께서 시온 산에서 성령을 주시어 3천 명이 구원을 받았
고, 새 언약의 교회가 태동했다(행 2:1-41 참조).

율법은 죽인다. 그러나 성령은 생명을 준다. 율법은 정죄한다. 그러나
은혜는 구원한다. 하나님께서는 율법보다 은혜를 택하셨다! 시내 산보다
시온 산을 택하셨다!

만일 당신이 언약궤 예표를 제대로 이해했다면, 언약궤를 예루살렘으
로 다시 가져오는 것이 곧 오늘의 교회가 예수님을 가장 중요한 자리에
다시 모시는 것과 동일하며 또한 예수님과 예수님이 이루신 일을 교회의
모든 가르침과 설교의 중심점으로 만드는 것과 동일하다는 것을 알 수
있을 것이다.

주님은 오래전 내게 이렇게 말씀하셨다.

"아들아, 예수 그리스도를 다시 교회로 모셔와라!"

안타깝게도 많은 교회의 강단에서 예수님의 이름이 힘차게 선포되는 것

을 듣기가 좀처럼 쉽지 않다. 정말 슬픈 일이다. 처세술과 긍정적인 사고 방식과 동기부여적인 가르침들뿐이다. "행함, 행함, 행함!", "비전, 비전, 비전!", "소명, 소명, 소명!" 이런 말들만 들려올 뿐, 예수 그리스도와 그분이 십자가에서 이루신 일에 대한 가르침들은 좀처럼 들리지 않는다. 심리학, 처세술, 긍정적인 사고방식, 동기부여…. 기독교가 정녕 이런 것이란 말인가? 당신의 행함, 당신의 소명, 당신의 비전에 관한 것이란 말인가?

신자들이 불신자들을 대상으로 즐겨 사용하는 구절 하나가 요한계시록에 있다.

> 볼지어다 내가 문 밖에 서서 두드리노니 누구든지 내 음성을 듣고 문을 열면 내가 그에게로 들어가 그와 더불어 먹고 그는 나와 더불어 먹으리라
> 계 3:20

그러나 문맥을 잘 살펴보면, 이 구절이 불신자들에게가 아니라 라오디게아교회 신자들에게 주어졌다는 사실을 알 수 있다(계 3:14 참조). 오늘날 우리 주님이 교회의 문 밖에 서서 교회의 문을 두드리고 계신 까닭이 무엇일까?

예수님을 드러내는 것

나는 예수님의 복음을 전하기 위해 세계 여러 나라를 여행하면서 귀한 형제자매들을 만날 때, 그래서 그들에게 예수님을 처음부터 다시 드러낼 수 있을 때 가장 큰 보람을 느낀다. 그들의 눈이 열리도록, 그래서 예수님과 예수님의 은혜와 예수님의 아름다움과 예수님의 행하신 일의 완벽함을 더 많이 보도록 도와주었다는 것보다 더 큰 보람은 없다. 그것이야말로

주님이 내게 주신 평생의 사명이기 때문이다.

신혼시절, 아내와 둘이서 아주 작은 집에서 어떻게 살았었는지 지금도 기억난다. 우리는 작은 아파트를 얻어 신접살림을 차렸다. 우리의 공부방은 정말로 작아서 의자 하나 들여놓을 공간조차 부족했다. 어느 날, 공부방 바닥에 앉아 성경을 읽고 있는데 주님이 말씀하셨다. 주님은 그리스도의 몸 된 교회가 예수 그리스도를 그 중심에 모셔야 하는데도 그렇지 못하며, 그 결과 예수님의 풍성한 축복으로 흘러넘쳐야 하는 교회가 그렇지 못하고 있다는 사실을 내가 이전에 알고 있던 것보다 훨씬 더 분명하게 가르쳐주기 시작하셨다.

주님이 그렇게 가르쳐주셨을 때, 나는 주님께 아뢰었다.

"주님, 만일 제 설교가 오직 예수님으로만 가득한 설교가 된다면 아무도 제 설교를 들으려 하지 않을 겁니다!"

그러자 주님이 다시 말씀하셨다.

"아들아, 네 설교를 들으러 아무도 오지 않는다 해도 기꺼이 그런 설교를 할 수 없겠니? 예수님으로 가득한 설교를 기꺼이 할 수 없겠니?"

나는 주님의 질문에 아연하지 않을 수 없었고, 한동안 골똘히 생각하지 않을 수 없었다. 젊은 목회자로서의 원대한 포부, 당시 내가 섬기고 있던 교회를 크게 키우고픈 의욕이 가득했기 때문이었다. 그리고 잠시 후, 나는 주님께 아뢰었다. 그때 내가 주님께 아뢰었던 말은 결코 잊지 못할 것 같다.

"주님, 우리 교회가 지금보다 더 작아진대도 기꺼이 그런 설교를 하겠습니다!"

그리하여 나는 예수님으로 가득한 설교를 하기 시작했고, 사람들이 내 설교를 들으러 오든지 말든지 걱정하지 않았다. 나는 그저 예수 그리스도에 대해, 그분께서 십자가에서 마치신 일에 대해 전파하기 시작했다.

그로부터 많은 세월이 흐른 지금, 나는 그 질문이 주님의 테스트였다는 것을 잘 알고 있다. 우리 교회는 더 작아지지 않았다. 아니, 내가 주님과의 그 만남을 체험한 직후부터 우리 교회는 폭발적으로 성장하기 시작했다. 당시 우리 교회의 출석교인은 몇 백 명에 불과했지만 지금은 1만5천 명 이상으로 늘어났다.

하나님께서는 의자 하나 놓기조차 마땅치 않은 작은 방의 바닥에 앉아 성경을 읽고 있던 젊은 목사에게 도전하셨고, 그 젊은 목사가 그에 응했을 때, 그의 사명을 이루는 데 필요한 모든 것을 계속적으로 공급해주셨다. 하나님께서는 내게 귀한 아내를 주셨고, 아름다운 딸도 주셨고(하나님께서 내게 말씀하셨을 때 딸은 아직 태어나지 않았었다), 내가 그 사명을 감당할 수 있도록 튼튼히 뒷받침해주는 훌륭한 사역자들도 주셨다. 하나님께서 내 삶에 주신 모든 것들이, 예수님을 드높일 수 있는 곳으로 나를 이끌어갔다.

"목사님은 은혜를 전파하도록 부르심 받은 일꾼이에요!"

많은 사람들이 내게 말한다. 그러나 나의 주된 사명은 그저 은혜를 전파하는 것이 아니다. 나의 주된 사명은 예수님을 교회의 중심부로 다시 모셔오는 것이다. 은혜를 전파하는 것은 그 일부일 뿐이다. 예수님과 예수님의 은혜를 분리할 수는 없다.

> 율법은 모세로 말미암아 주어진 것이요 은혜와 진리는 예수 그리스도로 말미암아 온 것이라 요 1:17

사실 은혜의 복음을 전하기는 그리 쉽지 않다. 왜냐하면 은혜의 복음을 전한다는 말이, 인간은 아무것도 아닌 것으로 만들되 예수님을 모든 것으로 만든다는 뜻을 갖는데, 인간의 행위와 자기 노력을 사랑하는 사람들로서는 그다지 달가운 일이 아니기 때문이다.

"나는 영적인 기름부음을 받기 위해 40일 동안 금식했어!"

사람들은 그렇게 말하기를 좋아한다.

"나는 영적인 능력을 위한 대가를 지불했어!"

사람들은 그렇게 말할 수 있게 되기를 원한다. 그러나 예수님이 이미 그 대가를 지불하셨다. 영적인 능력을 얻는 것, 그것은 당신의 금식과 상관 있는 것이 아니다. 그것은 전적으로 예수 그리스도의 일에 관계되어 있다!

예수님을 다시 시온 산으로!

예수님을 다시 시온 산으로 모셔온다는 것이 무슨 뜻인지 설명해주겠다. 그것은 예수님을 다시 은혜의 자리로 모셔온다는 뜻이다. 예수님에 관한 설교임에도, 모질고 매몰찬 말들로 가득한 설교를 들어본 적 있는가? 십대 시절, 섬뜩한 두려움을 안겨주었던 설교를 들었던 기억이 난다.

"예수님은 여러분의 의(義)가 서기관들과 바리새인들의 의보다 더 낫지 못하면 결단코 하늘나라에 들어가지 못할 것이라 말씀하셨습니다!"

우리 교회 목사님은 마태복음 5장 20절을 본문으로 그렇게 말했다. 그리고 다시 이렇게 말했다.

"만일 바리새인들이 이런저런 표준을 갖고 있었다면, 우리는 그것들보다 훨씬 더 높은 표준을 가져야 합니다!"

실제로 사형선고를 받는 범죄자가 된 것 같은 느낌이었다. 희망이 없었다. 바리새인들의 표준에도 이르지 못하는 사람이 어찌 감히 희망을 가질 수 있을까?

그 목사님은 예수님의 말씀으로 설교를 했지만, 예수님을 은혜의 자리로 모셔오지 못했다. 그 목사님은 예수님을 가혹한 분, 율법주의적인 분으로 느껴지게 했다. 그 분은 하나님의 언약궤를 시온 산으로 다시 가져오지 못했다.

그렇다면 마태복음 5장 20절에서 예수님이 하신 말씀을 은혜의 문맥 안에서 해석해보자! 그때 예수님은 하늘나라에 들어가는 유일한 길은, 다른 모든 표준들을 넘어서는 예수님의 의(義)를 갖는 것이라고 말씀하셨다. 예수님의 의가 서기관들이나 바리새인들의 '자기 의'보다 훨씬 더 높다! 그리고 알고 있는가? 예수님의 의는 값없이 받을 수 있는 선물이며, 당신이 이미 그것을 소유하고 있단 것을!

하나님의 마음에 맞는 사람이 되라!

다윗의 축복의 비밀은 하나님의 언약궤를 추구했다는 사실이었다. 하나님께서는 그러한 그를 하나님의 마음에 맞는 사람이라 칭하셨다. 오늘날 당신 역시도 하나님의 마음에 맞는 사람이 될 수 있다. 당신은 예수님을 추구할 수 있고, 그분을 당신 삶의 중심으로 다시 모셔올 수 있다. 예수님을 당신 삶의 모든 부분에서 중심으로 삼아라!

두세 사람이 내 이름으로 모인 곳에는 나도 그들 중에 있느니라 마 18:20

예수님은 분명히 말씀하신다.

만일 지금 당신의 결혼생활이 위기에 봉착했다면, 십중팔구 그 원인은 예수님만 주실 수 있는 것들을 당신 남편이나 아내에게 기대하고 있기 때문일 것이다. 그렇게 되면 서로에게 과중한 압력을 주는 것으로 끝날 수

밖에 없다. 모든 결혼생활에는 '제3자'가 필요하다. 그분의 이름은 예수님이시다. 우리는 결혼생활의 중심에 예수님을 모셔야 한다.

예수님을, 예수님의 은혜를, 예수님이 십자가에서 이루신 일을 당신의 모든 삶의 중심으로 삼아라! 예수님을 당신의 사역과 결혼생활과 가정과 직장생활과 재정문제의 중심으로 삼아라! 그러면 예수님의 풍성한 복이 오늘 당신의 삶에 흘러넘칠 것이다!

Chapter 17

DESTINED TO REIGN

순수한 은혜를
나타내는 그림

주홍 실 한 가닥

우리 딸이 다섯 살쯤 되었을 때, 그 아이에게 물었다.

"성경이 뭐지?"

딸아이는 대답했다.

"빨간 끈 하나가 가운데 달려 있는, 전부 다 예수님에 관한 책!"

그 대답이 정말 마음에 들었다. 모든 것을 어린아이의 관점으로 보는 것보다 더 귀한 것은 없다. 딸아이는 어른들이 좋아하는 종교적인 용어들로 성경을 설명하지 않았다. 성경을 바라보되, 가장 단순하고 순수한 모습 그대로 보았다. 빨간 끈 하나가 가운데 달려 있는, 전부 다 예수님에 관한 책!

물론 나는 그 빨간 끈이 책갈피라는 것을 그 아이에게 설명해주어야 했다. 하지만 알고 있는가? 창세기 처음부터 요한계시록 끝까지 그 책을 두루 관통하고 있는 '주홍 실' 한 가닥이 정말로 있다는 것을? 그 '주홍 실'

한 가닥은, 전적으로 예수님과 그분이 십자가에서 마치신 일에 관계되어 있다.

새 신자들은 처음 구약을 읽을 때, 동물들을 도살하여 제사를 드리고 그 피를 뿌리는 모든 일들이 대체 무엇에 관한 것인지 의아해한다. 그러나 피 뿌림이 없으면 죄 사함도 없다는 말의 뜻을 이해하게 될 때, 피의 가치를, 특별히 예수님이 십자가에서 우리의 죄를 위해 흘리신 피의 가치를 제대로 이해할 수 있게 된다.

성경은 아담과 하와가 선악을 알게 하는 나무의 열매를 따먹음으로 죄를 범한 이후에 하나님께서 그들에게 가죽 옷을 지어 입히셨다고 말한다(창 3:21 참조). 인간의 죄를 덮기 위해 동물이 희생을 당한 최초의 사건이 바로 그곳, 에덴동산에서 일어났다. 구약의 모든 동물 제사는 실체이신 예수 그리스도를 나타내는 그림자이다. 옛 언약 아래서 황소와 염소의 피는 모두 그리스도라는 실체를 가리켰다. 그리스도의 피가 갈보리 십자가에서 뿌려졌기 때문이다. 세례 요한이 말한 그대로, 예수님은 "세상 죄를 지고 가는 하나님의 어린양"(요 1:29)이시다. 사도 요한은 요한계시록에서 한 음성을 들었다.

"울지 말라 유대 지파의 사자 다윗의 뿌리가 이겼으니…"(계 5:5).

그런데 그가 그 사자를 보려고 눈을 돌렸을 때, 사자 대신 '일찍이 죽임을 당한 것 같은 한 어린양'을 보았다(계 5:5,6 참조). 창세기에서 요한계시록에 이르기까지 성경의 모든 것들이 예수님의 십자가 죽음을 가리킨다. 오늘날 우리가 은혜의 새 언약 아래 있는 것은, 전적으로 예수님의 희생 덕택이다.

옛 언약은 언제나 우리 자신을 바라보게 만든다. 반면 새 언약은 언제나 우리 자신에게서 눈을 돌려 십자가에 달리신 예수님을 바라보게 한다.

옛 언약의 선지자들은 우리의 죄를 자꾸 상기시킨다. 반면 은혜의 새 언약의 선포자들은 그리스도 안에 있는 우리의 의(義)를 계속 상기시킨다.

율법의 옛 언약인 구약은 우리의 잘못된 점들을 계속 지적한다. 반면 은혜의 새 언약인 신약은 우리에게 잘못된 것들이 매우 많음에도 불구하고, 예수님이 십자가에서 이루신 일 덕분에 우리가 의롭게 되었다는 사실을 계속 깨우쳐준다.

율법을 대표하는 모세가 첫 번째로 일으킨 이적은 물을 피로 변하게 하는 것이었고, 그 이적은 많은 생명을 죽이는 결과를 낳았다(출 7:14-18 참조). 반면 은혜이신 예수님이 첫 번째로 일으킨 이적은 물을 포도주로 변하게 하는 것이었고, 그 이적은 축하의 연회와 생기를 결과로 낳았다(요 2:1-11 참조). 율법은 죽이지만 성령은 생명을 준다!

애굽에서 시내 산까지 가로지르는 순수한 은혜

하나님께서 이스라엘 자손들을 애굽의 노예 상태에서 해방시키신 까닭은 그들이 십계명을 잘 준수해서가 아니었다. 당시는 십계명이 주어지지도 않았던 때였다. 이스라엘 자손들은 순전히 어린 양의 피 덕분에 애굽에서 빠져나올 수 있었다.

몇 해 전, 하나님께서 나를 '복음 혁명'으로 안내한 어떤 가르침을 주신 적이 있었다. 어느 날, 거실에 앉아 하나님 말씀을 읽고 있는데, 주님이 내게 말씀하셨다.

"아들아, 애굽에서 시내 산에 이르기까지의 이스라엘 자손들의 여정에 대해 연구해보거라. 그것이 순수한 은혜를 나타내는 하나의 그림이기 때문이다. 그 시기 동안 그들이 불평하고 원망했지만, 그들 가운데 단 한 사람도 죽지 않았다!"

그 어떤 설교에서도 들어보지 못했고 그 어떤 책에서도 읽어보지 못한 생소한 말이었다. 나는 잔뜩 흥분하여 성경의 그 부분을 펼쳤고, 하나님이 틀렸다는 것을 입증하기 위해 그 시기에 죽은 이스라엘 자손들을 찾아내기 위한 작업에 착수했다. 그렇게 해본 적이 있는가? 하나님이 틀렸다는 것을 입증하려고 애써본 적이 있는가? 자신 있게 말할 수 있다. 그 누구도 그런 일에 성공할 수 없다. 나는 그 시기에 이스라엘 백성들이 그렇게 모세와 하나님을 원망하고 불평했는데도 정말로 죽은 사람이 하나도 없었다는 사실을 깨달았다!

하나님께서 큰 기사와 표적을 일으켜 그들을 애굽의 노예 상태에서 해방시켜주셨건만, 그들은 하나님을 영화롭게 하지 못했고 오히려 계속 불평하고 원망했다. 뒤에서는 애굽의 군대가 굉음을 내며 추격해오고 앞에는 홍해가 가로막고 있을 때, 그들은 모세에게 거칠게 외쳐댔다.

"애굽에 매장지가 없어서 당신이 우리를 이끌어내어 이 광야에서 죽게 하느냐 어찌하여 당신이 우리를 애굽에서 이끌어내어 우리에게 이같이 하느냐"(출 14:11).

그것은 하나님에 대한 불평과 원망이었고, 하나님에 대한 불평과 원망은 분명 죄이다. 그러나 그때 하나님께서 어떻게 반응하셨는가? 그들을 징벌하셨는가? 아니다. 홍해를 갈라주셨고, 이에 그들은 마른 강바닥을 걸어 적들의 위협으로부터 안전하게 건너편으로 건너갈 수 있었다.

그러나 이렇게 하나님께서 그들을 홍해 건너편으로 안전하게 데려가셨음에도, 그들의 불평과 원망은 그치지 않았다. '마라'에 이른 그들은 그곳의 물이 쓰다고 불평했다. 그때 하나님께서 어떻게 반응하셨는가? 그들을 징벌하셨는가? 아니다. 그곳의 쓴 물을 단 물로 바꾸어주셨다(출 15:23-25 참조).

광야로 들어간 그들은 허기가 지자 모세를 원망하면서 거칠게 외쳐댔다. 그때 하나님께서 어떻게 반응하셨는가? 징벌하셨는가? 아니다. 하늘에서 양식을 비처럼 내려주셨다(출 16:2-4 참조). 그러나 그래도 그들의 불평과 원망은 그칠 줄 몰랐다. 다시 물이 부족하게 되자 그들은 모세를 원망하면서 외쳐댔다.

"당신이 어찌하여 우리를 애굽에서 인도해내어서 우리와 우리 자녀와 우리 가축이 목말라 죽게 하느냐"(출 17:3).

그때 하나님께서 어떻게 반응하셨는가? 징벌하셨는가? 아니다. 단단한 바위에서 물을 내주셨다.

직접 성경을 읽어보라! 애굽을 떠나 시내 산에 이르기 전까지의 그 시기 동안, 이스라엘 자손들이 원망하고 불평할 때마다, 그 원망과 불평은 오히려 하나님의 은총과 공급하심과 선하심을 새롭게 입증하는 결과를 가져왔다. 왜? 그 시기 동안 하나님께서는 그들의 순종이나 선행에 근거하여 그들에게 복을 주시고 베풀어주신 것이 아니기 때문이었다. 그것은 아브라함과 맺으신 언약(창 15:1-21 참조), 즉 은혜 언약에 대한 하나님의 신실하심과 선하심 때문이었다.

시내 산에서 이루어진 언약의 교체

그런데 시내 산 산자락에서 비극적인 사건 하나가 일어나고 말았다. 이스라엘 백성들이 시내 광야에 이르렀을 때, 하나님께서는 모세를 불러 "너희가 내 말을 잘 듣고 내 언약을 지키면 너희는 모든 민족 중에서 내 소유가 되겠고…"(출 19:5)라고 말씀하셨고, 모세가 이를 백성들에게 전하자 백성들은 일제히 대답했다.

"여호와께서 명령하신 대로 우리가 다 행하리이다"(출 19:8).

그러나 히브리어 성경에서 이 구절은 교만의 의미를 매우 짙게 함축한다. 사실상 그들은 "우리는 하나님께서 우리에게 명하시고 요구하시는 모든 것들을 아주 잘 수행할 수 있는 능력을 갖고 있습니다!"라고 말하고 있었다.

다시 말해서, "하나님! 이제 하나님의 선하심에 근거하여 저희를 판정하시거나 복 주시는 것을 중단해주세요! 대신 이제부터는 저희들의 순종에 근거하여 저희들을 판정하시고 복을 주세요!"라고 말하고 있었다. 이렇게 그들은 실제적으로 언약을 교체했다. 하나님 은혜에 바탕을 둔 아브라함과의 언약에서 율법(인간의 행위)에 바탕을 둔 시내 산의 언약으로 바꾼 것이었다.

그전까지 하나님께서는 줄곧 그들과 함께하셨고, 그들을 위해 싸우셨다. 그들이 끊임없이 불평하고 원망했음에도 그들을 위해 홍해를 가르셨고, 하늘에서 만나를 내려주셨고, 단단한 바위에서 물을 내주셨다. 그러나 그들이 그 교만한 말을 입 밖에 내는 순간 어조를 바꾸시어, 그들이 산 가까이 접근하지 못하게 명령하라고 모세에게 이르셨다.

"너희는 삼가 산에 오르거나 그 경계를 침범하지 말지니 산을 침범하는 자는 반드시 죽임을 당할 것이라"(출 19:12).

하나님께서 태도를 바꾸신 까닭이 무엇일까? 인간이 주제넘게 자신의 힘을 전제로, 자신의 순종을 바탕으로 하나님과 언약을 맺었기 때문이었다. 이것이 바로 우리가 '자기 의'(self righteousness)라 일컫는 것이다.

이처럼 인간이 자신의 행위와 성과로 하나님께 판정 받기를 원하자, 하나님께서는 바로 다음 장(출 20장)에서 인간에게 십계명을 주셨다. 그때부터 하나님께서는 그들을 하나님의 율법에 근거하여 판단하셔야 했다. 그들이 하나님께서 명하시는 모든 것을 완벽하게 잘 지킬 능력이 있다고 호언장담했기 때문이었다.

이제 그들은 하나님의 계명을 잘 지킬 경우에는 축복을 받지만, 그렇지 못할 경우에는 저주를 피할 수 없게 되었다. 그러나 그들이 이해하지 못한 사실이 하나 있었으니, 십계명의 한 가지 조항이라도 어기면 모든 조항을 어기게 되므로(약 2:10 참조), 십계명 모두를 완벽하게 지켜야 한다는 것이었다. 당신도 알다시피 율법은 하나의 복합적 총체요, 하나님께서는 상대평가를 하지 않으신다.

그럼 이제, 이스라엘 자손들이 자신들을 율법 아래 가져다 놓았을 때 무슨 일이 일어났는지 살펴보기로 하자. 그들이 하나님께서 요구하시는 모든 것을 완벽하게 지킬 수 있다고 호언장담한 이후, '육체의 일들'(갈 5:17-21 참조)이 즉각 나타나기 시작했다. 그들이 금송아지를 만들고, 그것을 자신들의 신으로 예배함으로써 십계명의 첫 계명을 어겼기 때문이다(출 32:1-8 참조).

"너는 나 외에는 다른 신들을 네게 두지 말라"(출 20:3).

참으로 슬픈 일이 아닌가? 그러니 율법을 지킬 수 있다거나 대변할 수 있다고 호언장담하지 말라. 그렇게 말하는 순간, 육체의 일들이 즉각 뒤따를 것이기 때문이다.

그때 이후로 이스라엘 자손들이 불평하고 원망할 때마다, 그들 가운데 많은 이들이 하나님께 죽임을 당했다. 다음의 사실을 주목하라! 시내 산 이전에는 아무도 죽지 않았지만, 이후에는 불평하는 순간 죽임을 당했다! 시내 산 이전, 그들의 모든 잘못과 넘어짐은 오히려 하나님의 은총을 새롭게 입증하는 결과를 낳았다. 그러나 시내 산 이후, 그들이 그들 자신을 율법 아래 가져다 놓았을 때, 그들의 모든 죄는 징벌을 받아야 했다. 그들의 축복받음과 공급받음은 이제 더 이상 하나님의 선하심과 신실하심과 은혜에 달려 있지 않았다. 일단 그들이 율법 언약 아래 놓이게 되자, 그들의 축복받음과 공급받음은 그들의 완벽한 순종에 따라 좌우되었고, 그들의 모든 잘못과 죄는 심판과 징벌을 피할 수 없게 되었다.

그런 까닭에 모세의 율법이 '죽게 하는 직분', '정죄의 직분'이라 불리는 것이다. 모세의 율법은 이스라엘 자손들이 죄를 범할 때마다 그들에게 가차 없이 죽음과 정죄를 가져다주는, 약간의 융통성과 탄력성도 없는, 절대 구부러지지 않는 높은 표준이었다.

어쩌면 당신은 이제 그로부터 수천 년의 세월이 흘렀으니, 사람들이 율법의 불편한 진실을 제대로 깨닫고 있으리라고 생각할지 모른다. 그러나 오늘날에도 그 옛날 이스라엘 자손들이 시내 산 산자락에서 일제히 외쳤던 그 말을 여전히 반복하는 신자들이 적지 않다.

"우리는 주님이 명하시는 모든 것을 아주 잘 행할 수 있는 능력이 있습니다!"

그들의 허풍이다.

십자가가 만들어낸 결정적 차이

주님이 내게 가르쳐주신 것이 바로 이런 것이었다. 애굽에서 시내 산에 이르기까지 이스라엘 자손들의 여정은 하나님의 순수한 은혜를 나타내는 하나의 그림이었다. 그 시기 동안 하나님의 은혜는 그들의 선함이 아니라 하나님의 선하심에, 그들의 신실함이 아니라 하나님의 신실하심에 달려 있었다. 시내 산에서 율법을 받기 전, 그들은 은혜 아래 놓여 있었고, 넘어져 죄를 범했을 때조차 아무도 죽임을 당하지 않았다. 그러나 율법을 받은 그 순간부터는 죄를 범한 사람치고 목숨을 건진 사람이 하나도 없었다.

그러나 좋은 소식이 여기 있으니, 우리가 더 이상 율법의 옛 언약 아래 있지 않다는 사실이다! 우리는 예수님의 십자가 죽음을 통하여 율법에서 건짐 받았다. 우리는 예수 그리스도 덕택에 지금 은혜의 새 언약 아래 놓여 있다. 이는 오늘날 하나님께서 우리의 행위나 성과에 근거해서가 아니라, 하나님의 선하심과 신실하심에 근거하여 우리를 평가하신다는 뜻이다.

그런데도 많은 신자들이 마치 예수님의 십자가가 아무 차이도 만들지 않은 양 살아가고 있는 까닭은 무엇일까? 그들은 은혜의 새 언약을 한껏 누리는 대신, 율법과 십계명의 옛 언약 아래 놓이기 위해 여전히 분투 중이다. 단언하는데, 예수님의 십자가는 차이를 만들었다!

따라서 만일 당신이 지금 율법 아래서 살아가려고 여전히 애쓰고 있다면, 즉 율법을 지킴으로써 의롭다 일컬음을 받기 위해 여전히 노력하고 있다면, 혹은 당신의 근면한 노력이나 신앙행위로 하나님의 복을 얻으려 애쓰고 있다면, 예수님이 당신을 위해 십자가에서 이미 이루신 일을 사실상 부정하고 있는 것이다.

하나님께서는 옛 언약 아래서 말씀하셨다.

"벌을 면제하지는 아니하고 아버지의 악행을 자손 삼사 대까지 보응하리라"(출 34:7).

그러나 새 언약 안에서는 이렇게 말씀하셨다.

"네 죄를 더 이상 기억하지 않겠다!"(히 8:12 ; 10:17 참조).

극명한 대조를 알아보겠는가? 말씀의 주체는 동일하다. 하나님이시다. 그런데 그 사이에 무슨 일이 일어났던 것일까? 예수님의 십자가이다! 십자가가 차이를 만들었다.

오늘날 하나님께서는 당신의 죄를 기억하지도, 그 죄 때문에 당신을 나쁘게 보지도 않으신다. 왜? 당신의 모든 죄와 불의를 하나님의 아들의 몸으로 이미 심판하셨기 때문이다. 예수님의 십자가가 결정적 차이를 만들었다는 사실을 깨닫지 못한다면 신자들은 혼동을 피할 수 없다. 곰곰이 생각해보라. 만일 우리가 지금도 여전히 율법과 인간의 행위와 '자기 노력' 아래 있어야 하는 것이라면, 예수님의 십자가는 대체 무엇을 이루었다는 말인가?

당신은 분명 질문할 것이다.

"목사님, 율법에 뭔가 잘못된 것이 있다는 말씀인가요?"

물론 아니다! 율법 자체에 본질적으로 잘못된 것은 아무것도 없다. 사도 바울이 말한 그대로다.

"율법이 죄냐 그럴 수 없느니라 율법으로 말미암지 않고는 내가 죄를 알지 못하였으니…"(롬 7:7).

나는 지금, 사도 바울이 했던 말과 동일한 말을 하고 있는 것이다. 우리가 죄를 아는 것은 율법을 통해서다. 그러나 율법이 할 수 있는 일은 그것이 전부다.

율법은 당신의 죄를 폭로한다. 율법은 당신의 죄를 덮지도, 깨끗이 씻지도, 제거하지도 못한다. 율법은 우리의 죄를 드러내어 우리를 깊은 절망으로 이끌어가기 위해, 그래서 우리 자신의 노력과 힘으로는 우리 자신을 결코 구원할 수 없다는 사실을 무력한 절망감 가운데 깨우쳐주기 위해 설계되었다. 그것은 우리의 죄를 씻어주고 제거해줄 구원자가 우리 모두에게 절실히 필요하다는 사실을 보여주기 위해 설계되었다.

율법은 거룩하고 의롭고 선한 것이지만, 우리를 거룩하고 의롭고 선하게 만들어줄 능력은 갖고 있지 않다. 오직 예수님의 장대한 은혜와 예수님의 사랑의 눈부신 광채만이 우리를 거룩하고 의롭고 선하게 만들어줄 수 있다. 그리고 예수님의 피가 이미 우리를 거룩하고 의롭고 선하게 만들었다!

율법이 할 수 없던 것을 하나님께서 이미 행하셨다! 어떻게? 하나님의 외아들을 보내주심으로써 이루셨다! 그 아들이 우리를 대신하여 정죄와 심판을 받도록 하심으로써 이루셨다! 그래서 우리가 하나님의 의(義)가 될 수 있게끔 하심으로써 이루셨다! 그것이 오늘 우리의 상태이다. 우리는 그리스도 안에서 의롭게 되었다.

성경은 하나님께서 새 언약의 출현과 더불어 옛 언약을 낡아지게 하셨다고 말한다(히 8:13 참조). 그러니 성경이 낡았다고 선언하는 것을 계속 붙잡고 있으려는 노력을 중단하라! 율법은 우리 가운데서 가장 훌륭한 인물조차 정죄한다. 다윗조차도(그는 내가 옛 언약의 인물들 가운데 최고로 존경하는 사람이다) 율법 아래서 정죄를 받았다.

반면 은혜는 가장 악한 사람조차 구원한다. 율법 아래 놓인 경우, 한 가지 율법을 범하면 모든 율법을 범하게 된다. 마찬가지 이치로 은혜 아래 있는 경우, 한 가지 옳은 일을 하면(그것이 주 예수님을 믿는 것임은 두말할 나위도 없다), 다른 모든 것에서도 의롭다 일컬음을 받을 것이다(행 13:39 참조).

하나님을 기쁘시게 하기 위한 조건

몇 해 전, 아내의 절친한 친구 한 사람과 상담하는 특권을 누린 적이 있다. 어느 날, 아내가 한 친구를 저녁 식사에 초대했는데, 뜻밖에도 이야기가 길어져 저녁 식사가 몇 시간 동안 계속되었다.

아내의 친구는 이제 막 믿기 시작한 신자로, 다른 교회에 출석하고 있었다. 그녀는 저녁 식사를 하면서 그녀의 영적 지도자 한 사람이 이렇게 일러주었다고 말했다. 그리스도인의 삶은 결코 녹록하지 않으며, 주님을 위해 많은 일들을 당해야 하고, 하나님으로부터 무엇을 얻으려면 그에 상응하는 대가를 지불해야 하며, 하나님께서 기뻐하시는 신자가 되기 위해 열심히 노력하고, 힘써 기도하고, 하루도 빼놓지 않고 매일 성경을 읽어야 한다고 말이다.

그녀의 말이 끝났을 때, 나는 그녀에게 좋은 소식을 전해주어야 한다는 책임감을 느꼈다. 그래서 신자들은 하나님의 축복을 받을 자격을 얻기 위해서가 아니라, 그리스도 안에 있는 신자들의 축복과 유업(inheritance)을 발견하기 위해 성경을 읽어야 한다고 설명해주었다. 이 둘의 차이가 느껴지는가?

또한 나는 신자들이 어쩌다가 며칠 동안 하나님의 말씀을 읽지 못했을 때, 지독한 죄책감이 아니라 처절한 배고픔을 느껴야 마땅하다고 설명해주었다. 하나님께서는 우리가 매일 성경을 읽어야 하며, 장시간 기도해야 하며, 응분의 대가를 지불해야 한다는 조건에 기준해 우리를 기뻐하시는가? 아니다. 절대 그렇지 않다! 하나님께서는 우리가 예수님을 믿고 의지할 때 우리를 기뻐하신다. 예수님이 바로 하나님이 기뻐하실 만한 자격을 우리에게 준 분이시기 때문이다.

성경에는 하나님의 복을 받을 만한 자격을 주는 것이 우리의 행위란 말이 없다. 대신 이런 말은 있다.

우리로 하여금 빛 가운데서 성도의 기업의 부분을 얻기에 합당하게 하신 아버지께 감사하게 하시기를 원하노라 골 1:12

그렇다. 성도들이 받을 상속의 몫을 차지할 자격을 우리에게 주신 이는 바로 아버지이시다. 그리고 아버지께서는 우리를 구원하시도록 자신의 아들을 세상에 보내심으로 그러한 자격을 우리에게 주셨다. 하나님께서는 그분의 은총과 치유와 형통과 사랑과 기쁨과 평화와 하나님이 가정에 주시는 행복에 참여할 자격을 우리에게 주셨다. 이 모든 축복들은 성도들이 받을 유업들로서, 예수 그리스도께서 십자가에서 피 흘려 사신 것들이다. 우리는 자신의 아들을 우리에게 보내주신 아버지께 감사드림으로써 우리의 유업을 차지한다.

나는 그녀가 매일 아침마다 "아버지, 승리와 치유와 형통함 안에서 걸을 수 있는 자격을 주셨으니 감사드립니다!"라고 아버지께 아뢸 수 있도록 이 모든 것을 설명해주었고, 또한 "하나님의 선하심을 얻을 자격을 획득하려면 무엇을 해야만 하나?" 의아해하면서 그녀 자신을 피곤하게 하면 안 된다고 말해주었다. 그리고 분명하게 하나를 일러주었다. 하나님의 선하심이 이미 그녀의 것이라고!

오늘날 우리 주변에는 하나님의 이런저런 축복을 받을 자격을 획득하려면 어떻게 해야 하는지 말하는 가르침들이 너무나도 많다. 그러나 그런 가르침들은 하나님의 길이 아니다. 분명하게 거듭 말하는데, 하나님의 길은 우리가 예수 그리스도를 통하여 이미 그러한 자격을 얻었음을 진정으로 깨닫는 것이다.

저녁 식사가 끝날 무렵 나는 그녀에게 말했다.

"제가 하나님의 선하심과 은혜와 예수님이 십자가에서 이루신 일에 관하여 당신에게 한 말들과 당신이 여태껏 당신 교회에서 들어왔던 말들을 서로 견주어 보십시오. 어느 것이 당신 마음에 평화를 낳습니까?"

그녀는 대답했다.

"제가 아직 믿은 지 얼마 안 되어 예수님에 관한 모든 것을 다 이해할 수는 없지만, 목사님께서 해주신 말씀들이 제 마음에 말할 수 없는 평화와 기쁨을 낳았다는 사실 만큼은 확실히 말씀드릴 수 있을 것 같습니다."

어디서 평화와 기쁨이 흘러나오는가?

평화와 기쁨은 하나님나라 고유의 상표이다. 하나님은 하나님의 백성들 마음에 혼란을 조성하는 분이 아니시다. 오히려 하나님께서는 하나님의 백성들을 혼란 밖으로 불러내신다.

당신 자신에게 질문해보라! 어떤 것이 당신 마음에 더 많은 평화와 기쁨을 낳는가? 하나님의 심판과 분개에 관한 선포를 들을 때인가, 아니면 하나님의 선하심과 은혜에 관한 선포를 들을 때인가? 어떤 것이 당신 마음에 지속적인 평화와 기쁨을 가져다주는가?

예수님이 이미 당신을 위해 단번에 영원히 정죄와 징벌을 받으셨기 때문에 하나님께서 당신의 죄로 인하여 당신을 정죄하고 징벌하는 일은 결코 또 다시 일어나지 않을 것이라는 진리를 깨달을 때인가? 아니면 하나님께서 당신의 행위를 근거로 때로는 당신을 기뻐하기도 하고 때로는 당신에게 화를 내기도 하신다는 말을 들을 때인가? 무엇이 당신 마음에 참된 회개를 낳는가? 하나님의 심판에 대한 두려움인가? 아니면 당신을 향한 하나님의 무조건적인 선하심에 대한 감사인가?

만일 당신이 정직한 사람이라면, 예수님과 그분이 이루신 일 안에 정답이 있음을 인정할 것이다. 해답은 당신 자신의 행함이 아니라 예수님의 은혜 안에 있다.

그러나 만일 당신이 지금 성경 읽기나 기도나 힘든 노력 등으로 하나님의 복을 받을 자격을 획득하기 위해 애쓰고 있는 중이라면, 시내 산 산자락의 이스라엘 자손들과 함께 "나는 하나님께서 내게 명하시고 요구하시는 모든 것들을 완벽하게 잘 행할 수 있는 능력을 갖고 있어요!"라고 하나님께 외치고 있는 것과 같다. 또한 하나님의 선하심과 신실하심을 따라 당신을 평가하거나 축복하지 말고 당신의 선함과 신실함을 따라서 평가하거나 축복해달라고 하나님께 요청하고 있는 것이다.

그것이 정말로 당신이 원하는 것인가? 그게 아니라면, 예수님이 십자가에서 이루신 일을 지금 믿고 의지하기 시작하라! 당신을 향한 예수님의 무조건적인 선하심으로부터 흘러나오는 축복을 한껏 누리기 시작하라!

네게 아직도 한 가지
부족한 것이 있으니

인간의 자기 노력이 낳은 결과

그리스도인의 삶을 살기 위해 힘겹게 분투하고 있는 중인가? 그렇다면 예수님의 십자가에서 쉼을 발견하라! 힘겹게 분투하지 않고서도 그리스도인의 삶을 훌륭하게 살고 싶다면, 그러한 삶이 이런저런 옳은 일을 행하는 데 더 이상 관계되어 있지 않다는 사실을 깨달아라! 그러한 삶은 예수님이 우리를 위해 이미 행하신 일에 전적으로 달려 있다.

인간의 행함이 무엇을 낳았는지 잘 보라. 모세의 율법을 지키고자 하는 인간의 자기 노력에서 어떤 선한 것이 나왔던가? 인간이 율법에 대한 자신감을 표명했을 때, 그러한 자신감이 낳은 결과는 금으로 만든 송아지뿐이었다. 그것은 하나님의 길이 아니다. 우리는 더 이상 모세의 율법 아래 있지 않다. 하나님을 찬양하라! 우리는 지금 하나님의 풍성한 은혜의 언약 아래 있다!

회개로 이끄는 하나님의 선하심

당신은 의문을 제기할지 모른다.

"하지만 프린스 목사님! 설교자들이 강단에서 하나님의 율법과 심판을 선포하지 않으면 사람들이 회개하지 않을 것입니다!"

하나님께서는 우리를 정죄하고자 하는 마음을 조금도 갖고 계시지 않다. 우리는 자신을 자꾸 정죄함으로써 우리 자신을 심판하기 원하지만, 하나님께서는 우리에게 자비와 긍휼을 베풀기 원하신다. 성경은 하나님의 인자하심이 우리를 인도하여 회개로 이끈다고 말한다(롬 2:4 참조).

예수님이 베드로 같은 입정 사나운 어부를 어떻게 변화시키셨는지 알고 있는가? 어부 베드로는 분명 억세고 거친 사내였을 것이다. 예수님은 그런 베드로의 무릎을 어떻게 꿇리셨을까? 그 거친 뱃사람의 돌덩이처럼 단단한 내면을 산산이 부순 것이 하나님의 심판에 관한 얼얼한 선포였을까? 모세의 율법에 관한 엄혹한 설교였을까? 아니다! 예수님은 배가 가라앉고 그물이 찢어질 만큼 많은 물고기들로 베드로를 축복하셨고, 베드로는 그러한 하나님의 선하심을 보았을 때에 예수님 발치에 엎드려 말했다.

"주여 나를 떠나소서 나는 죄인이로소이다"(눅 5:8).

이 대목에 주의를 집중하라! 무엇이 먼저 왔는가? 베드로의 회개인가, 하나님의 선하심인가? 하나님의 선하심이 분명 먼저 왔다. 우리를 회개로 인도하는 것은 정말로 하나님의 선하심이다!

그런데도 회개에 관하여 더 많이 설교해야 한다고 여전히 주장하는 사람들이 참으로 많다. 그러나 나는 동의하지 않는다. 회개의 절대적 필요성에 동의하지 않는다는 말이 아니다. 나는 하나님의 방식대로 해야 한다고 생각한다. 즉, 설교자들이 하나님의 선하심을 먼저 더 많이 선포하고, 그런 다음에 하나님의 선하심이 사람들을 회개로 이끌도록 해야 한다고 생각한다. 그러한 회개가 참 회개가 될 것이다.

그것은 하나님의 심판과 분노에 대한 두려움에 자극 받은 회개가 아닐 것이다. 그것은 하나님의 은혜와 무조건적인 사랑에 대한 깨달음에서 비롯되는 진정한 회개가 될 것이다. 하나님을 사랑할 수 있는 우리의 능력이라는 것이, 결국에는 우리를 향한 하나님의 사랑을 처음 맛보는 것에서 비롯되기 때문이다. 우리가 하나님을 향해 사랑의 반응을 보일 수 있는 때는 우리를 향한 하나님의 사랑을 직접 체험할 때이다. 성경은 말한다.

"우리가 사랑함은 그가 먼저 우리를 사랑하셨음이라"(요일 4:19).

하나님의 말씀이 사랑을 어떻게 정의하고 있는지 알고 있는가? 사도 요한은 이렇게 말한다.

"사랑은 여기 있으니 우리가 하나님을 사랑한 것이 아니요 하나님이 우리를 사랑하사 우리 죄를 속하기 위하여 화목 제물로 그 아들을 보내셨음이라"(요일 4:10).

이것이 사랑에 대한 성경의 정의이다. 그것은 하나님을 향한 우리의 사랑이 아니라, 우리를 향한 하나님의 완전한 사랑에 관계되어 있다. 마음으로부터 우러나오는 진실한 회개는 전통적인 통념과는 반대로 우리를 향한 하나님의 무한하고 양보가 없는 굳은 사랑에 대한 깨달음에 기인한다. 율법이나 심판이나 분노 같은 것들에서는 그러한 깨달음을 얻을 수 없다. 베드로는 예수님의 선하심과 사랑을 직접 보았을 때 예수님께 전적으로 굴복하여 무릎을 꿇었다.

그러니 성경에 충실하도록 하자! 사람들의 마음을 하나님께 되돌리는 것은 하나님의 진노나 맹렬한 심판에 관한 설교가 아니라 하나님의 선하심과 은혜와 긍휼이다. 누구든지 하나님의 선하심과 은혜와 긍휼을 희미하게라도 보게 된다면 하나님의 모든 것에 완전히 압도되지 않을 수 없을 것이며, 그것이 결국 진실한 회개를 낳을 것이다.

그러니 사람들이 교회에 와서 하나님의 선하심을 마음껏 맛볼 수 있게 해주자! 그들이 하나님의 은혜와 강하게 접촉할 때, 회개와 거룩함과 경건함이 확실하게 뒤따를 것이기 때문이다. 뜨거운 여름 햇빛 아래 있으면 피부가 그을린다. 마찬가지로 은혜 아래 있으면 거룩해진다!

생각을 바꾸는 것

회개에 대한 설교가 더 많아야 한다고 느끼는 모든 사람들에게 묻고 싶다. '회개하다'라는 단어가 우선적으로 무엇을 뜻하는지 알고 있는가? '회개하다'라는 단어는 헬라어로 '메타노에오'(metanoeo)이고, 그 뜻은 '생각을 바꾸다'이다. [18]

그러나 우리 가운데 많은 사람들이 성장기에 받았던 신앙 훈련이나 교파적 배경의 영향으로 회개를 '슬퍼하며 한탄하는 것'에 관계된 무엇이라는 느낌을 가지고 있다. 그러나 그것은 하나님의 말씀이 말하는 게 아니다. 회개는 단지 우리의 생각을 바꾸는 것을 뜻한다.

세례 요한이 "회개하라 천국이 가까이 왔느니라"(마 3:2)고 말했을 때, 그가 본질적으로 말하고 있던 것은, "너희들 생각을 바꿔라! 천국이 가까이 왔기 때문이다!"라는 것이었다. 이는 비록 설교자들이 하나님의 백성들을 향해 '회개하라'는 단어를 늘 사용하고 있진 않더라도 하나님의 백성들이 하나님의 말씀이 전파되는 강단 아래 앉아 있을 때마다 그들 안에서 회개가 계속 일어나고 있다는 것, 즉 설교자들의 복음 전파를 통하여 그들의 생각이 변화되고 있는 중이라는 것을 뜻한다.

예수님의 복음이 전파되는 것을 들을 때 신자들은 자신을 속박하고 있던 낡은 신념에 관한 생각을 바꾸고, 자유롭게 하는 진리를 받아들인다.

심지어 이 책을 읽고 있는 지금 이 순간에도, 당신 안에서 회개가 계속 일어나고 있는 중이다. 예수님의 좋은 소식으로 당신이 지금 생각을 새롭게 하고 있기 때문이며, 예수님이 십자가에서 이루신 일과 예수님 안에 있는 당신의 의(義)를 더욱더 의식하고 있기 때문이다. 당신이 더 이상은 율법의 옛 언약 아래 놓여 있지 않고 은혜의 새 언약 아래 놓여 있다는 진리를 받아들이기 시작할 때, 성경은 그것을 바로 회개라 일컫는다!

죽은 행실을 회개함

신자들은 종종 죄를 회개하라는 권면을 받는다. 그러나 사실 신약성경은 죽은 행실을 회개하라고 권면한다. 당신도 알고 있는 대로 죄는 단지 열매일 뿐 그 뿌리는 죽은 행실이다.

히브리서는 우리 믿음의 초석이 "죽은 행실을 회개함과 하나님께 대한 신앙"(히 6:1)이라고 말한다. 여기서 '죽은 행실'은 죄를 가리키지 않는다. 사람들이 '하나님 앞에서의 의로워짐'을 얻기 위해 행하는 소위 '선한 행위들'을 가리킨다. 만일 당신이 기도를 하되, 기도가 당신을 하나님 앞에서 의롭게 만들어줄 것이라는 생각으로 한다면, 당신의 그 기도는 하나의 죽은 행실이다.

그러나 당신이 이미 하나님 앞에서 의로워졌다는 사실과 하나님께서 당신을 사랑하신다는 사실을 알기 때문에 기도한다면, 당신의 그 기도는 역사하는 힘이 정말로 강력할 것이다. 차이를 분간할 수 있겠는가? '기도'라는 행위는 동일하다. 그러나 기도를 하는 이유와 동기는 완전히 다르다. 하나는 죽은 행실인 반면 다른 하나는 은혜로 말미암아 살아 생동하는 행실이다.

마찬가지로 성경을 읽되, 성경 읽기가 하나님 앞에서 당신을 의롭게 만들어줄 것이라는 생각으로 읽는다면, 당신은 성경 읽기의 핵심을 놓치고 있는 것이다. 그런 생각으로 성경을 읽으면 당신 영혼에 성령이 흐르지 않을 것이며, 당신이 이미 하나님 앞에서 의롭게 되었다는 사실을 증언해주시는 진리의 성령이 당신 영혼에 범람하지 못함으로 인하여 아무 계시도, 깨달음도 얻지 못할 것이다. 그러나 당신이 이미 하나님 앞에서 의로워졌다는 사실과, 성경이 당신을 의롭게 만들어주신 바로 그분이 보낸 사랑의 편지라는 사실을 알기 때문에 읽는다면, 하나님 말씀의 보물 창고가 당신 앞에 활짝 열릴 것이다.

예수님이 말씀하셨다.

"때가 찼고 하나님의 나라가 가까이 왔으니 회개하고 복음을 믿으라"(막 1:15).

즉, 예수님은 당대의 유대인들에게 다음과 같이 말씀하고 계신다.

"너희들의 생각을 바꾸고 좋은 소식을 믿어라! 나는 이제 내 피를 흘릴 것이고, 나의 모든 고난과 수난을 통해 너희들의 모든 죄가 용서받을 것이다!"

만일 당신이 지금도 여전히 율법 아래서 살아가고 있다면, 그래서 하나님의 축복을 받을 자격을 획득하기 위해서 그리고 하나님을 기쁘시게 해드리기 위해서 당신 자신의 노력을 의지하고 있다면, 지금이야말로 죽은 행실을 회개하고(당신 생각을 바꾸고) 복음을 믿을 때이다!

네게 아직도 한 가지 부족한 것이 있으니

율법과 은혜를 효율적으로 대비하여 보여주는 성경의 두 가지 이야기를 소개하고 싶다. 두 이야기는 누가복음 18장과 19장에 연이어 나온다. 먼저 누가복음 18장 18-23절을 보자. 거기에는 예수님을 찾아와 이렇게 질문했던 부유한 젊은 관원의 이야기가 나온다.

"내가 무엇을 하여야 영생을 얻으리이까"(18절).

이 질문에 대해 잠깐 생각해보라. 복음적인 정답은 무엇일까? 아마도 가장 복음적인 정답은 "나(예수님)를 믿어라, 그러면 영생을 얻을 것이다!" 일 것이다. 그러나 예수님은 그렇게 대답하지 않으셨다. 대신 예수님은 그에게 모세의 율법을 들이대며 말씀하셨다.

"네가 계명을 아나니 간음하지 말라, 살인하지 말라, 도둑질하지 말라, 거짓 증언 하지 말라, 네 부모를 공경하라 하였느니라"(20절).

예수님은 그에게 십계명을 제시하셨다. 그 젊은 관원이 교만한 마음으로 자기가 영생을 얻어 가질 만한 자격을 갖추기 위해 무엇인가를 할 수 있다고 믿고 있었기 때문이다. 이처럼 당신이 당신 자신의 노력을 자랑으로 삼을 때마다, 예수님은 당신에게 모세의 율법을 들이대실 것이다.

이제, 그 젊은 관원이 예수님의 말씀에 뭐라 대답했는지 잘 들어보라.

"이것은 내가 어려서부터 다 지키었나이다"(21절).

와우! 어렸을 때부터 십계명을 다 지켰다고? 요즈음도 어떤 사람들은 예수님 시대의 바리새인들과 마찬가지로 자신들이 모세의 율법을 다 지킬 수 있다고 생각한다. 그들은 자신들이 그 어떤 인간도 도달할 수 없는 하나님 율법의 지고(至高)한 표준을 인간의 자기 노력으로 충분히 지킬 수 있다고 생각하는 낮은 수준으로 격하시켰다는 사실을 모른다.

하지만 예수님은 율법을 그 본래의 높은 표준으로 되돌려 놓으셨다. 즉 외적으로 엄수해야 할 뿐 아니라 내적으로도 엄수해야 한다고 가르치셨다. 예수님은 하나님의 율법의 표준이 인간의 노력이 미치지 못하는 곳에 있다는 사실을 보여주셨다. 그 젊은 관원은 분명 자신감으로 충만했을 것이고, 자신의 율법 준수와 관련하여 예수님이 칭찬해주실 거라 기대했을 것이다. 그러나 예수님이 그에게 하신 말씀을 주목하라. 예수님은 그를 칭찬하는 대신에 이렇게 말씀하셨다.

"네게 아직도 한 가지 부족한 것이 있으니"(22절).

분명히 말하겠는데, 당신이 이렇게 율법 준수를 자랑할 때마다 예수님은 당신에게 부족한 무엇인가를 지적하실 것이다. 이 이야기의 경우, 예수님은 그에게 이렇게 말씀하셨다.

"네게 있는 것을 다 팔아 가난한 자들에게 나눠 주라 … 그리고 와서 나를 따르라"(22절).

그 젊은이는 자신이 모든 계명들을 다 지켰다고 자랑했다. 그런데 예수님이 십계명의 바로 첫 계명을 그 젊은이에게 제시하신 것이다.

"너는 나 외에는 다른 신들을 네게 두지 말라"(출 20:3).

돈조차도 네게 두지 말라! 자, 그 다음에 어떤 일이 일어났는가? 그 젊은 관원은 심히 근심하며 돌아갔다. 그는 단 한 푼도 주님께 드리지 못했다!

예수님을 따르는 귀한 특권에 대해 생각해보라. 예수님은 그 젊은이에게 예수님을 따를 수 있는 기회를 주셨다. 그러나 그 젊은이는 예수님을 따르지 못했다. 왜? 자신의 재물과 헤어지는 것을 견디지 못했기 때문이다! 그는 모든 계명을 다 지켰다고 자랑했지만 사실은 첫 계명조차도 지키지 못하고 있었다.

만일 당신이 이처럼 '자기 의'로 가득하여, 율법을 지키는 당신의 능력을 자랑하면서 예수님께 나아간다면, 예수님은 당신이 자랑으로 삼는 그 율법에 준하여 당신에게 아직도 한 가지 부족한 것이 있다는 사실을 지적하실 것이다.

마음을 여는 은혜

이제 누가복음 19장 1-10절을 보자. 예수님이 여리고 지방으로 들어가자 많은 사람들이 예수님을 보려고 모여들었다. 군중에 둘러 싸여 거리를 걸으시던 예수님은 돌무화과나무 한 그루 옆을 지나가셨고, 그 위에 한 남자가 올라가 있는 것을 보셨다. 삭개오였다. 그는 키가 작았던 탓에 예수님이 지나가는 것을 좀 더 잘 보려고 나무 위에 올라갔다.

삭개오는 부패한 세관원, 즉 죄인이었다. 그러나 예수님은 그에게 십계명을 들이대는 대신에 은혜(분에 넘치는 은총)를 보이셨고, 그의 집에서 머물게 해달라고 스스로 청하셨다. 물론 예수님 주변에 모여 있던 군중들을 불쾌감을 나타냈다.

"저가 죄인의 집에 유하러 들어갔도다"(7절).

이제, 삭개오의 집에서 무슨 일이 일어났는지 주목해보라. 저녁 식사가 끝나기 전에 삭개오가 자리에서 일어나 예수님께 말했다.

"내 소유의 절반을 가난한 자들에게 주겠사오며 만일 누구의 것을 속여 빼앗은 일이 있으면 네 갑절이나 갚겠나이다"(8절).

이에 예수님이 부드러운 미소로 삭개오를 바라보며 말씀하셨다.

"오늘 구원이 이 집에 이르렀으니"(9절).

나는 이 두 가지 이야기를 누가복음 18장과 19장에 나란히 잇대어 놓으신 분이 성령이심을 믿어 의심치 않는다. 나는 이 두 가지 사건이 시간 순으로 배열되어 있다고 생각하지 않는다. 율법의 옛 언약 아래 놓여 있을 때에 나타나는 결과들과 은혜의 새 언약 아래 놓여 있을 때에 나타나는 결과들을 서로 대비하여 보여주시기 위해, 성령께서 이 두 이야기를 신령한 순서를 따라 잇대어 놓으신 것이라 믿는다.

누가복음 18장의 부유한 젊은 관원이 자신의 율법 준수를 자랑하면서 예수님께 나갔을 때, 예수님은 율법으로 대답하셨다. 그리고 그 젊은 관원은 예수님께 돈 한 푼 바칠 마음이 없었기에 심히 근심하면서 돌아갔다. 그러나 바로 다음 장에서 예수님은 율법이 아니라 예수님의 은혜를 보여주셨고, 그것이 죄인 삭개오의 마음뿐만 아니라 그의 지갑까지도 활짝 열었다. 상상할 수 있겠는가? 예수님의 은혜는 부패한 세리의 지갑까지 열었다. 그것이 진정 은혜의 능력이다! 은혜는 죄인을 참된 회개로 이끈다. 예수님의 은혜를 체험하면 후한 마음을 갖지 않을 수 없다.

은혜는 죄인을 변화시킨다

예수님이 무조건적인 사랑과 은혜를 삭개오에게 후히 베푸신 후, 삭개오의 마음은 아무 자격도, 공로도 없이 받은 분에 넘치는 하나님의 은총으로 넘쳤다. 부패한 세관원이요 죄인인 그는 자기가 예수님을 자신의 집에 모실만한 자격이 없다는 사실을 마음 깊이 잘 알고 있었다.

그가 소망했던 것은, 그저 나무 위에 올라가 예수님을 힐끗이라도 보는 것뿐이었다. 그러나 하나님의 선하심은 그의 예상과 기대를 훨씬 더 능가했다. 그리고 베드로가 예수님의 선하심을 보았을 때 무릎을 꿇었던 것처럼, 삭개오 또한 예수님의 선하심을 체험했을 때 회개로 인도함 받았다. 이제는 당신도 정확히 알고 있겠지만, 율법은 스스로 의롭다 하는 이들을 정죄한다. 그러나 은혜는 죄인을 변화시킨다.

삭개오는 그 젊은 관원과 달랐다. 삭개오는 자신의 율법 준수를 자랑하면서 예수님께 나아가지 않았다. 그는 자신이 예수님께 나아갈 자격이 없는 사람이라는 것을 잘 알고 있었다. 그리고 바로 그것이 예수님이 그에게 은혜를 부어주실 수 있었던 이유이다.

마찬가지다. 오늘날 많은 신자들이 그 젊은 관원처럼 '자기 의'와 인간적 신앙행위와 '자기 노력'을 의지한다. 굳게 믿는다. 그리하여 주님으로부터 오는 은혜를 받아들이려 하지 않는다. 당신이 율법을 의지하면, 예수님은 당신이 의지하고 있는 바로 그 율법에 준하여 당신이 어떤 점에서 부족한지 지적하실 것이다. 당신이 율법을 완벽하게 지켰다고 생각할 때마다, '당신에게 아직 부족한 것' 하나가 언제나 불쑥 모습을 드러낼 것이다.

율법의 역할은 우리를 우리 자신의 한계로 데려가는 것이다. 하나님의 구원과 축복과 은총을 얻을만한 자격을 얻기 위해 우리가 할 수 있는 일이 아무것도 없다는 사실을 자각하는 곳으로 데려가는 것이다. 하늘에 계신 우리 아버지께서는 우리 자신의 노력을 포기하기를 기다리신다. 우리가 하나님의 용납과 축복을 획득할 자격을 갖추기 위해 힘써 행해오던 모든 죽은 행실을 회개하기 시작할 때, 하나님께서는 그분의 풍성한 은혜, 곧 아무 자격도, 공로도 없는 우리에게 주시는 분에 넘치는 은총을 아낌없이 부어주실 것이다.

마음의 변화를 일으키는 은혜

당신은 질문할지 모른다.

"그런데요, 만약에 제가 모세의 율법을 지키는 것을 포기하면, 대체 무엇이 제 행동을 지배하게 될까요? 제 행동을 하나님께서 기쁘게 여기시는지 어떻게 알 수 있을까요?"

율법을 의식하지 않게 될 때 무엇이 우리의 행동을 지배하게 될지 걱정하지 않아도 된다. 은혜가 가르쳐줄 것이라고 하나님의 말씀이 말하고 있기 때문이다.

하나님의 은혜가 나타나 우리를 양육하시되 경건하지 않은 것과 이 세상 정욕을 다 버리고 신중함과 의로움과 경건함으로 이 세상에 살고 딛 2:11-13

은혜는 교사이다. 은혜는 삭개오를 가르쳤다. 그가 예수님의 풍성하신 은혜를 체험한 후에 어떤 반응을 보였는지 기억하는가?

"내 소유의 절반을 가난한 자들에게 주겠사오며 만일 누구의 것을 속여 빼앗은 일이 있으면 네 갑절이나 갚겠나이다"(눅 19:8).

예수님의 은혜를 체험하고 나서 그가 했던 말이다. 사람들을 참된 회개로 이끄는 것은 은혜이다. 은혜는 피상적인 행동 교정이 아니라, 내적인 마음의 변화를 낳는다.

우리를 회개로 이끄는 것은 하나님의 심판에 관한 이글거리는 선포가 아니다. 우리를 회개로 이끄는 것은 하나님의 선하심이다. 하나님의 은혜에 관한 신령한 가르침들을 꼭 붙잡아라! 하나님의 은혜에 대해, 선하심에 대해, 예수님이 십자가에서 이루신 일에 대해 더욱더 많이 들어라!

당신 생각을 바꾸기 시작하라! 당신의 자리를 율법의 옛 언약 아래에서 은혜의 새 언약 아래, 하나님의 은총을 한껏 누리는 당신의 모습을 발견하는 데로 옮겨놓으라!

Chapter 19

D E S T I N E D

자기 노력 없이
승리의 삶을 살기 위한 열쇠

R E I G N

보라색 공룡에 대해 생각하지 말아요!

대부분의 설교자들이 은혜의 복음 전파하기를 두려워하는 까닭은, 은혜의 복음을 전할 경우 신자들이 세상으로 나아가 마음껏 죄를 지을 것이라 생각하기 때문이다. 아무래도 그들은 십자가의 능력보다 율법을 지키는 인간의 육체가 더 믿음직하다고 생각하는 것 같다. 그러나 사도 바울이 명백하게 천명하고 있듯이, 죄를 선동하는 것은 율법이지 은혜가 아니다(롬 7:7,8 참조).

이스라엘 백성들이 하나님을 향해 "우리는 하나님께서 말씀하신 모든 것을 잘 행할 능력을 갖고 있어요!"(출 19:8 참조)라고 호언장담한 직후, 금송아지를 만들어 경배함으로써 십계명의 바로 그 첫 계명을 위반했음을 잊지 말라!

"죄의 권능은 율법이라"(고전 15:56)는 말씀을 읽어본 적이 있는가? 율법을 지키면서 죄를 짓지 않으려고 애쓰면 애쓸수록 상황은 더 악화된다.

일례로, 내가 당신에게 "보라색 공룡에 대해 생각하지 마세요!"라고 말할 경우, 당신 머리에 퍼뜩 떠오르는 것이 무엇인가? 나는 보라색 공룡에 대해 생각하지 말라고 당신에게 분명히 말했다. 지금 당장 당신 머리에서 보라색 공룡의 그림을 제거하라! 자, 이제 답해보라. 바니(Barney, 미국의 어린이 만화 캐릭터로 보라색 공룡이다)를 생각하고 있지 않은가?

보라색 공룡을 생각하지 않으려고 애쓰면 애쓸수록, 당신 생각은 그 어수룩하게 생긴 보라색 공룡으로 점령당한다. 지금 당신이 직접 느끼고 있다시피 피할 수 없다. 보지 않으려고 애쓸수록 그 보라색 공룡이 더 잘 보인다. 마찬가지로 당신을 율법 아래 갖다놓으면 놓을수록, 죄를 짓지 않으려고 분투하면 할수록 죄를 더 의식하게 되는 것이다.

패배를 낳는 인간의 자기 노력

자신에게 욕정의 문제가 있음을 잘 알고 있는 한 남자가 있다고 가정해보자. 그가 아침에 일어나 주님께 기도한다.

"주여, 오늘은 승리하게 하소서! 여자를 보고 음욕을 품지 않게 도우소서! 욕정을 품기를 원치 않으니, 품지 않게 도우소서! 절대로 욕정을 품지 않겠습니다. 결단코 욕정을 품지 않겠습니다. 어떤 일이 있어도 욕정을 품지…!"

그러나 문 앞을 나서는 순간, 짧은 치마를 입은 여성이 그 사람 앞을 지나간다. 그 여성을 보았을 때에 그 사람이 가장 먼저 품은 생각은 무엇일까? 욕정 가득한 생각일 것이다! 욕정을 품지 않으려고 애쓸수록 그 사람 생각은 욕정에 점령당한다.

또 다른 시나리오를 상상해보자. 어떤 여성이 자신의 직장 동료 한 사람을 두고 말한다.

"못된 계집애 같으니! 나를 화나게 하는 말들만 골라서 하기로 아예 작정을 한 거 같아! 하지만 나는 그리스도인이니까, 그녀를 사랑하기 위해 최선을 다해야 해! 계명을 지킬 거야! 그녀를 사랑할 거야! 나 자신을 사랑하는 것처럼 사랑할 거야! 사랑할 거야…!"

정말 그렇게 될까? 그녀가 사무실로 들어서는 순간, 사랑하기 위해 힘쓸 거라고 그렇게 다짐하고 또 다짐했던 그 동료가 해맑은 표정으로 쾌활하게 인사를 건넨다.

"좋은 아침!"

그 순간, 그녀는 사랑 대신 분노와 짜증을 느낀다.

"쳇! 언제나 저런 얼굴과 저런 표정과 저런 어투로 아침 인사를 건네지? 가식적인 위선 덩어리! 난 네가 정말 싫거든!"

그녀는 그 동료를 사랑하려 애쓰고 노력한다. 그러나 그럴수록 상황은 악화된다. 그런 경험을 해본 적이 있는가?

내 힘을 내려놓음으로 승리의 삶 살아가기

또 다른 그리스도인을 예로 들어보자. 이 사람은 앞에서 언급한 욕정 문제와 분노 문제 둘 다를 복합적으로 가지고 있다. 그러나 이 사람은 은혜를 믿는다. 그래서 아침에 일어날 때마다 이렇게 기도한다.

"주여, 오늘도 노력하지 않겠습니다. 제 힘으로는 문제를 극복할 수 없음을 잘 알기 때문입니다. 저는 그저 주님 안에서 쉬겠습니다. 주님이 저를 위해 제 안에서 승리의 삶을 살아가실 거라 믿기 때문입니다. 제 힘으로는 욕정을 누를 수 없습니다. 제 힘으로는 그 동료를 사랑할 수 없습니다. 제 눈을 주님께 고정합니다. 저는 못해도 주님은 하실 수 있다는 것을 믿습니다. 은혜를 베풀어주시니 감사드립니다. 주님의 은혜 안에서 평온하게 하소서!"

그 사람은 자동차를 몰고 출근한다. 그런데 출근길 신호대기 중, 맞은편 건물 옥상의 대형 간판이 눈에 들어온다. 비키니를 입은 모델이 야릇한 자세를 취하고 있다. 그 사람은 음욕의 유혹을 느끼자마자 기도한다.

"아버지, 저 같은 무자격자를 그리스도 안에서 하나님의 의(義)로 삼아주신 것, 감사드립니다. 아버지께서 지금 여기에 저와 함께 계심을 알고 있습니다. 아버지께서 저를 떠나지 않으신다는 것을 잘 알고 있습니다. 제가 넘어질 때라도 아버지께서는 함께 해주십니다. 아버지의 은혜를 감사드립니다!"

그리하여 유혹은 왔다가 그냥 간다. 그는 쉼을 얻는다. 그는 도로 가장자리에 차를 대놓고 한탄하지 않는다.

"아, 하나님! 제가 왜 또 이런 죄를 짓는 것일까요? 주여! 용서해주소서!"

자신의 연약함을 자인하면 할수록, 자신의 연약함에 초점을 맞추면 맞출수록 상황이 더 악화될 뿐이라는 사실을 잘 알고 있기 때문이다.

그런데 자신들의 죄를 용서받으려면 반드시 자백해야 한다고 생각하는 사람들이 대체로 어떤 행동을 하는지 알고 있는가? 그들은 종종 자신에게 말한다.

"죄의 자백은 오늘밤에 하기로 하자! 음욕의 죄는 이미 범했어. 그러니까 오늘밤이 되기 전까지 이 짜릿한 영화와 성인잡지를 보기로 하자! 오늘밤에 이 모든 죄들을 총망라해서 자백하면 될 거야!"

죄책감과 정죄 아래서 살아가는 사람들은 자기들의 죄를 반복할 수밖에 없단 사실을 알고 있는가? 그들은 자기가 죄를 범하는 순간 하나님과의 친밀한 교제에 이미 한 줄의 금이 '쩍' 가게 된 거라 생각한다. 그래서 차라리 그 길로 계속 나아가 자신들의 연약함에 비위를 맞추어주고 그런 다음에 하나님과 화해하는 편이 더 낫다고 생각한다.

한편 은혜 아래 있는 신자들은 하나님께서 자신을 언제나 의롭게 보아주신다는 사실과, 자기가 죄를 짓는다고 하나님과의 친밀한 교제에 한 줄 금이 가는 것은 아니라는 사실을 잘 알고 있다. 그들은 혹여 자신들이 넘어지더라도 예수님이 여전히 함께 해주신다는 사실을 잘 알고 있다. 그들은 의로움이 하나님의 선물이라는 사실과, 그들이 그리스도 안에서 하나님의 의(義)가 되었음을 깨우쳐주기 위해 성령께서 그들 안에 거하고 계시다는 사실을 잘 알고 있다. 그들은 자신들이 하나님 앞에서 의롭게 되었다는 것을 믿으면 믿을수록, 죄를 압도하는 참된 승리를 더욱더 많이 체험한다. 이 책의 앞부분에서 말한 것을 다시 한 번 말하겠다. 올바른 믿음이 올바른 삶을 낳는다.

죄를 누르고 승리할 수 있는 실제적인 능력

은혜를 믿는 그 그리스도인에 대해 좀 더 이야기해보자. 그 사람이 출근하여 사무실로 들어간다. 그 사람이 그다지 좋아하지 않는 직장 동료가 "좋은 아침" 하며 반갑게 인사를 건넨다. 명랑하고 쾌활한 그 인사 소리가, 즉각 신랄한 비판이 되어 날카롭게 그의 귀를 파고든다. 갑자기 짜증이 난다. 분노지수가 급상승한다. 그러나 그 사람은 그런 느낌이 들 때조차도 하나님께 감사의 기도를 드릴 수 있다.

"주여, 제가 이런 감정을 느낄 때조차 사랑해주시니 감사드립니다!"

그 사람은 "주여, 이런 잘못을 저지른 저를 용서하소서!"라고 고백하는 대신, 분노와 짜증의 느낌에 초연할 수 있었고, 자신을 향한 하나님의 무한하신 사랑을 또다시 새롭게 붙잡을 수 있었다.

그 사람은 직장 동료에게 짜증과 화를 냈다는 이유로 자신에게 짜증과 화를 내는 대신, 하나님의 넘치는 은혜로 가장 싫어하는 직장 동료까지도 능히 사랑할 수 있는 초자연적인 능력을 부여받는다. 하나님의 은혜와 용서를 믿는 사람들과 자신의 노력으로 죄를 극복하려 애쓰는 사람들의 차이를 분간할 수 있겠는가? 하나님의 은혜와 용서를 의지하는 사람들은 하나님의 능력이 그들 삶에 넘치는 것을 목격한다!

사람은 누구나 때때로 죄의 유혹을 받는다. 그럴 때 율법은 육신을 선동하여 죄를 더욱더 의식하게 하는 반면, 은혜는 실제로 죄를 누르고 승리할 수 있는 능력을 준다. 사도 바울이 "죄가 너희를 주장하지 못하리니 이는 너희가 법 아래에 있지 아니하고 은혜 아래에 있음이라"(롬 6:14)고 말한 것이 바로 그런 까닭이다.

당신을 율법 아래 갖다 놓으면 죄의 유혹을 받는 순간 당신 자신을 정죄하게 되고, 그러한 죄책감과 정죄의 상태에 놓이게 되면 유혹과 죄를 끝까지 따라갈 개연성이 더욱더 짙어진다. 그러나 당신을 은혜 아래 갖다 놓으면 죄의 유혹을 받는 순간 하나님의 은혜와 용서라는 약 한 첩을 새로이 받을 수 있다. 당신은 하나님 앞에서 의롭게 되었음을 직시한다. 그리고 그것은 유혹을 짓밟고 일어날 수 있는 능력을 준다!

"깨어 의를 행하고 죄를 짓지 말라"(고전 15:34).

당신이 죄를 범할 때조차 하나님 앞에서 의롭다는 것을 진정으로 믿으면, 당신의 생각과 행동은 당신이 믿는 것과 조화를 이룰 것이다. 반대로 이 사실을 알지 못하는 신자들은 죄를 반복하는 악순환에서 벗어나지 못할 것이다.

올바른 믿음이 올바른 삶을 낳는다!

영국의 수도 런던에 메트로폴리탄 타버너클(Metropolitan Tabernacle) 교회를 세운 찰스 스펄전은 1800년대 말에 존경받는 유명 목회자였다. '설교의 황태자'라 알려진 그는 교파를 불문하고 전 세계 수많은 사역자들과 신학자들의 존경을 받았고, 지금도 역시 마찬가지다. 그가 은혜에 대해 한 말을 인용해보자.

하나님의 은혜의 교리보다 인간을 죄로부터 지키기에 더 적합한 교리는 없다. 그것을 '방종한 교리'라 일컫은 사람들은 그에 대하여 아무것도 알지 못한다. 가련하고 무지한 그들은, 자신들이 내세우는 그 졸렬하고 빈약한 주장이 하늘 아래서 가장 방종한 교리임을 알지 못한다. 만일 그들이 하나님의 은혜를 진정으로 알고 있다면, 우리가 세상의 기초가 놓일 때부터 하나님의 택하심을 받았다는 지식만큼 우리를 거짓으로부터 확실하게 지켜주는 것이 없다는 사실을 곧 깨달을 것이다. 나의 영원한 견인(堅忍), 나의 아버지의 사랑의 불변성을 믿는 믿음만한 것은 아무것도 없다. 그러한 믿음이 나로 하여금 단순한 감사의 동기로 아버지께 계속 가까이 나아갈 수 있게 해주기 때문이다.

인간을 고결하게 만드는 것에 그 진리에 대한 믿음만한 것이 없다. 거짓말을 하는 교리는 이내 거짓말을 하는 실천을 낳는다. 잘못된 믿음을 가지고 있는 사람치고 곧 잘못된 삶을 살게 되지 않을 이는 아무도 없다. 나는 전자(前者)가 당연히 후자(後者)를 낳는다고 믿어 의심하지 않는다.

가장 공평무사한 경건과 가장 숭고한 경외심과 가장 열정적인 헌신을 소유한 사람들, 즉 자기 힘으로가 아니라 아무 행위도 없이 믿음을 통하여 은혜로 구원받았음을 진정으로 믿는 사람들에 대하여 말하자면, 그들에게는 그 모든 것이 하나님의 선물이다. 그리스도인들은 그리스도를 또다시 십자가에 못 박는 일이 일어나지 않게, 그리스도께 공공연한 수욕을 안겨주는 일이 결코 다시는 발생하지 않도록 세밀한 주의를 기울여야 하며, 자신이 언제나 그 모든 것을 하나님의 선물로 받고 있는지 확인해야 한다.19)

참으로 아름다운 말 아닌가? 그의 요지인즉, 만일 당신의 행동이 잘못되었다면, 그것은 당신의 믿음에 무엇인가 잘못된 것이 있기 때문이라는 것이다. 하나님의 은혜는 우리를 죄로부터 지키는 능력이다. 제대로 된 믿음은 제대로 된 삶을 낳는다! 예수 그리스도의 십자가 보혈 덕택에 당신이 하나님 앞에서 의롭게 되었다는 사실을 믿어라! 그러면 그러한 믿음이 의로운 생각과 행동을 결과로 낳을 것이다.

하얀 씨, 붉은 즙

솔로몬은 아가서에서 이렇게 말한다.

"너울 속의 네 뺨은 석류 한 쪽 같구나"(아 4:3).

영어성경(NIV)은 이 부분을 "Your temples behind your veil are like the halves of a pomegranate"라고 표현했다. 여기서 한글성경에 '뺨'으로 번역된 'temples'(관자놀이)는 사실 머리를 지칭한다. 성경이 우리의 머리를 석류에 비유하고 있는 것이다.

석류를 반으로 갈라보면, 아름다운 붉은 액즙에 감싸인 흰 씨앗들이 가득하다. 언젠가 이스라엘에 갔을 때, 그 붉은 액즙이 너무나도 진해서 셔츠에라도 묻으면 그 얼룩을 제거하는 것이 좀처럼 쉽지 않다는 말을 들은 적이 있다.

이는 생각에서 승리하는 삶을 살기 원하는 경우 반드시 지녀야 할 강력한 그림이다. 어쩌면 당신은 지금 유혹, 음탕한 생각, 분노로 가득한 생각, 혹은 죄책감과 정죄의 생각들과 맞붙어 싸우고 있는 중일지 모른다. 그러나 주님은 생각 안에서 벌어지고 있는 그런 전투에서 당신이 승리하기를 바라신다.

주님은 당신의 머리를 석류처럼 그려보기를 바라신다. 석류 안에 들어 있는 풍성한 빨간 액즙은 예수 그리스도의 피를 나타내고, 그 액즙에 담긴 많은 흰 씨앗들은 당신의 생각을 나타낸다. 예수님의 피가 계속적으로 당신의 생각들을 닦아내고 씻어낸다. 그래서 당신 머리 안에 있는 유혹은 지금 이 순간에 이미 씻겨진다. 당신의 생각은 끊임없이 쏟아져 내리는 용서와 정화(淨化)의 폭포수 아래 놓여 있다.

예수 그리스도의 피가 우리를 모든 죄에서 깨끗하게 하신다고 성경이 단언했을 때(요일 1:7 참조), '깨끗하게 하다'에 해당하는 헬라어 단어는 현재 시제로 되어 있으며, 이는 곧 현재의 지속적인 동작을 나타낸다. 다시 말해서, 예수님의 피가 "계속적으로 깨끗하게 하고 있다"는 의미이고, 이는 당신의 생각을 깨끗하게 하는 그 피의 정화작용이 결단코 멈추지 않는다는 뜻이다.[20]

지금 이 순간에도 그 피는 죄책감과 정죄로 가득한 당신 생각을 씻고 있다. 당신의 음탕한 생각들, 분노로 가득한 생각들도 깨끗하게 씻고 있다. 모든 형태의 유혹들을 깨끗하게 씻고 있다! 당신이 나쁜 생각을 품는 순간, 그 피는 그것을 씻어낸다. 오늘날 신자들이 가지고 있는 중대한 문제는 자신에게 이렇게 말한다는 것이다.

'너는 분명 그리스도인이야. 그런데 어떻게 그런 지저분한 생각들을 할

수 있는 거야?'

내가 하는 말을 잘 들어라! 새가 당신 머리 위로 날지 못하게 막을 수는 없다. 그러나 당신 머리 위에 둥지를 틀지 못하게 막을 수는 있다! 당신의 육신과 사탄이 부정적인 생각들과 유혹들을 집어넣지 못하게 막을 수는 없다. 그러나 예수님의 십자가 보혈이 당신의 모든 생각들을 계속적으로 깨끗하게 씻고 있다는 사실을 의식함으로써, 그 모든 부정적인 생각들을 압도하는 승리를 얻을 수 있다. 예수님이 십자가에서 이루신 구속의 역사가 당신의 모든 생각들을 압도하는 당신의 승리이다.

은혜에 대한 비난

사도 바울은 로마서에서 말했다.

"그런즉 우리가 무슨 말을 하리요 은혜를 더하게 하려고 죄에 거하겠느냐"(롬 6:1).

사도 바울이 왜 이런 말을 해야 했던 것일까? 사람들에게 은혜가 풍성해지도록 죄를 더 지으라고 부추기고 있다는 얼토당토않은 오해와 비난을 받았던 게 명백하다. 사실 나 역시 그런 오해와 비난을 받아왔다. 그러나 바울은 결코 이렇게 말하지 않았다.

"은혜가 풍성해지도록 더 죄를 지어요!"

나 또한 결단코 이렇게 말하지 않는다.

"은혜가 풍성해지도록 죄를 더 지어요!"

한 가지 사실을 다시 한 번 분명하고 명확하게 말해두고 싶다. "나는 가장 맹렬하게, 가장 공격적으로, 가장 확정적으로 죄에 반대합니다!"라고 말이다. 죄는 악하다. 죄는 파괴적인 결과를 낳을 뿐이다. 나는 죄에 반대하는 모든 사람들과 뜻을 같이 한다. 다만 한 가지 점에서 다르다.

어떤 사람들은 죄를 압도하는 승리가 율법을 더 많이 전파하는 것에 있다고 믿는다. 그러나 나는 하나님 은혜를 더 많이 전파하는 것에 있다는 사실을 성경에서 깨닫는다.

사도 바울이 앞의 구절과 동일한 문맥에서 했던 말 한 구절을 더 읽어보자.

"율법이 들어온 것은 범죄를 더하게 하려 함이라 그러나 죄가 더한 곳에 은혜가 더욱 넘쳤나니"(롬 5:20).

율법이 들어온 것은 범죄를 더하게 하려 함이라는 사실에 주목했는가? 이는 곧 율법을 더 많이 전파할수록 죄가 더 만연해질 것이라는 뜻이다. 어찌되었든 죄의 권능이 율법이라고(고전 15:56 참조) 하나님의 말씀이 딱 잘라 말하고 있지 않은가? 그러므로 죄를 압도하기 위해 율법을 더 많이 전파하는 것은 불난 집에 부채질을 하는 격이다.

죄를 초과하여 넘치는 하나님의 은혜

죄가 많이 있는 곳에 은혜는 훨씬 더 많이 있다! 나도 바울과 마찬가지로 죄는 하나님의 은혜가 흐르지 못하게 막지 못하지만, 하나님의 은혜는 죄를 멈추게 한다고 말한다. 바울과 같은 편에 선다는 것은 한 사람의 목회자에게 더없이 바람직한 일일 것이다.

스스로에게 질문해보라. 어느 것이 더 큰가? 당신의 죄인가, 하나님의 은혜인가? 대답은 분명하다. 하나님의 은혜가 언제나 더 크다! 사실 "죄가 더한 곳에 은혜가 더욱 넘쳤나니"라는 구절을 헬라어 성경에서 읽어보면, 죄가 많이 있는 곳에 은혜는 '죄를 초과하여 더 많이 있다'라고 되어 있다.[21] 그렇다. 죄가 많이 있는 곳에 하나님의 은혜는 죄를 초과하여 더 많이 있다!

우리는 하나님의 은혜를 전파하기를 두려워하면 안 된다. 그것만이 사람들의 삶에서 죄를 중단시킬 수 있는 유일한 힘이기 때문이다. 믿음의 길에서 넘어져 어떤 죄를 범한 경우, 죄책감과 정죄의 느낌에 압도되지 말라! 대신 당신의 죄를 초과하여 넘치는 하나님의 은혜를 받아들여라! 당신이 죄를 지을 때조차 하나님께서 당신을 여전히 의롭게 봐주신다는 사실을 일러주는 하나님의 은혜를 받아들여라!

죄를 초과하여 넘치는 하나님의 은혜가 당신을 그 죄에서 구해줄 것이다. 죄책감과 정죄의 질척한 흙탕에서 질퍽거리는 사람들은 자신들의 죄를 압도하는 능력을 얻지 못한다. 하나님의 은혜가 자신들을 떠났다고 믿는 사람들이 무슨 소망을 가질 수 있겠는가? 죄를 압도하는 승리는 우리의 죄를 초과하여 넘치는 하나님의 은혜와 만날 때에만 얻을 수 있다. 죄인들을 의롭게 하는 것은 하나님의 은혜이다!

우리 편을 들어주는 하나님의 공의

"내가 의로운 일을 하나도 하지 않았는데 어떻게 의로워질 수 있나요? 특히 죄를 범했을 때 어떻게 의로워질 수 있다는 것인가요?"

이렇게 질문하고 싶은가? 다음의 내 질문에 대답해준다면, 나도 당신의 질문에 대답해주겠다.

"아무 죄도 짓지 않으신 예수님이 어떻게 한 사람의 죄인으로서 정죄를 받으실 수 있는가?"

예수님은 십자가에서 우리의 모든 죄를 대신 짊어지셨다. 그리고 그렇게 예수님이 우리 죄에 대한 징벌을 받은 이상, 만일 하나님께서 우리에게 죗값을 다시 요구하신다면 그것은 부당한 처사가 될 것이다. 하나님께서는 죄를 두 번 징벌하실 수 없다!

물론 하나님께서 죄를 징벌하시는 것은 거룩하고, 정당하고, 공의로운 처사이다. 그러나 하나님께서는 우리 대신에 예수님을 이미 징벌하셨으므로, 우리 죄에 대한 징벌을 다시 우리에게 요구하지 않으신다. 하나님은 거룩하고 공의로운 분이시기 때문이다.

따라서 하나님의 공의가 예수님의 십자가에서 이미 완벽하게 집행되었다는 사실을 분명하게 이해한다면, 오늘 당신은 은혜 아래 있는 새 언약의 신자로서 하나님의 거룩하심과 의로우심과 공의가 이제 더 이상 당신과 불화하는 대신에 당신 편을 들고 있다는 사실과, 당신이 마땅히 무죄방면을 받아야 하며, 해방되어야 하고, 치유되어야 하고, 형통해야 하며, 축복을 받아야 한다고 하나님께 요구하고 있다는 사실을 분명히 깨달아야 할 것이다. 오늘 하나님의 공의는 당신이 십자가의 모든 은택을 마음껏 소유하고 한껏 누려야 한다고 하나님께 요구하고 있다.

이 강력한 진리를 놓치지 말라! 이것이 예수님의 복음이다! 예수 그리스도께서 그 몸으로 당신의 모든 죄에 대한 징벌을 이미 받으셨으므로, 이제는 하나님의 공의가 당신 편을 들어주며, 당신이 하나님의 의롭다 하심과 용서를 소유해야 한다고 하나님께 강력히 요구한다. 그런 까닭에 당신이 죄를 짓더라도 하나님의 은혜가 그 죄를 초과하여 넘치는 것이고, 그 잘못과 죄를 덮어 가리는 것이다. 당신의 모든 죄에 대한 대가는 이미 갈보리에서 지불되었다.

성경은 말한다.

"만일 누가 죄를 범하여도 아버지 앞에서 우리에게 대언자가 있으니 곧 의로우신 예수 그리스도시라 그는 우리 죄를 위한 화목 제물이니"(요일 2:1,2).

예수님은 당신의 대언자요, 하나님 앞에서 당신의 무죄방면을 요구하신다. 예수님은 십자가에서 피를 흘리심으로 우리의 모든 죄를 위한 '화목제물'이 되셨다. 오늘 하나님께서 우리를 바라보실 때에 우리에게서 보시는 모든 것은 우리를 완벽하게 의롭게 만드는 예수님의 십자가 보혈뿐이다. 할렐루야!

철저하게 은혜를 전파한 사도 바울

나는 사도 바울이 전했던 복음을 전파한다. 하나님의 백성들이 하나님의 은혜 안에서 참된 자유와 승리를 누릴 수 있도록, 사도 바울이 전했던 것과 마찬가지로 나 역시 철저하게 은혜의 복음을 전파한다. 그러나 나는 이 좋은 소식을 전함으로 인해 몇몇 사람들에게 심한 모욕을 당해왔다. 물론 그들이 나쁜 사람들이기 때문이 아닌 건 잘 알고 있다.

예수님과 관련하여 반드시 알아두어야 할 점 하나가 있다. 예수님에 관한 한, 양다리를 걸칠 수 없다는 점이다. 회색의 중간 지대는 없다. 진심으로 예수님을 사랑하든지, 아니면 바리새인들처럼 진심으로 예수님을 미워하든지 둘 중 하나이다. 많은 사람들이 율법이 죽이는 직분이고 정죄하는 직분이라는 사실을 잘 모르는 탓에 율법을 옹호한다.

한 가지 묻고 싶다. 내가 지금까지 이 책에서 무엇을 말했든지 간에, 성경을 가리키지 않았던 적이 있는가? 예수님과 예수님이 십자가에서 이루신 일을 드높이지 않았던 적이 있는가? 당신이 보기에 내가 인간과 인간의 자기 노력을 찬미하는 사람 같은가?

은혜의 복음의 중요한 사실은 인간은 아무것도 아닌 것으로 만들되, 모든 것이 예수님을 향하도록 한다는 것이다. 거꾸로 율법은 언제나 인간을 가리킨다. 율법은 만일 당신이 이런저런 행위를 하지 않으면, 이런 이적이나 저런 돌파구를 얻지 못할 거라고 말한다.

몇 해 전, 내가 전하고 있던 복음과 관련하여 정말 듣기 거북한 험악한 말을 들은 적이 있었다. 낙심하지 않을 수 없었다. 2000년도였다. 그 시기 동안 미국에 볼 일이 있어 아내와 함께 뉴욕 간 나는 평소 습관대로 기독교 서점을 찾았다. 그리고 한 서점을 발견했을 때, 그곳으로 들어가기 전에 주님께 기도했다.

"하나님, 격려해주소서! 제가 전하는 복음이 주님으로부터 온 복음임을 확신합니다. 그러나 제게는 지금 주님의 격려가 절실히 필요합니다!"

그렇게 기도한 뒤에 그 서점으로 들어갔다. 그리고 여기저기 둘러보다가, 서적 진열대 한 모퉁이에서 마틴 로이드 존스 목사님의 책들을 발견했다. 그는 영국 런던의 '웨스트민스터 채플'(Westminster Chapel)을 30년 이상 섬긴 목회자로서, 오순절 진영이나 보수적인 진영 모두로부터 존경을 받고 있을 뿐 아니라 많은 사람들에게 현대 교회의 스펄전이라 칭함받고 있었다. 하지만 당시 나는 그의 설교나 은혜에 관한 그의 가르침을 듣거나 읽어본 적이 없었기에 그의 가르침에 그리 친숙하지 않았다. 그러나 그런 나의 사정은 곧 바뀌었다.

그때 내가 이렇게 자문하면서 의아해했던 것이 기억난다.

'로이드 존스 목사님의 책들은 싱가포르 서점에서도 종종 봤었는데, 왜 하필이면 지금 이 책에 끌리는 것일까?'

그러나 나는 성령의 인도하심에 따라 그 책들 가운데 한 권을 집어 들었다. 그리고 아무 생각 없이 한 군데를 폈다. "그러므로 이제 그리스도 예수 안에 있는 자에게는 결코 정죄함이 없나니!"라 선언하는 로마서 8장 1절에 관한 로이드 존스 목사님의 가르침이 기록되어 있었다.

"여기서 사도 바울은, 만일 우리가 그리스도인이라면 당신의 죄들과 나의 죄들이, 과거의 죄들과 현재의 죄들과 미래의 죄들이, 한 번에 영원히 이미 처리되었다고 주장하고 있습니다!"

내가 읽은 대목이었다. 나는 흥분을 감출 수 없었다. 그동안 내가 전해
왔던 내용과 동일하기도 했고, 당시에는 정말 그런 가르침의 결핍 현상이
교회에 두드러지게 나타나고 있었기 때문이었다. 물론 요즈음이라고 더
나아진 것은 아니지만 말이다. 그 서점의 수많은 책들 중에서 내가 유독
그 책에 끌린 까닭이 무엇이었을까? 나는 그것이 서점에 들어가기 전 내
가 드렸던 기도에 대한 응답임을 알았다. 계속해서 읽어나갔다.

여기서 사도 바울은, 만일 우리가 그리스도인이라면 당신의 죄들과
나의 죄들이, 과거의 죄들과 현재의 죄들과 미래의 죄들이, 한 번에
영원히 이미 처리되었다고 주장하고 있습니다! 이 사실을 깨달아 알
고 있었습니까? 우리의 문제 대부분은 이 구절의 진리를 깨닫지 못하
는 데서 기인합니다.

"그러므로 이제 그리스도 예수 안에 있는 자에게는 결코 정죄함이
없나니!"

우리는 이 구절이, 단지 우리의 과거의 죄가 처리되었음을 뜻할 뿐이
라고 이해했습니다. 물론 이 구절은 그런 뜻을 가지고 있습니다. 하
지만 이 구절은 또한 당신의 현재의 죄들도 뜻합니다. 심지어 더 나아
가, 당신이 앞으로 우연히 짓게 될지 모를 어떤 죄라도 이미 처리되었
음을 뜻합니다. 당신은 결단코 정죄 아래 놓이지 않을 것입니다. 당신
은 언제까지든지 정죄 아래 놓일 수 없습니다. 사도 바울이 여기서 말
하고 있는 바는, 그 무엇이라도 언제까지라도 그리스도인들을 정죄의
상태로 다시 데려가지 못한다는 것입니다. …

그리스도인들은 결코 멸망당할 수 없습니다. 절대로 정죄 아래 놓일

수 없습니다. '결코 정죄함이 없다'는 어구는 절대적입니다. 그 의미를 축소할 수 없습니다. 그 의미를 축소하는 것은 곧 성경을 반박하고 부정하는 것입니다. …

그런데 사도 바울이 왜 그렇게 말하는 것일까요? 무슨 근거로 그렇게 말하는 것일까요? 그렇게 말하는 것은 위험하지 않을까요? 그것이 사람들을 부추겨 죄를 짓게 하지는 않을까요? 그리스도인의 과거의 죄들과 현재의 죄들과 미래의 죄들이 하나님에 의해 이미 제거되었다고 가르치면, 그것이 곧 자유로이 세상으로 나아가 죄를 지어도 좋다고 말하는 것과 다름없지는 않을까요? 만일 당신이 나의 진술에 그런 식으로 반발한다면, 나는 가장 행복합니다. 왜냐하면 당신이 나의 진술에 그런 식으로 반발한다는 사실이 곧 내가 사도 바울의 메시지를 제대로 해석하고 있다는 사실을 명확히 말해주기 때문입니다.[22]

이 대목을 읽는 순간, 정말로 강해지면서 새로이 충전되는 것 같은 느낌이 들었다. 내가 태어나기 전부터 복음을 전해온 경험이 풍부한 하나님의 사람에게서, 내가 그동안 전해온 복음과 똑같은 복음의 말씀을 들으니 정말 더없이 좋았다.

여기서 사실상 로이드 존스 목사님은 만일 오늘의 사역자들이 바울이 받았던 것과 똑같은 비난을 받지 않는다면(사도 바울은 그가 '은혜가 더 풍성해지도록 더 많은 죄를 짓자'라고 말한다는 비난을 받았다던데), 그것은 곧 그들이 바울의 메시지를 제대로 해석하고 있지 못하다는 뜻이라고 말하고 있었다. 따라서 나는 로이드 존스 목사님의 이 글을 읽으며 내가 정말 사도 바울이나 로이드 존스 목사님과 같은 좋은 사람들과 같은 편에 서 있다는 사실을 깨닫고 힘을 얻을 수 있었다.

예수님의 참된 복음을 전파할 때는 율법과 섞이지 않은 '철저한 은혜'를 전해야 한다. 1997년 스위스에서 주님이 내게 말씀하셨다.

"만일 네가 철두철미하게 은혜를 전하지 않으면 사람들은 결코 철두철미하게 복을 받을 수 없고 근본적으로 변화되지도 못할 거야."

그 이후로 나는 하나님의 은혜를 철두철미하게 전하고 있다. 그리고 그날 뉴욕의 한 서점에서 주님께 격려 받았을 때, 사람들의 삶이 완전히 변화되는 모습과 신자들이 모든 파괴적인 습관과 죄를 압도하는 승리의 삶을 살아가는 모습을 간절히 보기 원하고 있기에, 내가 은혜의 복음을 철두철미하게 전하는 것을 결코 중단하지 않으리라는 것을 확실히 알았다. 나는 철저하게 '은혜'를 전한다. 인간의 자기 노력 없이 그리스도 예수 안에서 승리의 삶을 살아가는 데로 당신을 이끌어줄 그런 복음을 전하고 있다!

Chapter 20

혼합의
문제

D E S T I N E D
T   O
R   E   I   G   N

갈라디아주의

오늘날 많은 신자들이 하나님에 관해 혼동된 시각을 가지고 있는 까닭이 무엇인지 아는가? 도대체 무엇 때문에 신자들이 때로는 하나님께서 그들을 기뻐하시지만, 때로는 화를 내신다고 생각하는 걸까? 왜 어떤 신자들은 자기 자녀들에게 육신의 아픔과 질병 같은 극단적 조치를 취하는 것이 터무니없는 처사라 일축하면서도, 하늘에 계신 우리 아버지께서 육신의 아픔과 질병으로 우리를 징벌하신다고 생각하는 걸까? 오늘날 교회 안에 존재하는 이런 현상을 무엇으로 설명해야 할까? 나는 그런 혼동이 소위 '갈라디아주의'(Galatianism)라는 것에서 비롯되었다고 생각한다.

갈라디아주의는 본질적으로 '언약들'의 혼합물이다. 그것은 하나님에 관한 가르침들을 서로 섞은 것으로, 율법도 약간 포함하고 있고 은혜도 약간 포함하고 있다. 사도 바울 시대에 갈라디아교회는 그런 문제로 비척거리고 있었다. 그리고 사도 바울이 그들에게 보낸 편지의 어조로 미루

어볼 때 바울이 그 문제를 매우 심각하게 생각했음이 분명하다.

그런데 고린도교회 신자들을 향해서는 "이 어리석은 고린도 사람들아!"라고 말하는 바울의 모습을 성경 어디에서도 발견할 수 없다. 고린도교회에 문제가 없었나? 결코 그렇지 않다. 우리는 고린도교회가 엉망진창의 진흙탕에 있었음을 잘 알고 있다.

고린도교회 신자들은 말 그대로 모든 종류의 외적인 죄에 빠져 있었다. 분쟁과 시기와 질투에 여념이 없었고, 신자가 신자를 상대로 법정에서 소송을 제기했고, 성령의 은사를 악용했으며, 심지어 몇 사람은 이방 신전의 창녀들과 놀아나기도 했다. 한마디로 모든 종류의 부도덕한 행위들이 자행되고 있었다. 대혼란과 무질서 그 자체였다!

그러나 바울은 단 한 번도 그들을 향해 "어리석은 고린도 사람들아!"라고 말하거나 세련된 언어로 그들을 돌려 비난하지도 않았다. 지금 당장 성경을 펴고 확인해보라. 단 한 가지 사례도 발견하지 못할 것이다.

오히려 바울은 고린도교회 신자들을 긍정하면서 말했다.

"너희를 불러 그의 아들 예수 그리스도 우리 주와 더불어 교제하게 하시는 하나님은 미쁘시도다"(고전 1:9).

바울은 그들에게 긍정적으로 말했고, 그들이 "모든 은사에 부족함이 없다"(고전 1:7)라고 확인해주었으며, 그들이 끝까지 견고하게 되어 "우리 주 예수 그리스도의 날에 책망할 것이 없는 자"(고전 1:8)가 될 것이라고 보증해주었다. 정말 놀랍지 않은가?

잘못된 교리가 더 나쁘다!

고린도교회 신자들과 갈라디아교회 신자들에 대한 바울의 태도가 확연하게 달랐다는 것에 주목하라! 바울은 갈라디아교회 신자들에게는 이렇게 말했다.

"어리석도다 갈라디아 사람들아 … 누가 너희를 꾀더냐"(갈 3:1).

바울은 바로 뒤에서 또 말한다.

"너희가 이같이 어리석으냐"(갈 3:3).

바울은 엄청 화가 나 있었다. 그는 갈라디아교회에서 벌어지고 있는 일들에 무척이나 분개하였고, 갈라디아교회 신자들을 결코 기뻐하지 않는다는 점을 분명하게 밝혔다.

아마도 대부분의 사람들은, 사도 바울이 갈라디아교회 신자들보다는 고린도교회 신자들에게 더 화를 냈어야 옳은 게 아니냐고 반문할 것이다. 그러나 바울은 그렇지 않았다. 갈라디아교회를 향한 바울의 격한 반발은, 하나님께서 무엇을 우선시하시는지를 계시한다. 하나님의 눈에는 잘못된 교리를 믿는 것이 잘못된 행실을 나타내는 것보다 훨씬 더 나쁘게 보이는 것이 명백하다.

하나님 보시기에는 잘못된 교리가 잘못된 행실보다 훨씬 더 나쁘다! 사도 바울은 고린도교회의 잘못된 행실과 관련하여 마음의 평정을 유지했고, 고린도교회 신자들을 향한 자제심을 잃지 않았다. 그는 잘못된 행실에 빠져 흥청거리는 그들을 하나님의 은혜가 능히 보살필 수 있다는 사실을 잘 알고 있었기에, 차분한 어조로 그들의 잘못된 행실에 대하여 논할 수 있었다.

그가 그들에게 긍정적으로 말할 수 있었던 것, 심지어 "그리스도 예수 안에서 너희에게 주신 하나님의 은혜로 말미암아 내가 너희를 위하여 항상 하나님께 감사하노니"(고전 1:4)라고 말할 수 있었던 것이 바로 그런 까닭이었다. 그러나 바울은 갈라디아교회의 잘못된 교리와 관련해서는, 갈라디아교회 신자들을 엄혹하게 책망했다. 그들이 율법과 은혜를 서로 섞음으로써 하나님의 은혜를 무효로 만들었기 때문이었다.

사도 바울은 갈라디아서 첫 장에서 "내가 이상하게 여기노라"라고 말한다. 이것은 요즈음 우리가 흔히 하는 말로 "나는 너희들에게 질렸다"라고 말하는 것이다. 무엇이 그를 질리게 했던 것일까? 그는 계속 말한다.

"그리스도의 은혜로 너희를 부르신 이를 이같이 속히 떠나 다른 복음을 따르는 것을 내가 이상하게 여기노라 다른 복음은 없나니 다만 어떤 사람들이 너희를 교란하여 그리스도의 복음을 변하게 하려 함이라"(갈 1:6,7).

바울이 갈라디아교회 신자들에게 화를 냈던 까닭은, 그들이 그리스도의 은혜를 떠나 다른 복음으로 눈을 돌렸고, 그들 가운데 몇몇 사람들이 그리스도의 복음을 변하게 하려 했기 때문이었다.

바울은 갈라디아교회 신자들에게 은혜의 복음을 전했다. 그러나 그는 율법의 요소들을 그들에게 소개하여 하나님의 은혜와 율법을 서로 혼합한 유대주의자들이 그들 가운데 있음을 발견했다. 이는 결코 가볍게 여길 일이 아니다. 그것은 하나님의 사도인 바울을 격하게 흥분시킬 만큼 중대하고 심각한 문제였다. 사도 바울은 성령으로 충만한 사람이었고, 그의 분노는 성령께서 일으키신 분노였다. 따라서 바울이 율법과 은혜를 서로 섞는 것에 왜 그렇게 화를 냈는지 그 이유를 제대로 이해하는 것이 우리에게 매우 유익하리라 판단된다.

은혜는 잘못된 행실에 대한 해결책이다!

당신 거실에 지저분한 빨랫감들이 있다고 상상해보자. 빨랫감은 날마다 더 많아진다. 하루하루 지날수록 빨랫감들에서 풍기는 악취가 더 강해지고, 그만큼 더 견디기 어려워진다. 자, 생각해보자. 큰 문제일까? 경우에 따라 다르다.

만일 당신 집의 세탁기가 제대로 작동하고 있다면 별로 큰 문제가 아닐 것이다. 더러운 빨랫감들이 아무리 높게 쌓여 있어도 세탁기가 제대로 돌고 있는 한, 여전히 희망이 있다. 더러운 빨랫감들이 큰 문제가 되는 경우는 오로지 당신이 세탁기를 파괴하거나 처분할 때뿐이다. 제대로 작동하는 세탁기가 없을 경우, 산더미처럼 쌓여 있는 빨랫감들을 어떻게 처리하겠는가?

당신도 알고 있겠지만, 여기서 그 더러운 빨랫감들은 '잘못된 행실'을, 세탁기는 '은혜'를 비유한다. 물론 당신의 잘못된 행실이 지금 더러운 빨랫감처럼 높이 쌓여 있다는 말은 아니니 오해는 하지 말라. 그저 비유일 뿐이다. 아무튼지 당신이 잘못된 행실을 갖고 있을 경우에라도 교회에서 하나님 은혜를 전파하는 한, 하나님의 은혜가 당신의 잘못된 행실을 정복할 수 있는 능력을 당신에게 가르쳐줄 것이다. 그러나 교회가 하나님의 은혜를 전파하지 못하면, 혹은 하나님의 은혜를 율법과 혼합하여 무효로 만들면, 당신의 잘못된 행실을 정복하리라는 희망을 어찌 가질 수 있을까?

그리스도의 복음을 왜곡하는 혼합

그리스도의 복음을 왜곡하는 것, 사도 바울이 갈라디아교회 교인들을 엄히 대한 까닭이다. 그들은 그들 가운데 몇몇이 은혜와 율법을 서로 혼합하게 함으로써 그리스도의 복음을 왜곡했다. 바울은 분명 그들에게 은혜의 복음을 전파했다. 그러나 그가 떠난 뒤에 유대주의자 몇 사람이 와서 그들에게 이런 거짓말을 선전했다.

"네, 맞아요. 여러분은 은혜로 구원받아요. 하지만 단지 예수님을 소유하는 것으로는 충분하지 못해요! 하나님을 기쁘시게 해드리려면 모세의 율법도 알고 지켜야 합니다!"

요컨대 그들의 주장은, "은혜는 좋은 거예요. 하지만 율법과 균형을 이루어야 해요!"라는 것이었다. 그들은 그렇게 갈라디아교회 신자들에게 가르쳤고, 이방인인 갈라디아 사람들도 모세의 율법을 따라 유대인들처럼 할례를 받아야 한다고 요구했다. 그리고 사도 바울은, 갈라디아교회 신자들에게 거짓 복음을 전파하던 그들에게 갈라디아서 1장 8절과 9절에서 연거푸 저주를 퍼부었다! 혼합된 복음을 전파하던 자들을 향한 바울의 단호하고 강경한 태도는 하나님의 마음을 나타낸다.

율법과 은혜를 섞지 말라!

당신은 내게 따질지 모른다.

"목사님은 은혜를 믿지만, 나는 하나님께 의롭다 일컬음을 받으려면 율법도 지켜야 한다고 믿어요. 당신과 나의 생각이 다르다는 게 무슨 문제가 됩니까?"

무슨 문제가 되냐고? 된다! 바울은 그것을, 연거푸 저주를 퍼부을 만큼 중요한 문제로 간주했다. 오늘날 많은 신자들은 율법과 은혜를 서로 섞는 것을 심각한 문제로 간주하지 않는다. 그러나 우리는 율법과 은혜를 서로 섞는 혼합에 대해 바울과 같은 반응을 보여야 한다. 바울은 율법과 은혜를 서로 섞는 갈라디아교회 신자들에게 질리고 말았다!

사실 오늘날 많은 교회들의 문제는 '순수한 율법'을 지키려 한다는 것이 아니다. 아마 그렇게 율법을 지키려 애쓰는 교회는 한 곳도 없을 것이다. 오늘날 많은 교회에서 발견되는 문제는 '율법과 은혜의 혼합'의 문제이다. 옛 언약과 새 언약을 서로 결합한 가르침들이 여기저기서 들린다.

"맞습니다. 여러분은 은혜로 구원받습니다. 하지만 지금 이렇게 은혜로 구원받았으니까 결국에 가서도 당연히 구원에 이를 것이라고 생각하면 큰 오산입니다. 율법을 지킴으로써 거룩한 삶을 살기 시작해야 합니다!"

이런 말들이 곳곳에서 들린다. 은혜도 조금 섞고 율법도 조금 섞어서 반죽하는 것, 많은 신자들은 이렇게 율법과 은혜의 균형을 맞추어도 아무 상관이 없다고 생각한다. 그러나 주님은 인간이 균형과 조화라 부르는 그것을 하나님께서는 '혼합'이라 부른다고 알려주신다.

율법과 은혜를 섞지 말라! 하나님께 의롭다 일컬음을 받는 것, 그것은 전적으로 하나님 은혜의 역사이든 아니면 당신의 행위로 말미암든 둘 중 하나이다. 그러니 당신이 하나님께 의롭다 일컬음을 받기 위해 인간의 '자기 노력'이라는 혼합물을 은혜에 미량이라도 첨가할 때, 당신은 하나님의 은혜를 무효화하게 된다. 이는 매우 심각한 문제이다. 하나님께서는 혼합을 미워하신다.

대부분의 사람들은 자신들이 은혜로 구원받았다는 데 이의를 제기하지 않는다. 그러나 그러면서도 자신들을 여전히 율법에 예속시키고 있다. 그들은 하나님의 복을 얻기 위해, 하나님의 복을 얻을 만한 공적을 세우기 위해, 하나님의 복을 받을 자격을 갖추기 위해 율법의 일이나 인간의 행위나 자기 노력을 의지한다. 그들은 자기 스스로를 평가하여 제법 만족스러우면 하나님의 복을 받을 수 있으리라 기대한다. 그러나 스스로 부족하다고 생각되거나 잘못을 저지르면 자기 위에 죄책감과 정죄를 산더미처럼 쌓아올리고, 하나님의 징벌을 예상한다.

새 언약 안에서 하나님께서는 우리가 율법을 잘 지키면 복을 주시고 잘 지키지 못하면 저주하기를 원하지 않으신다. 이런 시스템은 정말 옛 언약과 비슷하게 들리지 않는가? 하나님의 은혜란 아무 자격도 공로도 없는 우리에게 주시는, 우리의 분에 넘치는 하나님의 은총이다. 따라서 아무 값없이 주시는 하나님의 은총을 받을 자격과 가치를 갖추려고 애쓰는 순간, 하나님의 은혜를 무효화하게 된다.

새 언약 안에서 하나님께서는 자신의 외아들 예수님 때문에, 그리고 예수님이 십자가에서 이루신 일 때문에 우리에게 복 주기를 원하신다. 하나님의 축복은 우리의 행위나 노력이나 혹은 율법을 지키는 능력과 전혀 무관하다. 율법을 지킴으로써 하나님께 의롭다 일컬음을 받으려 애쓰는 사람들은, 자신들이 새 언약 안에 있다고 입으로 공언할지라도, 여전히 옛 언약의 정신 상태를 갖고 있다.

그들은 믿음과 은혜에 바탕을 두고 있는 새로운 질서를 믿고 의지하는 대신, 인간의 행위와 자기 노력에 바탕을 두고 있는 낡은 질서로 회귀한다. 당신이 옛 언약과 새 언약을 서로 혼합할 때, 즉 율법의 언약과 은혜의 언약을 서로 섞을 때 둘 다를 잃을 수밖에 없고, 또한 그 두 언약의 은택을 무효로 만들어버리게 된다! 이 사실을 뒷받침해주는 성경말씀이 있을까? 예수님이 하신 말씀을 보자.

> 새 포도주를 낡은 가죽 부대에 넣는 자가 없나니 만일 그렇게 하면 새 포도주가 부대를 터뜨려 포도주와 부대를 버리게 되리라 오직 새 포도주는 새 부대에 넣느니라 막 2:22

여기서 예수님은 '새 포도주를 낡은 가죽 부대에 넣는 것'이라는 말로 무엇을 지칭하고 계셨을까? 두 언약의 혼합을 가리키고 계셨다. 새 포도주는 은혜의 새 언약을 나타내고, 낡은 가죽 부대는 율법의 옛 언약을 나타낸다. 낡은 가죽 부대를 본 적이 있는가? 딱딱하고 신축성이 없기 때문에 터지기 쉽다. 율법이 그러하다. 경직되어 있다. 은혜의 새 포도주를 율법의 낡은 가죽 부대에 넣으면, 부대가 터지고 포도주가 쏟아져 둘 다를 버리게 된다. 옛 언약과 새 언약, 양자(兩者)의 장점들을 무효화하고 잃게 되는 것이다.

우리의 행위와 행동과 무관한 말씀

오늘날 많은 신자들이 율법과 은혜의 균형을 맞추려고 애쓰고 있는 까닭이 무엇인지 나는 정말 이해할 수 없다. 율법 쪽으로 가기를 원하는가? 그렇다면 철두철미하게 율법 쪽으로 가라! 은혜 쪽으로 가기를 원하는가? 그렇다면 철두철미하게 은혜 쪽으로 가라! 그 둘의 균형을 맞추기는 불가능하다! 예수님이 이렇게 말씀하신 것이 그런 까닭이다.

내가 네 행위를 아노니 네가 차지도 아니하고 뜨겁지도 아니하도다 네가 차든지 뜨겁든지 하기를 원하노라 네가 이같이 미지근하여 뜨겁지도 아니하고 차지도 아니하니 내 입에서 너를 토하여 버리리라 계 3:15,16

많은 설교자들이 이 구절을 본문으로 설교하면서, 이것이 예수님을 향한 뜨거운 열정을 가지고 있지 않은 사람들을 지칭한다고 설명해왔다. 예수님을 향한 뜨거운 열정이라, 그런 표현을 들어본 적이 있는가? 그런데 '예수님을 향한 뜨거운 열정'이 무엇을 뜻할까? 전통적으로 하루에 성경을 일정 분량 이상, 예를 들어 10장 이상씩 읽는 것, 주변 사람들에게 전도하는 것, 모든 기도회에 빠짐없이 참석하는 것 등을 뜻한다고 배워왔다. 그리고 차가운 것은 이 모든 것들의 정반대, 즉 이 모든 것들을 전혀 하지 않는 것을 뜻한다고 배워왔다.

이 구절은 마치 우리의 행위와 행동에 관계된 말씀인 양 전파되어 왔다. 물론 이 구절에서 예수님은, 우리가 미지근해지기를 원하지 않고, 차든지 뜨겁든지 하기를 원한다고 분명히 말씀하셨다.

하지만 이 구절을 우리의 행위와 행동에 관한 말씀으로 간주하면 그 뜻이 잘 통하지 않게 된다. 예수님을 향한 미지근한 열정이라도 갖고 있는 것이 완전히 차가운 것보다는 그래도 훨씬 더 나을 텐데, 예수님이 뜨겁든지 차든지 하나를 하라고 라오디게아교회 신자들에게 딱 잘라 말씀하셨기 때문이다.

이 구절이 우리의 행위에 관한 말씀이라면, 예수님이 "얘들아! 뜨거워지지 못하면 미지근해지기라도 해야 하지 않겠니?"라고 말씀하지 않았을까? 내가 우리 교회 교인들에게 늘 하는 말이 있다. 주일에 교회에 올 때에 '두뇌'를 갖고 오는 것을 절대 잊지 말라는 것이다. 그렇다. 당신 귀에 들리는 모든 말들을 그대로 흡수하지 말라. 모든 메시지들을 신중히 살펴야 하며, 그 모든 메시지들이 예수님의 복음과 일치하는지 확인해야 한다. 복음은 '좋은 소식'을 뜻한다. 따라서 당신 귀에 들리는 메시지가 '좋은 소식'이 아니라면, 좋기는커녕 두려움과 의심과 심판과 정죄를 가득 부어준다면 던져 버려라!

미지근해지지 말고 뜨겁든지 차갑든지!

요한계시록 3장 15,16절의 말씀은 라오디게아교회에서 '율법 언약과 은혜 언약의 혼합'이 일어났으리라는 점을 고려하여 해석할 때에 그 의미가 제대로 통한다. 그래서 주님이 라오디게아교회가 차갑든지 즉 전적으로 율법 아래 있든지, 아니면 뜨겁든지 즉 전적으로 은혜 아래 있든지 하나를 하기를 원하신다고 말씀하고 계신 것이다.

적어도 당신이 전적으로 율법 아래 있으면 율법이 당신을 절망으로 이끌고 그리하여 마침내 예수님의 구원의 팔에 안기게 한다. 왜냐하면 율법 그 본래의 목적대로 당신의 죄가 실로 크다는 사실과 당신이 율법의 모든 조항들을 완벽하게 지킬 능력이 없다는 사실을 당신에게 폭로할 것이고, 그리하여 당신에게 하나님의 은혜가 절실히 필요하다는 사실을 깨우쳐줄 것이기 때문이다.

그러나 율법과 은혜의 혼합물을 갖고 있으면, 그래서 한편으로는 인간의 자기 노력을 배제하는 은혜를 믿으면서 다른 한편으로는 인간의 자기 노력을 근간으로 하는 율법에 여전히 매달려 있으면, 당신을 인간의 한계 끝으로 데려가 처절한 절망 가운데서 오로지 구세주의 은혜를 울부짖게 만드는 율법 고유의 '죄를 자각하게 하는 능력'을 흐릿하게 중화시키게 된다. 당신이 차가우면서 동시에 뜨거울 수 없는 것, 혹은 율법 쪽으로 가는 동시에 은혜 쪽으로 갈 수 없는 것이 바로 그런 이유이다.

인간의 행위와 자기 노력을 근간으로 하는 율법과, 인간의 행위와 자기 노력을 전적으로 배제하는 은혜가 어찌 서로 섞일 수 있을까? 당신이 율법과 은혜를 서로 조화시키려고 시도하는 그 순간, 양쪽 모두를 중화시키게 되고, 그 결과 각각의 언약은 당신 삶에 끼칠 수 있는 그 고유의 완벽한 영향력을 상실하게 된다. 당신은 그 혼합으로 인하여 미지근하게 되고, 인간의 행위와 자기 노력을 근간으로 하는 율법을 은혜와 섞어 반죽한 그 혼합은, 오직 하나님의 은혜와 의(義)의 선물을 넘치게 받음으로 생명 안에서 왕 노릇 하는 능력을 강탈해감으로 하나님께서는 그런 혼합을 미워하신다! 새 포도주는 낡은 가죽 부대에 넣을 수 없다! 그랬다가는 둘 다를 버리게 된다!

율법과 은혜를 섞지 말라! 바울이 갈라디아교회 교인들에게 율법의 목적을 설명했을 때 말하고 있던 것이 바로 그것이다.

> 이같이 율법이 우리를 그리스도께로 인도하는 초등교사가 되어 우리로 하여금 믿음으로 말미암아 의롭다 함을 얻게 하려 함이라 믿음이 온 후로는 우리가 초등교사 아래에 있지 아니하도다 갈 3:24,25

율법은 우리를 자신의 노력의 한계와 그리스도께 데려가기 위한 '초등교사'였다. 율법은 인간이 지키기에 불가능한 하나의 지고(至高)한 표준이다. 그러나 바리새인들은 그 높은 표준을 자신들의 노력으로 능히 지킬 수 있다고 생각하는 수준으로 끌어내렸다. 그들은 자신들의 행위와 성경 읽기와 시끄럽고 장황한 기도로 하나님 앞에서 의롭다 일컬음을 받을 수 있다고 생각했다.

그러나 예수님이 무대 위로 뚜벅뚜벅 올라가셨을 때, 예수님의 가장 가혹한 질책이 바로 그 율법주의자들에게로 향해졌다. 심지어 예수님은 그들을 가리켜 '독사의 자식들'(마 12:34 ; 23:33 참조)이라고 하셨다. 예수님은 율법을 그 본래의 높은 표준으로 되돌려놓으셨다. 한 여인을 보고 엉뚱한 상상만 해도 간음죄를 범하는 것이고, 이유 없이 형제에게 화를 내도 살인죄를 범한 것이라 말씀하셨다.

당신은 말할 것이다.

"목사님, 그건 인간이 지키기 불가능한 표준이에요! 아무도 지키지 못할 거예요!"

불가능한 표준이라고? 그렇다! 바로 그것이다! 마침내 당신도 깨달았는가? 예수님은 하나님의 율법과 거룩하심의 참된 표준을 우리에게 보여주고 계셨다. 인간이 하나님의 율법을 지키는 것은 불가능하다! 만일 율법 쪽으로 가기를 원한다면 철저하게 가라! 미지근해지지 말라! 율법과 은혜를 서로 섞지 말라! 뜨거워지는 것보다 차가워지는 것을 택하겠다면 철두철미하게 차가워져라!

내가 이렇게 말하는 까닭이 무엇일까? 적어도 당신 자신을 철저하게 율법 아래 놓으면, 율법이 당신의 초등교사가 되어 당신을 인간의 한계로 데려가 절망에 빠트릴 것이고, 그리하여 당신 자신의 힘으로는 당신을 구원할 수 없다는 사실을 깨우쳐줄 것이고, 당신이 그 사실을 겸손히 인정할 때 시선을 돌려 구세주를 바라볼 것이고, 그러면 주님의 은혜가 당신의 마음을 가득 채울 것이기 때문이다.

무슨 말인지 알겠는가? 당신이 할 수 있다고 생각하면, 하나님의 손이 묶여 하나님은 하실 수 없게 된다. 그러나 당신이 할 수 없다는 것을 인정할 때, 그때 하나님께서 하실 수 있다. 이해할 수 있겠는가?

당신 자신을 구원할 수 있는가?

인명구조요원은 물에 빠진 사람을 구할 때, 물에 빠진 사람이 자기 목숨을 건지기 위한 노력을 포기하기를 기다린다. 물에 빠진 사람이 손을 허우적거리고 다리를 차올리면서 필사적으로 발버둥을 치면, 유능한 인명구조요원은 그 사람에게 가까이 접근하지 않는다. 그랬다가는 그 사람의 필사적인 힘에 붙들려 자신까지도 물속으로 끌려가 결국 둘 다 익사당하고 말 거라는 사실을 잘 알기 때문이다. 인명구조요원은 물에 빠진 사람을 구하기 원하지만, 그가 자신의 힘을 다 써버리고 자기 힘으로 목숨을 구하려는 노력을 완전히 포기해야만 비로소 구조에 착수할 수 있다. 물에 빠진 사람이 포기할 때, 인명구조요원은 즉시 그 사람을 붙잡아 안전한 곳으로 데리고 나온다.

마찬가지다. 당신 자신의 힘으로 당신을 구원할 수 있다고 생각하는 한, 하나님의 은혜는 당신에게 흐르지 못한다. 율법과 은혜를 서로 섞으면 그 둘 모두 익사하게 된다. 새 포도주와 낡은 가죽 부대 둘 다를 버리게 되는 것처럼 말이다. 요컨대, '물에 빠진' 사람은 자신이 물에 빠져 있다는 사실과 자신의 힘으로는 자신을 구할 수 없다는 사실을 반드시 알아야 한다.

그 사람이 자신의 노력을 포기할 때만 은혜가 와서 그 사람을 구조해 줄 수 있다. 바리새인들은 예수님의 말씀을 듣고 또 들었지만 아무런 감화도 받지 못했다. 그 까닭은 바로, 자신들의 율법 준수만으로 구원에 이르기에 충분하다고 생각하여 구세주의 필요성을 절감하지 못했기 때문이었다. 그들은 자신들이 물에 빠져 있다는 사실을 전혀 깨닫지 못했다.

은혜에서 떨어진 자들

사도 바울은 갈라디아 신자들에게 이렇게 말했다.

"율법 안에서 의롭다 함을 얻으려 하는 너희는 그리스도에게서 끊어지고 은혜에서 떨어진 자로다"(갈 5:4).

율법 안에서 의롭다 함을 얻으려 하는 것, 그것이 바로 '은혜에서 떨어지는 것'(falling from grace)의 참된 정의이다. 어떤 사람들은 누군가 죄를 지으면 그 사람이 은혜에서 떨어졌다고 말한다. 그러나 바울은 고린도교회 신자들이 온갖 죄에 빠져 있었음에도 그들이 은혜에서 떨어졌다고 결코 말하지 않았다. '은혜에서 떨어지다'라는 말은 '율법으로 떨어지다'라는 말이다. 은혜가 율법의 위에 있다는 사실을 주목하라. 당신이 율법 아래 있을 때, 은혜라는 고지대에서 율법이라는 저지대로 떨어진 것이다. 하나님의 언약궤에서 속죄소(언약궤의 덮개)는 모세의 십계명 위쪽에 위치해 있었음을 기억하라.

율법은 인간의 노력을 무엇보다 중요하게 여긴다. 반면 은혜는 모든 영광을 하나님께 올린다. 사도 바울이 복음은 사람들의 비위를 맞춰주는 것이 아니라고 말한 것이 그런 까닭이다. 본질적으로 그는 "만일 내가 여러분의 비위를 맞춰주기를 원한다면 율법을 전할 것입니다!"라고 말하고 있었다.

율법주의자들은 율법을 지키는 그들의 '자기 노력'을 더 이상 자랑하면 안 된다는 말을 들을 때 격하게 반발한다. 자신들의 인간적인 한계에 도달한 사람들, 자신들의 힘으로 자신들을 구원하기 위한 노력의 한계점에 부닥친 사람들만이 은혜의 가치를 올바로 깨닫는다. 이러한 사람들은 자신들의 노력으로 애쓰고 또 애쓰다가 마침내 인간의 '자기 노력'을 포기하는 데에 이른 이들이요, 자신들이 율법의 엄격한 표준을 만족시킬 수 없다는 것을 스스로 인정한 이들이다. 그리고 그럴 때에야 비로소 그들은 자신들의 분에 넘치는 하나님의 은총, 하나님의 구원의 은혜를 받아들일 준비를 하게 된다.

우리 모두는 죄에 반대한다. 그러나 율법 준수를 통해서는 죄를 버릴 수 없다. 은혜가 바로 죄를 버릴 수 있는 능력이다. 율법과 더 깊은 관계를 맺으면 맺을수록, 그것이 당신 안에 더 많은 죄들을 휘저어 일으킨다. 율법은 당신의 죄를 드러내기 위해 설계된 것이다.

그런데도 오늘날 많은 사역자들이 은혜의 복음을 받아들이기를 거부하다가 마침내는 자신들마저도 죄에 포획 당하게 하는 지경에 있으니 참으로 슬픈 일이 아닐 수 없다. 그들은 자신들이 죄의 덫에 걸려 있음을 깨달아야 할 것이며, 그럴 때만 비로소 죄를 압도하는 능력을 줄 수 있는 것이 은혜뿐이라는 사실도 깨달을 것이다. 사도 바울이 역설한 것이 바로 그것이다.

"죄가 너희를 주장하지 못하리니 이는 너희가 법 아래에 있지 아니하고 은혜 아래에 있음이라"(롬 6:14).

좋은 소식은, 당신이 오늘 우리 주님의 은혜를 받아들일 수 있고, 오늘 죄에 대한 지배력을 소유할 수 있다는 것이다!

은혜의 깨달음을 향한 나의 여정

혹여 의아해하는 독자들이 있을까 하여, 은혜의 깨달음을 향한 나의 여정에 대해 몇 마디 해두겠다. 내가 은혜의 복음을 대면하게 된 것은, 어떤 도덕적인 죄를 통해서가 아니었다.

주님은 어린 시절에 내가 받았던 모든 잘못된 교훈들이 나의 내면에 일으킨 필사적인 몸부림을 통하여 주님의 은혜에 대한 깨달음을 계시해주셨다. 나는 율법주의적인 가르침을 너무나도 많이 들었던 탓에, 내가 정말로 성령을 모독하는 용서받지 못할 죄를 지었고, 구원을 잃었다고 믿었다.

나는 그 시절, 구원을 잃었다고 여전히 생각하면서도, 거리에 나가 사람들에게 예수님을 전하곤 했다. 왜냐고? 나의 전도를 받은 사람들이 장차 언젠가 천국에 갔을 때, 하나님께서 그들에게 "너는 어떻게 예수님을 믿게 되었니?"라고 물으시면, 그들이 "조셉 프린스라고 하는 사람의 전도를 받았습니다!"라고 대답해주기를, 그래서 하나님께서 내가 지옥에 있다는 사실을 아시고 나를 조금이라도 기억해주시기를 소망했기 때문이었다. 나는 정말로 그렇게 될 수 있으리라 믿었다!

나는 모든 힘과 능력과 에너지를 다 쏟아 율법을 지키려고 애썼다. 나는 자백하지 않은 죄는 용서받을 수 없다는 우리 교회 목사님들과 전도사님들의 가르침을 그대로 받아들였고, 그리하여 깨어 있는 거의 모든 시간을 나의 죄를 자백하면서 보냈다. 마침내는 그런 긴장과 중압감으로 인해 정말 미쳐버리기 직전까지 갔다.

나는 그렇게 나 자신의 한계 끝에 이른 뒤에야 비로소 아름다운 구세주 예수 그리스도가 내게 절실히 필요하다는 사실을 알게 되었고, 예수님은 소경 같던 내 눈을 열어 은혜의 새 언약을 보게 해주셨다. 은혜의 복음을 발견하기까지의 나의 여정이 그러했다. 나는 율법 아래 있는 것이 무엇을 뜻하는지 아주 잘 알고 있다. 인간이 율법을 지키는 것이 불가능하다는 사실을 내가 직접 체험했기 때문이며, 또한 바울이 율법에 관하여 말한 그대로, 율법이 나를 그리스도께로 데려갔기 때문이다.

지금은 바벨론을 떠날 때다!

율법과 은혜를 섞는 것은 매우 위험하다. 율법과 은혜를 섞으면 혼돈 속에서 살아가게 된다. 하나님께서 때로는 당신을 기뻐하시지만 때로는 당신에게 화를 내신다고 생각하게 된다. 오늘은 당신을 치유해주시는 하나님께서 내일은 질병으로 징벌하실지 모른다고 믿게 된다. 혼합은 혼돈을 낳는다. 그러나 하나님은 혼돈을 조장하는 분이 아니시다.

하나님을 찬양하라! 지금 '복음 혁명'이 전 세계 모든 나라의 하나님 백성들을 자유롭게 해방시키고 있기 때문이다. 지금 그리스도의 몸 된 교회가 바벨론을 떠나고 있는 것이 내 눈에 보인다. '바벨론'이라는 단어는 '혼합으로 인한 혼돈'을 뜻한다.[23] 오늘의 교회가 혼돈과 혼합의 예속에서 풀려나고 있는 것이 내 눈에 보인다. 할렐루야! 교회는 너무나도 오랫동안 바벨론에 머물러왔다. 그러나 이제 떠나고 있다.

지금은 우리 모두가 혼돈과 혼합 밖으로 나와야 할 때이다. 은혜 언약을 택하든지, 율법 언약을 택하든지, 하나를 택하라!

아무 자격도 공로도 없는 우리에게 주시는 분에 넘치는 하나님의 은총을 통하여 하나님의 축복을 한껏 누리든지, 아니면 하나님의 은총을 얻어내기 위한, 하나님의 은총을 얻을 만한 공적을 세우기 위한, 하나님의 은총을 얻을 만한 자격을 갖추기 위한 당신 자신의 노력과 행위를 의지하든지, 하나를 하라! 둘 다를 붙잡을 수는 없다.

제발 전자를 택하기를 기도한다. 오늘 바벨론에서 나와 하나님의 풍성한 은혜를 한껏 누려라!

Chapter 21

위대한 믿음의 비밀

D E S T I N E D

T O

R E I G N

믿음에는 자기 노력이 필요없다

당신에게 믿음이 더 필요하다고 느낀 적이 있는가? 당신 자신을 바라보면서, 믿음이 조금만 더 있으면 당신이 직면한 문제의 해결이나 치유를 체험할 수 있을 거라고 생각한 적이 있는가? 당신에게 좋은 소식을 전해주겠다. 믿음은 하나의 분투, 하나의 노력이 아니다. 좋은 소식을 믿는 것과 율법의 행위는 정반대이다. 그리고 율법은 우리의 '자기 노력'에 관계된 것이므로, 당연히 율법의 정반대인 믿음에는 인간의 '자기 노력'이 존재하지 않는다.

그런데 어떤 사람들은 믿음에 대해 우리가 더 열심히 분발하고 더 열정적으로 분투하여 더 큰 믿음을 소유해야 한다고 말한다.

"당신에게 이런 일이 일어난 까닭은 충분한 믿음이 없기 때문이에요!"

"큰 믿음을 가져야만 돌파구를 발견할 수 있어요!"

그런 사람들이 주로 하는 말이다. 이런 말을 들을 때 당신은 어떤지 모르겠지만, 나는 더 큰 믿음을 갖지 못한 데 대해 정죄받는 것 같은 느낌이 든다.

축복의 부적임자로 만들지 말라

하나님의 모든 자녀들은 하나님이 예비해놓으신 모든 축복들을 믿음으로 받아 누릴 수 있다. 그러나 과거에 나는 정말 괴이하게도 하나님의 자녀들을 하나님의 축복을 받기에 합당하지 않은 자로 만드는 설교를 한동안 한 적이 있다. 물론 믿음을 인간의 행위로 변질시킨 것은 아니었지만, 보다 더 큰 믿음을 갖도록 신자들을 이끌지 못했다. 당시 나는 이렇게 설교하곤 했다.

"여러분이 병에 걸리는 까닭은 여러분에게 무엇인가 잘못된 것이 있기 때문입니다!"

나는 신자들이 치유 받지 못하는 이유를 일곱 가지로 세밀하게 나누어 가르치곤 했다. 그러나 그런 방향으로 가르치면 가르칠수록, 큰 믿음을 얻기는커녕 날로 쇠약해지는 믿음으로 치유를 체험하지 못하고 여전히 고통 속에서 허덕이는 교인들의 모습만 더 확연하게 눈에 보였다. 그 시절 나는 또 이렇게 설교하곤 했다.

"하나님께는 잘못된 것이 없습니다. 하나님의 말씀에도 잘못된 것이 없습니다. 따라서 여러분에게 잘못된 것이 있는 것이 틀림없습니다!"

나는 그것이 좋은 설교라 확신했다. 다른 많은 설교자들 역시 그렇게 설교하고 있었기 때문이다. 그러나 어느 날, 여느 때와 다름없이 그런 설교를 하고 있을 때, 주님이 나의 내면에서 말씀하셨다.

"내 자녀들을 내 축복에 합당치 않은 자로 만드는 짓을 당장 중지하라! 나의 피가 이미 그들을 합당한 자로 만들었으니, 내 자녀들을 부적임

자로 만들지 말라!"

그 무렵 나는 믿음은 인간의 자기 노력을 근간으로 하는 율법과 정반대이므로 믿음에는 인간의 자기 노력이 필요 없다는 사실을 잘 알고 있었다. 또한 사람들이 자기 자신을 의식하면 의식할수록 은혜를 의지하는 대신에 인간의 자기 노력을 더 의지하게 되고, 그럴수록 그들 안에 믿음은 고갈될 뿐이라는 사실도 잘 알고 있었다. 그렇기에 주님이 나의 눈을 열어 은혜를 보게 해주셨을 때, 설교의 방향을 완전히 바꾸어 이렇게 선포하기 시작했다.

"하나님께는 잘못된 것이 없습니다. 하나님의 말씀에도 잘못된 것이 없습니다. 그렇다면 여러분에게 잘못된 것이 있습니까? 아닙니다. 예수님의 피를 통하여 여러분에게도 잘못된 것이 없게 되었습니다! 여러분에게 일어난 이적을 받아들이십시오!"

위대한 믿음을 제공하는 비밀 하나

할렐루야! 내가 교인들의 잘못된 점들을 지적하기를 중단하고 대신 예수님 덕택에 합당하게 된 것들을 주목하게 하자, 우리 교회 교인들은 놀라운 믿음을 받았고, 우리 교회는 전례 없는 치유의 이적을 체험하기 시작했다. 사람들의 암이 치료되었고, 종양이 초자연적으로 제거되었고, 삶이 변화되었다. 신자들이 자신이 예수님의 피로 하나님 앞에서 의롭게 되었다는 사실을 알 때 그런 일들이 일어난다. 그들은 예수님이 피로 사서 그들에게 주신 권리들, 즉 치유 받을 권리와 삶의 회복을 누릴 권리 등을 소유하고 있음을 깨닫기 시작한다.

우리 교회 신자들은 더 이상 믿음 때문에 하나님의 약속을 현실로 받는 데 어려움을 느끼지 않는다. 그들은 충분한 믿음을 가지고 있지 못한 탓에 하나님의 도움을 받지 못한다는 생각을 더 이상 하지 않는다.

하나님께서는 잘못된 것이 없고, 하나님의 말씀에도 잘못된 것이 없고, 신자들에게도 하나님의 은혜로 말미암아 잘못된 것이 없게 되었다는 진리를 포착할 때 무슨 일이 생길까? 그들의 믿음에 어떤 일이 일어난다. 그들은 예수님을 더 많이 보기 시작한다. 예수님이 그들을 대신하여 십자가에 못 박히셨다는 사실을 더 많이 의식하기 시작한다. 그리고 예수님이 그들을 위해 십자가에서 이루신 일을 더 많이 주목할수록 예수님으로 인해 합당하게 소유할 수 있게 된 것들을 더 많이 바라보게 되며, 더 큰 믿음이 그들 안에서 샘처럼 솟게 된다. 그리고 마침내 그들의 삶에서 놀라운 이적들이 강력한 힘으로 폭발한다. 할렐루야!

지금 하나님께 놀라운 이적을 구하고 있는가? 그런데 그런 이적을 받을만한 믿음이 부족하다는 생각에 "아, 내 믿음이 조금만 더 크다면 얼마나 좋을까!" 하며 소원하고 있는가? 그렇다면 이제 그러지 않아도 된다! 당신을 위해 십자가에 달리신 예수님을 바라보라! 그러면 인생의 어떤 상황이나 어떤 도전에도 맞설 수 있는 충분한 믿음이 당신 안으로 들어올 것이다. 그저 예수님만 바라보라! 예수님은 우리의 믿음을 만들어내는 분이시며 완전하게 하는 분이시다(히 12:2 참조).

믿음은 들음에서 나고, 들음은 그리스도의 말씀에서 비롯된다(롬 10:17 참조). 예수님에 대해 더 많이 들을수록 더 큰 믿음이 솟는다! 예수님과 예수님이 십자가에서 이루신 일에 관한 모든 것을 전하는 가르침을 꼭 붙잡아라! 인간의 철학이나 전통에는 능력이 없다. 능력은 오로지 예수 그리스도의 복음 안에 있다!

얼마 전, 우리 교회 예배에 참석하여 예수님에 관한 설교를 들은 어떤 부인에게서 놀라운 간증을 들은 적이 있다. 그날 나는 안수를 하지도 않았고, 병자들을 위한 특별기도도 하지 않았다. 그러나 그녀가 그날 저녁 집으로 돌아갔을 때, 몇 개월 동안 자기 몸에 자라고 있던 낭종이 사라진 것을 발견했다. 모든 찬양과 영광을 예수님께 돌리자! 하나님께서는 이적과 기사를 통하여 자신의 말씀을 확증해주신다. 예수님의 복음을 들을 때 믿음이 생긴다. 치유의 능력이 흐른다!

이적 체험의 비밀

몇 해 전, 어떤 회의에 참석했다. 회의에 참석한 사람들은 하나님의 이적을 체험하기 위해 우리가 해야 할 온갖 종류의 일들에 대해 말했다. 일례로, 혹자는 오래 기도해야 한다고 말했다. 오해는 말자. 기도를 믿지 않는다고 말하는 것이 절대 아니다. 나는 기도하는 가운데 나의 아빠이신 하나님께 나아가는 것을 그 누구보다 좋아하는 사람이다. 뿐만 아니라 우리 교회 교인들에게 기도의 중요성을 역설하고, 특히 방언 기도의 중요성을 힘주어 가르친다. 그렇지만 우리 삶에서 이적을 체험하기 위한 비밀을 기도에서 발견할 수 있을까?

또 혹자는 이적을 체험하기 위한 비밀이 40일 금식이라고 말했다. 당연히 당신은 반론을 제기할 것이다.

"목사님, 모르시나본데, 예수님도 40일 주야로 금식하셨거든요!"

물론 나도 잘 알고 있다. 예수님은 40일 동안 금식하셨다. 그러나 우리가 물어야 할 질문은 "예수님은 우리에게 금식을 하라고 말씀하셨는가?"이다. 물론 나는, 예수님의 제자들이 귀신 들린 어떤 소년에게서 귀신을 몰아내지 못했을 때, 예수님이 "기도와 금식 외에 다른 것으로는 이런 종류가 나갈 수 없다!"(막 9:29. 흠정역 영어성경과 새 흠정역 영어성경의 표현을 직역한 것임)라고 말씀하셨다는 성경의 기록을 알고 있다. 그래서 많은 사람들이 이 구절 하나만 읽고, 영적 능력의 비밀이 금식이라고 섣불리 결론을 내린다. 그러나 헬라어 성경의 이 구절에는 '금식'이라는 단어가 등장하지 않는다는 사실을 알고 있는가?[24] 그것은 성경 번역자들이 더한 단어이다. 흠정역 영어성경과 새 흠정역 영어성경 외의 다른 번역본에서는 '금식'이라는 단어를 찾아볼 수 없다.

또한 사도 바울이 고린도전서에서 남편들과 아내들을 향해 "기도와 금식에 전념하기 위해 서로 합의하여 얼마 동안 각 방을 쓰는 경우가 아니면"(고전 7:5, 흠정역 영어성경과 새 흠정역 영어성경의 표현을 직역한 것임), 남편들과 아내들은 서로의 성관계 요구를 거절하지 말라고 말한 경우도 마찬가지다. 이 경우에도 많은 사람들이 이 구절 하나만 읽고는 영적 능력의 비밀이 배우자와의 성관계를 절제하는 것이라고 거침없이 주장한다. 그러나 헬라어 성경을 살펴보면, 이 구절에 '금식'이라는 단어가 나오지 않는다.[25] '흠정역 영어성경'과 '새 흠정역 영어성경'을 제외한 다른 번역본에서도 '금식'이라는 단어를 찾아볼 수 없다.

바울이 이 구절에서 정말로 말하고 있던 것이 무엇인지 궁금하다면, 기꺼이 말해주겠다. 그는 사실 남편들과 아내들을 향해, 성적인 기쁨을 서로에게 허락하고 건강한 성생활을 하라고 격려해주고 있었다. 하나님께서는 우리가 결혼생활의 기쁨을 한껏 누리기를 원하신다. 그리고 그렇게 할 때, 마귀가 우리를 유혹할 틈을 갖지 못할 거라고 단언한다. 사도 바울은 동일한 구절에서 남편들과 아내들에게 말한다.

"다시 합하라 이는 너희가 절제 못함으로 말미암아 사탄이 너희를 시험하지 못하게 하려 함이라"(고전 7:5).

이해하기 쉬운 말로, 어떤 남자가 집에서 저녁을 배불리 먹고 나면, 밖에 나가 친구들을 만나도 전혀 배고프지 않으리라는 것이다. 들을 귀가 있는 사람들은 들어라!

사도 바울은 신약성경 전반을 통해 금식에 대해 거의 언급하지 않았다. 그런데 교회는 대체 어찌된 영문인지, 어떻게 해서든 인간의 '자기 노력'(금식 같은 행위들)을 두드러지게 강조하려 애쓴다. 바울은 은혜의 새 언약을 강조한다. 그러나 오늘의 많은 신자들은 새 언약을 깨닫는 데 몰두하는 대신 '행함'의 망상에 포로가 되어 있다.

"은혜 따위는 필요 없어요! 내가 무엇을 해야 하는지만 말해주세요!"

그들이 늘 하는 말이다.

왜 오늘 갈비를 굽는 거야?

더욱이 사람들이 금식하는 모습을 본 적이 있는가? 어떤 사람들은 자기가 금식하고 있음을 널리 전파한다. 몸에서는 불쾌한 냄새를 풍기고, 머리는 너저분하게 흐트러트리고, 매사에 까탈을 부리고, 자녀들과 배우자에게 성질을 부리고, 심지어 강아지를 발길로 걷어차기도 한다. 아내에게 이렇게 말하는, 어떤 금식하는 남자를 상상해봄직도 하다.

"이 여자야! 오늘 내가 금식한다는 걸 몰라? 하필이면 오늘 애들을 위해 갈비를 굽다니, 대체 생각이 있는 거야 없는 거야? 온 집 안에 냄새가 진동하잖아! 당신이 나를 실족시키고 있다는 걸 몰라?"

어린 자녀들이 달려와 품에 안기며 놀아달라고 하면, 그 사람은 퉁명스럽고 매정하게 거절하면서 말한다.

"안 돼! 아빠는 성경 읽느라 바빠! 가서 혼자 놀아! 방해하지 마!"

만일 당신이 금식할 때 이런 일들이 일어난다면, 내 생각에는 당장 금식을 중단하는 것이 더 낫다. 맛있는 음식으로 빈속을 좀 채우고 당신 가족들과 단란한 시간을 보내라. 당신이 금식을 하고 있다고 널리 알릴 필요도 없다. 몸을 깨끗이 씻고, 머리도 단정하게 빗고, 향수도 뿌리고, 양치도 하라! 성경은 그렇게 하라고 충고한다(마 6:16-18 참조). 성경은 사람들에게 좋은 인상을 주기 위해 금식을 광고하면 안 된다고 말한다. 금식은 아무도 모르게 하라!

그럼 나는 금식을 할까? 물론이다. 그러나 이런 방식으로 종종 금식을 한다. 즉, 나는 기도하는 가운데 주님과 친밀하게 교제하는 것에 완전히 몰두한 나머지, 혹은 하나님의 말씀을 연구하는 것에 심취한 나머지 종종 식사하는 것을 잊는다. 주님이 내 눈을 열어 어떤 진리를 주목하게 하신다. 한 구절이 다른 구절로 이어진다. 나는 하나님의 말씀을 더 많이 먹고자 하는 강렬한 열망에 사로잡혀 나도 모르게 끼니를 거르기도 하고, 심지어 하나님의 임재 안에 계속 머물기 위해 잠을 자는 것도 잊는다. 하지만 금식을 하면 이적을 체험할 수 있으리라는 생각으로 금식을 하지는 않는다.

하나님의 팔을 비틀고 있지 않은가?

우리 자신을 율법 아래 두는 것과 은혜 아래 두는 것의 의미를 제대로 이해하지 못하면, 우리 자신이 하나님의 해결책과 이적을 받을 만한 자격이 있다는 사실을 하나님께 납득시키기 위해 우리 자신의 노력으로 하나님의 손을 비틀면서 강요하는 상황에 놓이게 될 수도 있다.

당신이 40일 주야로 금식했다는 이유로, 혹은 12시간 동안 내리 기도했다는 이유로 하나님께서 당신 기도에 반드시 응답하셔야 하는가? 혹시 지금 당신의 행위와 노력으로 하나님의 팔을 비틀고 있지는 않은가? 그러지 말라!

하나님께서 우리 기도에 응답해주시는 유일한 이유는, 우리의 성실한 노력과 부지런한 신앙행위 때문이 아니라 예수님이 십자가에서 이루신 일 때문이다. 이제 더 이상 사탄의 거짓말에 놀아나지 말라! 하나님은 그 어느 인간에게도 빚을 지고 있지 않다. 오래 기도하고, 열심히 기도하고, 자주 금식하는 우리의 노력은 하나님을 감동시키지 못한다.

그 어떤 인간도 자기 노력으로는 하나님의 복을 받을 자격을 획득할 수 없다. 하나님의 복을 받는 것, 그것은 시간과 물질과 육신의 즐거움을 희생시키는 인간의 희생에 관계되어 있지 않다. 그것은 전적으로 오직 예수님의 십자가 희생에 관계되어 있다!

하나님께서는 오로지 십자가에 달리신 자신의 아들만 보신다. 그리고 우리가 예수님을 믿을 때, 순전히 예수님 덕택에 하나님의 모든 축복과 이적을 일으키는 능력이 이미 우리의 소유가 된다. 사도 바울이 인간의 자기 노력을 의지하던 갈라디아교회 신자들에게 했던 말을 주의 깊게 경청하라.

"너희에게 성령을 주시고 너희 가운데서 능력을 행하시는 이의 일이 율법의 행위에서냐 혹은 듣고 믿음에서냐"(갈 3:5).

예수님이 이 땅에서 사역하시는 동안, 예수님으로부터 이적을 받았던 사람들을 보라. 그들 가운데 예수님으로부터 이적을 받을만한 자격이 있는 이는 한 사람도 없었다. 그들은 이적을 획득할만한 일은 아무것도 하지 않았다. 그들은 그저 주님이 은혜로 주시는 이적을 받았다. 반면, 하나님의 복을 받을만한 자격을 구비하기 위해 '자기 노력'으로 애쓰던 자들, 즉 바리새인들이 하나님의 복을 받았다는 기록은 성경 어디에도 없다!

은혜를 보라, 그러면 믿음을 봐주신다!
몇 해 전, 주님은 내게 이런 말씀을 주셨다.

"내 백성들이 내 은혜를 볼 때, 나는 그들의 믿음을 보리라!"

12년 동안 혈루증을 앓고 있던 여인을 기억하는가? 그녀는 예수님을 치유의 능력이 충만한 분으로 여겼을 뿐 아니라 은혜가 충만한 분으로 여겼다. 이렇게 말할 수 있는 근거가 무엇일까? 그녀는 모세의 율법이 자신을 매우 부정하게 간주하고 있다는 것과, 그런 자신이 군중 틈을 헤집고 예수님 가까이 접근하는 것은 말할 것도 없고 누구에게도 손을 대면 안 된다는 사실을 잘 알고 있었을 것이다. 그런데도 그녀는 예수님의 옷자락이라도 만지면 치유 받을 것이라 믿었다.

그녀는 예수님의 옷자락을 만지면 모세의 율법을 따라 예수님으로부터 징벌을 받게 될 것이라 예상하는 대신, 고침을 받을 것이라 기대하고 있었다. 그녀는 예수님을 엄격한 분, 정죄하는 분으로 여기지 않았다. 그녀는 예수님을 긍휼과 자비가 넘치시는 은혜로운 구세주로 여겼다. 그녀가 예수님의 옷자락을 만지는 순간, 그녀의 몸에서 계속 흘러나오던 피가 즉각 말라버렸고, 그녀는 자신의 병이 치유되었음을 느낄 수 있었다.

그런데 당시 그녀는 자신의 믿음을 의식하고 있었을까? 아니다. 그녀는 오직 예수님과 예수님의 은혜만 의식하고 있었다. 그녀가 예수님의 은혜를 보았을 때, 예수님이 고개를 돌려 그녀 안에 믿음이 있음을 보셨고, 부드러운 음성으로 말씀하신 것이다.

"딸아 네 믿음이 너를 구원하였으니 평안히 가라"(막 5:34).

그렇다! 치유를 위한 믿음을 마치 주술사가 주문을 외워 무엇인가를 불러내듯 할 필요가 없는 것이다. 당신 삶의 그 어떤 돌파구나 치유를 위한 믿음도 당신이 예수님을 바라볼 때 솟아나기 때문이다. 예수님은 당신을 살리기 위해 십자가에서 죽으셨다! 당신은 예수님의 그러한 대접을 받을만한 자격이 없다. 그러나 예수님은 당신을 위해 기꺼이 십자가에서 죽으셨다. 당신을 위해 십자가에 달리신 예수님을 바라보라! 십자가는 예수님의 은혜를 실증하는 증거이다. 당신이 예수님의 은혜를 바라볼 때, 예수님은 당신 안에 믿음이 있음을 보실 것이요, 그러면 당신 삶에서 실로 강력한 이적이 폭발할 것이다!

위대한 믿음의 비밀

성경에 등장하는 모든 인물들 가운데 예수님에게서 "네 믿음이 크도다"라는 말을 들은 사람이 딱 두 사람밖에 없다는 사실을 알고 있는가? 한 사람은 로마의 백부장이었다(마 8:5-13 참조). 어느 날 그가 예수님을 찾아와 말했다.

"주여 내 하인이 중풍병으로 집에 누워 몹시 괴로워하나이다"(6절).

그러자 주님이 말씀하셨다.

"내가 가서 고쳐주리라"(7절).

백부장이 예수님께 다시 말했다.

"주여 내 집에 들어오심을 나는 감당하지 못하겠사오니 다만 말씀으로만 하옵소서 그러면 내 하인이 낫겠사옵나이다 나도 남의 수하에 있는 사람이요 내 아래에도 군사가 있으니 이더러 가라 하면 가고 저더러 오라 하면 오고 내 종더러 이것을 하라 하면 하나이다"(8,9절).

이에 예수님이 뭐라 대답하셨는지 들어보라.

"이스라엘 중 아무에게서도 이만한 믿음을 보지 못하였노라"(10절).

어느 날 밤, 이 대목을 읽고 있을 때 마음 가운데 주님의 음성이 울렸다.

"내가 이 사람의 믿음이 크다고 말한 까닭이 뭐라 생각하니?"

나는 그 사람이 로마의 백부장으로서 권세를 갖고 있었고, 주 예수님의 권세를 인정했기 때문이라고 즉시 대답했다. 나는 그것이 정답이라고 확신했다. 큰 믿음을 가지려면 주님의 권세를 이해해야 하고, 또 주님이 신자들에게 주신 권세를 이해해야 한다고 배웠기 때문이었다.

그런데 주님이 다시 말씀하셨다.

"그래? 알았다. 그러면 믿음이 크다는 말을 나에게 들은 또 다른 한 사람의 경우는 어떨까?"

예수님은 귀신 들린 딸이 있던 수로보니게 여인을 지칭하고 계셨다(마 15:21-28 참조). 그녀는 자기 딸에게서 귀신을 쫓아달라고 예수님을 찾아와 간청했다. 하지만 예수님은 이렇게 대답하셨다.

"자녀의 떡을 취하여 개들에게 던짐이 마땅하지 아니하니라"(26절).

유대인들에게 주기 위한 떡을 이방인들에게 던지는 것이 마땅치 않다는 뜻이었다. 그러나 그 여인은 대답했다.

"주여 옳소이다마는 개들도 제 주인의 상에서 떨어지는 부스러기를 먹나이다"(27절).

예수님은 그 여인의 말을 듣고 말씀하셨다.

"여자여 네 믿음이 크도다 네 소원대로 되리라"(28절).

그리고 바로 그 시각, 그녀의 딸이 치유받았다.

주님은 내게 계속 말씀하셨다.

"아들아, 내가 그 백부장의 믿음이 크다고 말한 까닭이 그가 권세를 이해하고 있었기 때문이라고 대답했지? 그렇다면 이 여인의 경우는 어떨까? 그녀는 군인이 아니었어. 평범한 가정주부였지!"

순간, 입이 있어도 할 말이 없었다. 나는 생각했다.

'어릴 때부터 배웠던 이론이 무용지물이 되고 말았어. 군인도 아닌 그 가정주부 여인이 무슨 권세를 이해할 수 있겠어?'

그러자 주님이 다시 내게 말씀하셨다.

"아들아! 두 사람 사이의 공통분모를 찾아보렴. 그러면 큰 믿음의 비밀을 발견할 수 있을 거야!"

군인과 가정주부의 공통분모

나는 정말로 어린아이처럼 호기심에 들떴다. 큰 믿음을 갖기 위한 비밀의 문턱을 넘기 직전이 아닌가! 그러나 서재에 앉아 30분 이상을 숙고해도 두 사람의 공통분모를 찾을 수 없었다. 찾고 또 찾았지만 허사였다. 정답을 알아낼 수 없었다. 마침내 마음속에서 어떤 생각이 빛의 속도로 스쳤다.

'주님께 정답을 물어보면 되잖아!'

옳거니! 나는 즉시 주님께 아뢰었다.

"주님, 도저히 공통분모를 찾을 수 없습니다. 알려주소서!"

한 사람은 남자였고, 다른 한 사람은 여자였다. 한 사람은 군인이었고, 다른 한 사람은 가정주부였다. 두 사람의 공통점이 무엇일까?

그렇게 아뢰자 주님이 내게 대답해주셨다.

"두 사람 다 이방인이었어. 유대인이 아니었지!"

그리고 계속 말씀하셨다.

"한 사람은 로마 사람이었고 다른 한 사람은 가나안 사람이었어. 두 사람 모두 율법 아래 놓여 있지 않았어. 인간의 '자기 노력'으로 나의 축복을 받으려 애쓰지 않았고, 따라서 자신들 스스로를 나의 축복에 부적격한 사람으로 만들지 않았어. 그들은 율법의 정죄 아래 놓여 있지 않았어. 그래서 자신들의 자아를 주시하지 않고 오직 나의 은혜만 바라볼 수 있었던 것이지. 그래서 결국 나에게 축복을 받을 수 있는 큰 믿음을 가질 수 있었던 거야!"

아, 이 얼마나 강력한 계시인가! 율법은 정말로 믿음의 정반대이다!

갈라디아서의 한 구절이 "율법은 믿음에서 난 것이 아니니"(갈 3:12)라고 말하고 있다는 사실을 알고 있는가? 로마서의 한 구절도 "만일 율법에 속한 자들이 상속자이면 믿음은 헛것이 되고"(롬 4:14)라고 말하고 있다는 것을 알고 있는가? 정말로 명백한 일이거니와, 사람들에게 율법을 제시하면서 그들이 믿음을 갖기를 기대하는 것은 불가능하다. 율법은 우리 안에 큰 믿음을 분출시키지 못하고, 필연적인 결과로 우리를 주님의 축복에 합당하지 않은 자로 만든다.

큰 믿음을 얻기 위해 애쓰지 말라! 인간의 자기 노력으로 노력하지 말라! 하나님의 백성들을 하나님의 축복에 합당한 자로 만드는 것, 하나님의 백성들로 하여금 육신적, 영적 삶에 필요한 모든 것을 하나님께 받을 수 있는 큰 믿음을 소유할 수 있게 해주는 것은 오로지 하나님의 은혜를 믿는 믿음뿐이다. 이것이 바로, 당신 삶의 그 어떤 상황에도 족한 큰 믿음을 갖기 위한 비밀이다! 당신이 예수님의 은혜를 바라보면, 예수님은 당신 안에 믿음이 있음을 보신다!

내 말을 그대로 받아들이지 말라! 직접 성경을 읽어라! 내가 주님께 받았던 계시가 정말로 성경적인 계시인지 직접 확인하라! 그 계시는 바로 성경 안에 있다. 우리에게 큰 믿음을 주는 것은 오로지 하나님의 은혜를 믿는 것뿐이다.

이것은 내가 어떤 사람에게 배운 것도, 어떤 책에서 읽은 것도 아니다. 그것은 주님으로부터 받은 은혜의 계시이다. 그리고 주님이 우리에게 무언가를 말씀해주실 때, 언제나 성경으로 돌아가신다는 점과 언제나 기록된 말씀에 일치하여 말씀하신다는 점을 꼭 유념하라!

무의식적인 믿음

당신 자신을 은혜 아래 놓고 율법의 행위에서 완전히 해방될 때 당신은 무의식적으로 믿음으로 걷게 될 것이고, 그러면 믿음은 더 이상 비상한 노력을 요하는 목표가 되지 않을 것이며, 믿음이 부족하여 하나님의 복을 받는 데 지장 받는 일은 일어나지도 않을 것이다.

자주 고개를 갸우뚱거리며 "나는 믿음이 충분할까?" 하며 질문하지 않을 것이고, 오직 은혜 안에 있는 예수님을 볼 것이며, 그러면 우리 안에서 믿음이 힘찬 샘처럼 솟구쳐 오를 것이다. 나는 꼭 그렇게 되리라고 온 마음을 다하여 진심으로 믿는다. 그렇다. 그렇게 간단하다!

우리가 하나님께 무엇을 받든지 간에, 그 모든 것은 하나님의 은혜 안에서 믿음으로 받는다. 우리는 믿음으로 걷는다. 믿음의 선한 싸움을 싸운다. 믿음으로 구원받고, 믿음으로 치유되고, 믿음으로 의롭게 된다!

그리스도인의 삶은 오직 하나님의 은혜를 믿는 삶이다. 하나님의 은혜를 더 많이 받아들일수록, 우리 안에서 더 큰 믿음이 솟는다. 과거 우리의 중대한 문제는, 우리가 우리 자신의 신앙을 믿었으나 그것이 우리에게 아무것도 해주지 못했다는 것이다. 따라서 이제 우리는 하나님의 은혜와 사랑을 믿는 믿음을 가져야 한다. 믿음이 사랑으로써 일한다고(갈 5:6 참조) 성경이 말하고 있기 때문이다. 이 사랑은 우리 자신의 사랑이 아니라 우리를 향한 하나님의 사랑이다.

믿음은 이미 존재하지 않는 어떤 것을 만들어내기 위해 애쓰는 것이 아니다. 믿음은 이미 우리에게 정확히 해당되는 것들, 우리를 위해 이미 존재하는 것들을 영적인 영역에서부터 가져오는 것이다. 그리고 그렇게 하는 데에는 말로 인정하는 것이 필요하다. 우리에게 해당 사항이 없는 것들, 우리의 소유가 아닌 것들을 자인(自認)하라는 말이 아니다. 우리는 그리스도 안에서 하나님의 의(義)가 되었다(고후 5:21 참조). 이를 스스로 인정하든 인정하지 않든, 우리는 여전히 그리스도 안에서 하나님의 의이다. 그러나 이를 시인하고 인정하면 더 의식하고 더 감지하게 되고, 그러면 그것이 우리 삶에서 더 큰 힘을 발휘하면서 더 실제적이 된다.

우리가 하나님 앞에서 의롭게 되었음을 인정하는 것이 필요한 까닭이 무엇인가? 그렇게 해야만 하나님 앞에서 의롭게 될 수 있기 때문이 아니다. 우리가 이미 하나님 앞에서 의롭게 되었기 때문이며, 그렇게 스스로 인정함으로써 우리의 의를 더 의식하고, 우리 삶의 더욱더 생생한 현실로 하기 위함이다.

마찬가지다. 예수님은 자신의 가난함을 통하여 우리가 부요해지도록 십자가에서 가난해지셨고(고후 8:9 참조), 예수님을 믿는 순간 우리는 이미 하나님 안에서 부요하게 되었다.

따라서 우리가 하나님 안에서 부요하게 되었음을 스스로 인정하는 것이 필요한 까닭은, 그렇게 해야만 하나님 안에서 부요하게 될 수 있기 때문이 아니다. 우리가 예수님을 통하여 이미 하나님 안에서 부요하게 되었기 때문이며, 그렇게 자인함으로써 우리의 부요함을 더 의식하고, 그것이 우리 삶에서 더욱더 생생한 현실이 되게끔 하기 위함이다. 이것이 바로, 우리 자신의 신앙을 믿지 않는 것이요, 하나님의 선하심과 은혜를 믿는 것이다.

예수님의 피를 믿는 믿음

오늘날 많은 신자들이 자신의 신앙이 하나님의 복과 구원을 가져다주리라 믿어, 오로지 자신의 신앙을 의지하는 데 몰두하고 있다. 그러나 그들은 우리를 구원하는 것이 우리의 신앙이 아니란 것을 깨닫지 못하고 있다. 우리를 구원하는 것은 오직 하나님의 은혜, 예수님의 십자가 보혈뿐이다.

물론 우리를 구원하는 것이 예수님의 피라는 것을 진정으로 믿을 때, 하나님께서는 그런 믿음을 예수님의 보혈을 믿는 믿음으로 여기신다. 하지만 예수님의 보혈을 믿는 우리의 믿음이 우리를 보호해주고, 해방시켜주고, 구원해주는 것은 아니다. 우리를 구원하는 것은 오직 예수님의 피뿐이다. 이스라엘 백성들이 애굽을 빠져나오기 전날 밤에 일어날 수도 있었던 장면 하나를 재현하여 이 진리를 예증해보겠다.

유월절 밤에 하나님께서 말씀하셨다.

"내가 피를 볼 때에 너희를 넘어가리니"(출 12:13).

그 이전에 아홉 가지 재앙이 있었지만, 그것들이 이스라엘 백성들을 해방시키지 못했다는 사실을 기억하라. 이스라엘 백성들을 해방시킨 것은 어린 양의 피였다. 바로가 아홉 가지 재앙을 당하고도 마음을 완악하게 한 탓에 하나님께서 마침내 비장의 카드를 꺼내셨고, 그때야 비로소 바로가 이스라엘 백성들을 풀어주었다.

하나님의 비장의 카드는 어린 양의 피였다. 사탄은 어린 양의 희생의 피를 막는 방어책을 갖고 있지 않다. 이스라엘 장자(長子)들이 보호를 받은 것은 그들이 선했기 때문이 아니었다. 그들이 보호를 받은 것은 어린 양의 피 덕택이었다.

만약 이스라엘 백성들이 어린 양의 피를 자기 집 문설주에 바르지 않았다면, 그들의 장자 역시 애굽의 장자들과 마찬가지로 목숨을 부지하지 못하고 죽었을 것이다. 또한 그들이 유대인이었기 때문에 보호를 받은 것도 아니었다.

"너희들의 훌륭한 성(姓)이나 칭호나 특별한 국적을 볼 때, 내가 너희를 넘어가리니!"

하나님은 그렇게 말씀하지 않으셨다. 이스라엘의 구원은 전적으로 어린 양의 피에 달려 있었다.

"내가 피를 볼 때에…."

여기서 어린 양의 피가 무엇을 말할까? 예수 그리스도의 희생의 피를 말한다. 예수님은 세상 죄를 짊어지신 참 어린양이시다(요 1:29 참조). 오늘날 하나님께서는 출애굽 때와 마찬가지로, 선한 행위나 율법 준수나 기독교적인 배경 등을 보시고 복을 주시거나 악으로부터 지켜주지 않으신다. 하나님께서는 절대 그런 것들을 바라보지 않으신다. 오직 예수님의 피를 바라보신다. 그리고 우리가 예수님을 영접하는 순간, 예수님의 피가 완벽하게 우리를 덮는다!

오직 그리스도의 피만이 구원할 수 있다!

자, 이제 유대인의 두 가족을 상상하여, 그들이 그 유월절 밤을 어떻게 보냈을지 재현해보자.

먼저 첫째 가족의 아버지와 맏아들이 대화를 나눈다. 아들이 제 아버지에게 묻는다.

"아빠, 어린 양의 피를 문설주에 발랐어요?"

그 아이의 아빠가 대답한다.

"물론이지. 모세 할아버지가 시키는 대로 했어. 그런데 정말 그 피를 확실히 믿는 믿음이 내게 있는지 모르겠구나!"

"아빠! 아빠! 그 피를 확실히 믿어요?"

아이의 아빠가 적이 당황하여 어깨를 으쓱이며 대답한다.

"글쎄… 내가 그 피를 정말로 확실하게 믿는지 잘 모르겠어!"

순간, 찢어지는 듯한 비명소리들이 들려온다. 애굽의 가정들에서 들려오는 소리이다. 아버지와 아들은 서로 꼭 껴안고, 두려움에 덜덜 떨면서 밤을 지새운다.

둘째 가족의 아버지와 맏아들도 방에 앉아, 그 중요한 밤이 지나가기를 기다리고 있다. 그러나 이 집에서는 아버지와 맏아들이 찬양을 올리며 하나님을 예배하고 있다. 아버지가 은은한 미소를 지으며 아들에게 말한다.

"아들아, 우리는 하나님께서 지시하신 대로 했어. 문설주와 인방에 어린 양의 피를 발랐단다. 그러니 나머지는 하나님께 맡기자. 우리를 보호해주실 거야. 무서워하지 말거라!"

애굽의 가정들에서 나오는 귀청을 찢는 비명과 비통한 절규가 그들의 귀에도 들린다. 그러나 그들은 계속 찬양을 올리며 하나님을 예배한다.

자, 이제 묻겠다. 어떤 가족이 구원받았을까? 정답은 양쪽 다이다! 두 가족 모두 구원받았다. 하나님께서 애굽 땅의 모든 장자들을 치실 때, 그들 집의 문설주에 발린 어린 양의 피를 보시고 넘어가셨기 때문이었다.

첫째 가족은 불필요하게 두려워했고 괴로워했지만 어린 양의 피로 구원받았다. 둘째 가족은 찬양을 올리며 하나님을 예배했으되, 그들을 구원한 것은 피에 대한 그들의 믿음도 찬양도 예배도 아니라 마찬가지로 어린 양의 피였다. 오로지 어린 양의 피가 둘째 가족을 구원했다! 그러나 둘째 가족의 아버지와 아들은, 어린 양의 피가 자신들을 구원하리라는 것을 굳게 믿었기에 불필요하게 걱정하거나 두려움에 떨지 않았고, 기쁨과 평화와 안식 속에서 그 밤을 보낼 수 있었다.

그리스도의 피가 당신을 구원한다는 것을 믿을 때, 하나님께서는 그 믿음을 그리스도의 피에 대한 믿음으로 여기신다. 그러나 그리스도의 피를 믿는 믿음이 우리를 구원하는 것은 결코 아니다. 우리를 구원하는 것은 오로지 그리스도의 피뿐이다!

만일 지금 "나는 구원받기에 충분한 믿음을 갖고 있을까?" 하며 의심하고 있다면, 그런 생각을 즉각 중단하라! 당신을 구원하고, 건지고, 복을 주는 것은 당신의 믿음이 아니라 그리스도의 피라는 것을 그저 믿어라! '그리스도의 피 더하기 당신의 노력'도 아니고 '그리스도의 피 더하기 당신의 계명 준수'도 아니다. 오로지 그리스도의 피만이 당신을 구원한다. 이것을 믿어라!

그러니 믿음을 얻기 위한 목적으로 행위나 능력에 열중하지 말라! 당신의 행위나 능력을 의지하여 믿음을 가져보려고 애쓰지 말라! 당신의 행위나 능력을 의지하여 믿음을 유지하려고 애쓰지 말라! 예수님을 날마다 새롭게 바라보라! 예수님의 십자가 희생을 날마다 새로이 응시하라! 그러면 당신을 향한 예수님의 은혜가 보일 것이요, 자신의 아들을 아끼지 않고 우리를 위해 내주신 하나님께서 모든 것을 우리에게 주시리라는 것을(롬 8:32 참조) 결코 의심하지 않는 믿음을 갖게 될 것이다!

당신이 하나님의 은혜를 바라보면, 하나님께서는 당신이 믿음 안에 있음을 보실 것이다! 예수님을 바라볼 때, 믿음은 더 이상 비상한 노력으로 경주해야 할 힘겨운 목표가 되지 않는다. 예수님을 바라볼 때 당신도 모르게 당신 안에서 믿음이 솟아날 것이요, 지금까지 패배를 맛보아야 했던 삶의 모든 영역에서 진정한 승리를 맛보며 살아갈 것이다!

좋은 일이
일어난다!

모든 속박에서 풀어주는 유일한 능력

몇 해 전, '믿음의 말씀'을 전파하는 설교자 한 사람과 교제하는 귀한 기회를 가진 적이 있다. 노르웨이의 베르겐에서 한 교회를 섬기는 목회자였다. 그는 자신의 교회 교인 가운데 한 사람에게 들은 간증을 내게 전해주었다. 사업가였던 그 교인은 사업 차 출장을 갈 때마다 호텔방에서 포르노 영화를 시청하는 나쁜 습관에 빠져 있었다. 그는 그 나쁜 습관을 고치기 위해 최선의 노력을 다했고, 모든 종류의 영성 훈련을 받았지만 도저히 멈출 수가 없었다. 결국 그는 수치심과 정죄감으로 점점 쇠약해졌다.

출장을 위해 가족들을 떠나야 할 때마다 그의 가슴은 두려움으로 가득찼다. 자신을 통제하려고 아무리 노력하고 애써도 그 유혹을 이겨내지 못하리라는 것을 잘 알고 있기 때문이었다. 그러던 어느 날, 그는 싱가포르에 출장을 오게 되었고, 주일날 우리 교회에 와서 예배를 드리고 하나님의 은혜에 관한 나의 설교 CD 몇 장을 얻어 돌아갔다. 그리고 약 3주 동안 그 설교를 들었을 때, 그는 자신이 그 추잡한 습관에서 완전히 풀려났다는 사실을 알게 되었다! 할렐루야!

그 귀한 형제는 요즈음 출장을 갈 때면, 포르노 영화를 탐닉하려는 그 유혹을 자신의 의지력에 의존하여 떨쳐버리려 애쓰지 않는다. 대신 자신이 하나님의 은혜로 의롭게 되었다는 진리 안에서 완벽하게 편히 쉰다. 그리고 그렇게 자신이 하나님 앞에서 의롭게 되었음을 의식하면 의식할수록, 은밀하게 죄를 지으려는 그 유혹은 더욱더 말끔하게 사라졌다. 깨어 의를 행하고 죄를 짓지 말라! 당신의 부족함을 의식하지 말고, 당신이 하나님 앞에서 의롭게 되었다는 사실을 의식하라! 그러면 죄를 압도하는 승리의 능력을 받을 것이다! 우리에게 진정한 승리를 선사하는 것은 하나님의 은혜뿐이다!

그런 것이 바로 복음의 능력이다. 복음은 당신을 온전하게 하는 하나님의 능력이다! 물론 당신의 노력과 의지력을 원하는 만큼 의지할 수 있다. 그러나 그런 것들은 당신을 전혀 얼토당토않은 곳으로 이끌 뿐이다. 전적으로 하나님의 은혜를 의지하라. 그것은 모든 속박으로부터 자유롭게 할 수 있는 유일한 능력이다!

당시 회의에 참석하기 위해 노르웨이에 있는 나의 친구 아게 목사의 교회에 갔을 때 또 다른 흥미로운 간증을 들었다. 아게 목사는 노르웨이의 다른 교회에서 온 교인 한 사람에게 일어난 이적을 내게 전해주었다. 그 사람은 한 쪽 귀가 들리지 않는데, 그 회의 기간 동안에 내가 그 교회에서 전한 말씀의 녹음테이프를 들은 뒤에 말끔히 나았다는 것이었다. 그 사람이 나의 설교를 듣고 있었는데, 갑자기 귀가 뻥 뚫리면서 치유를 받은 것이다. 누구도 그에게 안수하지 않았고, 누구도 그를 위해 기도하지 않았는데 그런 일이 일어났다. 그 사람은 그리스도의 복음이 전파되는 것을 들었을 뿐인데 치유를 받았다. 모든 영광을 예수님께! 그런 것이 바로 복음의 능력이다.

예수님의 십자가 은혜로 모든 죄가 용서받았다는 좋은 소식을 들을 때, 초자연적인 일이 일어난다. 사도행전에서 일어났던 일이 그런 것이다. 사도 바울이 전하는 용서의 메시지에 사람들이 귀를 기울일 때 놀라운 치유의 이적이 일어났다. 어머니의 태(胎)에서부터 절름발이였던 사람이 생전 처음 제 발로 벌떡 일어나 걸었다. 오늘날 교회 안에 있는 사람들은 강력한 능력을 갈망한다. 그러나 그런 능력을 어디에서 찾을까? 사도행전은 큰 은혜가 있는 곳에 강력한 능력이 있다고(행 4:33 참조) 단언한다.

오늘날 세계 곳곳에서 '복음 혁명'이 일어나고 있다. 이것을 기억하라. 더욱더 많은 사람들이 인간의 '자기 노력'이라는 불순물이 섞이지 않은 순도 100퍼센트 참된 복음을 들을 때, 이적과 초자연적인 돌파에 관한 좋은 소식들이 교회 안에서 더욱더 많이 들릴 것이다!

복음을 전하는 설교가 어리석게 들릴지라도(고전 1:21 참조) 하나님께서는 그런 설교를 통해 단순하게 복음을 믿는 사람들을 치유하고, 구조하고, 형통케 하고, 건지시는 일을 기뻐하신다. 따라서 하나님의 말씀이 선언하는 그대로, 당신이 용서받았고 의롭게 되었다는 것을 믿을 때 당신은 온전하게 될 것이다! 심지어 당신이 이 책을 읽고 있는 지금 이 순간, 전적으로 예수님에 관한 이 책을 읽고 있는 지금 이 순간, 당신은 치유를 받고 있고, 온전하게 되고 있고, 축복을 받고 있다!

하나님의 사랑을 믿는 이들에게 좋은 일이 일어난다!
당신은 질문할지 모른다.
"하지만 죄의 용서를 확신하는 것이 치유를 받는 것과 무슨 관계가 있다는 말이죠?"

그렇다면 하나님의 말씀이 이에 대해 뭐라고 하는지 읽어보자.

내 영혼아 여호와를 송축하라 내 속에 있는 것들아 다 그의 거룩한 이름을 송축하라 내 영혼아 여호와를 송축하며 그의 모든 은택을 잊지 말지어다 그가 네 모든 죄악을 사하시며 네 모든 병을 고치시며 네 생명을 파멸에서 속량하시고 인자와 긍휼로 관을 씌우시며 좋은 것으로 네 소원을 만족하게 하사 네 청춘을 독수리같이 새롭게 하시는도다 시 103:1-5

성령께서 자신의 은택들을 어떤 순서로 배열하셨는지 주목하라. 죄악의 용서가 먼저 나오고 그 뒤에 병에 대한 치유가 나온다. 다시 말해서, 우리의 과거와 현재와 미래의 모든 죄가 용서를 받았다는 것을 알게 되면 치유가 뒤따른다는 것이다.

오늘날 죄책감과 정죄로 인하여 질병의 고통을 당하고 있는 신자들이 많이 있다. 죄책감과 정죄는 신자들의 삶을 파괴한다. 하지만 하나님의 은혜와 용서에 관한 좋은 소식은 모든 억압적인 느낌으로부터 신자들을 자유롭게 해주며, 정죄당하고 죄를 짓고 또 정죄당하고 죄를 짓는 악순환을 깨뜨릴 능력을 준다. 복음이 신자들에게 실로 강력한 영향을 끼치는 까닭이 바로 그런 이유이다.

죄책감과 정죄는 죄의 악순환을 영속화한다. 반면 예수님의 은혜, 예수님의 피, 예수님의 의(義)는 신자들을 자유롭게 해주고, 죄로부터 해방시킨다. 예수님은 간음 현장에서 잡힌 여인에게 이렇게 말씀하셨다.

"나도 너를 정죄하지 아니하노니 가서 다시는 죄를 범하지 말라"(요 8:11).

죄를 이기는 힘은 '결코 정죄함이 없나니'의 선물에서 발견된다. 하나님께서는 당신의 모든 죄악을 용서해주셨다. 예수님이 당신에게 주기 위해 십자가에서 피 흘려 사신 모든 은택들과 더불어 '결코 정죄함이 없나니'의 은택을 언제까지라도 절대 망각하지 말라! 매일 풍성하게 주시는 축복들과 은택들로 인하여 주님을 찬양하라!

그리스도를 향한 사랑이 아니라 그리스도의 사랑

언젠가 설교 준비를 하고 있을 때 주님이 이런 말씀을 주셨다.

"하나님이 사랑해주신다는 것을 믿는 신자들에게 좋은 일이 일어난다!"

그리하여 그 다음 주에 그 말씀을 주제로 설교를 했다. 그것은 내가 받았던 모든 설교 제목 가운데 가장 긴 제목 중에 하나였지만, 그 뜻은 정말 강력하다.

우리 삶에서 좋은 일들이 일어나느냐 일어나지 않느냐 하는 문제는, 우리가 어떤 사람이고 어떤 학위를 가지고 있고 어떤 직업에 종사하고 있고 어떤 신앙행위를 하고 있느냐에 따라 결정되지 않는다. 좋은 일들은 단지 하나님께서 우리를 사랑하신다는 것을 우리가 믿을 때 일어난다!

하나님께서는 언제나 당신을 사랑하신다. 믿음의 길에서 간혹 넘어질 때라도 사랑하신다! 하나님의 사랑은 우리의 사랑과 같지 않다. 우리의 사랑은 조건부지만 하나님의 사랑은 우리의 행위를 조건으로 하지 않는다. 하나님의 사랑은 전적으로 하나님의 은혜와 하나님의 아들 예수 그리스도께서 십자가에서 이루신 일을 조건으로 할 뿐이다.

사도 바울이 에베소교회를 위해 무엇을 기도했는지 알고 있는가? 에베소교회는 바울 시대에 가장 영적인 교회 중 하나였다. 그런데 바울은 그들이 "그리스도의 사랑을 알고 그 너비와 길이와 높이와 깊이가"(엡 3:18,19) 어떤지를 충분히 이해할 수 있게 되기를 기도했다. 이 구절에서 예수님의 십자가가 보이는가? 이 구절의 "너비와 길이와 높이와 깊이"는 십자가의 네 양상을 가리킨다. 바울이 여기서 그리스도의 사랑을 강조하고 있지, 그리스도를 향한 우리의 사랑을 강조하고 있지 않다는 점을 주목하라! 바울은 에베소교회 교인들이 예수님을 향한 그들의 사랑이 아니라 그들을 향한 예수님의 사랑의 진리를 깨닫게 되기를 기도했다.

그럼 이제 조금 더 깊이 들어가, 그들이 그들을 향한 예수님의 사랑을 깨달을 때 어떤 결과가 나올 거라고 바울이 말했는지 살펴보자. 바울은 "하나님의 모든 충만하신 것으로 너희에게 충만하게 하시기를 구하노라"(엡 3:19)고 말했다. 나는 우리가 이런저런 행위들을 하면 하나님의 모든 충만하신 것으로 충만하게 될 것이라고 말하는 설교를 많이 들어보았다. 하지만 그것은 성경이 말하는 것이 아니다. 성경은 분명히 말한다. 우리가 그리스도의 사랑을 알게 될 때 하나님의 모든 충만하신 것으로 충만하게 될 것이다!

바울은 거기에서 멈추지 않고 계속 말한다.

"우리가 구하거나 생각하는 모든 것에 더 넘치도록 능히 하실 이에게"(엡 3:20).

당신이 하나님의 사랑을 알 때, 하나님께서 당신 삶에서 커지신다. 하나님께서는 당신에게 그냥 넘치게, 그냥 풍성하게 주지 않으신다. 당신이 구하거나 생각하는 모든 것보다 훨씬 더 넘치게 주신다. 따라서 당신을 향한 하나님의 사랑을 알 때, 큰 것들을 생각하면서 큰 것들을 구할 수 있고, 하나님께서는 당신이 구하거나 생각하는 모든 것들보다 더 넘치게 주실 것이다! 그러나 오늘날 신자들 가운데는 자신들의 선한 행위의 분량에 따라 하나님이 자신들을 축복하실 것이라 믿어, 하나님을 향한 자신들의 사랑을 계속 자랑하는 이들이 있다. 그것은 옳지 않다!

하나님의 사랑에 대한 새로운 깨달음

과거에 나는 하나님께서 내 삶에 몇 가지 일들을 일으켜주실 것이라 확실히 믿었지만, 몇 해가 지나도록 아무 일도 일어나지 않는 탓에 무척이나 당황한 적이 있었다. 그러나 그런 일들은 하나님께서 나를 얼마나 사랑하시는지 깨달은 후에야 비로소 일어났다. 하나님께서 나를 얼마나 사랑하시는지 깨달았을 때, 마치 굳게 닫혀 있던 하나님의 축복의 수문이 한순간에 돌연 활짝 열린 것처럼 모든 종류의 좋은 일들이 내게, 내 안에, 내 주변에 일어나기 시작했다. 좋은 일들은 하나님께서 자신을 사랑하신다는 것을 아는 이들에게 일어난다!

하나님께서 나를 향한 하나님의 사랑을 정말로 분명하게 계시해주셨던 사건 하나가 생각난다. 두 살 무렵의 딸이 바이러스 감염으로 무척이나 고생을 하고 있었다. 아내와 나는 딸아이를 병원으로 데려갔고, 의사들은 주삿바늘로 그 어린것의 몸을 찌르며 혈액검사를 했지만, 감염 원인도 치료 방법도 찾지 못했다.

밤낮으로 울면서 고통을 호소하는 딸아이를 보자 가슴이 무너져 내렸다. 내가 알고 있는 모든 것을 다 해보았다. 매어도 보았고 풀어도 보았고(마 16:19 ; 18:18 참조), 하나님의 말씀을 인정도 해보았고, 부르짖어도 보았고, 딸에게 안수도 해보았다. 모든 것이 아무 소용도 없었다. 딸아이는 며칠 동안 고통스럽게 울기만 했다. 한 아빠의 심정으로 그 어린것의 모습을 지켜보는 것이 더 이상 감당하기 어렵게 되었을 때, 나는 주님 앞에 나아가 흐느끼기 시작했다. 서재 문이 닫혀 있었음에도 딸의 울음소리가 여전히 들려와 연약해진 내 마음을 사납게 도려냈다. 나는 주님께 울부짖었다.

"주여, 말씀하소서! 어찌 된 일입니까? 제가 알고 있는 것은 모두 다 해 보았습니다!"

그러자 주님이 나를 창세기 22장으로 데려가셨다. 하나님께서 아브라함의 외아들 이삭을 번제의 제물로 바치라고 말씀하신 부분이었다.

"네 아들 네 사랑하는 독자 이삭을 데리고 … 그를 번제로 드리라"(창 22:2).

당시 아브라함에게는 이삭과 이스마엘 두 아들이 있었지만, 하나님께서는 영(Spirit. 이는 은혜로 말미암은 결과를 나타내는데)으로 태어난 이삭만을 그의 아들로 인정하시고, 육(flesh. 이는 인간의 '자기 노력'으로 말미암은 결과를 나타내는데)으로 태어난 이스마엘은 그의 아들로 인정하지 않으셨다. 아무튼지 나는 하나님께서 아브라함의 외아들 이삭에 대하여 아브라함에게 말씀하신 대목을 읽으면서 속으로 생각했다.

'하나님도 너무하시지!'

아브라함이 자기 아들을 희생의 제물로 하나님께 바치기도 틀림없이 매우 어려웠을 텐데, "네 아들 네 사랑하는 독자 이삭"이라고 굳이 강조하심으로써, 아브라함이 이삭을 매우 사랑하고 있음을 아브라함에게 상기시키셨기 때문이다. 구태여 그렇게까지 하실 필요가 있었을까?

외아들까지도 아끼지 않고 내어주신 하나님

나는 계속 그 부분을 읽어가다가, 아브라함이 이삭을 죽이려고 하자 하나님께서 중지시킨 대목에 이르렀다. 그때 아브라함은 주변을 둘러보았고, 수풀에 뿔이 걸려 있는 숫양 한 마리를 발견했다. 하나님께서 희생의 제사를 위한 제물을 공급하신 것이다. 아브라함이 이삭을 데리고 모리아 산 한쪽 기슭을 오르고 있었을 때, 그 숫양도 다른 한쪽 기슭으로 올라가고 있었다(하나님의 공급이 당신에게 미치지 않은 것처럼 보일 때라도 염려하지 말라. 당신이 하나님의 뜻을 향해 나아갈 때마다 하나님이 공급하실 것이기 때문이다. 하나님의 공급이 지금 다른 쪽 기슭으로 오고 있는 중이다!).

그리하여 하나님께서는 아브라함이 칼을 들어 이삭을 죽이지 못하게 막으셨고 이렇게 말씀하셨다.

"그 아이에게 네 손을 대지 말라 그에게 아무 일도 하지 말라 네가 네 아들 네 독자까지도 내게 아끼지 아니하였으니 내가 이제야 네가 하나님을 경외하는 줄을 아노라"(창 22:12).

그런데 내가 그 구절의 마지막 대목을 읽었을 때, 성령께서 순식간에 내 눈을 열어주시어 하나님께서 여기서 실제로 하나님 자신에 대해 말씀하고 계시다는 사실을 깨우쳐주셨다. 하나님께서 아브라함에게 "네 아들 네 사랑하는 독자 이삭"이라고 강조하신 데에는 이유가 있었다. "내 아들 내 사랑하는 독자를 너희를 위해 내어주겠다!"라고 말씀하고 계신 것이었다. 그렇다. 하나님은 자신의 외아들까지도 우리를 위해 기꺼이 내어주신 아버지이시다.

장작을 등에 짊어지고 희생 제사를 바칠 장소로 올라가는 그 소년의 이야기는 십자가를 등에 지고 갈보리 희생의 장소를 향해 가는 예수님을 나타내는 그림이다. 하나님께서는 자신의 아들을, 사랑하는 독자(獨子) 예수님을 우리의 몸값으로 내어주시리라는 것을 거기에서 보여주고 계셨다. 우리는 하나님께서 자신의 외아들 예수님을 얼마나 사랑하시는지 깨달을 때에 비로소, 하나님께서 우리를 얼마나 사랑하시는지 알 수 있다. 하나님께서 우리를 구원하기 위해 예수님을 내어주셨기 때문이다.

나는 그 부분을 읽으면서, 하나님이 나를 얼마나 사랑하시는지 깨달았다. 하나님께서는 나를 지극히 사랑하시어, 자신의 아들, 자신이 사랑하는 독자 예수님까지도 아끼지 않고 나를 위해 내어주셨다. 나는 서재에 앉아 새롭게 눈물을 쏟기 시작했다. 이번에는 딸로 인한 눈물이 아니었다. 나를 향한 하나님의 엄청난 사랑을 인격적으로 깊이 깨달은 데서 나온 눈물이었다.

그 순간, 하나님의 사랑이 나를 온통 뒤덮는 것이 느껴졌다. 그리고 바로 그때, 건넌방에서 계속 들려오던 딸의 울음소리가 뚝 그쳤다! 그 순간, 딸아이는 완전히 치유받았다! 나를 향한 하나님의 사랑을 내가 새롭게 체험하는 그 순간, 내 딸에게 이적이 일어난 것이다! 하나님께서 자신을 사랑하신다는 것을 아는 이들에게 좋은 일이 일어난다!

율법은 무거운 짐이다

오늘날 많은 사람들이 비통함과 분노와 적의를 가득 품고 살아가는 까닭은 하나님께서 그들을 사랑하시지 않기 때문이 아니다. 진짜 이유는 그들이 자신의 선행으로 하나님의 사랑을 획득해야 한다고 생각하기 때문이다. 예수님이 "수고하고 무거운 짐 진 자들아 다 내게로 오라 내가 너희를 쉬게 하리라"(마 11:28)고 말씀하셨을 때, 주님은 세속의 직업을 수행하느라 지친 사람들에게 말씀하고 있지 않으셨다. 율법의 무거운 짐을 지고 있는 사람들에게 말씀하고 계셨다. 하나님을 기쁘게 해드리기 위해 율법 아래서 수고하는 사람들에게, 율법의 무거운 짐을 지고 허덕이는 이들에게 말씀하고 계셨다. 인간의 자기 노력을 중지하라고, 예수님이 주시는 쉼을 받으라고 말씀하고 계셨다. 우리 모두가 알고 있는 사실이거니와, 율법은 끊임없이 요구하지만 은혜는 쉼을 준다.

"착한 일을 하면 잘될 거야! 대신 나쁜 짓을 하면 혼날 거야!"

다른 모든 종교들이 이렇게 말하고 있지 않은가? 때로 나는 그런 식으로 말씀을 전하는 일부 설교를 들을 때 이런 생각을 하곤 한다.

'저 사람들은 예수님의 십자가가 아무것도 바꾸지 못했다고 믿는 것일까?'

착한 일을 하면 복을 받고 잘못하면 저주를 받는다고 말하는 시스템은 예수님이 세상에 오기 전에 이미 있었다. 신자들이 오늘날에도 여전히 그런 시스템 아래 있다고 말하는 까닭이 대체 뭘까? 예수님의 십자가를 부정하지 말라! 예수님의 십자가는 모든 것을 바꾸어놓았다. 예수님은 우리의 모든 나쁜 것들을 대신 받으셨고, 우리는 예수님의 모든 좋은 것들을 건네받았다. 그것이 예수 그리스도의 복음이다. 예수 그리스도의 복음은 전적으로 예수님의 은혜에 바탕을 두고 있다!

당신은 하나님이 사랑하시는 자녀이다!

예수님이 요단강에서 세례를 받으셨을 때 하늘로부터 음성이 들렸다.

이는 내 사랑하는 아들이요 내 기뻐하는 자라 마 3:17

이 구절은 당신의 유익을 위해 성경에 기록되었다. 하나님께서는 당신을 사랑하시는 자녀로 받아주셨다. 지금 이 순간, 하나님께서는 당신을 기뻐하신다. 당신이 그리스도 안에 있기 때문이다. 예수님이 하나님의 사랑하는 아들이신 것과 같이, 당신은 하나님의 사랑하는 자녀이다. 사실 예수님은, 하나님께서 하나님의 아들이신 예수님을 사랑하시는 것과 똑같이 예수님의 제자들도 사랑하신다는 것을 예수님의 제자들이(물론 여기에는 우리도 포함된다) 깨달을 수 있게 해달라고 기도하셨다(요 17:23 참조).

예수님은 세례를 받으신 직후, 사탄에게 시험을 받으시기 위해 성령에 이끌려 광야로 들어가셨다. 그때 사탄이 예수님께 무엇이라 말했는가?

"네가 만일 하나님의 아들이어든 명하여 이 돌들로 떡덩이가 되게 하라"(마 4:3).

여기서 사탄이 예수님을 조롱하면서 하나님의 아들임을 입증해보라고 말했을 때, 매우 교활하게도 중요한 단어 하나를 슬쩍 뺐다는 점에 주목하라! 하나님께서는 예수님이 '사랑하는 아들'이라고 귀에 들리는 음성으로 선언하셨다. 하지만 사탄은 여기서 '사랑하는'이라는 단어를 언급하지 않았다. 사탄은 예수님을 시험하러 왔을 때, '사랑하는'이라는 단어를 의도적으로 슬쩍 빼고, "네가 만일 하나님의 아들이어든"이라 말했다.

사탄은 오늘 당신에게도 똑같은 짓을 한다. 당신이 하나님의 사랑하는 자녀라는 사실을 상기할 때 당신을 유혹하기 위한 자신의 모든 계획과 음모와 전략이 수포로 돌아갈 수밖에 없다는 것을 잘 알고 있기 때문이다. 당신이 하나님의 사랑하는 자녀라는 것을 일단 알게 되면, 사탄이 그 무엇으로 당신을 해하려 하든지 간에 사탄의 모든 시도는 좌절될 것이다!

사람들은 거부당했다는 느낌과 아무도 자기를 원하지 않는다는 느낌이 들 때 죄에 굴복하게 된다. 그러나 자신이 하나님의 사랑하는 자녀라는 사실을 알게 되면, 그 어떤 유혹에도 넘어지지 않는다. 사탄의 첫 번째 시험에 대한 예수님의 대답을 보라. 첫 번째 시험은 돌로 떡을 만들라는 것이었다. 구약의 율법 조항들 가운데 돌로 떡을 만들면 안 된다고 말하는 조항이 있는가? 없다. 그러면 왜 사탄이 그런 시험을 한 것일까?

사탄은 예수님에게 "이 돌들로 떡덩이가 되게 하라"라고 말했을 때, 사실상 돌들 위에 기록된 율법으로부터 영양을 섭취하라고 말하고 있었다. 율법과 인간의 행위와 자기 노력을 먹고 살라고 유혹한 것이다. 그 유혹에 대한 예수님의 대답을 보라.

"사람이 떡으로만 살 것이 아니요 하나님의 입으로부터 나오는 모든 말씀으로 살 것이라"(마 4:4).

여기서 예수님은 "하나님의 입으로부터 나오는 모든 말씀"이라 하셨을 때, 하나님께서 예수님에게 주신 말씀을 지칭하고 계셨다. 예수님이 광야로 들어오기 전, 하나님께서 예수님에게 무엇이라 말씀하셨는가?

"이는 내 사랑하는 아들이요 내 기뻐하는 자라"(마 3:17).

이는 오늘 우리 모두가 먹고 살아야 할 말씀이기도 하다. 당신은 예수 그리스도를 통하여 하나님의 사랑하는 자녀가 되었다. 우리는 돌판 위에 기록된 율법으로 살면 안 된다. 우리를 죽게 하고 정죄하는 율법에는 자양분이 없기 때문이다. 예수님은 우리가 예수님 안에 거할 수 있도록, 그래서 예수님을 하나님의 사랑하는 아들이라 칭하신 것과 동일한 하나님의 입에서 나온 말씀으로 살아갈 수 있도록 십자가에서 죽으셨다. 오늘 하나님께서는 그리스도 안에 있는 당신을 보신다. 당신에게 말씀하시는 하나님의 음성이 들리는가?

"너는 내가 사랑하는 자녀요 내가 기뻐하는 자이다!"

돌 굴리기

몇 해 전 주님이 내게 이런 말씀을 주셨다.

"아들아! 네 직분은 돌을 굴려 옮겨놓는 것이다!"

그게 무슨 뜻인지 설명해보겠다. 나사로의 이야기에서(요 11:1-44 참조), 예수님은 나사로의 무덤을 막고 있던 돌을 옮겨놓으라고 사람들에게 명하셨다. 나사로가 죽은지 벌써 나흘이나 지났기 때문에 시신 썩는 냄새가 끔찍할 것이라고 사람들이 이의를 제기했지만, 예수님은 단호하셨다. 나사로가 다시 살아났다는 것을 알고 계셨기 때문이다.

나사로는 살아 있었지만, 그가 무덤 돌 뒤에 묶여 있는 한 부활의 생명으로 범람할 수 없었다. 부활의 생명을 입은 나사로가 무덤 밖으로 나오려면 누군가가 무덤 돌을 치워주어야 했다. 무덤 돌을 굴려 옮기는 것, 그것이 바로 나의 사역이다.

오늘날 우리 가운데는 구원을 받았기 때문에 부활의 생명은 갖고 있지만, 손발이 묶인 채로 무덤 돌 뒤에 갇혀 있는 탓에 육신과 재정과 가정과 직장 문제에서 돌파구를 체험하지 못하는 신자들이 많이 있다. 신자들이 부활의 생명으로 넘치려면 누군가 돌을 굴려 옮겨야 한다!

그 돌은 율법을 나타낸다. 율법은 돌판 위에 새겨져 있다. 그리고 신자들이 율법 아래 있는 한, 신자들을 죽게 하고 정죄하는 율법의 직분이 신자들을 속박한다. 주님은 예수님을 믿고 구원받아 거듭난 신자들에게서 그 돌을 치워주라는 사명을 내게 주셨다. 당신이 사역자라면 신자들을 속박하는 율법을 치워주어야 한다. 당신이 무덤의 돌을 굴려 옮길 때 나사로가 나올 것이요, 당신은 하나님의 영광을 볼 것이다!

사람들은 만일 율법의 돌을 치우면 신자들에게 죄의 면허증을 발부하게 될 것이라고 우려하고 두려워한다. 그러나 많은 사람들이 죄의 면허증을 갖고 있지 않아도 이미 무수한 죄를 범하고 있다는 사실과, '율법 아래 있는 것'이 죄를 저지하지 못한다는 사실을 알고 있는가? 죄의 해결책은 은혜 안에서 발견된다.

죄를 멈출 수 있는 것은 은혜뿐이다. 우리가 죽은 자들에게서, 즉 고약한 악취를 풍기는 시신(멸망당한 사람들)에게서 돌을 치워주는 것이 아니다. 다시 살아난 사람들(신자들)에게서 돌을 치워주는 것이다. 무덤 안에서 이미 살아났지만 돌로 인해 밖으로 나오지 못했던 나사로의 경우와 마찬가지로, 돌은 이미 다시 살아난 신자들이 밖으로 나오지 못하게 막는 장애로 입증될 뿐이다.

당신이 하나님의 은혜로 말미암아 하나님의 사랑하는 자녀가 되었음을 깨달을 때, 그 깨달음이 당신 삶의 모든 죄 된 습관과 유혹을 압도하는 능력을 줄 것이다. 당신은 하나님의 사랑하는 자녀이다. 이 진리를 굳게 붙잡고 있을 때, 당신을 해치려는 사탄의 어떤 유혹도 성공하지 못한다. 당신이 하나님께 얼마나 귀하고 소중한 존재인지 아는가? 당신을 향한 당신 아빠(Abba)의 사랑의 깊이를 알고 있는가? 장담하는데 그런 것을 알고 있는 사람이라면, 영원한 멸망과 사망을 낳을 뿐인 죄에 빠져 인생을 허비하려 하지 않을 것이다.

사탄은 당신을 대적하여 유혹의 덫을 설치하려 할 때, 당신이 하나님의 사랑하는 자녀라는 사실을 절대로 상기시켜주지 않는다. 대신 하나님의 사랑하는 자녀라는 당신의 정체와 신분에 의문을 품게 만든다. 당신이 하나님의 사랑하는 자녀라는 사실을 일단 의심하기 시작하면, '하나님에게서 멀리 떨어져 있다는 느낌'을 줄 수 있고, 그러면 당신 위에 죄책감과 정죄를 산더미처럼 쌓아올려 더 큰 죄를 짓게 유혹할 수 있다는 것을 아주 잘 알고 있기 때문이다.

"그리스도인이라는 사람이 어떻게 그런 더러운 생각들을 할 수 있는 거니? 네가 그러고도 그리스도인이야?"

사탄이 주로 하는 말들이다. 그러니 믿음의 길에서 간혹 넘어질 때라도, 당신 자신을 하나님의 사랑하는 자녀로 계속 여겨라! 당신은 여전히 그리스도 예수 안에 있는 하나님의 의(義)다!

하나님의 사랑만 생각하라!

당신은 당연히 반문할 것이다.

"하지만 내가 죄를 지었을 때, 어떻게 여전히 하나님의 사랑하는 자녀라고 말할 수 있겠어요?"

아니다. 말할 수 있다. 당신을 향한 하나님의 사랑이 지속적이고 무조건적이기 때문이다! 당신이 행한 어떤 일 때문에 하나님이 당신을 사랑하시는 것일까? 아니다. 하나님께서 당신을 사랑해주시는 까닭은 예수님이 십자가에서 행하신 일 때문이다!

그러므로 하나님께서 당신이 행한 어떤 일로 인하여 당신을 사랑하시는 일을 멈추시는 경우는 일어나지 않는다. 사실 하나님께서는 당신이 당신 어머니의 태(胎)에 있을 때에도 여전히 사랑하셨고, 장차 언젠가 당신이 얼굴과 얼굴을 맞대고 하나님을 뵐 때에도 계속 사랑해주실 것이다.

과거에 내가 잘못하여 어리석은 짓을 했을 때 하나님의 사랑을 어떻게 체험했는지 알려주고 싶다. 내 아내는 정말로 놀랍다. 아름다울 뿐 아니라 매우 지혜롭다. 때로 그녀가 내게 어떤 제안을 한다. 나는 거기에다 살을 붙인다. 그리고 사람들 앞에 내놓는다. 그러면 사람들이 말한다.

"목사님! 정말 참신한 아이디어예요!"

그녀는 나를 정말 돋보이게 만든다. 인정할 수밖에 없는 명백한 사실이다. 그녀는 정말 총명하다. 그러나 그녀가 아무리 지혜롭고 총명하더라도, 나의 '지혜'를 봐주지 않음으로 인해 우리 부부가 '격렬한 토론'을 벌일 때도 있다(아는지 모르겠지만, 우리 목사라는 사람들은 '부부싸움'이라는 단어를 사용하지 않는다. 대신 '격렬한 토론'을 했다고 한다. 또한 '걱정'이란 단어도 쓰지 않는다. 대신 '우려와 관심'을 표명했다고 한다).

그런 '격렬한 토론'이 벌어지는 중에서도 최악의 때는 우리 부부가 교회에 갈 때이다. 그것도 나는, 설교를 하러 말이다! 과거에는 이런 격한 토론의 여파가 하루 이상 지속되곤 했다. 그러나 하나님께서 나를 얼마나 사랑해주시는지 깨달은 이후부터는 아내와의 그러한 열띤 토론에 으레 뒤따르기 마련인 얼음장보다 더 차가운 절대적 침묵의 한가운데서도 내게 말씀하시는 주님의 음성이 들리곤 한다.

"아들아, 네가 이렇게 화를 내고 있을 때도 내가 여전히 너를 사랑하고 있다는 것을 알고 있니?"

전에는 주님으로부터 오는 그런 음성을 잘 듣지 못했다. 화를 내거나 잘못을 저지르는 순간, 하나님과의 친밀한 교제가 끊어지고 하나님의 축복이 사라지며 하나님의 은총이 중단된다고 배워왔기 때문이다. 나는 그런 말들을 그대로 믿었고, 그것은 내가 살아가는 방식과 아내와 관계를 맺어가는 방식에도 영향을 끼쳤다. 그 결과, 나는 아내로 인하여 하나님과의 친밀한 교제에서 끊어졌다는 이유로 아내를 탓했고, 그럴수록 아내에게 더욱 화를 내곤 했다. 그리하여 아내를 향한 내면의 분노가 더욱 커지면서 곪아갔다.

우리의 행위와 전혀 무관한 의의 선물

하지만 지금 나는 진리를 잘 알고 있다. 내가 잘못을 저지를 때라도, 예수님의 보혈로 하나님과 내가 여전히 매우 친밀하고 밀접하게 결합되어 있고, 하나님과 내가 여전히 '아무렇지도 않다는 것'을!(이 말의 의미를 알겠는가?) 하나님은 나를 여전히 하나님의 사랑하는 자녀로 여기신다. 나는 나의 행위와 전혀 무관하게 의(義)라는 선물을 갖고 있다. 나는 하나님께서 여전히 나를 사랑하신다는 사실과, 하나님과 나의 교제가 끊어지지 않는다는 사실과, 하나님의 은총이 여전히 내 안에서 넘치고 있다는 사실을 잘 알고 있다.

당신이 어떤 행위를 한다고 해서 하나님이 당신을 지금보다 더 사랑하시는 것도 아니고 지금보다 덜 사랑하시는 것도 아니다. 믿음의 길에서 간혹 넘어질 때, 그때야말로 당신을 향한 하나님의 무조건적이고 지극한 사랑을 당신 영혼에 상기시켜야 할 때이다. 당신 자신을 '예수님이 사랑하시는 제자'로 여기기 시작하라. 사도 요한이 그랬던 것처럼, 당신을 향한 하나님의 사랑을 당신의 전유물(專有物)로 여겨라. 그는 자신의 복음서에서 자신을 '예수님이 사랑하시는 제자'라 다섯 번이나 지칭했다!

태양빛은 들판에 자라는 풀 한 포기의 모든 잎사귀들을 비춘다. 그러나 당신을 향한 하나님의 사랑을 당신의 전유물로 여길 때, 그것은 곧 돋보기를 가져다가 풀의 잎사귀 하나에 햇빛의 초점을 모으는 것과 같다. 그렇게 하면 잎사귀 하나에 모아진 태양의 빛과 열이 강렬해져서 머지않아 잎사귀를 태운다. 하나님께서 모든 사람을 사랑하신다는 사실을 아는 것만으로는 충분치 못하다. 하나님께서 당신을 사랑하신다는 사실을 알고 믿어야 하며, 그 진리가 당신 안에서 활활 타오르게 해야 하며, 특히 믿음의 길에서 넘어졌을 때에는 더욱더 그리 해야 한다. 이렇게 당신을 향한 하나님의 사랑을 먹고 살아갈 때, 하나님의 사랑이 당신 안에서 범람하기 시작할 것이다. 나는 그렇게 살아간다.

당신을 향한 하나님의 사랑으로 충만해질 때, 모든 분노가 가신다. 내가 잘못의 정중앙에 있을지라도 하나님께서 여전히 나를 사랑하신다는 진리를 깨달았을 때, 아내와 '격렬한 토론'을 벌이는 시간도 점차 짧아졌고, 그 빈도도 훨씬 줄었다. 그리하여 그리스도의 사랑이 나의 삶에서 더욱더 실제적이 되었다.

나는 아내와 격렬한 토론을 벌일 때마다 분노의 찌개를 부글부글 끓이는 대신, 격한 토론의 와중에서도 아내에게 미소를 보내면서 속히 화해하기 시작했고, 시간이 지날수록 그렇게 하기가 더 쉬워졌다. 당신을 향한 하나님의 사랑만 집중적으로 생각할 때, 당신의 잘못에 대하여 생각하지 않을 때 바로 그런 일들이 일어난다! 오늘 아내와 나는 이 푸른 지구에서 가장 흥겨운 결혼생활을 영위하고 있다. 전적으로 하나님의 은혜이다!

골리앗을 눕힌 다윗이 되어라!

하나님께서 언제나 당신을 사랑하신다는 진리를 당신의 실생활에 적용하기 시작하라. 그러면 그 진리가 일상의 삶에서 '승리'로 변형될 것이다. 골리앗이라는 이름의 험악하고 사나운 거인이 있었다. 아마 당신은 다윗이라는 젊은 목동이 골리앗을 때려눕히는 이야기를 잘 알고 있을 것이다. 성경에는 중요하지 않은 자질구레한 내용들이 하나도 없다. 성경에 등장하는 사람들의 이름조차도 우리의 유익을 위한 비밀을 품고 있다.

'골리앗'이라는 이름은 '추방'의 뜻을 갖고 있는 히브리어 어근 '갈라흐'(galah)에서 유래했다. [26] 추방당한다는 것은 곧 신분이나 소유 등 모든 것들을 박탈당한다는 뜻이다. 따라서 '골리앗'이라는 이름은 본질적으로, 그가 모든 것을 박탈당했다는 의미이다. 참으로 괴이한 이름 아닌가! 골리앗은 사탄을 나타낸다. 예수님은 사탄의 무장을 해제시켜, 우리를 대적하는 그의 모든 무기들을 그에게서 제거하셨다(골 2:15 참조).

반면에 '다윗'이라는 이름은 '사랑받는 자'라는 뜻이다. [27] 그러므로 엘라 계곡의 전투는 하나님의 사랑을 받는 사람 하나와 추방당한 사람 하나, 즉 박탈당한 사람 사이의 싸움이었다.

자, 이제 이 진리를 꼭 붙잡아라! 거인 하나를 때려눕히는 데에는 자신이 하나님의 사랑하는 자녀임을 알고 있는 사람 하나면 족하다! 이것이 바로 거인 하나를 때려눕히는 용사가 되기 위한 비밀이다! 오늘 당신 앞에 서 있는 거인이 무엇인지는 상관없다. 결혼생활의 문제일 수도 있고 재정적인 어려움일 수도 있다. 당신이 하나님의 사랑하는 자녀라는 진리를 주목하기 시작하라! 그러면 당신의 거인들이 맥없이 주저앉을 것이다.

하나님께서는 당신을 사랑하신다. 당신이 무엇을 했든지 혹은 하지 않았든지 상관없이, 당신은 하나님의 사랑하는 자녀이다. 하나님께서는 당신을 있는 그대로 사랑하신다. 당신이 예수님의 피로 눈보다 더 희게 씻어졌기 때문이다.

"너는 내가 사랑하는 자녀요 내가 기뻐하는 자이다!"(마 3:17 참조)

하늘에 계신 사랑의 아버지께서 주시는 이 말씀으로 하루하루를 살아가라! 하나님의 은총이 당신을 가득 덮고 있다. 당신 가정에, 당신 일터에, 당신이 하는 모든 일들에 충만하다. 당신은 어디를 가든지 축복이 된다.

하나님께서는 자신의 아들까지도 아끼지 않고 당신을 위해 내어주셨다(롬 8:32 참조). 그런 하나님께서 어찌 치유의 축복과 재정적 공급의 축복과 보호의 축복과 평화의 축복과 그밖에 다른 모든 축복들을 당신에게 아끼시겠는가? 전능하신 하나님이 당신의 사랑의 아버지이시고 당신이 그분의 사랑하는 자녀인데, 대체 무엇이 걱정이고 무엇이 두려울까? 과거나 불안한 현재나 불확실한 미래가 두려운가? 물질의 부족이, 질병이, 죽음이, 징벌이 두려운가? 하나님께서 당신을 정말로 사랑하신다는 진리를 꼭 붙잡아라!

하나님께서 당신을 바라보시되, 예수 그리스도의 보혈로 완벽하게 의로워진 당신의 모습을 바라보신다는 진리를 꼭 붙잡아라! 그러면 당신의 모든 걱정과 두려움이 스르르 사라질 것이다. 하나님께서 당신 편을 들어주시는데, 대체 누가 감히 당신과 맞설 수 있겠는가?(롬 8:31 참조)

당신의 환경에서 눈을 돌려, 아무것도 두려워하지 말고 당신의 아버지를 불러라! 그분은 당신을 사랑하신다! 당신을 심판하지 않으신다! 정죄하지 않으신다! 영원한 사랑으로 당신을 사랑하신다! 당신을 향한 하나님의 사랑을 먹고 살아라! 구하거나 생각하는 모든 것보다 훨씬 더 넘치게 주시는 하나님께 받아라!

이제 승리를 누려라!

나는 이 책의 처음부터 끝까지 성경을 통해서뿐 아니라 내가 주님 안에
서 성장하면서 받아온 잘못된 가르침들이 나의 내면에서 일으킨 몸부림
에 관한 개인적인 간증들을 통해 예수 그리스도의 복음을 보여주기 위해
노력했다. 나는 이 은혜의 시대에 하나님께서 당신을 심판하지도 않으시
며 질병이나 사고로 하나님의 자녀들을 징벌하지 않으신다는 것을 설명
했다. 하나님께서는 예수님이 십자가에서 이루신 일로 인해 결코 당신에
게 화를 내지 않으실 것이며 질책하지 않으실 것이다. 심지어 당신이 넘어
질 때도 말이다.

그러니 새 언약의 핵심을 결코 망각하지 말라. 새 언약의 핵심은 단호
히 선언한다. 당신의 모든 죄와 불법의 행위들을 하나님께서 더 이상 기억
하지 않으신다고!(히 8:12 참조)

오늘날 많은 신자들이 은혜의 새 언약의 하나님을 잘 몰라 패배의 삶을
살고 있다. 하지만 당신은 이 책에서 나와 함께 엠마오로 가는 놀라운 여
행을 하면서 모세에서 시작하여 선지자들에 이르기까지 예수 그리스도와
그분이 십자가에서 마치신 일에 관한 모든 것을 직접 보았으므로, 지금
이 순간 당신의 마음이 당신을 향한 예수님의 과분하게 넘치는 사랑으로
뜨거워졌으리라 믿어 의심하지 않는다. 정말로 예수님은 은혜의 경이로움
을 되돌려주신다!

376

오늘날 하나님께서는 은혜로 우리에게 복 주시는 일에 전념하고 계신다. 아무 자격도, 공로도 없는 우리에게 주시는 분에 넘치는 하나님의 은총으로 우리 삶의 모든 영역 위에 복을 부어주시는 일에 전념하고 계신다. 혹시 지금 하나님께 받아들여질 만한 자격을 얻기 위해, 혹은 하나님께 받아들여지기 위해 당신 자신의 행위와 노력으로 애쓰고 있는가? 그렇다면 그러한 노력을 즉각 중지하라! 그런 노력은 하나님의 은혜를 훼방하고, 예수님의 십자가가 우리 삶에 끼치는 은택들을 무효화시킬 뿐이다.

하나님께 받아들여지기 원하는가? 예수님이 이미 그 일을 마치셨다! 하나님께 받아들여지는 것이 우리가 오늘날 해야만 하는 행위들이 아니라 예수님이 우리를 위해 이미 십자가에서 행하셨고 이미 이루신 일에 전적으로 관계되어 있다는 것을 온 마음을 다해 믿어라!

나는 당신에게 예수 그리스도의 복음을 전했다. 나는 주님이 1997년에 내게 주신 사명, 곧 사람들의 삶이 철저하게 변화될 수 있도록 철저하게 은혜를 전하라는 사명을 지금도 수행하고 있는 중이다. 나는 당신이 하나님 은혜의 이 좋은 소식을 믿으면 당신의 삶이 근본적으로 변화되기 시작할 거란 사실을 알고 있다! 이는 나만 알고 있는 사실이 아니라 '복음 혁명'의 강력한 영향력을 이미 체험한 전 세계 숱한 신자들 역시 알고 있는 명백한 사실이다.

이 책이 원수 마귀가 하나님의 은혜와 의의 선물에 관한 신령한 가르침 주변에 세워놓은 논쟁의 울타리들을 허물었기를, 그래서 당신이 하나님의 은혜를 받되 넘치게 받고, 의의 선물을 받되 넘치게 받을 수 있기를 바란다. 그리하여 생명 안에서 왕 노릇 하기 시작하기를 진정으로 소망한다 (롬 5:17 참조). 한 분 예수 그리스도를 통하여 죄를 지배하기 시작하라! 질병을 지배하기 시작하라! 정죄를 지배하기 시작하라! 재정적 결핍을 지배하기 시작하라! 율법의 저주를 지배하기 시작하라! 이기는 삶을 살기 시작하라!

이 책에서 내가 나눈 것들은 지역교회 환경 안에서 가장 강력하고 효율적인 영향력을 발휘한다. 이 진리들이 우리의 개인적 유익을 위한 것이기도 하거니와 그리스도의 몸 된 교회의 더 큰 유익을 위한 것이기도 하기 때문이다. 따라서 하나님 은혜의 진리들을 깨달았다는 이유로 당신이 속한 지역교회의 질서와 덕을 해치며 마음대로 행동하는 방종에 이르러서는 절대 안 된다. 책임감과 순종이 있는 지역교회를 포근히 덮고 있는 안전함의 대기를 당신이 한껏 호흡하기를 바란다. 지역교회야말로 우리의 축복이 엄청나게 증대되는 곳이다.

끝까지 이 여정을 함께하면서, 당신에게 예수님을 더욱 많이 드러낼 기회를 준 것에 대하여 고마움을 표한다. 당신은 좋은 여행 친구였다. 언젠가 우리는 또 이러한 여행을 하게 될 것이다. 그때가 올 때까지 우리 주 예수님이 그 놀라우신 은혜로 당신의 삶을 어떻게 만져주셨으며, 또 어떤 영향을 끼쳐주셨는지에 관한 소식을 들을 수 있기를 고대한다.

예수님이 당신을 위해 이 모든 것을 이루셨음을 인정하고, 예수님을 당신의 주(主)와 구원자로 받아들이기 원한다면 이렇게 기도하라.

"저를 사랑해주시어 저를 위하여 십자가에서 죽으신 주 예수님,
감사합니다.
주님의 보혈이 저의 모든 죄를 깨끗이 씻었습니다.
이제부터 영원까지 예수님은 저의 주님이시며 구원자이십니다.
저는 예수님이 죽은 자 가운데서 부활하시어
지금도 여전히 살아 계심을 믿습니다.
주님이 이루신 일로 인하여
저는 이제 하나님의 사랑 받는 자녀가 되었으며,
천국은 저의 집이 되었습니다.
저에게 영생을 주시고
주님의 평안과 기쁨으로 가득 채워주시니 감사합니다.
예수님의 이름으로 기도합니다. 아멘."

1) NT:936. Biblesoft's New Exhaustive Strong's Numbers and Concordance with Expanded Greek-Hebrew Dictionary. Copyright(c) 1994, Biblesoft and International Bible Translations, Inc.

2) Crowther, J., Kavanagh, K., Ashby, M.(eds). Oxford Advanced Learner's Dictionary of Current English, Fifth Edition, Great Clarendon Street, Oxford: Oxford University Press, 1995, p. 85.

3) R. Babdham, Magnificent, Blessed, CD album by Hillsong Australia, 2002.

4) Thayer's Greek Lexicon, Electronic Database, Copyright(c) 2000 by Biblesoft.

5) NT:3956, Biblesoft's New Exhaustive Strong's Numbers and Concordance with Expanded Greek-Hebrew Dictionary. Copyright(c) 1994, Biblesoft and International Bible Translations, Inc.

6) Wuest, Kenneth S. (1954). 'In These Last Days: The Exegesis Of First John', Wuest's Word Studies From The Greek New Testament Volume2, Grand Rapids.

7) c. 1998-2007 Mayo Foundation for Medical Education and Research(MFMER). Stress: Unhealthy Response To The Pressures Of Life. www.mayoclinic.com/health/stress/SR00001에서 검색. 2007년 4월24일.

8) Colbert, Con, M.D. (2005). Stress Less. Lake Mary, Florida: Siloam, A Strang Company. p. 14-15.

9) OT:7853, Biblesoft's New Exhaustive Strong's Numbers and Concordance with Expanded Greek-Hebrew Dictionary. Copyright(c) 1994, Biblesoft and International Bible Translations, Inc.

10) Wuest, Kenneth S. (1955). 'Romans In The Greek New Testament', Wuest's Word Studies From The Greek New Testament Volume1, Grand Rapids, Michigan: Wm. B. Eerdmans Publishing Company. p.127.

11) OT:7853, Biblesoft's New Exhaustive Strong's Numbers and Concordance with Expanded Greek-Hebrew Dictionary. Copyright(c) 1994, Biblesoft and International Bible Translations, Inc.

12) Strong James, LL.D., S.T.D. (2001). The New Strong's Expanded Exhaustive Concordance of the Bible, Red-Letter Edition. Nashville, Tennessee: Thomson Nelson Publishers. NT:38.

13) NT:1695. Biblesoft's New Exhaustive Strong's Numbers and Concordance with Expanded Greek-Hebrew Dictionary. Copyright(c) 1994, Biblesoft and International Bible Translations, Inc.

14) OT:7521. Biblesoft's New Exhaustive Strong's Numbers and Concordance with Expanded Greek-Hebrew Dictionary. Copyright(c) 1994, Biblesoft and International Bible Translations, Inc.

15) OT:3727. Biblesoft's New Exhaustive Strong's Numbers and Concordance with Expanded Greek-Hebrew Dictionary. Copyright(c) 1994, Biblesoft and International Bible Translations, Inc.

16) NT: 2435. Biblesoft's New Exhaustive Strong's Numbers and Concordance with Expanded Greek-Hebrew Dictionary. Copyright(c) 1994, Biblesoft and International Bible Translations, Inc.

17) OT: 7157. Biblesoft's New Exhaustive Strong's Numbers and Concordance with Expanded Greek-Hebrew Dictionary. Copyright(c) 1994, Biblesoft and International Bible Translations, Inc.

18) NT: 3340, Thayer's Greek Lexicon, Electronic Database. Copyright(c)2000 by Biblesoft.

19) Charles Haddon Spurgeon. A Defense of Calvinism. The Spurgeon Archive. 2007년 4월15일 접속. www.spurgeon.org/calvinis.htm

20) Wuest, Kenneth S. (1954). 'In These Last Days': The Exegesis of First John', Wuest Word Studies From The Greek New Testament V.2. Grand Rapids, Michigan: Wm. Eerdmans Publishing Company. p.103.

21) NT: 5248. Biblesoft's New Exhaustive Strong's Numbers and Concordance with Expanded Greek-Hebrew Dictionary. Copyright(c) 1994, Biblesoft and International Bible Translations, Inc.

22) Lloyd-Jones, D Martyn. (1973). Romans-The Law: Its Function & Limits: Exposition Of Chapters 7:1-8:4. Grand Rapids, Michigan: Zondervan Publishing House. p. 272-273.

23) OT:894, The Online Bible Thayer's Greek Lexicon and Brown Driver & Briggs Hebrew Lexicon. Copyright (c)1993, Woodside Bible Fellowship, Ontario, Canada. Licensed From the Institute for Creation Research.

24) Wuest, Kenneth S. (1950). 'Mark In The Greek New Testament', Wuest Word Studies From The Greek New Testament V.1. Grand Rapids, Michigan: Wm. Eerdmans Publishing Company. p.187.

25) Wuest, Kenneth S. (1961). 'The Epistles: ICorinthians', The New Testament: An Expanded Translation. Grand Rapids, Michigan: Wm. Eerdmans Publishing Company. p.393.

26) OT: 1540. Biblesoft's New Exhaustive Strong's Numbers and Concordance with Expanded Greek-Hebrew Dictionary. Copyright(c) 1994, Biblesoft and International Bible Translations, Inc.

27) OT:1732, The Online Bible Thayer's Greek Lexicon and Brown Driver & Briggs Hebrew Lexicon. Copyright (c)1993, Woodside Bible Fellowship, Ontario, Canada. Licensed From the Institute for Creation Research.

이기는 삶

초판 1쇄 발행	2015년 4월 13일
초판 7쇄 발행	2019년 8월 12일

지은이	조셉 프린스
옮긴이	배웅준

펴낸이	여진구		
책임편집	이영주, 김윤향		
편집	김아진, 안수경, 최현수		
디자인	마영애 , 노지현, 조아라, 조은혜		
기획·홍보	김영하	해외저작권	기은혜
마케팅	김상순, 강성민, 허병용	마케팅지원	최영배, 정나영
제작	조영석, 정도봉	경영지원	김혜경, 김경희

이슬비전도학교	최경식	303비전성경암송학교	박정숙
303비전장학회 & 303비전꿈나무장학회	여운학		

펴낸곳	규장

주소 06770 서울시 서초구 매헌로 16길 20(양재2동) 규장선교센터
전화 02)578-0003 팩스 02)578-7332
이메일 kyujang0691@gmail.com   홈페이지 www.kyujang.com
페이스북 facebook.com/kyujangbook   인스타그램 instagram.com/kyujang_com
카카오스토리 story.kakao.com/kyujangbook
등록일 1978.8.14. 제1-22

ⓒ 한국어 판권은 규장에 있습니다.
이 출판물은 저작권법에 의해 보호를 받는 저작물이므로 무단 전재와 무단 복제를 할 수 없습니다.

책값 뒤표지에 있습니다.
ISBN 978-89-6097-387-9 03230

이 도서의 국립중앙도서관 출판시도서목록(CIP)은 서지정보유통지원시스템 홈페이지(http://seoji.nl.go.kr)와
국가자료종합목록구축시스템(http://www.nl.go.kr/kolisnet)에서 이용하실 수 있습니다.
(CIP제어번호 : CIP2015010449)

규 | 장 | 수 | 칙

1. 기도로 기획하고 기도로 제작한다.
2. 오직 그리스도의 성품을 사모하는 독자가 원하고 필요로 하는 책만을 출판한다.
3. 한 활자 한 문장에 온 정성을 쏟는다.
4. 성실과 정확을 생명으로 삼고 일한다.
5. 긍정적이며 적극적인 신앙과 신행일치에의 안내자의 사명을 다한다.
6. 충고와 조언을 항상 감사로 경청한다.
7. 지상목표는 문서선교에 있다.

하나님을 사랑하는 자 곧 그의 뜻대로 부르심을 입은 자들에게는 모든 것이 合力하여 善을 이루느니라(롬 8:28)

규장은 문서를 통해 복음전파와 신앙교육에 주력하는 국제적 출판사들의
협의체인 복음주의출판협회(E.C.P.A:Evangelical Christian Publishers
Association)의 출판정신에 동참하는 회원(Associate Member)입니다.